C. H. BECK
STUDIUM

AF532906

Frank Büttner | Andrea Gottdang

Einführung in die Malerei

Gattungen | Techniken | Geschichte

Verlag C.H.Beck

Mit 40 Abbildungen und 16 Farbtafeln

© Verlag C.H.Beck oHG, München 2012
Satz: Janß GmbH, Pfungstadt
Druck und Bindung: cpi – Ebner & Spiegel, Ulm
Umschlagentwurf: Konstanze Berner, München,
nach einem Konzept von Atelier 59, München
Umschlagabbildung: Jan Vermeer, Der Künstler in seiner Werkstatt,
ca. 1665/66, Wien, Kunsthistorisches Museum,
© The Bridgeman Art Library
Gedruckt auf säurefreiem, alterungsbeständigem Papier
(hergestellt aus chlorfrei gebleichtem Zellstoff)
Printed in Germany
ISBN 978-3-406-64134-3

www.beck.de

Inhalt

Vorwort

Gemälde geben Antworten auf eine Vielzahl von Fragen – aber man muss sie zu stellen wissen. Das wird nur gelingen, wenn man ein Grundwissen darüber besitzt, welche Möglichkeiten Künstlerinnen und Künstlern in ihrer Zeit jeweils zur Verfügung standen und welche Grenzen ihnen gesetzt waren. Die Kunstgeschichte hat als wissenschaftliche Disziplin ihre Fragestellungen in allen Gattungen, nicht nur in der Malerei, immer weiter ausdifferenziert, alte Methoden modifiziert und neue entwickelt, mit denen zuvor unbeachtete Bedeutungsdimensionen der Kunstwerke erschlossen wurden. Stilkritik, Strukturanalyse, Ikonographie oder Bildwissenschaft sind nur einige der methodischen Ansätze, aus deren Erkenntnisinteresse heraus verschiedene und einander ergänzende Geschichten der Malerei geschrieben werden können. Diesem Buch liegt die Überzeugung zugrunde, dass ein Methodenpluralismus erforderlich ist, wenn man der Komplexität der Malerei gerecht werden will. Ein tragfähiges Fundament für das Studium der Kunstgeschichte wird man aber kaum legen können, wenn man den Zugang über nur eine einzige, gerade aktuelle Methode zu finden sucht, der es in erster Linie darum geht, Defizite älterer Methoden zu kompensieren, auf deren Ergebnisse sie sich gleichwohl stützen muss.

Anliegen dieser Einführung ist es, mit den Grundlagen des künstlerischen Gestaltens vertraut zu machen, mit den Mitteln und Vorstellungen, mit denen der Künstler sein Metier lernt, mit denen er die Arbeit an einem Werk beginnt und ausführt. Das sind zum einen ganz konkrete Vorgaben wie die Maltechnik oder bestimmte, dem Maler gestellte Aufgaben, die einen Rahmen von Anforderungen vorgeben, mit denen er sich bei der Ausführung seines Werkes auseinandersetzen muss. Schon die scheinbar belanglose Entscheidung für eine bestimmte Technik und ein Format stellt die Weichen für die Gestaltung eines Werkes: Die *Primavera* (Abb. 25) würde anders aussehen, wenn Botticelli sie *al fresco* gemalt hätte. Konkreter Ausgangspunkt der Gestaltung sind stets die Aufgaben, die dem Künstler gestellt wurden oder die er sich selber gestellt hat. Wenn er ein Altarbild, ein Porträt oder eine Landschaft malt, setzt er sich mit den jeweiligen Gattungstraditionen auseinander, die er erfüllen oder negieren kann, und wenn er eine abstrakte Komposition oder

Collage schafft, ist die Idee der Autonomie der Kunst sein Bezugspunkt.

Nicht weniger wichtig sind die ideellen Vorgaben. Ein Kunstwerk wird, bevor es ausgeführt wird, gedacht. Die künstlerische Arbeit wird gelenkt von bestimmten Vorstellungen von dem, was Malerei überhaupt leisten kann und soll. Eine zentrale Frage war immer die des Verhältnisses der Kunst zur Natur. Von ihr hängen letztlich auch die Entscheidungen über die Einsetzung der malerischen Mittel ab, die Gestaltung von Körper und Raum mit Farbe und Licht.

Diese Fragen, die sich in allen Epochen der Kunstgeschichte stellten, die immer neu bedacht und immer neu beantwortet wurden, haben ihre eigene Geschichte und sind nicht aus ihren historischen Zusammenhängen zu lösen. Diese Einführung erzählt jedoch keine durchlaufende Geschichte der Malerei, bietet keinen historischen, nach Epochen gegliederten Überblick nach dem Modell einer Stilgeschichte, sondern beleuchtet – immer aus einer historischen Perspektive – schlaglichtartig einzelne, zentrale Aspekte, um so auf die Grundfragen hinzuführen, von denen im kunstgeschichtlichen Umgang mit Malerei auszugehen ist.

Wie schon die *Einführung in die Ikonographie* entstand auch dieses Buch aus der Praxis des kunsthistorischen Unterrichts an der Universität, will aber nicht nur Studierenden in der Orientierungsphase eine Starthilfe geben, sondern auch interessierten Laien. Wir möchten eine Vorstellung davon vermitteln, wie viele Faktoren zusammenspielen mussten, um einem Gemälde seine spezifische Erscheinungsform zu geben, und dabei gleichzeitig ein Grundgerüst der wichtigsten historischen Entwicklungen mit an die Hand geben. Trotz des Bekenntnisses zum Methodenpluralismus und zu einem möglichst immer weiter aufzufächernden Spektrum von Fragen ist die Berücksichtigung aller denkbaren Aspekte bei begrenztem Seitenumfang nicht zu leisten. Sich Denkmalkenntnisse anzueignen, ein kunsthistorisches Gerüst zu erarbeiten, das so stabil ist, dass man auch Kunstwerke einordnen kann, die einem unbekannt sind, ist unerlässlich. Um Verständnis für die Besonderheiten eines Werkes zu entwickeln, muss man aber lernen, darüber hinausgehende Fragen zu stellen. Einen Anfang kann man mit solchen Fragen machen, die immer oder doch bei einem beachtlichen Bestand von Gemälden wiederkehren – nach diesem Kriterium wurden die zentralen Themenblöcke gestaltet; exemplarische Bildbetrachtungen sollen die Scheu überwinden helfen, sich an ein Kunstwerk heranzutrauen.

Vorwort, Einleitung und Schluss wurden von beiden Autoren gemeinschaftlich verfasst.

Frank Büttner hat die Kapitel «Techniken» und «Gestaltungsprinzipien», Andrea Gottdang die Kapitel «Bildgattungen» und «Malerei im Kanon der Künste» verfasst. Im Kapitel «Aufgaben und Funktionen» stammen die Abschnitte über Wandmalerei und Buchmalerei von Frank Büttner, diejenigen über Ikonen, Altarbilder und das autonome Tafelbild von Andrea Gottdang, die an dieser Stelle Sonja Gottdang, Angelika Dreyer, Bernd Lohse und Christian Sauer für konstruktive Kritik dankt.

1. Fragen an ein Gemälde

Die einzelnen Kapitel dieser *Einführung in die Malerei* sind als Fragenkatalog anzusehen. Wir möchten einen Leitfaden für die Fragen bieten, mit denen der Weg zum Verständnis der Gestaltung von Gemälden eröffnet und die Grundlage für eine historisch fundierte Beurteilung geschaffen wird, auf der die weiteren Schritte der ikonographischen und ikonologischen Deutung der Werke aufbauen können. Dies soll mit einem wohlbekannten Beispiel angedeutet werden.

Werkbefund

Das *Kreuz im Gebirge* (Tafel 1), das sich im Besitz der Staatlichen Kunstsammlungen Dresden befindet, ist ein Hauptwerk von Caspar David Friedrich und eines der am meisten diskutierten Gemälde der deutschen Romantik. Das oben korbbogig gerundete Bild ist 115 cm hoch und 110,5 cm breit. Unten, fast die gesamte Breite einnehmend, ragt ein karger Berg auf, hinter dem stattliche Tannen sich vor dem Abendhimmel dunkel abheben. Auf der dem Betrachter zugewandten Bergseite sind nur wenige, kleinere Bäume und Sträucher zu erkennen. Die Vegetation hält einen gebührenden Abstand zu dem Kruzifix ein, das sich auf dem Felsen erhebt. Der Corpus wendet sich bildeinwärts, der Sonne zu, die hinter dem Berg versunken ist und fünf breite, in graphischer Präzision abgesetzte Strahlen in den wolkenverhangenen Himmel schickt. Der vergoldete Rahmen wurde nach dem Entwurf Friedrichs angefertigt. Die Schäfte von Palmzweigen sind an den Seiten stilisiert zu Säulen gebündelt. Die Palmwedel, die ihnen entsprießen, legen sich oben über das Bild, fünf Cherubsköpfchen, über deren mittlerem ein Stern angebracht ist, schauen aus ihnen heraus und nach unten. Christliche Symbole zieren auch den Sockel: das Dreieck, Symbol der Trinität, mit dem alles sehenden Auge Gottes vor Sonnenstrahlen, Ähren und Wein, die auf Leib und Blut Christi und damit auf das Abendmahl verweisen.

Bildbeschreibung

Rahmen

Maltechnik

Friedrich führte das *Kreuz im Gebirge* in der Technik aus, die um 1800 in der Regel für Landschafts- und Altargemälde gewählt wurde: Öl auf Leinwand. Doch die bloße Identifikation der Technik bringt noch nicht viel. Um die besondere Wirkung des Gemäldes zu ergründen, muss man sich genauer ansehen, wie der Künstler die Farbe auftrug. Er setzte Farbe von sehr flüssiger Konsistenz lasierend auf die Leinwand, Schicht um Schicht, und zwar so, dass die unteren

Farbgebung Schichten noch durchscheinen. Mit dieser Vorgehensweise konnte Friedrich etwas von den Qualitäten der Sepiazeichnungen, mit denen er das Gemälde vorbereitete, erhalten. Er schildert die Details im «Vordergrund» in zeichnerischer Klarheit, stimmt aber gleichzeitig den Berg auf einen dunkelbraunen Ton ab. Der Effekt stellt sich praktisch nur vor dem Original ein und geht in der Reproduktion fast verloren. Auf den ersten Blick scheint der Berg silhouettenartig und gibt kaum Details preis. Nach und nach nimmt man Einzelheiten wahr, als müssten die Augen sich erst an die Dunkelheit gewöhnen. Berg und Fichten heben sich in deutlichem Hell-Dunkel-Kontrast vom Himmel ab. Auf reine, gesättigte Buntfarben verzichtete Friedrich; entsprechend spielen Farbkontraste wie der Kom- *Komposition* plementärkontrast keine Rolle. Die Wolkenbänke sind im farbigen Wechsel so gestaltet, dass sie sich von unten nach oben immer mehr dem Rundbogenabschluss annähern, wobei die Wolke, die das Kruzifix hinterfängt, ihren Scheitelpunkt über dem Kreuzesbalken hat, also aus der Mittelachse herausgerückt ist. Das gilt auch für die Sonnenstrahlen: Der mittlere verläuft nicht auf, sondern links von der Symmetrieachse. Der Bildraum wirkt sehr flach, eine Einteilung in Vorder-, Mittel- und Hintergrund ist nicht möglich, nicht einmal die Horizontlinie ist vorgegeben. Infolgedessen erkennt man keine übergeordnete, den Bildraum organisierende zentralperspektivische Anlage, und der Standort des Betrachters bleibt unbestimmt. Schauen wir von einem gegenüberliegenden Gipfel hinüber? Das wäre, an unserer empirischen Erfahrung gemessen, wahrscheinlich, doch bleibt das Gebirge zu flächig, um einen kohärenten Raum zu suggerieren, den wir zu einem uns zugewiesenen Standort in Beziehung setzen könnten.

Aufgabe und Funktion Die Wahrnehmung des Gemäldes wird nicht nur durch die Komposition, sondern auch durch den Rahmen gelenkt, der unmissverständlich auf eine Funktion als Altarbild hindeutet. Lange schien es *Provenienz* so, als werde dies auch durch die Provenienz des Bildes bestätigt, das 1921 aus dem Besitz der Grafen von Thun-Hohenstein angekauft wurde. Es hieß, dass Friedrichs Werk den Altar der Kapelle des Familienschlosses in Tetschen im heutigen Tschechien geschmückt habe, weswegen das Werk unter dem Titel *Tetschener Altar* bekannt wurde. Die Annahme, dass Friedrich das *Kreuz im Gebirge* im Auftrag der Gräfin Theresia Maria Thun-Hohenstein gemalt habe, hat sich jedoch als falsch erwiesen. Friedrich hat es aus eigenem Antrieb geschaffen und wollte es König Gustav IV. Adolf von Schweden schenken, für den er wegen seiner antinapoleonischen Politik große

Sympathien hatte. Doch Ende 1808 änderte Friedrich seine Pläne. Er stellte das Werk in Dresden aus, in einer Inszenierung, die den Altarcharakter betonte, und verkaufte es kurz darauf an die Gräfin Thun-Hohenstein, die es jedoch nicht in der Schlosskapelle, sondern in ihrem Schlafzimmer aufhängte.

Zeitgenössische Rezeption

Die Ausstellung des Bildes veranlasste den Sächsischen Kammerherrn von Ramdohr zu einer heftigen Kritik. Er bezeichnete es als eine «wahre Anmaßung, wenn die Landschaftsmalerei sich in die Kirchen schleichen und auf Altäre kriechen will». Sein Urteil konnte er unter Berufung auf die Gattungstraditionen rechtfertigen, nach denen ein Altarbild Christus, Maria und die Heiligen oder als Historienbild biblische, insbesondere neutestamentliche Szenen darstellen konnte. Er blieb jedoch nicht bei dem Vorwurf stehen, dass Friedrich ein «falsches» Altarbild geschaffen habe, sondern wollte darüber hinaus beweisen, dass es auch ein schlechtes, fehlerhaftes Landschaftsbild sei, das alle Grundforderungen dieser Bildgattung außer Acht gelassen habe. In Friedrichs Bild sei die Landschaft nicht in mehrere Pläne gestaffelt, die Farbe nicht abwechslungsreich genug, die Luftperspektive nicht beachtet, das Licht entspreche nicht der Wirklichkeit, und es sei grundfalsch, eine Landschaft zu «allegorisieren», als Allegorie zu gestalten. Auch hier geht Ramdohr von der Gattungsgeschichte der Landschaft aus, nimmt die in der Malerei des 17. Jh.s entwickelten Prinzipien der Bildgattung als zeitlos gültige Regeln und rechtfertigt damit sein negatives Urteil. Es wurde Friedrich auch zum Vorwurf gemacht, dass die Bildaussage nicht ausschließlich durch das Gemälde selbst getragen, sondern teilweise der Skulptur, den geschnitzten Symbolen auf dem Rahmen, überantwortet wird.

Gattungstraditionen

Der normativen Ästhetik, auf die sich Ramdohr stützt, liegt eine teleologische Auffassung von der Entwicklung der Gattungen und der Kunst überhaupt zugrunde. Eine Weiterentwicklung der Kunst über das mit der griechischen Kunst vorgegebene und im Klassizismus angestrebte Ziel hinaus war danach nicht denkbar. Die Betrachtung des Gemäldes von Friedrich im Kontext der Gattungsgeschichte kann jedoch auch zu ganz anderen Ergebnissen kommen. Indem sie die Differenzen zu den Gattungstraditionen herausarbeitet, kann sie die besonderen Intentionen Friedrichs, das Neue an seinem Werk bewusst machen.

Altarbild

Man darf davon ausgehen, dass Friedrich für den König von Schweden ein Altarbild schaffen wollte. Innerhalb der protestantischen Bildtradition war der Kreis der Themen, die für ein solches

Bild gewählt werden durften, äußerst eingeschränkt, in Frage kamen vor allem Abendmahl und Kreuzigung. Von dieser Tradition her war Friedrichs Wahl nicht abwegig, aber ungewöhnlich. Man könnte sagen, dass die Entscheidung für sein Bildkonzept auch darin begründet war, dass er kein Spezialist für Historien, sondern für Landschaften war. Der elementare Unterschied zwischen einem Historienbild, das die Passionsszene für den Betrachter vergegenwärtigt, und seinem Kruzifix auf dem Gipfel eines Berges muss ihm aber bewusst gewesen sein: Er stellt nicht Christus selbst, sondern ein Bild Christi am Kreuz dar. Er zeigt ihn mittelbar und damit in einer gewissen Distanz zum Betrachter.

Landschaftsmalerei

Diese Eigenart wird noch deutlicher, wenn man die Gestaltungsprinzipien der Landschaft in Friedrichs Gemälde mit den Traditionen der Bildgattung vergleicht. Friedrich hält sich nicht an das Schema der Staffelung von Landschaftsgründen. Bedeutsam für die Bildwahrnehmung ist vor allem der Verzicht auf die Anlage eines Vordergrundes, der traditionell die Aufgabe hatte, in das Bild hineinzuführen. Philipp Hackert, ein Meister der klassizistischen Landschaftsmalerei, meinte, eine Landschaft solle im Betrachter den Wunsch wecken, in dem Bilde spazierenzugehen. Zu Friedrichs *Kreuz im Gebirge* findet der Betrachter keinen Zugang – das Bild hält ihn auf Distanz. Ramdohr empfand das Kolorit des Himmels in Friedrichs Bild «ohne Harmonie und Wahrheit», doch der Betrachter soll Friedrichs Gemälde nicht mit der lichterfüllten Luft eines Gemäldes von Claude Lorrain (Abb. 34) vergleichen, soll nicht die Stimmung eines Sonnenunterganges genießen, sondern das Besondere der dargestellten Situation erfassen. Das dunkle Dach der Wolken hat trotz der rötlichen Reflexe des Sonnenlichts etwas Bedrückendes, umso deutlicher wird die Situation der untergehenden Sonne bewusst. Deren geometrisch gezogene Strahlenfinger wirken künstlich, doch fallen sie dadurch auf und in der Folge auch die Lichtreflexe auf dem goldglänzenden Corpus des Kruzifix.

geometrische Flächenordnung

Dem Eindruck einer naturalistischen Landschaftswiedergabe wirkt auch die Rückbindung der Komposition an eine geometrisch geregelte Flächenordnung entgegen. Ob diese Ordnung wirklich nach der Regel des Goldenen Schnitts erfolgte, wie jüngst behauptet wurde, kann man bezweifeln, weil diese Regel erst nach der Mitte des 19. Jh.s im Rahmen der Kunsttheorie diskutiert wurde. Doch auch Friedrichs Zeitgenosse Philipp Otto Runge hat den Bildern seines Zyklus' der *Zeiten* ein geometrisches Schema unterlegt, das Maß und Proportion garantieren soll und für die von einem Kunstwerk geforderte innere Notwendigkeit steht, mit der die aus dem Gefühl geborene Bildidee gefestigt und zur Vollendung geführt wird.

Friedrichs Kritiker hatte mit seinen Vorwürfen nicht Unrecht, doch er hat nicht begriffen, dass mit dem offensichtlichen Verstoß gegen die Gestaltungstraditionen der Gattungen von Altarbild und Landschaft die Naturwirklichkeit transzendiert wird. Die Distanz und Fremdheit des Bildes, die durch seine ungewöhnliche Gestaltung hergestellt werden, sollen durch die reflektierende Betrachtung überbrückt werden, die die symbolischen Dimensionen aufzudecken vermag.

Zeugnis des Künstlers

Friedrich schrieb über sein Bild: «Wohl ist es beabsichtigt, dass Jesus Christus, ans Holz geheftet, hier der sinkenden Sonne zugekehrt ist, als das Bild des ewigen, allbelebenden Vaters. Es starb mit Jesu Lehre eine alte Welt, die Zeit, wo Gott der Vater unmittelbar wandelte auf Erden ... Diese Sonne sank, und die Erde vermochte nicht mehr zu assen das scheidende Licht. Da leuchtet, vom reinsten edelsten Metall, der Heiland am Kreuz, im Gold des Abendroths, und wiederstrahlet so im gemilderten Glanz auf Erden. Auf einem Felsen steht aufgerichtet das Kreuz, unerschütterlich fest, wie unser Glaube an Jesum Christum. Immer grün durch alle Zeiten während stehen Tannen ums Kreuz, gleich unserer Hoffnung auf ihn, den Gekreuzigten.»

Die Kunstwissenschaft ist nur selten in der glücklichen Lage, sich bei ihrer Interpretation auf eine konkrete Aussage des Künstlers stützen zu können, die dann in größeren ikonologischen Zusammenhängen erörtert werden kann. Doch auch dort, wo Quellen fehlen, können die genaue Beobachtung eines Bildes, die Analyse der Gestaltungsprinzipien unter Berücksichtigung der Technik und das Verhältnis zu den Gattungstraditionen eine solide Grundlage für eine umfassende Deutung schaffen.

2. Techniken und Werkprozesse

Der Maler Maurice Denis sagte 1890, ein Bild sei, bevor es etwas darstelle, nichts als «eine ebene, in einer bestimmten Ordnung mit Farben bedeckte Fläche». Ganz ähnlich hatte es der italienische Dichter Boccaccio schon über fünfhundert Jahre früher formuliert: Ein Bild ist nichts anderes als «ein bisschen Farbe mit einer gewissen Kunstfertigkeit auf eine Tafel aufgebracht». Dieser elementaren Einsicht wird niemand widersprechen, doch so einfach, wie es hier klingt, ist es nicht. Im Entstehungsprozess des Kunstwerks wirken viele Faktoren zusammen, die der Künstler bewusst oder unbewusst berücksichtigt und die auch vom Interpreten zu bedenken sind.

Ganz am Anfang stehen äußere Bedingungen, die sich aus der Aufgabe ergeben, die der Maler zu bewältigen hat, ob er beispielsweise ein Altarbild, ein Wand- oder Deckenbild, ein Tafelbild oder eine Buchminiatur auszuführen hat. Ein entscheidender Schritt zur Ausführung des Werkes ist die Wahl der Technik, die in verschiedener Hinsicht den Arbeitsprozess bestimmt, ihm bestimmte Möglichkeiten eröffnet, aber auch Grenzen setzt. Für den Kunsthistoriker ist es unerlässlich, die verschiedenen Maltechniken, die entsprechenden Arbeitsverfahren und die mit ihnen gegebenen Möglichkeiten wenigstens in Grundzügen zu kennen.

Bildträger

Unter dem Aspekt der Technik lassen sich die Arten der Malerei zum einen nach dem Bildträger, zum anderen nach der Maltechnik unterscheiden. Der Bildträger kann immobil oder mobil sein. In Urzeiten war die Felswand der wichtigste (immobile) Bildträger, in den Zeiten, mit denen sich die Kunstgeschichte beschäftigt, sind es Mauer oder Wand und die Decke, die aus Stein oder Holz bestehen kann. Die Malerei auf diesen Bildträgern ist prinzipiell architekturgebunden. Anders dagegen mobile Bildträger, wie sie schon in den antiken Kulturen bekannt waren: Keramik, Buchrollen und Steinplatten, die in Wände eingesetzt werden konnten. In der nachantiken Kunst spielten anfangs die Buchmalerei und die Ikonenmalerei, also die Bildträger Pergament und Holz, die wichtigste Rolle. Seit dem 11. Jh. wurde Malerei in zunehmendem Maße zum Schmuck des Altars eingesetzt, zunächst als Antependium, später auch als Retabel. Hieraus entwickelten sich verschiedene Formen des Tafelbildes. Als Bildträger wurde zunächst Holz, später Leinwand verwendet. Mit dem Papier, das in Europa seit dem späten 13. Jh. hergestellt wurde, hatte man ein weiteres Trägermaterial, das das Pergament in der Buchproduktion verdrängen sollte und bald auch als eigenständiger Bildträger verwendet wurde.

Der Malgrund muss in der Regel zunächst im Hinblick auf die Technik, mit der er bemalt werden soll, vorbereitet werden. Auch das Rohmaterial der Malfarben, die Pigmente und Farbstoffe, müssen je nach Beschaffenheit des Bildträgers aufbereitet werden, damit sie mit diesem eine dauerhafte Verbindung eingehen können, und davon wiederum ist jeweils der Malprozess abhängig.

Quellenschriften zur Maltechnik und Handbücher für Künstler sind unentbehrliche Textzeugen, wenn es darum geht, die Herstellungsprozesse der Kunstwerke nachzuvollziehen. Während des Mittelalters wurden die maltechnischen Rezepte, die sowohl die Herstellung von Farben als auch die malerische Ausführung von Figuren, Gewändern und Gegenständen betreffen, innerhalb der Werkstätten weitergegeben und nur vereinzelt aufgeschrieben. Die Abschriften der wichtigsten frühmittelalterlichen Traktate, die unter den Namen Heraklius und Theophilus Presbyter überliefert wurden, stammen aus dem 12. Jh., sind dem Inhalt nach aber sicher älter. Das Wissen der toskanischen Maler der Giottozeit überliefert der gegen 1400 entstandene *Libro dell'arte* des Cennino Cennini. In der Renaissance entstand mit Leon Battista Albertis *De pictura* der neue Typus des kunsttheoretisch ausgerichteten Traktats, der, von der Perspektivkonstruktion abgesehen, technischen Fragen der Malerei wenig Beachtung schenkt. Leonardo da Vinci hat sich intensiv mit allen Fragen der Kunst beschäftigt, aber nichts veröffentlicht. Aus seinem Nachlass wurde der *Libro di Pittura* zusammengestellt, der aber erst 1651 gedruckt wurde. In Mailand, wo Leonardos Erkenntnisse auch mündlich weitergegeben worden waren, veröffentlichte der Maler Giovanni Paolo Lomazzo 1584 seinen umfangreichen *Trattato dell'arte de la pittura*. Giorgio Vasari stellte seinen Künstlerviten 1550 und 1568 Einleitungen in die Techniken der Kunstgattungen voran. Seinem Beispiel folgten Carel van Mander mit seinem *Schilder-Boeck* (1604) und Joachim von Sandrart mit seiner *Teutschen Academie* (1675). Im Barock wurden zahlreiche umfassende Lehrbücher der Malerei veröffentlicht, unter anderem: Roger de Piles, *Cour de peinture* (1708), Gerard de Lairesse, *Groot Schilderboek* (1707, auf Deutsch 1728–1730) und Johann Melchior

Cröker, *Der wohl anführende Maler* (1736). Im 19. Jh. gab es eine wahre Flut von Handbüchern für Maler. Eines der international erfolgreichsten war der *Manuel des jeunes artistes et amateurs en peinture* von Pierre Louis Bouvier (1827). Im 20. Jh. wurde das Wissen von den Maltechniken immer komplexer, und die Erforschung historischer Maltechniken durch Restauratoren machte gewaltige Fortschritte. Zu einem Standardwerk wurde Max Doerners Buch *Das Malmaterial und seine Verwendung im Bilde* (1921), das aus Vorlesungen an der Kunstakademie in München hervorgegangen war und seither vielfach neu aufgelegt wurde.

Architekturgebundene Malerei

Die Wände eines Gebäudes farbig zu schmücken war schon in den ältesten Kulturen gebräuchlich. Eine früh entwickelte Technik ist das Mosaik, das nicht eigentlich als Malerei bezeichnet werden kann, doch in in den Zielen und in bestimmten Schritten des Arbeitsprozesses, wie der Vorzeichnung auf der Wand, mit ihr verwandt ist.

Mosaik

Wegweisend für die europäische Kunstgeschichte wurde die römische Mosaikkunst. Das Mosaik wurde ursprünglich als Bodenschmuck eingesetzt, der nicht nur ornamental gestaltet war, sondern Bildkunst auf höchstem Niveau bieten konnte, wie das Alexandermosaik aus Pompeji zeigt. Als Wand- und Deckenschmuck wurde das Mosaik erst in der Kaiserzeit verwendet, beispielsweise in den großen Thermenanlagen. Im 4. Jh. begann man christliche Kirchen mit Mosaiken zu schmücken. In den folgenden Jahrhunderten erlebte die Mosaikkunst in Byzanz und in Italien eine einzigartige Blütezeit, die erst mit dem Aufstieg der Freskomalerei um 1300 ihr Ende finden sollte. An einzelnen Orten, beispielsweise in Venedig, wurden auch weiterhin Mosaiken ausgeführt. Dass die römische Peterskirche im Barock mit Mosaiken geschmückt wurde, belegt den hohen Rang, der dieser Technik zuerkannt wurde. Befördert durch die Industrialisierung der Glasproduktion nahm die Mosaikkunst im 19. Jh. im Historismus und im Jugendstil einen neuen Aufschwung.

Die Mosaiken wurden in der Regel dadurch vorbereitet, dass die zu schmückenden Bauteile mit einer Mörtelschicht überzogen wur-

Tesserae

den, die alle Unebenheiten ausgleichen sollte. In das darübergelegte Mörtelbett wurden die kleinen Steinwürfel *(Tesserae)* so gesetzt, dass sie eine geschlossene Fläche bilden. Material dieser Tesserae waren zunächst Natursteine, auch Halbedelsteine, später in erster Linie Glas, das je nach dem Stand der Technik in verschiedenen Farbnuancen hergestellt werden konnte. Die goldenen Tesserae, die in der christlichen Mosaikkunst eine besondere Bedeutung hatten, stellte man her, indem man Goldfolie zwischen Glasplättchen einschmolz. Die Tesserae haben eine durchschnittliche Oberfläche von etwa 1 cm^2, konnten aber auch deutlich kleiner sein, wenn eine detailreichere oder nahsichtige Abbildung gewünscht wurde. Generell aber waren die Mosaiken auf die Betrachtung aus größerer Distanz berechnet. Bei der Setzung des Mosaiks kam es darauf an, die Fugen so klein wie möglich zu halten, um geschlossene Farbflächen zu erzielen. Eine entscheidende Bedeutung hat auch das Setzmuster. Das Nebeneinander in geraden Reihen erzeugt eine neutrale Fläche. Um die Wirkung von Plastizität und Bewegung zu erzielen, muss die Setzung der Tesserae den Konturen und der Binnenzeichnung der Figur folgen. Eine besondere Herausforderung war dabei die Modellierung des Gesichtes, die in der Frühzeit meist mit relativ großen, unterschiedlich zugeschnittenen Tesserae erfolgte, wie sie die Christusfigur in Sant'Apollinare Nuovo in Ravenna (um 500) zeigt, während die späteren sizilianischen Mosaikkünstler zu einer fast schon schematischen Perfektion gelangten. Für den Kopf des Christus in der Apsis des Doms von Cefalù benutzte man für das Inkarnat deutlich kleinere Tesserae als für andere Flächen. Die eng geschlossene, gleichmäßige Setzung erzielt eine sehr glatte Mosaikoberfläche. Es gab aber auch die Praxis, die Tesserae mit leicht differierenden Neigungswinkeln einzusetzen, so dass das Licht von ihnen unterschiedlich reflektiert wird, was den Effekt des Funkelns zur Folge hat.

Wandmalerei

Seccomalerei

Die Wandmalerei ist die älteste, schon in vorgeschichtlicher Zeit praktizierte Technik der Malerei. Die Kunstgeschichte hat es mit drei Grundtypen der Wandmalerei zu tun. Die Malerei auf trockenem Grund *(al secco)*, auf Naturstein oder trockenen Putzflächen, verlangt, dass den Pigmenten Bindemittel zugesetzt werden, damit sie auf dem Malgrund haften. Als Bindemittel werden Leim, Kasein, verschiedene Emulsionen oder auch Öl und Harz verwendet. Von deren Qualität hängt ganz wesentlich die Haltbarkeit der Seccomalereien ab. Ein herausragendes mittelalterliches Beispiel einer Wandmalerei in Seccotechnik bieten die Chorschranken des Kölner Doms, die wohl im zweiten Viertel des 14. Jh.s entstanden sind und Legenden der im Dom verehrten Heiligen darstellen. Die zwischen den Chorpfeilern aus Trachytquadern errichteten Mauern wurden mit einem Kreidegrund überzogen. Die Malerei ist mit in Öl-Ei-Emulsion gebundenen Farben – einer Form der Tempera – ausgeführt worden, die in Farbwahl und -gestaltung an die gleichzeitige Tafelmalerei denken lässt, während die gemusterten Hintergründe an Werke der gotischen Buchmalerei erinnern.

Kalkmalerei

Ein zweiter Grundtypus, der vor allem im Mittelalter nördlich der Alpen verbreitet war, ist die Kalkmalerei. Auch bei ihr ist der Untergrund trocken. Über ihn wird aber unmittelbar vor dem Malen eine dünne, feuchte Kalkschlämme gelegt, in die nass in nass gemalt wird. Die Pigmente werden in Wasser oder Kalkschlämme gelöst. Ein Bindemittel ist nicht nötig, weil die Pigmente durch das Kalziumkarbonat gebunden werden, das sich im Prozess der Trocknung bildet. Ein besonders frühes Beispiel für reine Kalkmalerei sind die Wandbilder in der Marienkirche von Castelseprio (Lombardei), die im 9. Jh. oder sogar noch früher entstanden sind und den für diese Technik typischen kalkig-hellen Gesamtton zeigen. Sehr oft wurden Kalkmalereien noch in Seccotechnik überarbeitet, um den Farben größere Tiefe und Intensität zu geben.

Freskomalerei

Der dritte Grundtypus ist die Malerei *al fresco*, bei der die Farben auf den feuchten Putz aufgetragen werden. Auch hier bedarf es keiner Bindemittel. Die Pigmente werden durch das Kalziumkarbonat gebunden, das sich im Prozess der Trocknung bildet, und gehen so mit dem Putz eine unlösbare Verbindung ein. Diese Technik, die schon in der Antike bekannt war, begann ihren Siegeszug als *buon fresco* in Italien um 1300. Der Vorteil gegenüber der Seccomalerei war eine weit bessere Haltbarkeit. Ein Vorteil gegenüber der Kalkmalerei lag auch darin, dass eine größere Farbintensität zu erreichen war. Beide aber hatten das Problem, dass die Wahl der Pigmente nicht frei war. Bestimmte organische Farbstoffe wie auch Blei-, Kupfer- oder Arsenverbindungen konnten auf feuchtem Kalk nicht verwendet werden. Die Farbpalette bestand hauptsächlich aus Erdfarben. Als Weiß wurde bevorzugt Grubenkalk verwendet, das Schwarz wurde beispielsweise aus verkohlten Weinreben gewonnen. Diese Einschränkungen führten dazu, dass die Fresken fast immer mit Seccomalerei vollendet wurden, wobei der Seccoanteil in der sichtbaren Oberfläche des Bildes ganz erheblich sein kann. Diese Erkenntnis führte in jüngerer Zeit dazu, dass Restauratoren den Begriff «Fresko» möglichst meiden und stattdessen allgemein von «Wandmalerei» sprechen.

Putz Anlage und Aufbau dieser Wandmalereien entsprechen aber zumeist doch dem in der italienischen Malerei des Spätmittelalters perfektionierten kombinierten Verfahren. Im ersten Arbeitsschritt wurde ein Grundputz (*arriccio*) auf die Mauer aufgetragen, dessen Oberfläche rau belassen wurde, damit der nach dem Abtrocknen darübergezogene Feinputz (*intonaco*), der eigentliche Bildträger, besser haftet. Da die Freskotechnik verlangt, dass in den feuchten Putz gemalt wird, die auszumalenden Flächen aber meist so groß waren, dass sie vom Künstler nicht in einem Zuge vor dem Austrocknen des Putzes zu bewältigen waren, wurde der Feinputz abschnittsweise aufgetragen. Dabei galt die Grundregel, dass von oben nach unten gearbeitet wurde, um zu vermeiden, dass bereits ausgeführte Teile durch herablaufendes Wasser oder Farben beschädigt würden. Anfänglich richtete sich die jeweils frisch verputzte Fläche nach dem Arbeitsgerüst der Maler, das schrittweise abgesenkt wurde. Die so entstehenden Bildabschnitte werden im Italienischen als *pontate* bezeichnet. Im *buon fresco* wurden die Putzabschnitte sehr viel kleiner. Ihre Größe richtete sich danach, wie viel während eines Arbeitstages *Tagwerke* bemalt werden konnte, weswegen sie als *giornate*, Tagwerke, bezeichnet werden. In der Praxis konnte die Arbeit an einem solchen Abschnitt so lange dauern, wie der Putz feucht gehalten werden konnte. In der Scrovegni-Kapelle in Padua, die um 1305 von Giotto ausgemalt wurde (Abb. 1, Tafel III), der entscheidenden Anteil an der Perfektionierung der Freskotechnik hatte, setzt sich ein Bildfeld aus fünf bis über zwanzig Tagwerken zusammen. In der Oberkirche von San Francesco in Assisi findet man unter den Fresken der Franziskuslegende Bildfelder mit siebzig und sogar neunzig Tagwerken. Um die Tagwerkgrenzen möglichst nicht sichtbar werden zu lassen, werden sie bevorzugt entlang den Umrissen von Figuren oder Gegenständen gezogen. Da sich die Ränder der Tagwerke schräg überlappen, ist es möglich, die Abfolge festzustellen, in der das Werk ausgeführt wurde.

Vorzeichnung Der Arbeitsablauf der Freskomalerei ist komplex. Auf dem *arriccio* wurde die Anlage des auszuführenden Bildes festgelegt. In einem ersten Schritt wurden mit Ritzungen oder mit einer mit Farbe getränkten Schnur, die gegen die Wand gedrückt oder geschlagen wurde, die Mittelsenkrechte und oft auch eine Horizontale markiert, um zu vermeiden, dass die Figuren nicht im Lot stehen. Dann wurde mit rotem Pigment, nach einem seiner Fundorte Sinope (ital. *sinopia*) genannt, die Bildkomposition mehr oder weniger detailliert aufgezeichnet. Da diese Vorzeichnung Schritt für Schritt durch den Feinputz der Tagwerke überdeckt wurde, war eine weitere Vorzeichnung oder Untermalung notwendig, die, wie Giottos Fresken in Padua zeigen, mit Ocker, Braun- oder Rottönen ausgeführt wurden. Dies musste sehr rasch geschehen, weil auch die dann folgende malerische Ausführung auf dem feuchten Putz zu geschehen hatte. Die Arbeit war damit noch nicht beendet. Kalkunverträgliche Pigmente mussten nach dem Abtrocknen des *intonaco al secco* aufgetragen werden. In der Zeit Giottos und seiner Nachfolger betraf dies vor allem die Blautöne, für die das teure, aus Lapislazuli gewonnene Ultramarin oder das billigere Azurit verwendet wurde. Dass solche Secco-Übermalungen weniger beständig sind, zeigen die Paduaner Fresken an vielen Stellen. Ein weiterer Arbeitsgang war das Auflegen von Metallfolien. Das betraf nicht nur das Gold der Heiligenscheine. Silberglanz konnte mit einer Auflage aus Zinn erzielt werden, die allerdings im Lauf der Zeit schwarz geworden oder abgeblättert ist.

Karton

Eine wichtige Innovation war um 1400 die Einführung des Kartons, einer maßstabsgleichen Zeichnung des auszuführenden Werks. Um diese auf den *intonaco* zu übertragen, hat man anfangs die Linienzüge mit einer Nadel perforiert und mit Hilfe eines mit Kohlenstaub gefüllten Stoffbeutels durchgepaust. Später, in der zweiten Hälfte des 15. Jh.s, ging man dazu über, die Konturen des auf den *intonaco* gelegten Kartons zu übertragen, indem man sie mit einem Metallgriffel nachzog. Die Kartons mussten dafür den Tagwerken entsprechend zerschnitten werden, so dass nur sehr wenige dieser monumentalen Zeichnungen erhalten blieben, die oft, wie der Karton zu Raffaels *Schule von Athen* zeigt, sehr sorgfältig ausgeführt worden sind.

Quadratnetz

Die perspektivischen Grundlinien der Bildkomposition und die Architektur wurden häufig auch direkt auf der Wand konstruiert, was an Ritzungen zu erkennen ist, die sich deutlich von den Prägelinien der Kartonpause unterscheiden. Mit Hilfe eines Quadratnetzes, das über die Vorzeichnung gelegt und entsprechend vergrößert auf dem *intonaco* eingeritzt wurde, konnte die Stufe des Kartons übersprungen werden. Derartige Quadrierungen sind schon Mitte des 15. Jh.s nachweisbar. Sie waren im Barock weit verbreitet. Das hängt damit zusammen, dass in dieser Epoche die Vorbereitung der Wandbilder durch Ölskizzen und im Falle von Kuppeln manchmal auch durch dreidimensionale Modelle üblich wurde. Mit dem Quadratnetz konnte die Gesamtanlage festgelegt werden, so dass die Anfertigung von Kartons auf die Figuren beschränkt werden konnte. Von den Kartons des Barock, auf deren Ausführung nicht mehr so große Sorgfalt angewandt wurde, ist kaum etwas erhalten.

Die Ablehnung illusionistischer Wandmalerei im Klassizismus ließ die technischen Traditionen abbrechen. Bei der Erneuerung der Freskomalerei im 19. Jh., die von Peter Cornelius und den Nazarenern ausging, hat man sich vor allem an den Werken und Schriften der Renaissance orientiert. Die im echten Fresko zu beachtenden Einschränkungen der Farbpalette wurden oft durch einen hohen Anteil von Seccomalerei umgangen. Seit etwa 1830 unternahm man Experimente mit Malerei auf Wachsbasis, in der man die antike Enkaustik wiederzufinden glaubte. Neue Wege ging Wilhelm v. Kaulbach, der für seine Wandbilder im Neuen Museum in Berlin die neu entwickelte Technik der Fixierung mit Wasserglas (Kaliumsilikat) übernahm. Dass diese technische Innovation keine bessere Haltbarkeit der Werke brachte, zeigten Kaulbachs Wandbilder an den Außenfronten der Neuen Pinakothek in München, die nach wenigen Jahrzehnten bereits verwittert waren.

Im 20. Jh. kam es mit der von Mexiko ausgehenden Bewegung des *Muralismo* zu einer regelrechten Renaissance des Freskos. In Europa gibt es zwar keine so einheitliche Strömung, aber doch vielfältige Formen der Wandmalerei, die sich zumeist aber moderner maltechnischer Errungenschaften bedienen, die auch in der Tafelmalerei eingesetzt wurden.

Buchmalerei

In der Antike war Papyrus der übliche Beschreibstoff. Für längere Texte wurden einzelne Blätter zu Rollen zusammengefügt. Auf der Papyrusrolle mussten dem Text eingefügte Bilder mit dünnflüssiger, tintenähnlicher Farbe ausgeführt sein, wenn sie beim Aufrollen nicht zerbröckeln sollten. Eine Tradition der Textillustration konnte sich so kaum entwickeln. Erst mit der Entdeckung des Pergaments als Beschreibstoff im 4. Jh. n. Chr. und dem gleichzeitigen Übergang von der Buchrolle zum Codex wurde hier der Malerei ein Betätigungsfeld geschaffen, das zentrale Bedeutung für die mittelalterliche Kunst haben sollte. Über die in der Buchmalerei verwendeten Farben, ihre Herstellung und Anwendung sind wir durch die erwähnten mittelalterlichen Traktate gut unterrichtet. Neben den anorganischen Farben, den Erdfarben und chemisch hergestellten Farben wie dem Bleiweiß, Auripigment (gelbes Arsensulfid), Zinnober, Ultramarin und

Azurit konnten in der Buchmalerei auch organische Farbstoffe verwendet werden wie Purpur, Karmin, Indigo und das so genannte Folium, ein Blau, das aus dem Saft des Krebskrautes gewonnen und in mehreren Tonvarianten hergestellt wurde. Wichtigstes Bindemittel der Buchmalerei war Eiweiß. Man benutzte aber auch Fischleim oder Gummi, das aus dem Harz von Steinobstbäumen gewonnen wurde. Eine große Bedeutung hatten Metallgründe, insbesondere der Goldgrund, der vor allem in der ottonischen Buchmalerei stilprägend war. Das Blattgold wurde mit Eiweiß fixiert, entweder direkt auf dem Pergament oder wie in der Tafelmalerei über einem Poliment aus Bolus oder Kreide.

Die Herstellung von Büchern erfolgte im frühen Mittelalter fast ausschließlich in den Skriptorien der Klöster. Diese bekamen erst vom 12. Jh. an Konkurrenz durch Werkstätten in den großen Städten. An der Arbeit waren viele Hände beteiligt. Das Pergament, das meist außerhalb des Klosters beschafft wurde, musste glatt geschliffen und beschnitten werden. Auf den Seiten wurden Satzspiegel und Schreiblinien mit einem Metallgriffel eingeprägt. Dann kamen die bereits zu Lagen zusammengelegten Pergamentbögen zum Schreiber und zum Rubrikator, der meist mit roter Tinte (lat. *rubricare* = rot färben) Kapitelzählungen, Überschriften und einfache Initialen und Ornamente einfügte. Anschließend konnte der Miniator seine Arbeit aufnehmen. Er fügte seine Bilder an den Leerstellen ein, die der Schreiber gelassen hatte und an denen ihm auch oft kurze Anweisungen zum Bildgegenstand gegeben wurden. Auch das Binden der Bücher erfolgte im Skriptorium. Die notwendigen Arbeitsmittel, Tinten und Farben wurden ebenfalls dort hergestellt.

Gegen die Übermacht des Mitte des 15. Jh.s erfundenen Buchdrucks konnte sich die Buchmalerei noch lange behaupten, wurde aber schließlich doch ein Randgebiet, in dem sich die alten technischen Traditionen kaum noch fortsetzten. Als Holzschnitt oder Kupferstich gedruckte Buchillustrationen wurden vielfach noch koloriert, oft mit Aquarellfarben, die einen Malgrund aus Papier voraussetzen.

Tafelmalerei

Grundlagen

Bildträger

Tafelbild oder Staffeleibild sind Sammelbegriffe für Bilder auf mobilen Bildträgern. Im Mittelalter wurde ganz überwiegend regional verfügbares Holz als Bildträger verwendet. Nördlich der Alpen benutzte man vor allem Eichenholz, daneben auch Fichte oder Linde, in Italien hingegen bevorzugte man Pappelholz. Die Tafeln wurden in der Regel aus mehreren Brettern zusammengefügt und durch rückwärtige Stützkonstruktionen gefestigt. Auch der Rahmen, der in der Frühzeit des Tafelbildes integraler Bestandteil der Tafel war, diente der Stabilisierung.

Leinwand wurde ebenfalls schon sehr früh als Bildträger verwandt. In mittelalterlichen Rezeptbüchern finden sich Hinweise zur Zubereitung der Leinwand, die mit Leim imprägniert wurde. Zunächst war bemalte Leinwand wohl Ersatz für gewebte oder gestickte Wandbehänge oder Altarantependien. Nördlich der Alpen wurde diese «Tüchleinmalerei» im Spätmittelalter recht beliebt. Der Dresdener Altar von Albrecht Dürer ist ein prominentes Beispiel. Wie das Malerbuch Cenninis zeigt, verwendete man auch in Italien Leinwand als Bildträger. Dort setzte sich gegen Ende des 15. Jh.s die auf einem Keilrahmen aufgespannte Leinwand immer mehr durch, zunächst vor allem für profane Bilder und große Formate, später auch für Altarbilder. Oberitalienische und venezianische Meister wie Mantegna und Carpaccio sind hier vorangegangen. Im 16. und frühen 17. Jh. waren Holz und Leinwand gleichermaßen beliebt. Bei kleineren Formaten wurde, insbesondere in den Niederlanden, die Holztafel bevorzugt. Im malerischen Œuvre von Peter Paul Rubens zählt man über 300 Holztafeln und rund 220 Leinwandbilder.

Um 1600 finden sich auch andere Trägermaterialien, insbesondere Schiefer und Kupfer, die von Künstlern wie Adam Elsheimer gewählt wurden, die sich einer Feinmalerei in kleinem Format verschrieben hatten. In der Folgezeit setzte sich dann das Leinwandbild immer mehr durch und wurde im 19. Jh. die Regel. Es bekam allerdings durch die Verbreitung von industriell gefertigtem Malkarton und künstlichen Holzplatten wie Sperrholz eine gewisse Konkurrenz.

Grundierung Jeder Bildträger muss für das Malen präpariert werden. Holztafeln wurden zur Sicherung gegen Dehnungsrisse, die durch das temperaturbedingte Arbeiten des Holzes entstehen können, ganz oder partiell mit Pergament oder Leinwand beklebt. Darüber legte man – meist in mehreren Schichten – die Grundierung. In Italien verwendete man dafür zumeist Gips, der in Leimwasser angerührt wurde, in Nordeuropa bevorzugte man Kreide als Grundmaterial. Die Oberfläche wurde glatt geschliffen. Die Vorbereitung des Malgrundes wurde in der Regel mit einer Imprimitur, einer dünnen, mit Leim oder Öl gebundenen Schicht, abgeschlossen, die die Saugfähigkeit reguliert und ein Einsinken der Farbe verhindern soll. Die Partien, die vergoldet werden sollten, wurden mit Poliment vorbereitet. Der Begriff leitet sich von *bolus* ab, der griechischen Bezeichnung für einen rötlichen Ton, der extrem fein geschlämmt und mit Eiklar als Bindemittel in mehreren, jeweils sorgfältig geschliffenen Schichten aufgetragen wurde. Von dem rötlichen Grund der Polimentvergoldung wurden die zu bemalenden Teile ausgespart, deren Grundierung zumeist weiß blieb. Bei Leinwandbildern, Tüchlein genannt, beließ man es anfänglich zumeist bei einer Imprägnierung mit Leim. Im 16. Jh. wurde es üblich, auf die so präparierte Leinwand eine Grundierung mit Gips oder Bleiweiß und leim- oder ölhaltigem Bindemittel aufzutragen. Die oberste Schicht bildete wieder die Imprimitur. Grundierung und Imprimitur konnten auch farbig angelegt werden. Im 16. Jh. geschah dies nur gelegentlich, beispielsweise bei den venezianischen Meistern. In der Folgezeit wurde es von Italien ausgehend immer häufiger. Eine graue oder rötlich-braune Grundierung wurde bevorzugt, üblich waren auch aus unterschiedlich gefärbten Schichten aufgebaute Gründe. Im 19. Jh. kehrten die Künstler, insbesondere die Impressionisten, wieder zu weißen Bildgründen zurück.

Farbmittel

Die mittelalterlichen Malereitraktate widmen sich in erster Linie den Fragen der Gewinnung organischer Farbstoffe und der Zubereitung der anorganischen Pigmente. Im frühen Mittelalter stellte man die Malfarben in den Klöstern wie in den Städten direkt in den Werkstätten der Künstler her. Die Mineralfarben, die meist in größeren, festen Brocken gehandelt wurden, und auch die Erdfarben mussten im Mörser zerstoßen und auf einer Steinplatte fein gerieben werden, eine Arbeit, die die Lehrjungen zu verrichten hatten. Im späteren Mittelalter konnten Pigmente und Farbstoffe zunehmend auch bei Apothekern und spezialisierten Händlern erworben werden. Die Zahl der gebräuchlichen Pigmente und Farbstoffe war nicht sehr groß, noch im 17. Jh. lag sie bei etwa zwanzig. Auf ihrer Palette, die erst seit dem 15. Jh. in Gebrauch kam, hatten die Künstler in der Regel weniger als zehn verschiedene Töne, so dass sehr viel auf die Kunst des Farbmischens ankam. Vom 18. Jh. an wurde die Farbauswahl mit neuen, synthetischen Pigmenten erweitert. Besonders schnell verbreiteten sich das Berliner oder Preußisch Blau und das Neapelgelb. Das 19. Jh. brachte dann die Industrialisierung der Farbchemie, die zunächst Ersatz für seltene oder teure Farben anbot, wie das künstliche Ultramarin, und dann ein breites Spektrum neuer Farben entwickelte, deren Basis Chrom, Kadmium oder Kobalt waren. Ein weiterer Schritt war die Erfindung der Teerfarbstoffe, die aus Steinkohlenteer durch Destillation gewonnen wurden, durch die es gegen Ende des Jh.s zu einer rasanten Entwicklung kam. Um 1900 standen rund 1000 Farbtöne zur Verfügung.

Manches, was die Industrie lieferte, erwies sich jedoch als sehr problematisch für den Künstler. So warnte beispielsweise das weit verbreitete Handbuch der Ölmalerei des Pierre Louis Bouvier, das ein langes Verzeichnis der erhältlichen und gebräuchlichen Farben bietet, in späteren Auflagen der deutschen Übersetzung ausdrücklich vor der Verwendung des Chromgelb. Nachgewiesen ist dies beispielsweise für Bilder van Goghs, in denen das ursprünglich leuchtende Chromgelb sich immer mehr in ein dumpfes Braun verwandelt. Eine problematische Farbfamilie waren auch die so genannten Asphaltfarben, aus Bitumen gewonnene braune Farbstoffe, die stark nachdunkelten und wegen ungünstiger Trocknungseigenschaften zu starker Rissbildung führen konnten.

Für die Künstler hat sich im Zeitalter der Industrialisierung vieles verändert. Waren sie früher gezwungen, die Farben in kleinen Mengen für die jeweils anstehende Arbeit zuzubereiten, da die Farben in den Schälchen oder Pergamentbeuteln, in denen sie aufbewahrt wurden, sehr schnell austrockneten, so konnte man seit der Einführung der Zinntube, die um 1840 in England erfunden wurde, Farben in beliebiger Menge zur sofortigen Verwendung bereithalten. Die Zahl der Farben auf der Palette, die ganz individuell zusammengestellt werden konnten, nahm zu. Hinter dem für den Impressionismus charakteristischen weitgehenden Verzicht auf die Verwendung von Erdfarben steht auch die Verfügbarkeit vieler neuer Farbmittel aus dem Bereich der Spektralfarben. Eine nochmalige Ausweitung der verfügbaren Farbmittel ist für das 20. Jh. zu verzeichnen, wobei gleichzeitig viele der althergebrachten Pigmente und Farbstoffe, die zum Teil problematische chemische Eigenschaften hatten, ganz außer Gebrauch kamen.

Bindemittel Pigmente und Farbstoffe sind der Grundstoff der Malerei. Für die malerische Technik sind die Bindemittel und ihre Eigenschaften ausschlaggebend. Nach der Art der Bindemittel wird zwischen verschiedenen Techniken der Malerei unterschieden. Die wichtigsten Verfahren sind die Temperamalerei, Ölmalerei und Wasserfarben.

Firnis Schon im frühen Mittelalter wurde es üblich, das ausgeführte Gemälde mit einem Firnis, einer dünnen, transparenten Schicht, zu überziehen, die die Farbschicht vor schädigenden äußeren Einflüssen schützen und zugleich die koloristische Wirkung steigern sollte, indem sie der Temperafarbe Glanz und Tiefe verlieh. Der Begriff Firnis leitet sich von mittellateinisch *veronix* her, das zu *vernix* (bei Theophilus *fornis*) verkürzt wurde, womit das Harz des Sandarakbaumes bezeichnet wurde, einer im östlichen Mittelmeer verbreiteten Koniferenart. Dieses Harz wurde mit kleinen Mengen Öl, zumeist Leinöl, zusammengeschmolzen und dann abgekühlt dünn über das Gemälde gestrichen. Eine Alternative dazu war die Verwendung von Mastix, einem Pistazienbaumharz, das meist in Terpentinöl gelöst wurde. Ein vor allem im Norden gebräuchliches Rezept war Bernsteinfirnis, bei dem zerriebener Bernstein das Sandarakharz ersetzte. Es gab auch verschiedene Möglichkeiten, den Firnis auf Ölbasis herzustellen. Allerdings war die Gefahr des allmählichen Vergilbens des Firnis umso größer, je höher der Ölanteil war.

Temperamalerei

Die vorherrschende Technik der mittelalterlichen Tafelmalerei war die Temperamalerei. Tempera ist ein Sammelbegriff, der vom lateinischen *temperare* («in das rechte Maß oder Verhältnis bringen») abgeleitet wurde, und bezeichnet Malverfahren, bei denen die in Wasser angerührten Farbmittel mit organischen Bindemitteln versetzt werden. Tempera ist mithin prinzipiell eine Emulsion. Cennini, der explizit von Tempera spricht, nennt zwei Arten von Temperabindemitteln, nämlich Eidotter und den aus Trieben des Feigenbaumes gewonnenen Feigensaft, also ein pflanzliches Gummi oder Harz. Eine dritte Möglichkeit war der Einsatz von Leim, der beispielsweise aus Pergament gewonnen werden konnte. Historisch gesehen war die Eitempera die gebräuchlichste Technik im Mittelalter, die sich, von Byzanz herkommend, in ganz Europa durchsetzte und bis in das 15. Jh. vorherrschend bleiben sollte. Wie in der Wandmalerei sind auch in der Tafelmalerei technische «Monokulturen» selten. Bestimmte Pigmente wurden eher mit Leim als Bindemittel eingesetzt, und das Ei, von dem auch Dotter und Eiweiß zusammengerührt verwendet werden konnten, wurde oft zusätzlich mit Leim oder später auch Ölen versetzt, um die Bindefähigkeit zu erhöhen.

Ein Grundproblem der Tempera ist, dass sie rasch trocknet, weswegen sie sich kaum nuancenreich vertreiben lässt. Ein breiter oder pastoser Auftrag ist unmöglich, und die Deckkraft der Farbe ist gering. Deswegen sind Korrekturen schwierig. Auf der anderen Seite wird die Temperafarbe erst nach längerem Durchtrocknen wasserfest. Die Eigenschaften der Tempera nötigten zu einem mit relativ feinem Pinsel ausgeführten, strichelnden Farbauftrag, der in mehreren Lagen ausgeführt werden konnte. Form und Richtung der Strichführung waren im Zusammenwirken mit der Tönung ein wesentlicher Faktor der Modellierung. Durch die mit der Temperatechnik verbundenen Schwierigkeiten lag es nahe, das Gemälde mit einer möglichst detaillierten Unterzeichnung vorzubereiten, die heutzutage mit technischen Methoden wie der Infrarotreflektographie sichtbar zu machen ist.

Wasserfarben

Gouache Als Seitenzweig der Temperamalerei kann die Gouachemalerei bezeichnet werden. Der Begriff taucht in den italienischen Traktaten des 16. Jh.s auf. Malerei *a guazzo* wurde anfänglich mit Tempera gleichgesetzt; später, vor allem nachdem sich der Begriff auch in Frankreich etabliert hatte, bezeichnete Gouache eine Technik mit wässrigem Bindemittel wie Leim oder Gummi, wobei den Pigmenten Füllstoffe zugesetzt sind, die die Deckfähigkeit der Farben steigern. Hiervon leitet sich auch der im Deutschen gebräuchliche Begriff «Deckfarben» her. In Italien galt Gouache als minderwertige Technik, die beispielsweise für Festdekorationen eingesetzt wurde, aber auch ein Raffael verwendete sie bei der Ausführung seiner Teppich-Kartons. In den Niederlanden benutzte man Gouache auch in der Tafelmalerei. Die Vermischung mit traditioneller Tempera war sehr üblich.

Aquarell Neben der Gouache entwickelte sich die Technik des Aquarells, der Wasserfarbenmalerei, die an sich seit frühsten Zeiten bekannt war, aber erst in der Renaissance als Medium mit ganz eigener Qualität entdeckt wurde. Die ganz fein gemahlenen Pigmente, die anders als Farbstoffe nicht im Wasser löslich sind, werden mit Netzmitteln und mit geringen Mengen Gummi arabicum versetzt, das hier nicht nur als Bindemittel dient, sondern auch die Farbe stabilisieren soll, wenn sie mit Wasser verdünnt wird. Aufgrund dieser Konsistenz ist Aquarell nur auf Papiergrund haltbar. Die Aquarellfarbe dringt in das Papier ein und färbt die Papierfaser. Ein an der Oberfläche gebliebener Farbüberschuss ist wasserlöslich. Aus diesen Gründen ist ein Aquarellstrich nicht korrigierbar, es sei denn mit Deckfarben. Da Weißpigmente stark deckend sind, fehlen sie in der echten Aquarellmalerei. Der hellste Farbwert im Bild ist derjenige des Papiers. Der Farbaufbau schreitet vom Hellen zum Dunklen voran. Bei der Gouache ist es genau umgekehrt. Hier erfolgt der Farbaufbau vom Dunklen zum Hellen.

Wasserfarben wurden im 15. Jh. zur Kolorierung von Holzschnitten eingesetzt. Einen kunstgeschichtlichen Wendepunkt bedeutete

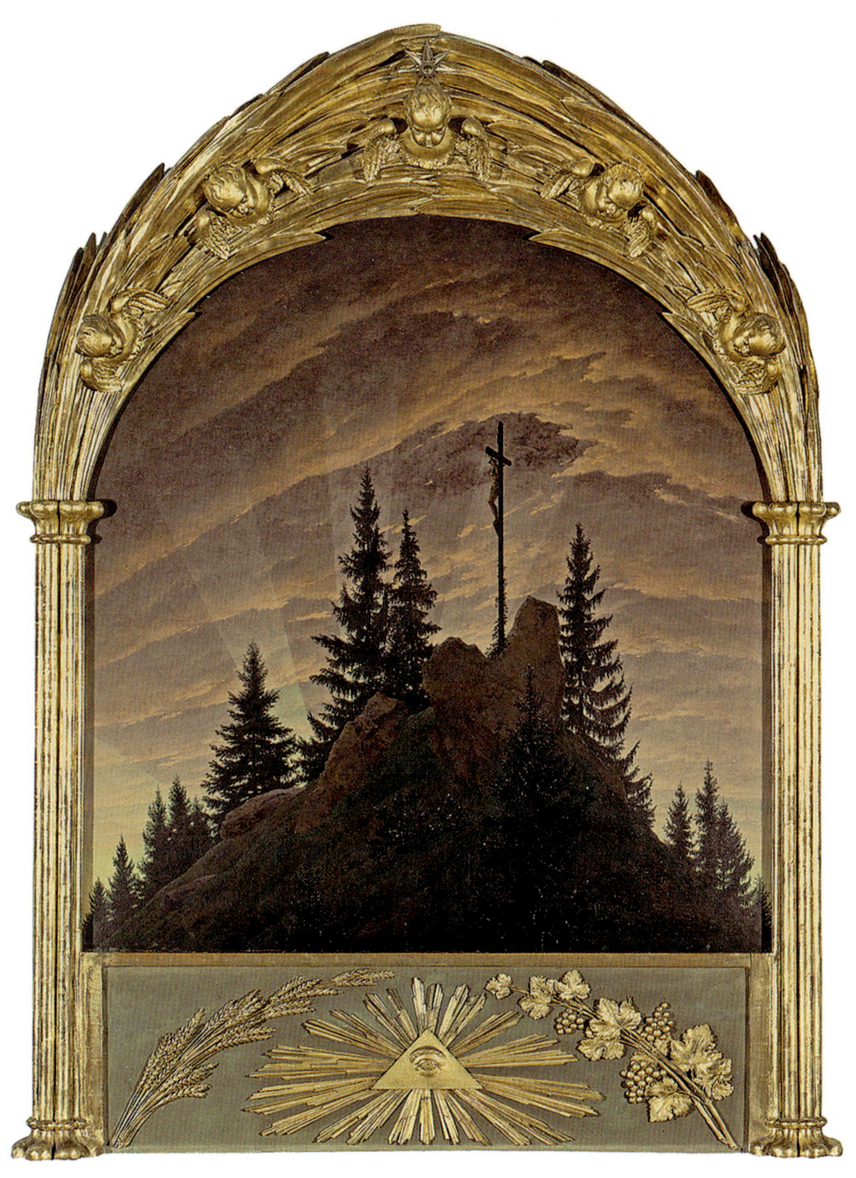

Caspar David Friedrich, Das Kreuz im Gebirge, 1808, Dresden, Staatliche Kunstsammlungen

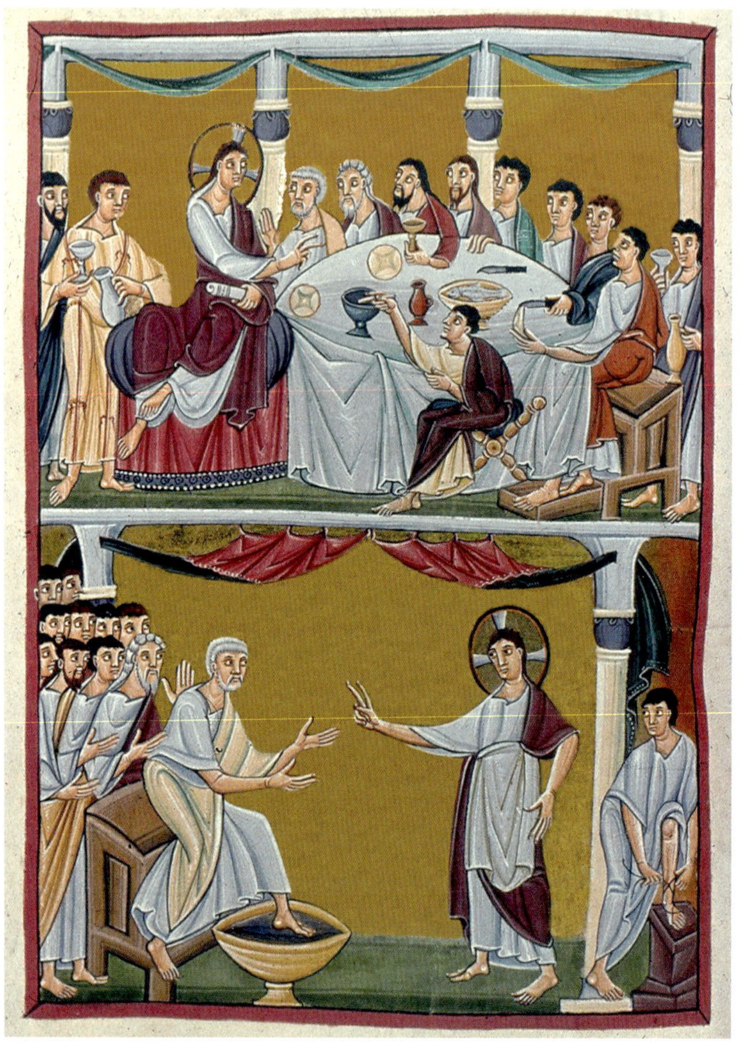

Abendmahl und Fußwaschung, Perikopenbuch Heinrichs II., um 1012, München, Bayerische Staatsbibliothek, Clm 4452, fol. 105v

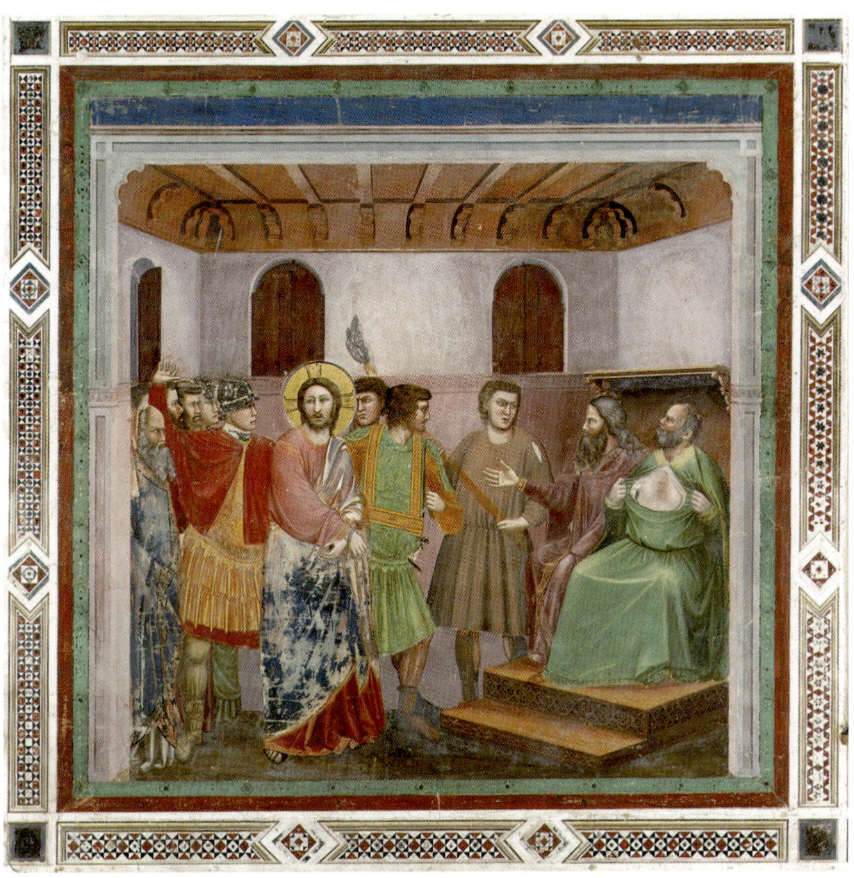

Giotto, Christus vor Kaiphas, um 1305, Padua, Arena-Kapelle

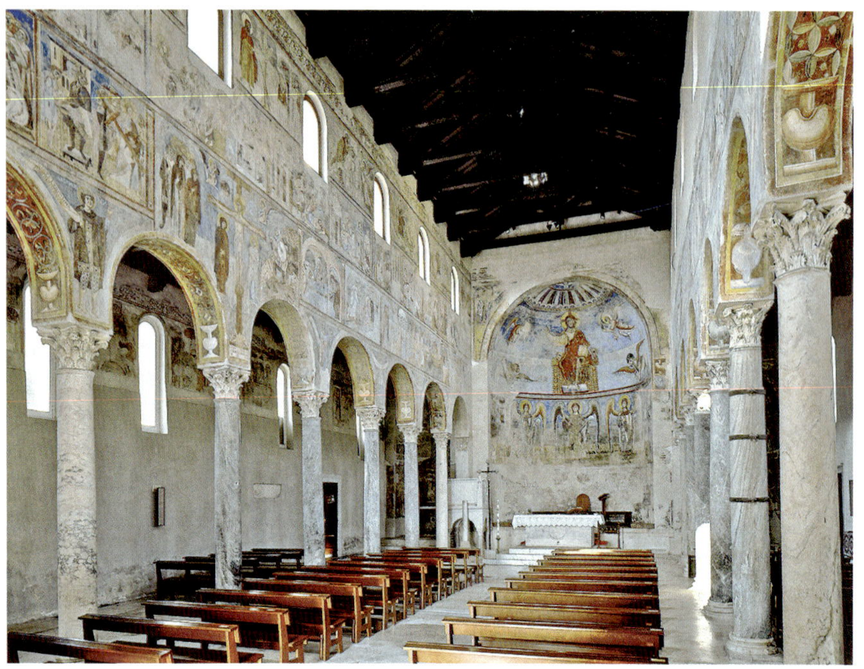

S. Angelo in Formis, Innenraum, Blick zum Chor, um 1080

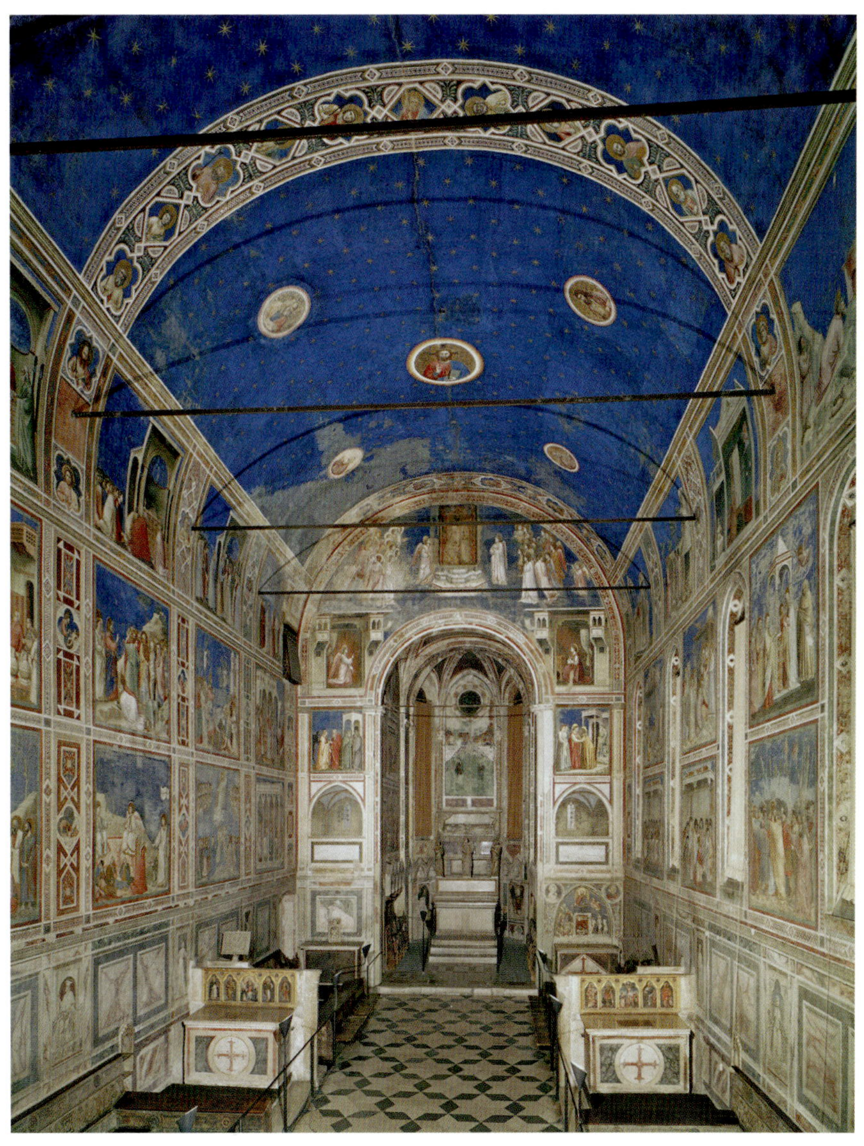

Padua, Arena-Kapelle, Innenraum, Blick zum Chor, um 1305

Tafel VI

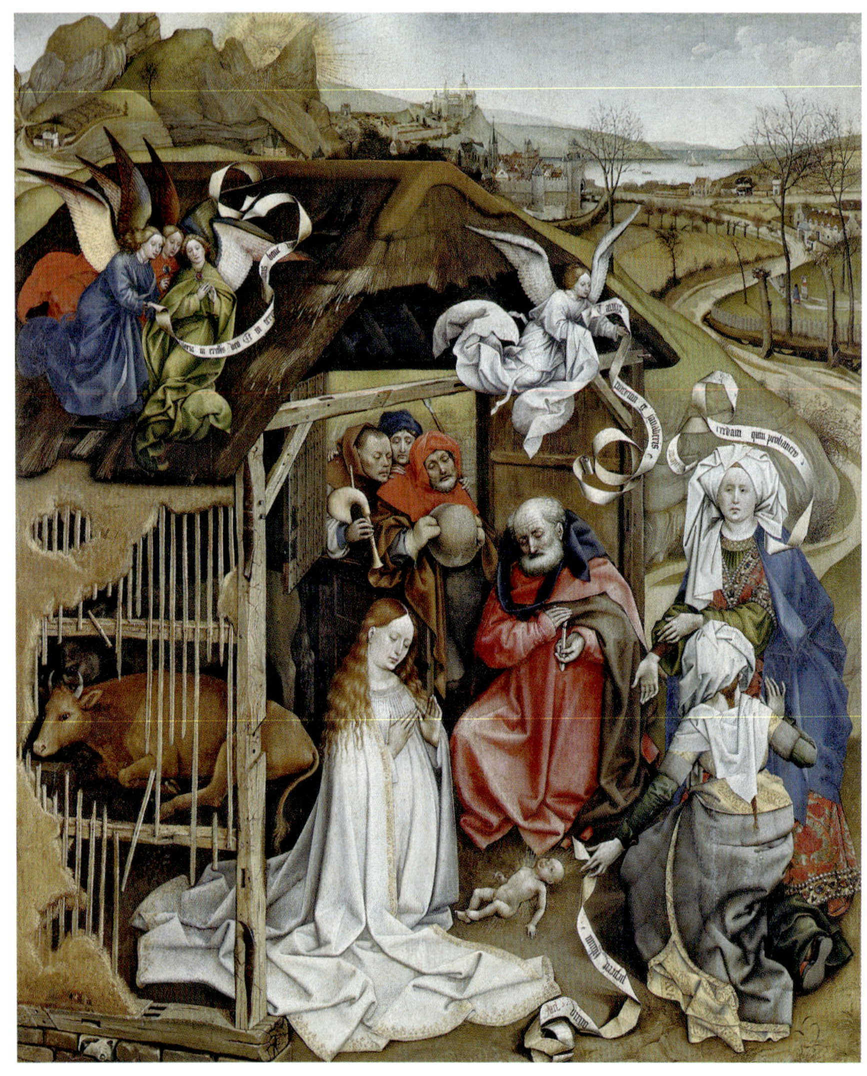

Meister von Flémalle, Geburt Christi, um 1430, Dijon, Musée des Beaux Arts

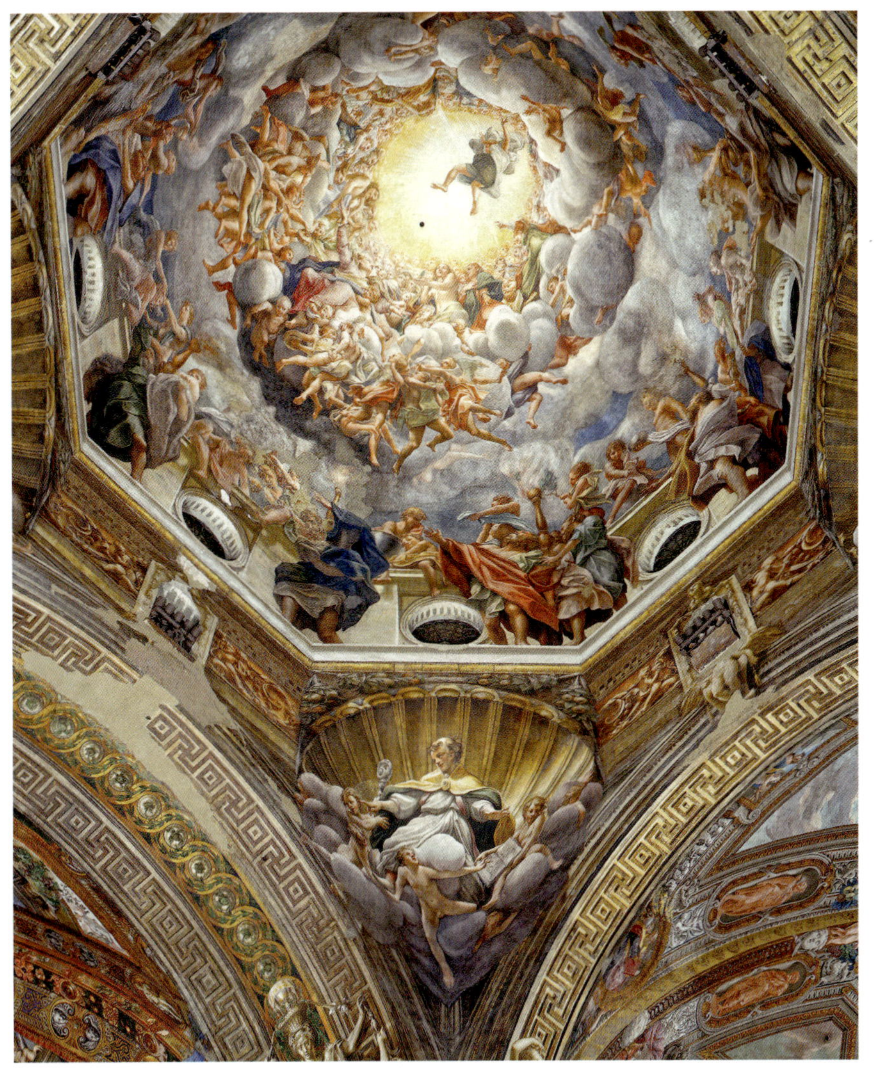

Correggio, Himmelfahrt Mariens, 1526-30, Parma, Dom

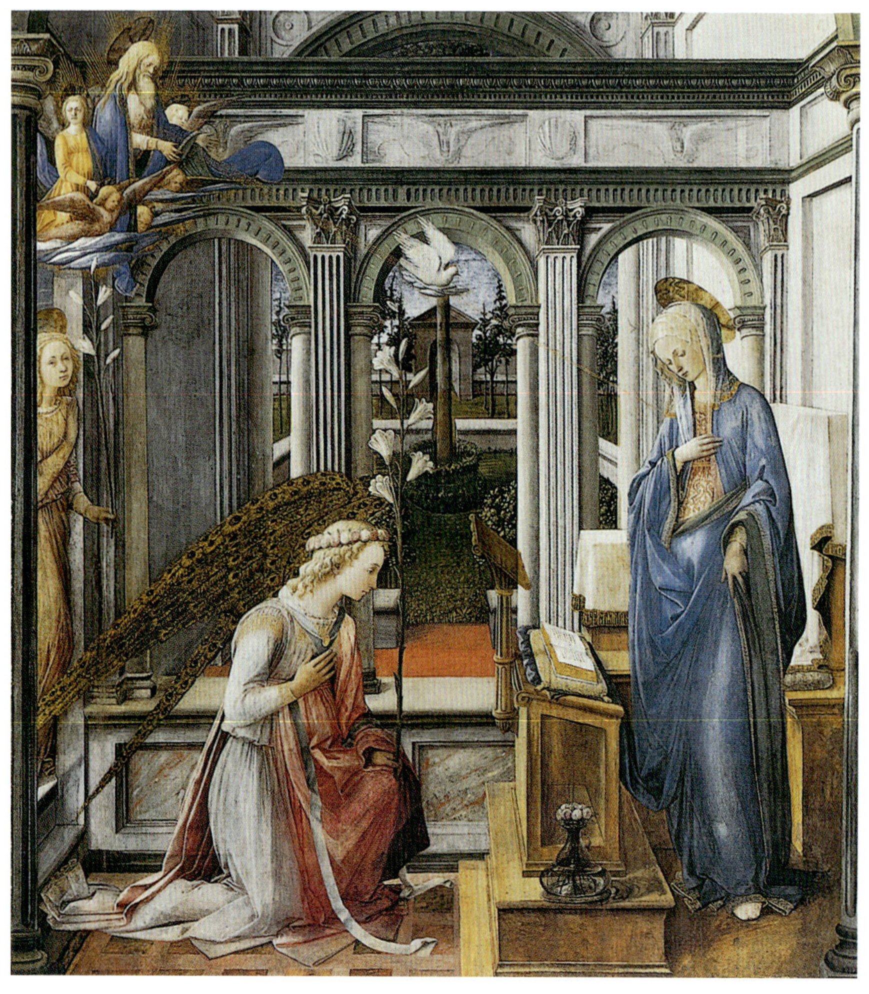

Filippo Lippi, Verkündigung, um 1443–1445, München, Alte Pinakothek

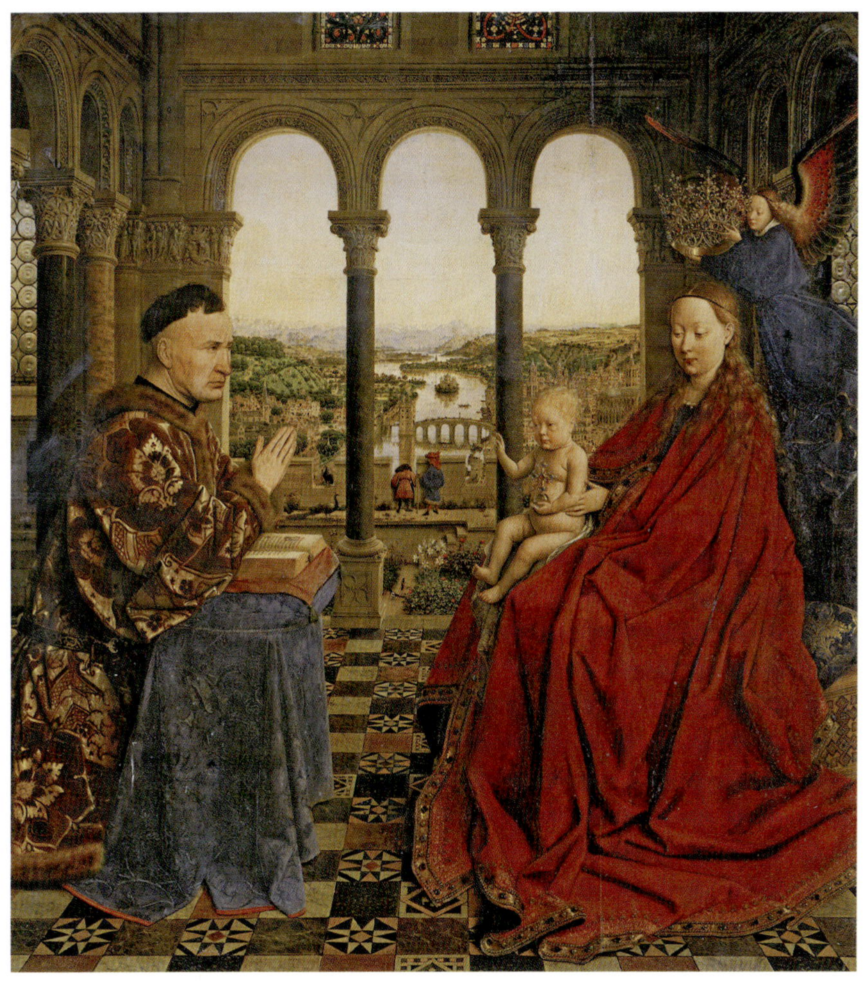

Jan van Eyck, Madonna des Kanzlers Rolin, um 1435, Paris, Louvre

Tafel X

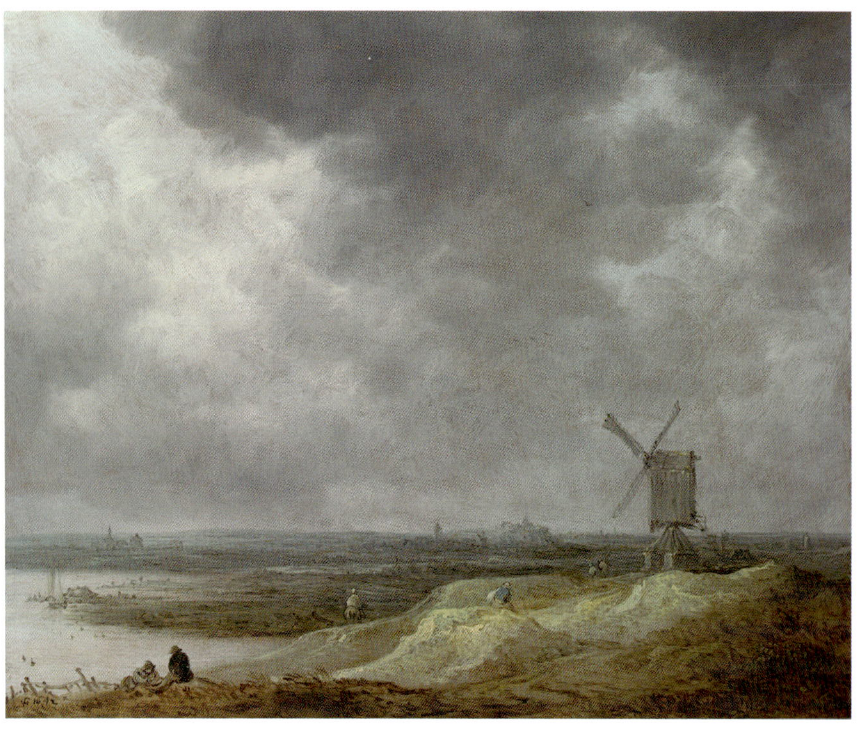

Jan van Goyen, Windmühle am Fluss, 1642, London, National Gallery

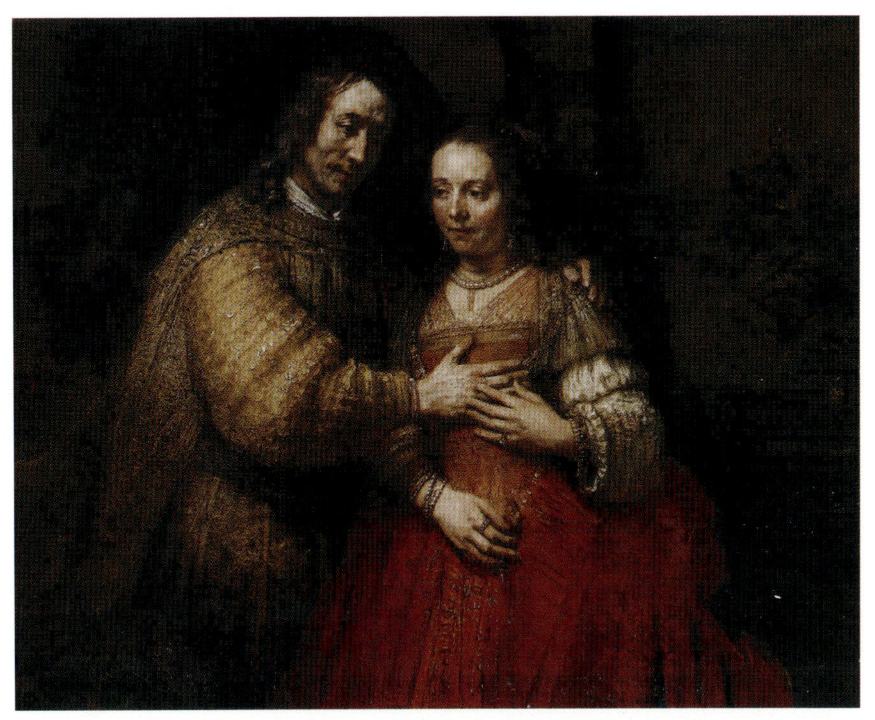

Rembrandt, Isaak und Rebecca (?), um 1665, Amsterdam, Rijksmuseum

Tafel XII

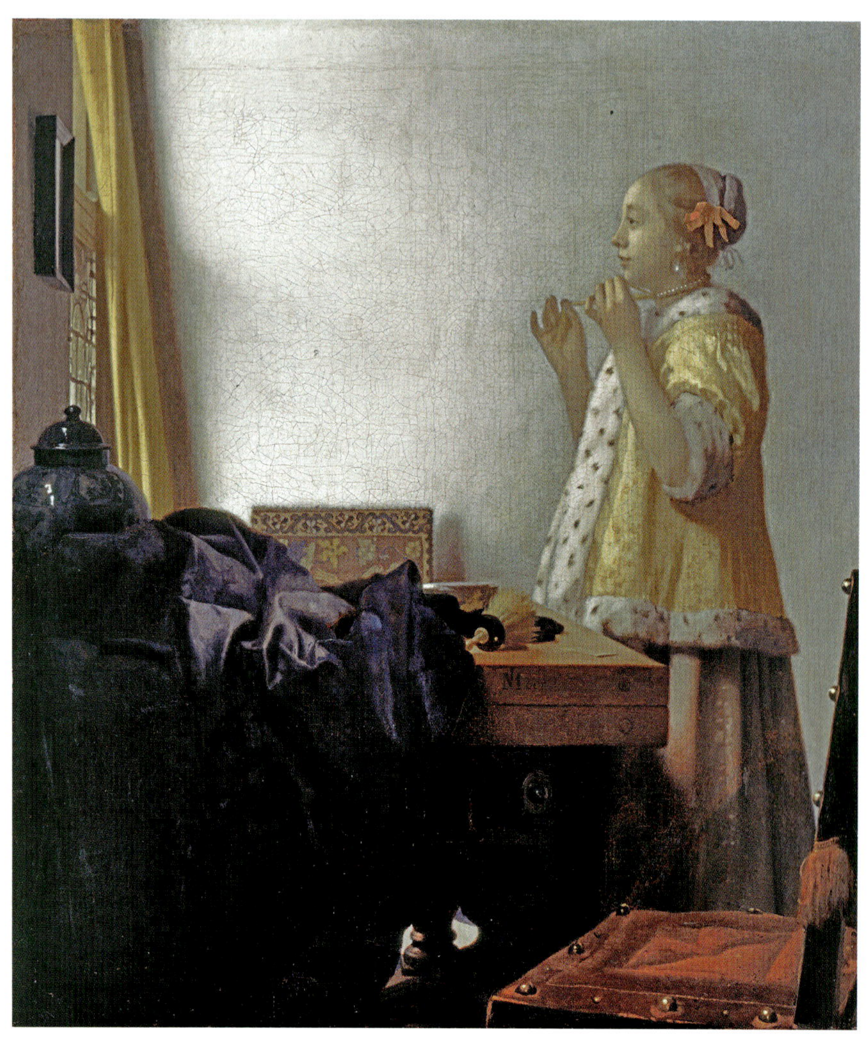

Jan Vermeer, Junge Dame mit Perlenhalsband, 1662/65, Berlin, Gemäldegalerie

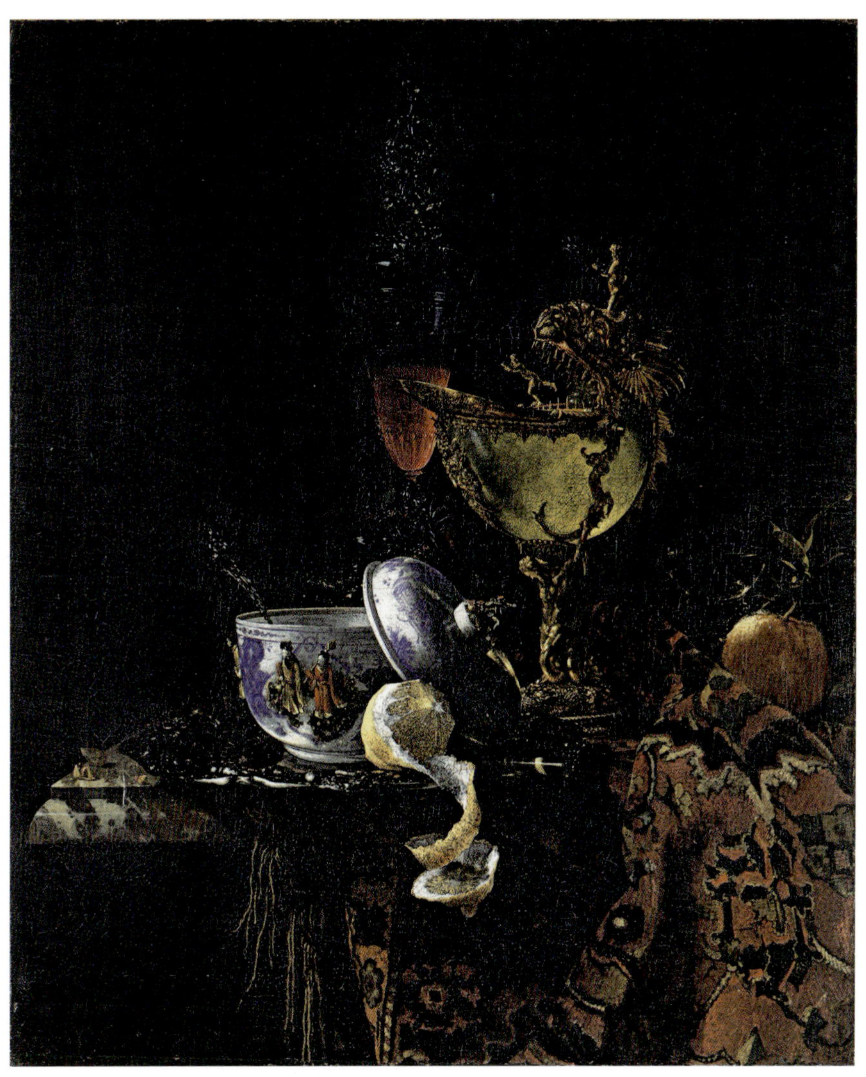

Willem Kalf, Stillleben mit Nautiluspokal, 1662, Madrid, Museo Thyssen-Bornemisza

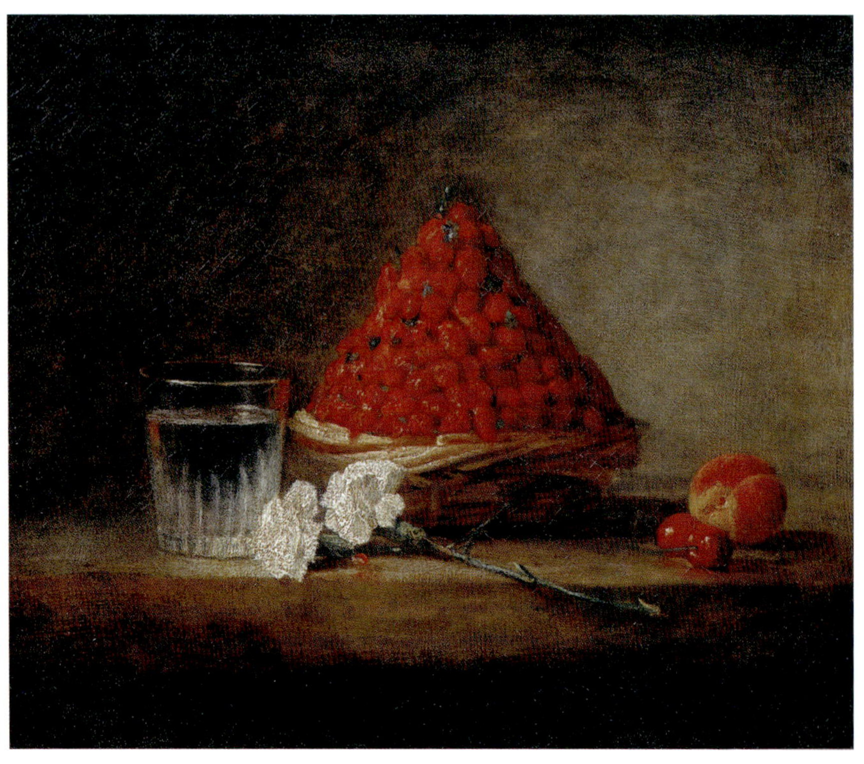

Jean-Baptiste Siméon Chardin, Korb mit Walderdbeeren, vor 1761, Privatbesitz

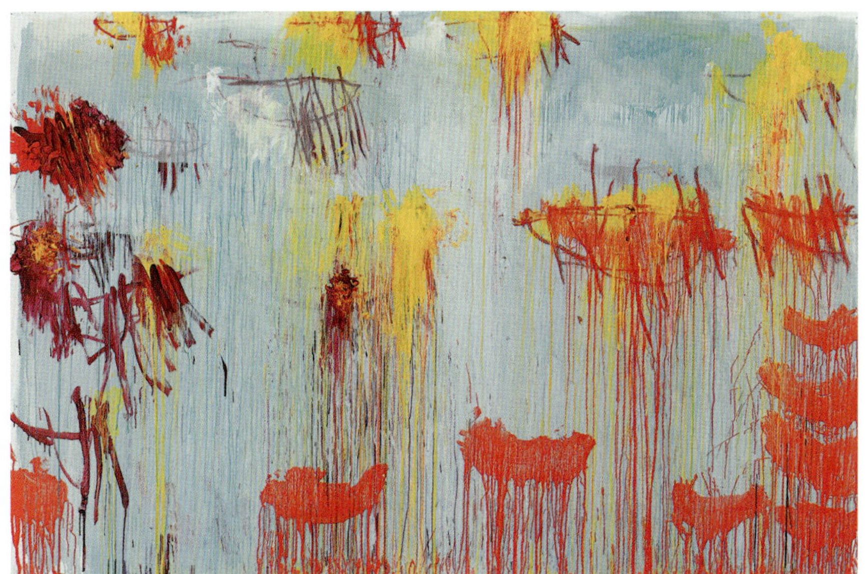

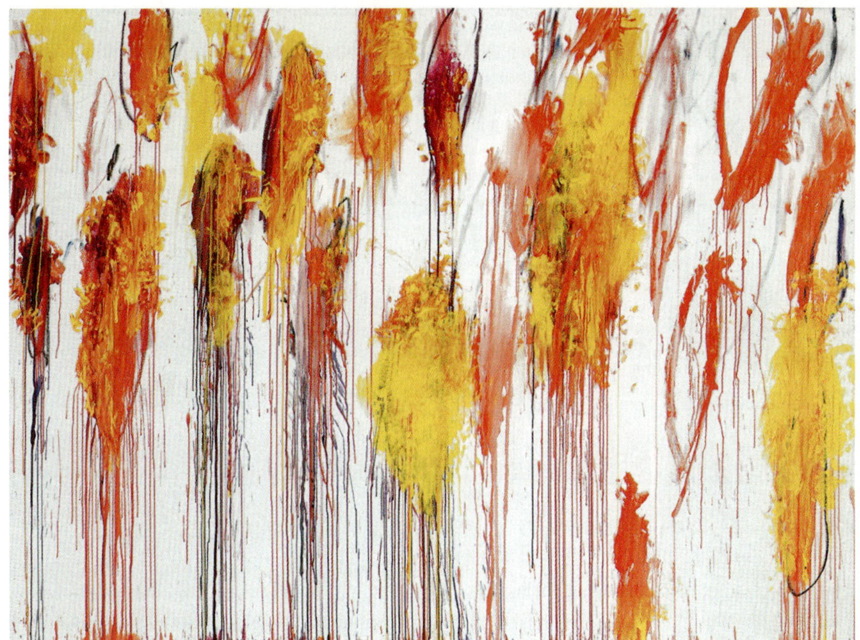

Cy Twombly, Lepanto, 11. und 12. Bild, 2001, München, Museum Brandhorst

Tafel XVI

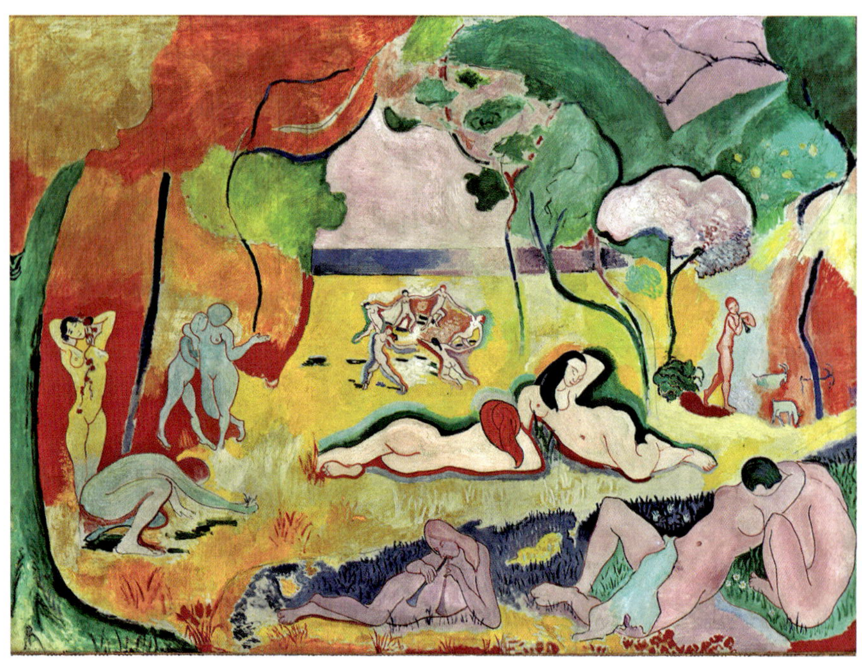

Henri Matisse, Le bonheur de vivre, 1906, The Barnes Foundation, Merion, PA

das Werk Dürers, der mit seinen Aquarellen, in denen er zumeist auch Deckfarben verwandte, zeigte, was dieses Medium in der Naturwiedergabe zu leisten imstande ist. Niederländische Maler des späten 16. und 17. Jh.s folgten seinem Beispiel. Die eigentliche Blütezeit des Aquarells begann allerdings erst im 18. Jh. in England und in der Folge auch auf dem europäischen Kontinent. Turner und Cézanne wiesen den Weg in eine Aquarellkunst der Moderne.

Ölmalerei

Ein entscheidender Schritt in der kunstgeschichtlichen Entwicklung war die Durchsetzung der Ölmalerei, die sich im 15. Jh. anbahnte. Nach Vasari war diese neue Technik, die in Italien zuerst Antonello da Messina angewandt haben soll, eine Erfindung des Niederländers Jan van Eyck. Gut zweihundert Jahre später hielt Lessing dem entgegen, dass schon in dem Rezeptbuch des Theophilus Presbyter die Zubereitung von Ölfarbe beschrieben werde. Ein Rezept dafür ist auch im Traktat des Heraklius zu finden. In beiden Fällen dienten die Ölfarben aber dem Anstrich von Holz. Der Weg zur Künstlerfarbe war noch lang. Es mussten grundlegende Probleme gelöst werden. Leinöl und Nussöl, die bevorzugt als Bindemittel verwendet wurden, trocknen relativ langsam. Dem wirkte man mit dem Zusatz von Siccativen, Bleiverbindungen oder anderen metallischen Stoffen, entgegen. Schon Heraklius beschreibt einen umständlichen Prozess, dem das Öl unterzogen werden sollte, um seine Trocknungsfähigkeit zu verbessern. Das hatte jedoch ein Eindicken zur Folge, was beim Malen durch vorsichtiges Hinzufügen von Malöl ausgeglichen werden musste. Wie eine große Zahl von Rezepten belegt, war um 1400 das Wissen, wie Malöl herzustellen ist und Malfarben damit zuzubereiten sind, schon recht weit verbreitet. Nicht die «Erfindung» des Öls als Bindemittel, sondern die systematische Verwendung in einem konsequenten und von der Behandlung der Tempera deutlich unterschiedenen Aufbau der Malerei war die historische Leistung, die den niederländischen Künstlern des frühen 15. Jh.s, allen voran Jan van Eyck, zuzuschreiben ist.

Niederlande

In seinem Hauptwerk, dem 1432 vollendeten *Genter Altar*, konnte die durchgängige Verwendung von Öl als Bindemittel nachgewiesen werden. Über einer auf dem hellen Malgrund mit dem Pinsel ausgeführten, teilweise skizzenhaften Unterzeichnung liegt eine flächige Untermalung mit Lokalfarben, denen teilweise Bleiweiß hinzugefügt ist, um sie aufzuhellen. Auf dieser opaken Grundlage wird die Gegenstandsfarbe in mehreren Schichten aufgebaut, wobei der Anteil von Bleiweiß nach oben hin immer weiter abnimmt. Die oberste Schicht ist eine mit dem reinen Farbton ausgeführte Lasur. Durch mehrere Lasurschichten übereinander waren auch eine Farbsättigung und Tonvertiefung zu erzielen. Diese Fähigkeit zur Lasur ist das Spezifikum, mit dem sich die neue Ölmalerei grundsätzlich von der Temperamalerei unterscheidet. Die besondere optische Wirkung kommt dadurch zustande, dass das auf das Gemälde fallende Licht nicht allein an der Oberfläche zurückgeworfen wird, sondern auch durch die transparenten Lasuren dringt und in der Tiefe von der hellen Grundierung und den bleiweißhaltigen unteren Schichten reflektiert wird. Durch dieses Tiefenlicht erscheinen die Farbflächen wie von innen heraus erleuchtet. Auch die Ölbilder erhielten zum Abschluss einen Firnis, der eine einheitliche Gesamtwirkung des Gemäldes garantierte. Dabei wurden die überlieferten, auch in der Temperamalerei eingesetzten Rezepturen verwendet. Auf die Unterschiede im Kolorit zwischen Tempera- und Ölmalerei wird im nächsten Kapitel eingegangen (s. S. 75 f.).

Deutschland In Deutschland scheint sich die neue Öltechnik relativ rasch durchgesetzt zu haben, obwohl sie nicht immer so konsequent umgesetzt wurde wie von den niederländischen Meistern. Oft lässt sich eine Verwendung in Verbindung mit Tempera nachweisen. Bei Dürer, dessen Werke in der Münchner Alten Pinakothek besonders eingehend untersucht wurden, kann man von reiner Ölmalerei sprechen. Wie arbeitsintensiv Dürers Maltechnik sein konnte, belegen seine Briefe an Jakob Heller, für den er einen großen Flügelaltar ausführte. Er schreibt, er habe die Tafeln zweimal «unterstrichen», womit Grundierung und/oder Imprimitur gemeint sein dürften, dann fünf- oder sechsmal «untermalt» und schließlich noch zweifach «übermalt», um die Haltbarkeit der Malerei zu erhöhen. Dürer konnte seine Werke auch schneller ausführen. Den *Rosenkranz-Altar* (heute in Prag) hat er in Venedig in fünf Monaten fertiggestellt, das Bild des *Jesus unter den Schriftgelehrten* nach Aussage der Inschrift sogar in nur fünf Tagen.

Italien Wie Quellen und Untersuchungen belegen, war im Mittelalter auch in Italien das Arbeiten mit Öl als Bindemittel nicht unbekannt, doch wurde es in der Tafelmalerei des 14. Jh.s nur für Schlusslasuren der in Tempera ausgeführten Werke eingesetzt. Erst im letzten Viertel des 15. Jh.s lernte man die in den Niederlanden entwickelten Verfahren genauer kennen und umzusetzen. Antonello da Messina war in der Tat wohl einer der Pioniere. Ein Hindernis scheint gewesen zu sein, dass man auch im 15. Jh. zunächst noch kein geeignetes Verfahren kannte, das Nussöl, das man vor allem verwendete, adäquat aufzubereiten. Werke Leonardos belegen, dass die Viskosität der von ihm verwendeten Ölbindemittel so hoch war, dass er die Farben mit den Fingern verreiben musste. Diese Probleme gaben um 1500 den Anlass, nach geeigneten Verdünnungsmitteln zu suchen. Unter den flüchtigen Ölen, die dafür in Frage kamen, erwies sich das Terpentinöl als am besten geeignet.

Die Technik der Ölmalerei durchlief in Italien im 16. Jh. eine rasante Entwicklung, die die niederländischen Errungenschaften schon bald hinter sich ließ. Eine führende Rolle übernahmen dabei die venezianischen Maler, die sich von dem Schichtenaufbau des Gemäldes abwandten und zu einer auf zwei oder sogar nur eine Farbschicht reduzierten Primamalerei übergingen. Im Œuvre Tizians ist die Entwicklung von einer glatten, teilweise noch mit Lasuren arbeitenden Malweise, wie sie etwa der *Zinsgroschen* in Dresden (um 1516) zeigt, zu einer Primamalerei mit offener Pinselschrift, etwa in der um 1570 entstandenen *Dornenkrönung* in München, sehr gut zu verfolgen. In Venedig wurde auch der Farbaufbau grundlegend verändert. Die farbstarken Pigmente, die Tizian verwendete, wurden unmittelbar nebeneinandergesetzt, in den späten Bildern auch in einzelnen Pinselzügen. Der Farbaufbau wurde nicht mehr von einem hellen Grund aus entwickelt, sondern schritt umgekehrt vom Dunklen zum Hellen vor. Deswegen wurden dunkle Malgründe üblich, bei Tintoretto sind sie gelegentlich sogar schwarz, auf denen er die Vorzeichnung mit Bleiweiß anlegte.

Barock

Im Barock ist eine zunehmende Pluralisierung in der Entwicklung der Maltechnik und Malweisen festzustellen, die eng mit der Ausdifferenzierung der Gattungen zusammenhängt. Für die kleinformatigen Kabinettbilder wird eine Feinmalerei mit dem herkömmlichen Schichtenaufbau bevorzugt. Sie erreichte bei den holländischen Meistern von Vermeer, Dou und Teniers bis zu van der Werff und ihren Zeitgenossen einen Höhepunkt. Den Gegenpol bildete die Malerei *alla prima*. Die Primamalerei wurde nicht nur bei den Ölskizzen eingesetzt, die im Barock immer beliebter wurden und deren souveräner Meister Rubens war, sondern sie war, ausgehend vom Vorbild der venezianischen Meister, auch im großen Format beliebt bei Porträts wie bei Galeriebildern. Künstler wie Luca Giordano, der wegen seines virtuosen, schnellen Arbeitens den Spitznamen «Fa presto» erhalten hatte, waren in ganz Europa berühmt und gefragt. Die offene, auf Fernwirkung berechnete Malweise begegnet im Barock in zahllosen individuellen Spielarten, und die größten Meister wie Rembrandt oder Velazquez haben einen weit über ihre Zeit hinausreichenden Einfluss ausgeübt.

Klassizismus Mit dem Klassizismus gewann eine Gegenbewegung an Boden. Der hohe Wert, der von Johann Joachim Winckelmann und anderen dem Kontur zuerkannt wurde, forderte einen linearen Stil. Um 1800 galt Farbe vielerorts nur als Akzidens, als eine Zugabe zur Zeichnung, die als das Wesentliche des Kunstwerks galt. An den Akademien wurden maltechnische Fragen kaum behandelt, und so ging viel von dem lange tradierten handwerklichen Wissen verloren, nicht zuletzt auch dadurch, dass dieses Wissen für die Künstler angesichts der zunehmend industrialisierten Herstellung der Malmaterialien an Bedeutung verlor. Im Barock waren dunkle Bildgründe allgemein üblich gewesen, deren Farbskala von Grau und Ocker bis zu dunklem Rotbraun reichte. Im 19. Jh. erhielt der weiß grundierte Bildträger, ganz überwiegend war es Leinwand, den Vorzug, und viele Künstler begnügten sich mit kommerziell gefertigten Produkten. Das Gleiche gilt für die Malfarben, die in reicher Auswahl angeboten wurden. Die in der zweiten Jahrhunderthälfte vorherrschende Tendenz zu intensiven, durch Mischungen möglichst wenig getrübten Farbtönen und zu einer pastosen, reliefartigen Malweise profitierte von der Entwicklung der chemischen Farbindustrie. Der unbekümmerte Umgang mit den verfügbaren Materialien, beispielsweise den Asphaltfarben, wirkte sich allerdings negativ auf die Haltbarkeit der Gemälde aus. Mit den wasserlöslichen Acrylfarben, die sich nach 1945 durchzusetzen begannen, wurde ein neuer, relativ einfach anzuwendender Farbentyp eingeführt, der die hergebrachte Ölmalerei immer weiter zurückdrängte.

neue Materialien Der Abwendung von traditionellen Maltechniken stand im 20. Jh. eine enorme Ausweitung der Gestaltungsmittel gegenüber. Durch die Beimischung von Sand wurde die materielle Erscheinung der Farbe modifiziert. Mit der Einführung der Collage durch den Kubismus konnten, wie beispielsweise Kurt Schwitters demonstrierte, Materialien jeder Art zur Bildgestaltung beitragen. Regeln einer «richtigen» Behandlung der verschiedenen Techniken gibt es kaum noch. Wenn dennoch gleichzeitig die Erforschung historischer Maltechniken gewaltige Fortschritte machte, so liegt das an dem wachsenden Bemühen um die Konservierung und Restaurierung historischer Kunstwerke. Einzelanalysen der Techniken, die Künstler einst angewandt haben, und zusammenfassende Darstellungen in Handbüchern bilden heute eine verlässliche und unentbehrliche Grundlage für die kunsthistorische Analyse.

3. Gestaltungsprinzipien

Das Kunstwerk wird, bevor es geschaffen wird, gedacht. Auch wenn der Künstler kein theoretisch gebildeter Kopf ist, hat er mehr oder weniger deutliche Vorstellungen davon, was ein Bild eigentlich ist, was es leisten kann und wie es betrachtet werden soll. Diese Vorstellungen, in die der Künstler sozusagen hineinwächst, wenn er als junger Mensch Bilder in seiner Umgebung sieht und in einer Werkstatt oder an der Akademie zum Maler ausgebildet wird, sind durch die Zeit vorgegeben. Sie haben als Bezugspunkt auch dann noch eine Bedeutung, wenn der Künstler sie im Laufe seiner Arbeit modifiziert oder sich von ihnen zu lösen versucht. Nicht anders ist es hinsichtlich des Gebrauchs der Gestaltungsmittel. Auch hier bieten der zeittypische Umgang mit Maltechniken, die Schemata der Wiedergabe von Körper und Raum oder der Einsatz der Farbe einen Ausgangspunkt für die Bildanalyse. Um die theoretischen Grundlagen der Bilderfindung und ihre Konsequenzen für die Praxis geht es im Folgenden.

Bildauffassungen

Schrift und Bild in der christlichen Lehre

Die Anfänge der frühchristlichen und mittelalterlichen Kunst standen im Zeichen großer Widersprüche. Auf der einen Seite hatte man vielerorts noch die Werke der hoch entwickelten Bildkünste der Griechen und Römer vor Augen, auf der anderen Seite war unter den Kirchenvätern Kunstfeindschaft weit verbreitet. Das Bilderverbot des Alten Testamentes wurde mit dem Kampf gegen den heidnischen Götterkult verbunden. Für Tertullian war jede Kunst Teufelswerk, für Augustinus war sie eine der ganz überflüssigen Schöpfungen des Menschen. Die christliche Lehre war eine Botschaft des Wortes. Im öffentlichen Leben spielte die Kunst jedoch eine herausragende Rolle. Der häusliche Ahnenkult wie der offizielle Kaiserkult waren ohne das Medium des Bildnisses nicht denkbar. Zahlreiche Quellen belegen, dass auch unter den Christen der Wunsch nach Bildern, insbesondere nach Bildnissen Christi und der Apostel, sehr stark war. Die Haltung der alten Kirche war ambivalent. Vielfach wurde die Entwicklung des Bildgebrauchs hingenommen und sogar befördert. Andere jedoch sahen dabei die Grenze zum Bilderkult, zu einer Idolatrie, die sich kaum vom Götzendienst der Heiden unterschied, überschritten. Die Auseinan-

Bilderstreit

dersetzungen kulminierten im byzantinischen Bilderstreit, der 730 begann und sich über hundert Jahre hinzog, unterbrochen von einer kurzen Periode des Friedens, in der das Zweite Konzil von Nikäa (787) stattfand, auf dem eine Formel gefunden wurde, die grundlegend für die Kirche werden sollte: Die Verehrung des Bildes geht auf das Urbild über. Dieser Grundsatz, der auf der zwischen Urbild und Abbild bestehenden Ähnlichkeitsbeziehung basiert, betraf die Bilder Christi und der Heiligen. Eine andere, für die westliche Kirche wegweisende Lehrentscheidung hatte bereits im Jahr 600 Papst Gregor der Große getroffen: Es sei ein Unterschied, ob man Bilder verehre oder durch sie belehrt werde. Was den des Lesens Kundigen die Schrift bietet, das bieten den ungebildeten Betrachtern die Bilder. Diese Bildauffassung erlangte im Mittelalter allgemeine Gültigkeit und wurde zu einem Dreisatz erweitert: Die Bilder sind Lektüre der Laien, sind Schmuck des Gotteshauses und sollen die Erinnerung an das Wirken Christi und der Heiligen wachhalten.

Bild als Schrift und Zeichen

In diesen Auseinandersetzungen um den Status der Bilder in der Kirche sind unabhängig von allen theologischen Begründungen zwei für die mittelalterliche Bildauffassung entscheidende Grundsätze festgelegt worden. Der erste ist die Gleichsetzung von Schrift und Bild. Das Bild ist eine Schrift, die aus Farben besteht, stellte man auf dem Konzil zu Konstantinopel 870 fest, und die Gleichsetzung beider wird auch in späteren Traktaten noch vielfach wiederholt. Diese Auffassung hat sich auch in der Sprachgeschichte niedergeschlagen. Das Wort *mâlen* bedeutet im Mittelhochdeutschen «mit einem Zeichen (Mal) versehen», «verzieren» und in einem weiteren Sinne dann «malen». Augustinus hatte gelehrt, dass zwischen «natürlichen» und «gegebenen» *(signa data)* Zeichen unterschieden werden müsse, wobei er bei den künstlich festgelegten Zeichen in erster Linie an Worte dachte, aber natürlich fielen auch Buchstaben darunter. Der Mensch folgt bei allen seinen Werken der Natur, stellte Hugo von S. Victor fest, und er ist bei seinen natürlichen Zeichen darum bemüht, dass sie der bezeichneten Sache so weit als möglich ähnlich sind. Das gilt auch für die Bilder der Kunst. «Ein Zeichen ist etwas, das bewirkt, dass außer seiner Erscheinung, die es den Sinnen einprägt, noch etwas anderes in das Denken kommt.» Ein Bild wie ein Zeichen zu verstehen ist stets ein Akt der Übertragung. Das entsprach auch der auf dem Konzil von Nikäa festgelegten Bildauffassung. Die Bilder der Kunst wurden mit einem Allgemeinbegriff als *imago* bezeichnet.

Dieses Wort hatte für die Christen ein besonderes Gewicht, weil es in der Genesis hieß, dass Gott den Menschen nach seinem Bilde *(ad imaginem suam)* schuf. Das darin enthaltene Kriterium der Ähnlichkeit wurde zum wesentlichen Bestandteil des Bildbegriffs. Über den Grad der formalen Übereinstimmung zwischen dem Bezeichneten und dem Bild war damit allerdings nichts gesagt. Er hatte keine entscheidende Bedeutung für die Funktion des Bildes als Zeichen.

Formen der Bilderzählung

Das Bild sollte nach der Lehre Gregors des Großen nicht nur die Erinnerung an Christus und die Heiligen wachhalten, indem es diese repräsentiert, sondern es sollte auch den Laien die heiligen Geschichten vermitteln. Auch wenn seit dem 18. Jh., angestoßen durch Lessings *Laokoon*, immer wieder behauptet worden ist, dass ein Bild nur darstellen, aber nicht erzählen könne, weil das Erzählen in einem Ablauf von Zeit erfolge, die Bildkünste aber nur simultan in Fläche und Raum darstellen können, kann man sehr wohl behaupten, dass auch ein Bild «erzählen» kann. Grundlage dafür ist, dass ein Betrachter die Haltung, in der ein Mensch oder ein Tier dargestellt wird, als Moment einer Bewegung versteht, aus der er auf eine Aktion schließen kann. Zugleich wird der physiognomische Ausdruck einer Figur als Anzeichen von Affekten aufgefasst, hinter denen wieder Reaktionen und Intentionen vermutet werden können. Indem in einem Bild verschiedene Figuren und Gegenstände zueinander geordnet werden, entsteht ein komplexes Geflecht von Beziehungen, das oft nicht mehr mit einem «Augenblick» erfasst werden kann, so dass schon die Wahrnehmung Zeit beansprucht. Im kognitiven Akt der Wahrnehmung eines Bildes wird das Punktuelle eines dargestellten Momentes transzendiert, und so wird die Vorstellung einer Erzählung im Wahrnehmungsprozess konstituiert.

Erzählstile nach Wickhoff

Im Lauf der Kunstgeschichte wurden verschiedene Formen der Bilderzählung entwickelt. Franz Wickhoff, der sich als einer der Ersten mit dieser Frage befasst hat, erkannte in der spätantiken Kunst drei verschiedene «Erzählstile». Im «kontinuierenden Stil» werden die aufeinander folgenden Episoden wie in einem fortlaufenden Fries hintereinandergereiht. Im «distinguierenden Stil» wird in einem Bildfeld ein einzelner Handlungsmoment dargestellt. Eine Erzählfolge kann durch die Aneinanderreihung der Einzelbilder zu einem Zyklus geboten werden. Als «komplettierend» wird eine Darstellung bezeichnet, die einen Handlungsmoment darstellt und zugleich mit Nebenszenen Hinweise auf das Vorher und Nachher gibt.

monoszenische und pluriszenische Darstellungen

Es gab verschiedene Vorschläge, Wickhoffs Terminologie zu modifizieren. Sinnvoll ist es, zwischen monoszenischen und pluriszenischen Darstellungen zu unterscheiden. In monoszenischen Darstellungen wird primär die Einheit der Handlung und des Ortes beachtet, die Zeit kann dabei auch als Zeitspanne aufgefasst sein, in der sich die Handlung vollzieht. Im pluriszenischen Bild gibt es keine Einheit von Handlung, Ort und Zeit, vielmehr werden verschiedene Szenen oder Momente einer Handlung in einem einzigen Bildfeld wiedergegeben. Der Fries ist nur eine der Möglichkeiten der pluriszenischen Darstellung, eine andere die Subordination von Nebenszenen unter eine Hauptszene, möglich ist auch eine Addition von Szenen in einem komplex gegliederten Bildraum, wofür Memling mit seiner *Turiner Passion* (1470) ein Beispiel gegeben hat. Derartige Bilder werden zuweilen als Simultandarstellungen bezeichnet. Der Begriff ist jedoch irreführend, weil die einzelnen Szenen nicht simultan betrachtet werden, sondern in einer Sequenz. Historisch gesehen hat sich das monoszenische Bild seit der Renaissance als Regelfall durchgesetzt und galt in der Theorie des Spätbarock und Klassizismus als Norm. Mit der Überwindung der traditionellen Historienmalerei durch die Moderne wurde die Möglichkeit der Bilderzählung generell in Frage gestellt. Das grundlegende Prinzip ist damit aber nicht obsolet geworden. Es lebt in den figürlich arbeitenden Kunstformen fort und hat im Comic eine weit verbreitete Form gefunden, die auf andere Formen figürlicher Malerei wieder zurückgewirkt hat.

Das Bild als fiktive Präsenz des Dargestellten

Um 1300 kam es, von Italien ausgehend, zu einem folgenreichen Wandel der Bildauffassung, dem ein grundlegender Wandel der Auffassung vom Sehen vorausging. Das leibliche Sehen war von den Kirchenvätern stets abgewertet worden gegenüber dem geistigen Sehen, dem «Sehen des Herzens». Die Kunstwahrnehmung der *visio cordis* benötigt bestenfalls Zeichen. Bild wie Schrift können ein Stimulus sein, doch die innere Betrachtung wird beide sogleich hinter sich lassen.

Einen wesentlichen Impuls für die erstaunliche Aufwertung der visuellen Wahrnehmung gab die Beschäftigung mit Aristoteles, der in seiner *Metaphysik* die besondere Bedeutung des Sehsinnes für das Streben nach Erkenntnis hervorgehoben hatte. Intensiver als je zuvor beschäftigte man sich jetzt mit Psychologie und Naturphilosophie. Dabei fanden die Fragen nach Wesen und Tätigkeit der Seele und der Wahrnehmungsleistung der Sinne ein besonders großes Interesse. Man begann, die überlieferten Texte der antiken und arabischen Optik zu studieren. In der zweiten Hälfte des 13. Jh.s entstanden bedeutende Traktate zur Optik, in denen eine neue Lehre vom Sehen entfaltet wurde. Mit der Aufwertung des Sehsinnes als Medium der Erkenntnis wurde auch die emotionale Wirkung der visuellen Wahrnehmung erkannt. Durandus von Mende schrieb um 1290: «Die Malerei scheint die Seele mehr zu bewegen als die Schrift, durch die Malerei nämlich werden die Taten vor die Augen gestellt und scheinen gleichsam gegenwärtig zu geschehen. Durch die Schrift werden die Taten gleichsam durch das Gehör, das die Seele weniger bewegt, in Erinnerung gerufen. Deswegen auch erweisen wir in der Kirche den Büchern nicht solche Achtung wie Bildern und Malereien.»

Die Wirkung der Bilder ist umso stärker, je mehr sie als scheinbar gegenwärtig wahrgenommen werden können. Voraussetzung dafür war, dass das Bild mehr als ein Zeichen war, dass es in seiner Erscheinung dem, was es darstellen sollte, so ähnlich wie möglich war. Ein solches Bild konnte als ein ideales Medium zur Förderung der Frömmigkeit und zur Stärkung des Glaubens gerechtfertigt werden. Das Problem, wie diese Wirkung erreicht werden kann, war für Bildhauer relativ leicht zu lösen, beispielsweise mit lebensgroßen, farbig gefassten Skulpturen. Für die Maler wurde die neue Betrachtererwartung zu einer Herausforderung, denn die Bildaufträge, die sie zu erfüllen hatten, bestanden ja nicht nur darin, Einzelfiguren herzustellen. Immer wichtiger wurde die Aufgabe, in den Wandbildern der Kirchen und zunehmend auch auf Altarbildern Szenen der Heiligen Geschichte zu veranschaulichen.

Nachahmung der Natur

In diesem geistesgeschichtlichen Kontext kam es zu einer Neubegründung der Kunst als Nachahmung der Natur.

In seinem Kommentar zur *Divina Commedia* Dantes schrieb Boccaccio zu dem Vers «Dass eure Kunst (*arte*) der Natur folge, soweit sie kann» (Inferno XI,103): Sie tut es, «soweit die Kräfte des Geistes dazu ausreichen, insofern, dass wir uns bemühen bei den Dingen, die ein natürliches Vorbild haben, alle Dinge der Natur ähnlich zu machen, in der Absicht, dass sie dadurch jene gleichen Wirkungen haben, wie die durch die Natur hervorgebrachten Dinge, und wenn nicht jene, so doch wenigstens, soweit es möglich ist, jenen ähnliche. Es strengt sich der Maler an, dass die von ihm gemalte Figur, die nichts anderes ist, als ein bisschen Farbe mit einer gewissen Kunstfertigkeit auf eine Tafel aufgebracht ..., derjenigen, die die Natur hervorgebracht hat ... so ähnlich sei, dass sie die Augen der Betrachter teilweise oder ganz täuschen kann, indem sie von sich glauben macht, etwas zu sein, was sie nicht ist.»

Dass Boccaccio als Beispiel nicht ein Werk der Handwerkskünste anführt, wie es der Intention des Aristoteles entsprechen würde, sondern die Malerei, ist bemerkenswert, denn es stellt Darstellungsgegenstand und Gemälde in ein neues Verhältnis: Das Bild soll möglichst dieselben Wirkungen auf das Auge des Betrachters haben wie sein Naturvorbild. Das Postulat der Nachahmung der Natur bedeutete für den Maler zu berücksichtigen, wie der Gegenstand und sein Bild wahrgenommen werden. Boccaccio hatte, als er dies schrieb, das Werk Giottos vor Augen, von dem er im *Decamerone* gesagt hatte, dass er alles, was die Natur hervorbringe, so ähnlich darzustellen wisse, dass man es für die Sache selbst halten könne.

phantasia

Die so verstandene Nachahmung der Natur war keineswegs darauf beschränkt nachzuahmen, was in der Natur zu sehen ist. Nach der aristotelischen Psychologie spielte in der kognitiven Verarbeitung der visuellen Wahrnehmung die *imaginatio* (griechisch *phantasia*) eine wesentliche Rolle. Sie war der Ort, an dem Gesehenes gespeichert und für die Beurteilung durch den Verstand bereitgehalten wurde. Sie konnte auch Vorstellungsbilder erzeugen, indem sie Erinnerungsbilder modifizierte oder miteinander verknüpfte. Diese Fähigkeit der *phantasia* war von Augustin negativ beurteilt und mit einem auch von Aristoteles verwendeten Begriff als *Phantasma* abgewertet worden. Im Spätmittelalter erfolgte eine radikale Umwertung, die für die Kunst von hoher Bedeutung sein sollte. Cennini schrieb im Vorwort seines Kunsttraktates, die Malerei sei eine Kunst, «die Phantasie und Handarbeit erfordert, um nie gesehene Dinge zu finden, die sich im Schatten der natürlichen verbergen, und sie mit der Hand festzuhalten, um das zu zeigen, was nicht ist.» Der Maler hat die Freiheit, seiner Phantasie folgend, Figuren so darzustellen, wie er möchte, oder Mensch und Pferd zu einem Kentauren zu verbinden. Für den Renaissance-Philosophen Marsilio Ficino war die *phantasia* der höchste der inneren Sinne. Ihr freies Spiel ist die Quelle der Kunstwerke, deren Hervorbringung vom Verstand gelenkt wird. Der Künstler ist nicht Sklave der Natur, sondern er steht mit ihr im Wettstreit, ist ein Schöpfer, eine Art Gott.

Der von Leon Battista Alberti 1435/36 verfasste Traktat ***De pictura*** ist das erste systematische Lehrbuch, das eine Theorie der Malerei und ihrer Gestaltungsprinzipien vermittelt. Alberti gliederte seine Schrift in drei Bücher. Im ersten Buch werden die Anfangsgründe der Malerei dargelegt, nämlich die durch Euklid entwickelten

Grundlagen der Geometrie und die Lehren der Optik, aus denen Alberti eine Anleitung zur Perspektivkonstruktion entwickelte (s. S. 63 f.). Dem Aufbau des zweiten Buches liegt die Unterteilung des künstlerischen Arbeitsprozesses zugrunde, die mit dem Umreißen des einzelnen Gegenstandes beginnt, dann zur Komposition der Gegenstände fortschreitet und mit der Farbgebung schließt, durch welche Lichtsituation und plastische Erscheinung der Körper *(rilievo)* geklärt werden. Albertis Begriffe für diesen Dreischritt sind *circumscriptio, compositio* und *luminum receptio*. Im dritten Buch steht die Erfindung *(inventio)* im Zentrum. Die bedeutendste Aufgabe, die sich dem Maler stellt, ist nach Alberti die *historia* (s. S. 150 f.). Auch wenn er den Begriff nicht genau definiert, ist deutlich, dass er damit die Darstellung menschlicher Handlungen meint, was dem Begriff der *Mimesis* in seiner ursprünglichen, von Aristoteles überlieferten Bedeutung entspricht.

Dass Alberti in seiner Kunstauffassung durch die antike Poetik und Rhetorik beeinflusst wurde, zeigt sich nicht nur darin, dass er dem Maler rät, von Dichtern und Rednern zu lernen, sondern auch in der wirkungsästhetischen Ausrichtung seiner Theorie. Auch die in der Rhetorik gelehrten Produktionsstadien Erfindung, Anordnung und Ausführung *(inventio, dispositio, elocutio)* sind implizit in Albertis Theorie enthalten. Weit konsequenter als Cennini erhob Alberti den Anspruch, dass die Malerei zu den Freien Künsten *(artes liberales)* gehört, genauso wie Geometrie, Grammatik und Rhetorik, auf deren Prinzipien und Lehren sie aufbaut. Er unterstrich dies zu Beginn des zweiten und dritten Buchs mit ausführlichen Hinweisen auf die hohe Wertschätzung, die der Malerei in der Antike zuteil wurde. Die Malerei ist nicht nur schätzenswert, weil sie bestimmte Aufgaben erfüllen kann, sie hat auch Eigenwert und Würde in sich selbst.

Die Natur galt für Alberti als Ursprung und unerschöpfliche Quelle der Kunst, und die von ihm kodifizierten Regeln der perspektivischen Konstruktion (s. S. 65 f.) waren für ihn der Garant eines Zusammenhanges des Bildes mit dem Naturvorbild, dem das Prädikat der «Richtigkeit» zukam. Dürer riet den Künstlern, niemals von der Natur abzuweichen. Für Leonardo war die Malerei nicht nur «die einzige Nachahmerin aller sichtbaren Naturwerke», sondern eine «Wissenschaft und rechtmäßige Tochter» der Natur. Die Malerei und die empirische Erforschung der Natur gingen bei ihm Hand in

Hand. Dass die Nachahmung der Natur die eigentliche Aufgabe der Kunst ist, war seit der Renaissance ein zentraler Grundsatz aller Kunsttheorie, der bis in das 19. Jh. hinein unbestritten blieb. Allerdings gab es divergierende Meinungen darüber, wie diese Nachahmung vorzugehen habe, und auch der Begriff der Natur konnte auf verschiedene Weise aufgefasst werden. Im Rekurs auf antike Künstleranekdoten, wie diejenige von den Trauben, die der Maler Zeuxis so perfekt gemalt haben soll, dass die Vögel herbeiflogen, um an ihnen zu picken, wurden immer wieder solche Werke als Meisterleistungen gefeiert, die dem Naturvorbild am nächsten gekommen waren.

Naturnachahmung und Ideal

Es gab jedoch viele, die der Ansicht waren, dass die Kunst mehr leisten müsse, als die sichtbare Natur wiederzugeben. Schon Alberti wies darauf hin, dass die Naturwirklichkeit unvollkommen ist und diejenigen Künstler, die diese so nachahmen, wie sie ist, «die Idee der Schönheit» verfehlen. Als nachahmenswertes Beispiel führt er eine andere antike Künstleranekdote an, nach der Zeuxis, als er in Kroton ein Bild der Helena malen sollte, die fünf schönsten Mädchen zu sich kommen ließ, deren einzelne Schönheiten er zu einem Bild höchster Schönheit verschmolz. Dass die Idee wahrer Schönheit, das Ideal menschlicher Gestalt, nur im Kunstwerk sichtbar gemacht werden kann, war ein Grundgedanke des Klassizismus. Für Giovan Pietro Bellori, der mit der Einleitung zu den 1672 publizierten *Viten* so etwas wie ein Manifest des Klassizismus geschrieben hat, folgte daraus, dass die Kunst der Natur überlegen ist. Bekräftigt wurde diese Auffassung durch Johann Jakob Winckelmann, der in seiner *Geschichte der Kunst des Altertums* lehrte, dass die ideale Schönheit «der höchste Endzweck der Kunst» sei. In dem Aufsatz *Einfache Nachahmung der Natur, Manier, Stil* formulierte Goethe 1789 den Gedanken einer Rangfolge bildkünstlerischer Äußerungsformen, wobei «Stil» den «höchsten Grad» bezeichnet, «welchen die Kunst ... je erreichen kann».

Der normative, auf das Ideal ausgerichtete Stilbegriff des Klassizismus wurde durch die kunstgeschichtlichen Entwicklungen des 19. Jh.s obsolet. Zwar hielt man an den Akademien, an denen unter Naturstudium überwiegend nur Aktstudium verstanden wurde, lange an den Ideen des Klassizismus fest. Doch zugleich entwickelte sich überall in Europa eine starke Strömung des Naturalismus, die ihr wichtigstes Medium in der Ölskizze fand, mit der die flüchtige, atmosphärische Stimmung eines Landschaftsausschnittes festgehalten werden konnte. Fotografie oder positivistische Genauigkeit und subjektives, impressionistisches Bild waren die Pole, zwischen denen sich die Naturdarstellung lange bewegte, bis um 1900 eine Avantgarde mit der Berufung auf die Eigengesetzlichkeit der Kunst das Postulat der Nachahmung der Natur verabschiedete. «Kunst ist eine Harmonie parallel zur Natur», sagte Cézanne, und Paul Klee hat die Position der Moderne mit seinem viel zitierten Dictum auf den Punkt gebracht: «Kunst gibt nicht das Sichtbare wieder, sondern macht sichtbar.»

Die Pluralisierung des Kunstbegriffs im 19. und 20. Jahrhundert
Die Hochschätzung der Kunst hatte um 1800 einen einzigartigen Gipfelpunkt erreicht. Die von Alexander Gottlieb Baumgarten begründete philosophische Ästhetik erhielt in der Philosophie des deutschen Idealismus zentrale Bedeutung. Schelling bezeichnete 1800 die Kunst als «das einzige wahre und ewige Organon und zugleich Document der Philosophie». Vorausgegangen war die Ablösung der Wirkungsästhetik, nach der die Wirkung auf den Betrachter der eigentliche Zweck eines Kunstwerks ist, durch die Autonomieästhetik, für die das Kunstwerk seinen Wert völlig unabhängig von allen Rezeptionsmöglichkeiten nur in sich selbst hat. In Deutschland hat Karl Philipp Moritz den Weg für diese Auffassung gewiesen, die sich auf den Geniegedanken berufen konnte, der im 18. Jh. Hochkonjunktur hatte. Dem Genie wurde die Freiheit zugebilligt, sich über alle Regeln und Gesetze der Kunst hinwegzusetzen. Es vermag in seinem Werk etwas sichtbar zu machen, was jenseits aller rationalen Erkenntnis liegt. Goethe schrieb 1798 in der Einleitung zu seiner Zeitschrift *Propyläen*, dass es dem genialen Künstler gegeben sei, «wetteifernd mit der Natur etwas geistig Organisches hervorzubringen», das «natürlich zugleich und übernatürlich erscheint». Den Werken, die dieses zu leisten schienen, wurde das Prädikat zuerkannt, «wahre» Kunst zu sein. Begründet werden konnte der einzigartige Rang des Kunstwerks auch damit, dass das Urbild der Schönheit, die im Werk anschaulich wird, dem Urbild der Wahrheit entspricht.

«wahre» Kunst

Der Begriff der «wahren Kunst» wurde zu einem Schlüsselbegriff des Kunstdiskurses des 19. Jh.s. Mit ihm konnten fortan das rein Naturalistische und das bloß Dekorative, das Unterhaltende und das Didaktisch-Zweckhafte aus dem Bereich der ernstzunehmenden Kunst ausgegrenzt und zugleich dem «wahren» Kunstwerk ein höchster Geltungsanspruch zugesprochen werden. Die Entwicklung der Kunst und der Kunstanschauungen des 19. Jh.s kann als ein ständiger Kampf um die Zugehörigkeit zu diesem Bereich «wahrer Kunst» beschrieben werden.

Eine wichtige Tendenz in der Kunstentwicklung des 19. Jh.s war die Aufwertung der Landschaftsmalerei (s. S. 184 f.). Sie hatte sich nach den Vorstellungen des Klassizismus am Vorbild der idealen Landschaftsmalerei des 17. Jh.s auszurichten, doch weit erfolgreicher beim Publikum waren Veduten oder topographisch genaue Landschaftsbilder und in zunehmendem Maße auch Ölskizzen. Mit ihnen gewann auch die Praxis der Primamalerei wachsende Anerkennung. Sie wurde von Dogmatikern des Klassizismus geradezu als eine Gefahr für die Kunst angesehen. Im Laufe des Jahrhunderts wurde die individuelle, spontane Handschrift in einem Bild höher gewertet als das sorgfältig ausgeführte Gemälde, in dem keinerlei Pinselspuren auszumachen sind, wie es der Klassizismus gefordert hatte.

Historismus

Eine wirkungsvolle Bewegung gegen die Dogmen des Klassizismus war auch die mächtige Strömung des Historismus. Durch den Rückgriff auf historische Baustile wurde die Vorherrschaft der klassizistischen Architektur, die das Vorbild der Antike zur Norm erhoben hatte, gebrochen. Auch das Studium und die Nachahmung älterer Malerei führte, wie das Beispiel der Nazarener zeigt, zur Relativierung der als überzeitlich gültig ausgegebenen Stilnormen des Klassizismus. Kunst wurde in der Romantik als charakteristischer Ausdruck einer Persönlichkeit oder einer Zeit wie auch eines Volkes begriffen, und einige Maler machten sich auf die fragwürdige Suche nach einer «volkstümlichen» Kunst, die sie in einer in idyllischem Licht gesehenen Vergangenheit zu finden glaubten.

In den Jahren zwischen den Revolutionen von 1830 und 1848 wurde der Malerei in Deutschland von der Kunstkritik vorgeworfen, dass sie nur rückwärtsgewandt sei, keinen Stand in der Gegenwart habe und über die Fokussierung auf den Inhalt, der meist auf literarische Vorlagen zurückgeht, die künstlerische Form vernachlässige. Diese Kritik hatte einen tieferen Grund in der Forderung, dass sich der Maler mit der Wirklichkeit, die ihn umgibt, auseinandersetzen

«être de son temps»

solle. «In seiner Zeit stehen» *(être de son temps)*: Diese in Frankreich geprägte Formulierung wurde überall in Europa zum Wahlspruch im Kampf gegen Romantik und Historismus. Die alte Forderung nach idealer Schönheit spielte keine Rolle mehr. Gustave Courbet forderte vom Maler, nichts zu erfinden, sondern die Wirklichkeit einfach und ehrlich so wiederzugeben, wie sie vor Augen liegt. Dieses Postulat konnte mit ganz unterschiedlichen Intentionen umgesetzt werden. In Kunstrichtungen, die unter dem Schlagwort des *l'art pour l'art* zusammenzufassen sind, gilt der Gegenstand, das *Was*, kaum etwas gegenüber dem *Wie*, der malerischen Umsetzung des Gesehenen.

«Der spezifisch malerische Gehalt eines Bildes ist um so größer, je geringer das Interesse an seinem Gegenstand ist», schrieb Max Liebermann. Es gab aber auch einen anderen Weg künstlerischer Zeitzeugenschaft, für den Courbet viel beachtete Beispiele geliefert hat, beispielsweise mit dem Gemälde der *Steinklopfer* (1849): den Weg des engagierten und kritischen Blicks auf die soziale Wirklichkeit.

Eine kritische Einstellung gegenüber der aktuellen Lebenswelt konnte sich ganz anders zeigen, wenn sie sich mit genereller Zivilisationskritik verband. Die schon im 18. Jh. formulierte Erkenntnis, dass die ursprüngliche Einheit von Mensch und Natur zerbrochen war, wurde im Zeitalter der Industrialisierung von vielen Künstlern als ein immer drängenderes Problem empfunden. Der Rückzug in Künstlerkolonien, die fernab von den großen Städten lagen, war eine mögliche Konsequenz, die in vielen Ländern Europas gezogen wurde. Einen entscheidenden Schritt weiter ging Paul Gauguin, als er Europa verließ in der Hoffnung, in Polynesien die verlorene Ursprünglichkeit zu finden. Dahinter stand auch der Wunsch nach einer konsequenten Verbindung von Kunst und Leben, ein vielfach wiederkehrendes Motiv der Kunstgeschichte der Moderne.

Gemeinsam war allen diesen Tendenzen und Richtungen, dass sie sich nicht von dem Prinzip der Nachahmung der Natur lösten, auch wenn sie es auf sehr unterschiedliche Weise umsetzten. Auf die alte Frage nach dem Verhältnis von Kunst und Natur wurde im Zeichen der *l'art pour l'art* einmal mehr die Kunst über die Natur gestellt, jedoch nicht im klassizistischen Sinne der Veranschaulichung eines Ideals, sondern mit der Berufung auf das eigene Recht der subjektiven Sicht oder mit dem Verfahren einer stilisierenden Reduktion, die im Jugendstil eine eigene Kunstnatur hervorbrachte. Einen anderen Weg, die Wirklichkeit in der Kunst hinter sich zu lassen, fand der Symbolismus, dessen Bilder hinter der scheinbar vertrauten Realität oder in der verfremdenden Kombination heterogener Motive eine ästhetische, höhere Bedeutsamkeit ahnen lassen und den Betrachter über seine banale Alltagswelt hinausführen sollen. Die Entdeckung des Unbewussten und Sigmund Freuds Begründung der Psychoanalyse gaben dabei wichtige Anregungen, die vor allem in der Bildkunst des Surrealismus fruchtbar wurden.

«l'art pour l'art»

Zu einem Grundproblem der Malerei nach 1900 wurde die Frage, ob und wie sich die Kunst von dem alten Grundsatz der Nachahmung der Natur emanzipieren, wie sie «absolut» werden könne, so wie dies für die Musik propagiert worden war. Anstöße zu dieser Neuorientierung kamen aus den Wissenschaften. Unter Berufung auf die im späten 19. Jh. hochaktuelle physiologische und psychologische Forschung wurde die These aufgestellt, dass Schönheit und Ausdruck, die der Mensch in den Naturerscheinungen und deren Darstellung findet, nicht Eigenschaften der Gegenstände oder ihres Bildes, sondern Resultat einer Projektion sind. Die so genannte Einfühlungsästhetik, wie sie Theodor Lipps und schon vorher Friedrich Theodor Vischer und sein Sohn Robert vertraten, lehrte, dass der Betrachter von sich aus Seelisches in das, was er sieht, hineinlegt und es so als Symbol deutet. Das Kunstwerk als Ausdrucksobjekt ist Resultat einer Gefühlsübertragung, die vom Künstler geleistet wurde und auf die der spätere Betrachter aufgrund bestimmter psychophysischer Konstanten analog reagiert. Der Grad der Naturtreue eines Bildes spielt in diesem Prozess keine wesentliche Rolle. Schon bei der Betrachtung einer einzelnen «reinen» Form, der Führung einer Linie wird eine mehr oder weniger bestimmte Bedeutung in die jeweilige Erscheinung projiziert. Die Einfühlungsästhetik lieferte eine Rechtfertigung für die vor allem in der Landschaftsmalerei immer stärkeren Tendenzen zur Abstraktion. Diese unterlief das Postulat der Naturnachahmung durch die konsequente Rückführung der in der Wirklichkeit vorgefundenen Erscheinungen auf einfachste Formen, die ihren Ursprung nur noch ahnen ließen.

Einfühlungsästhetik

Eine erhebliche, jedoch lange unterschätzte Bedeutung für den grundlegenden Wandel der Kunstauffassungen um 1900 hatten esoterische und okkultistische Strömungen, die damals erstaunlich viele Anhänger fanden. Die naturwissenschaftlichen Entdeckungen der Röntgenstrahlen, der elektromagnetischen Wellen und der Radioaktivität galten als Beweis dafür, dass es eine Realität jenseits der sichtbaren Wirklichkeit gibt. Für die Kunst wurde daraus abgeleitet, dass es ihre Aufgabe sei, diese unsichtbare, höhere Wirklichkeit anschaulich werden zu lassen, und es war von vornherein klar, dass dies nicht mit naturalistischen Mitteln geschehen könne. Esoterische Vorstellungen von psychischen Energien, die sich strahlungsartig ausbreiten, oder von der Aura des Menschen führten Künstler wie Wassily Kandinsky oder František Kupka zur Suche nach neuen Darstellungsmöglichkeiten, in denen Form und Farbe frei von jeder Gegenständlichkeit als reiner Ausdruck des Inneren und des Geistigen erscheinen konnten.

esoterische Vorstellungen

Andere Folgerungen aus den Erkenntnissen der Naturwissenschaften zogen die Futuristen, die in ihren Bildern die Dynamik der unsichtbaren Naturkräfte darstellen wollten. Hinter dem futuristischen Schlagwort des Dynamismus stand eine Technikbegeisterung, die der Naturnähe und der Zivilisationskritik von Impressionismus und Expressionismus konträr gegenüber stand. Die Suche nach der Kunst, die den im «Maschinenzeitalter» lebenden modernen Menschen angemessen war, konnte auch in eine andere Richtung führen. Piet Mondrian behauptete 1917, dass sich das Leben immer mehr vom Natürlichen abwende, ein abstraktes, geistiges Leben werde, dem die *Neue Gestaltung* gerecht werden müsse. Sie soll alles Individuelle überwinden und mit den «rein bildnerischen Ausdrucksmitteln» der geraden Linie und der flächigen Farbe und ihren Gleichgewichtsbeziehungen die universale Harmonie und Einheit zum Ausdruck bringen. Die Idee einer konsequent ungegenständlichen Kunst, des Gestaltens mit bedeutungsfreien Elementen, geometrischen oder frei erfundenen Formgebilden, die keinen Bezug zur Wirklichkeit haben, wurde im Konstruktivismus verwirklicht, dessen Werke, wie Theo van Doesburg vorschlug, als *Konkrete Kunst* bezeichnet werden sollten, weil sie nichts darstellen als sich selbst.

Dieser Bildauffassung, die nach dem Ersten Weltkrieg zahlreiche Anhänger hatte, stand in der Strömung der *Neuen Sachlichkeit* ein neuer, teilweise politisch stark engagierter Realismus gegenüber, während die Anhänger des *Dada* zur fundamentalen Revolte gegen die bürgerliche Institution Kunst aufriefen und eine Kunst praktizierten, die alle «akademischen» Traditionen der Kunst ad absurdum zu führen suchte. Die Collage wurde zur wichtigsten dadaistischen Bildform.

Mit der Errichtung der totalitären Regime des Faschismus und des Kommunismus wurden die avantgardistischen Bewegungen verdrängt. In den offiziell geförderten, ideologisch ausgerichteten Kunstformen befolgte man wieder das Gebot der Naturnachahmung. Sie zeigten die Wirklichkeit aber nicht wie sie ist, sondern wie sie nach der Meinung der Diktatoren sein sollte. Die Zeit nach dem Zweiten Weltkrieg war *nach 1945* – insbesondere in Deutschland – bestimmt von dem Bemühen, den abgerissenen Faden der Kunstentwicklung wieder aufzunehmen. Die Kunstauffassungen der frühen Moderne wurden rekapituliert und weiterentwickelt. In der *Ecole de Paris* und in der Bewegung des *Informel* stand die ungegenständliche Malerei noch einmal im Mittelpunkt. Unter dem Andrang neuer Strömungen der *Pop-Art*, der *Arte Povera* wie der *Concept-Art* wurde vielfach vom «Ende der Malerei» gesprochen. Doch genauso wie die zahlreichen neuen Museumsbauten und die immer noch anwachsenden Scharen der Ausstellungsbesucher belegen, dass die frühe Avantgarde sich mit ihren Forderungen der Abschaffung der bürgerlichen Institution Kunst nicht durchsetzen konnte, beweisen die öffentlichen und privaten Sammlungen wie auch der Kunstmarkt, auf dem für Werke lebender Maler horrende Preise gezahlt werden, dass die Malerei keineswegs tot ist, sondern sich in immer neuen Formen weiterentwickelt.

Der Begriff des Werkes

Der Gedanke der Naturnachahmung zieht sich wie ein roter Faden durch die verwirrende Vielfalt der Kunstauffassungen, die im Verlauf der Geschichte entwickelt worden sind. Ein weiterer grundlegender Begriff, der so selbstverständlich zu sein scheint, dass er von der Kunstwissenschaft nur selten systematisch erörtert wurde, ist der Begriff des Werkes. Das Wort ist vieldeutig. In der Kunstgeschichte kann damit das einzelne Kunstobjekt wie das Gesamtschaffen eines Künstlers bezeichnet werden. Die Wurzeln des ästhetischen Werkbegriffes sind in der griechischen Philosophie zu finden. Dort wurde sprachlich unterschieden zwischen dem alltäglichen Tun und Handeln und einem zielgerichteten Verfertigen und Hervorbringen, dessen Ergebnis ein Werk ist. Bezeichnenderweise haben die Wörter verfertigen *(poiein)* und Werk *(poiesis)* denselben Stamm. Ursprünglich war mit den Wörtern das handwerkliche Tun gemeint. In der klassischen Zeit wurden sie auch auf die Dichtung bezogen. Unser Wort «Poesie» hat hier seinen Ursprung. Der gleiche sprachliche Zusammenhang ist im lateinischen Wortpaar *opus* und *operare* gegeben. Ganz entsprechend gehören im Deutschen «wirken» und «Werk» zusammen. Nach mittelalterlichen Vorstellungen, wie sie beispielsweise Hugo von S. Victor überliefert, hatte *opus* dreifache Bedeutung. Es bezeichnete das Werk Gottes, also die Schöpfung, das Werk der Natur und das Werk des Menschen, womit alle handwerklichen Arbeiten gemeint waren, mit denen auf irgendeine Weise die Natur nachgeahmt wird. Das vom Menschen geschaffene Werk hat primär den Charakter eines Gerätes, weil es vorgegebene Aufgaben erfüllen und entsprechende Funktionen übernehmen soll. Das Herstellen des Werkes ist auf den Zweck ausgerichtet, wird durch bestimmte Intentionen gelenkt. Ein wesentliches Charakteristikum des Werkes ist es, dass darin, im Gegensatz zu beliebigen in der Natur vorzufindenden Gegenständen wie einem Stein, ein Verweis auf das *operare* enthalten bleibt.

Das Werk lässt auf die das Herstellen begleitenden Intentionen schließen und kann im Hinblick darauf betrachtet werden. Dieser Aspekt gewann im Zusammenhang mit der Aufwertung der bildenden Kunst erheblich an Bedeutung. Petrarca schrieb 1358 im Hinblick auf die Fresken Giottos in Neapel, dass er damit «große Monumente seiner Hand und seines Ingeniums» hinterlassen habe. Mit Albertis *De pictura* wurde es zu einem elementaren Grundsatz der Kunstlehre, dass das Werk des Malers ein Produkt des Zusammenwirkens von geistig-produktiver und manuell gestaltender Tätigkeit ist. Gemeinsam bringen sie in der *historia*, nach Alberti das *summum opus* des Malers, ein in sich mannigfaltiges Ganzes hervor, dessen Schönheit darin besteht, dass alle Teile in angemessenem Verhältnis zueinander stehen und eine Einheit bilden, von der nichts weggenommen und der nichts hinzugefügt werden kann. Diese besondere Qualität des Kunstwerkes ist später mit dem Begriff der organischen Einheit bezeichnet worden.

Die beiden Seiten, die im Begriff des Werkes auszumachen sind, die *inventio* als geistig-produktive Leistung und ihre Konkretisierung und Objektivierung im Kunstgegenstand, sind nicht immer gleich bewertet worden. Im Mittelalter stand zumeist der geschaffene Gegenstand im Vordergrund. In der Renaissance schlug das Pendel zur anderen Seite aus. Die aus dem Ingenium des Künstlers hervorgegangene Erfindung wurde als der entscheidende Akt in der Entstehung eines Werkes angesehen, und damit wurde der Künstler selbst ins Zentrum der Betrachtung gerückt, der vielfach als *divinus*, als göttlich, gerühmt und damit gleichsam neben den Schöpfergott gestellt wurde.

Genie- und Autonomieästhetik

Seit der Renaissance wurde dieser Gedanke des Werkes als freier Schöpfung des Genies vielfach erörtert. Andere Faktoren, wie die Bestimmung des Werkes, auf den Betrachter zu wirken, hatten jedoch immer noch großes Gewicht. Erst gegen Ende des 18. Jh.s kam es zur Begründung einer Ästhetik, in der das Werk des Genies und seine Autonomie im Mittelpunkt standen. Karl Philipp Moritz definierte das vom Genie hervorgebrachte Kunstwerk als eine organische Einheit, die für sich besteht und in sich selbst vollendet ist (s. S. 45). Das Werk ist Objektivation der Empfindungs- und Bildungskraft des Genies. Der Zweck des Schöpfungsaktes ist nicht der «Nachgenuss», den das Werk einem späteren Betrachter zu bieten vermag, sondern er ist mit der Vollendung des Kunstwerks erreicht.

Die Autonomie- und Werkästhetik wurde in der Folgezeit im Weimarer Kreis um Goethe und Schiller und in der philosophischen Ästhetik Schellings und Hegels ausgebaut und gefestigt und damit zur Grundlage der Kunstbetrachtung des bildungsbürgerlichen Publikums des 19. Jh.s, die oft mit dem Begriff der «Kunstreligion» charakterisiert wurde. Der Kult des Kunstgenies war zugleich ein Kult des Kunstwerks, dessen Einmaligkeit als eine Aura aufgefasst wurde, derer man in der ehrfürchtigen Betrachtung teilhaftig werden konnte. Diese Einstellung zum Kunstwerk wurde auch Anstoß und Grundlage der neu entstehenden Kunstgeschichtswissenschaft. Eine Grundannahme war, dass sich der überzeitliche, ästhetische Rang des Kunstwerks, seine Einzigartigkeit, mit der Unvergänglichkeit des darin enthaltenen Sinnes verbindet. Da dieser Sinn nicht offen zutage liegt, ergab sich daraus die Notwendigkeit kunstgeschichtlicher Hermeneutik. Der Grundannahme der Einzigartigkeit entsprach methodisch ein rein werkimmanentes Vorgehen der Interpretation.

Historismus

Die auf die Spitze getriebene Genieästhetik, die einen Kanon der Meisterwerke aufstellte, die als Werke «wahrer Kunst» allein überzeitlichen Rang beanspruchen konnten und Beachtung verdienten, provozierte auch Widerspruch. Der Historismus führte zur Relativierung des Anspruchs auf überzeitliche Geltung und damit zu einer Verschiebung des Blickpunktes der Interpretation, die die Zeitbedingtheit des Werkes stärker beachtete. Die grundsätzliche Annahme, dass das Werk auf die Intentionen des Künstlers schließen lasse, wurde dabei nicht in Frage gestellt.

Eine andere Konsequenz, die aus der These vom Kunstwerk als genuiner Schöpfung eines Genies gezogen wurde, war die Forderung der Eigenhändigkeit. Sie wurde nicht nur von Impressionisten oder Expressionisten vertreten, sondern erhielt mit der Entwicklung des Kunstmarktes einen immer höheren Stellenwert. Dem widersprachen jene, die nach wie vor der Seite der Invention das ausschlaggebende Gewicht zuerkannten. Danach war auch die arbeitsteilige Herstellung eines Werkes denkbar, denn das, was das Kunstwerk ausmacht, war mit der in einem Entwurf fixierten Erfindung gegeben. Auch im 20. Jh. ist die Relevanz des Handschriftlichen wiederholt bezweifelt worden, unter anderem im Konstruktivismus und in der *Konkreten Kunst*.

Überwindung des materiellen Werkbegriffs

Die grundsätzliche Frage, ob das Kunstwerk materiell und gegenständlich existieren müsse, um als solches betrachtet und interpretiert zu werden, wurde mit dem Blick auf die Musikästhetik aufgeworfen, die seit dem 18. Jh. dazu übergegangen war, den Werkbegriff auch für ihre Kunst in Anspruch zu nehmen. Zwar konnte man der Dichtung entsprechend den Notentext als Werk bezeichnen, doch in seiner eigentlichen Klangqualität wird das musikalische Kunstwerk mit jeder Aufführung neu realisiert. Die Auflösung des festen, objektgebundenen Werkbegriffs ist ein Grundzug der Kunstgeschichte der Moderne. Sie zeigt sich besonders deutlich in Marcel Duchamps *Readymades*. Deren Anspruch, als Kunstwerk zu gelten, war nicht vom Gegenstand herzuleiten, sondern von dem, was der Künstler mit dem vorgefundenen Objekt machte, vom Akt der Signatur und der Aufstellung in einer Ausstellung. Damit war das Ausstellungsobjekt mit einer Intention verbunden, die einer Interpretation zugänglich war. Dass diese Interpretation letztlich aufdecken würde, dass der Künstler den tradierten Werkbegriff in Frage stellen wollte, steht auf einem anderen Blatt. Im 20. Jh. ist eine wachsende Bedeutung der ideellen Seite des Werkbegriffs zu registrieren. In der *Concept-Art* und den seit den 1960er Jahren aufkommenden performativen Kunstformen wurde der alte Werkbegriff verabschiedet. Genau genommen wurde er aber nur modifiziert, denn der Kunstcharakter, der derartigen Produktionen zuerkannt wird, ist Hervorbringung des Rezeptionsaktes, bei dem nach wie vor das «Wirken» als intentionale Handlung ausschlaggebend ist.

Der Umgang mit den gestalterischen Mitteln

Der Entwurfsprozess

Gerade weil jedes Kunstwerk Produkt eines intentionalen Wirkens ist, sollte die kunsthistorische Analyse auch den Prozess seiner Entstehung so genau wie möglich rekonstruieren. Natürlich ist die Entstehung eines Werkes abhängig von den sich wandelnden historischen Bedingungen und Vorstellungen wie von den materiellen Gegebenheiten des gewählten Mediums. Festzustellen ist jedoch, dass wenigstens vom späten Mittelalter bis zur frühen Moderne eine bemerkenswerte Kontinuität der Entwurfs- und Ausführungspraktiken herrschte.

concetto

Am Anfang steht der Gedanke, das geistige Konzept. Die italienische Kunsttheorie verwendet dafür den Begriff *concetto*. Dass der Künstler selbst eine Bildidee hat, die er ins Werk setzen möchte, ist in der Moderne zum Normalfall geworden. Bis in das 18. Jh. hinein stand jedoch in der Regel eine bestimmte Aufgabe am Anfang der Arbeit. Der Auftrag, den der Künstler erhielt, schrieb ihm meistens auch vor, was er darzustellen habe. Die Vorgaben konnten darin bestehen, dass einfach das Thema benannt wurde. Sie konnten aber auch, insbesondere bei Aufträgen für architekturgebundene Malerei, eine detaillierte Inhaltsangabe dessen sein, was das Werk zeigen sollte. Derartige *Programme* wurden oft von Klerikern oder Dichtern aufgestellt, die zuweilen für sich in Anspruch nahmen, *inventor* des ausgeführten Werkes zu sein.

Zeichnung Die ersten Schritte der Entwurfsarbeit des Künstlers erfolgten fast immer im Medium der Zeichnung. Welche Bedeutung die Zeichnung für die Kunst haben kann, dass sie mehr ist als die auf ein Blatt geworfenen Linien, zeigt die Kunsttheorie der Renaissance. Für sie war der *disegno* Grundprinzip aller Künste. Schon Cennini sprach vom «*disegno* im Kopf» und meinte damit den geistigen Entwurf eines Werkes.

Giorgio Vasari schrieb: «*Disegno* ist der Vater unserer drei Künste Architektur, Bildhauerei und Malerei, der aus dem Geist hervorgeht und aus vielen Dingen ein Allgemeinurteil schöpft, gleich einer Form oder Idee aller Dinge der Natur ... Und da aus dieser Erkenntnis eine gewisse Vorstellung und ein Urteil entsteht, das im Geist die später von Hand gestaltete und dann Zeichnung genannte Sache formt, so darf man schließen, dass *Disegno* nichts anderes sei als eine anschauliche Gestaltung und Darlegung jener Vorstellung, die man im Sinn hat, von der man sich im Geist ein Bild macht und sie in der Idee hervorbringt.»

Dieser umfassende Begriff des *disegno* wurde bald wieder aufgegeben. Bis in das 19. Jh. hinein war jedoch die Überzeugung weit verbreitet, dass die Zeichnung das Wesentliche des Kunstwerks sei und seine Farbigkeit nur eine Zutat. Dieser These wurde allerdings auch heftig widersprochen, worauf unten noch eingegangen werden soll.

Dass die Zeichnung im Entwurfsprozess eines Gemäldes bis in die Moderne hinein eine eminent wichtige Rolle spielt, steht außer Frage. Leider wissen wir in diesem Punkt über die mittelalterliche Praxis sehr wenig. Aber die so genannten Musterbücher, in denen Vorlagen für Figuren, Köpfe und anderes in Form von Zeichnungen gesammelt wurden, lassen auf eine wichtige Rolle der Zeichnung schließen, genauso wie die Unterzeichnungen auf Tafelbildern, die heute mit Infrarottechnik sichtbar gemacht werden können, oder die *Sinopien*, die Vorzeichnungen, die bei der Abnahme von Fresken ans Licht kommen. Dass aus dem Mittelalter keine separaten Vorzeichnungen erhalten blieben, liegt daran, dass das Material – Pergament oder Holztäfelchen – teuer war und die Künstler sich wohl der auch von Cennini empfohlenen Praxis bedienten, die mit Kohle ausgeführte Zeichnung wieder wegzuwischen, wenn sie nicht mehr gebraucht wurde.

Skizze Der Entwurfsprozess durchläuft in der Regel mehrere, begrifflich unterschiedene Phasen, wobei die Übergänge fließend sind. Am Anfang steht die Skizze, eine schnell hingeworfene Notiz, mit der die *prima idea*, die erste Bildidee, oder auch ein momentaner optischer Eindruck festgehalten wird. Zum Zeichnen wurden in älteren Zeiten schwarze Kreide, Rötel oder Graphit, aber auch Feder und Tinte benutzt, seit dem späten 17. Jh. wurden die in England erfundenen Bleistifte immer beliebter. Die Skizze zeichnet sich dadurch aus, dass ihre Linien den Gegenstand meist nicht fest umreißen, sondern sich ihm sozusagen annähern, oft mit mehrfach übereinanderliegenden Linienzügen.

Entwurf

Auf die Skizze folgt der Entwurf, in dem der Bildidee im Hinblick auf die Haltung der Figuren und ihre Anordnung in der Fläche eine feste Form gegeben wird. Die Entwurfsarbeit für ein Gemälde kann sich über mehrere Stufen hinziehen. Entwürfe können relativ flüchtig gezeichnet sein und auch Korrekturen aufweisen und so noch der Skizze nahestehen. Sie können jedoch auch bis ins Detail dem später ausgeführten Werk entsprechen und damit den Abschluss des Entwurfsprozesses dokumentieren. Diese Zeichnungen sind als «unmittelbare Vorzeichnung» (Koschatzky) oder Ausführungszeichnung zu bezeichnen. Kompositions- wie Figurenentwürfe geben einen tiefen Einblick in die Auffassung, die ein Künstler von seinem Thema entwickelt hat.

Studien

Parallel zu den Entwürfen oder in der Arbeitsphase zwischen fertigem Entwurf und Ausführung werden Studien angefertigt, in denen es um die genaue Wiedergabe einzelner Motive geht. Besonders wichtig sind die Studien der menschlichen Figur. Alberti hatte geraten, eine Figur erst nackt zu skizzieren, um sie dann mit Kleidern einzuhüllen. Seit der zweiten Hälfte des 15. Jh.s wurde es immer üblicher, Aktstudien anzufertigen und auch Gewandstudien, für die oft eine bekleidete Puppe *(manichino)* benutzt wurde. Besonderes Gewicht wird bei diesen Studien auch auf die Modellierung gelegt. Michelangelo hat sich oft, so zum Beispiel in seiner Studie für die *Libysche Sibylle* (New York, Metropolitan Museum), die er an der Decke der Sixtinischen Kapelle darstellte, zunächst auf den Oberkörper des Modells konzentriert, um dann noch Details wie Hände, Füße und auch das Gesicht in Nebenstudien festzuhalten.

Ölskizze und modello

Seit dem 16. Jh. wurde es immer üblicher, Skizzen und Entwürfe mit Ölfarbe anzufertigen. Das farbige Medium wurde vor allem dann gewählt, wenn der endgültige Entwurf jenen präsentiert werden sollte, die über Auftragsvergabe oder Ausführung zu entscheiden hatten. Für die farbig und detailliert ausgeführten Entwürfe hat sich der Begriff *modello* eingebürgert, der zuvor schon für architektonische Modelle und auch für Skulpturen üblich war.

Der letzte Schritt der Werkvorbereitung ist die Übertragung des Entwurfs auf den vorgesehenen Bildträger. In der Regel bedeutete dies, dass eine Unterzeichnung angefertigt wurde, die sozusagen das Grundgerüst für die malerische Ausführung abgab. Lange war es üblich, die Unterzeichnung aus freier Hand auszuführen. Erst im späten Mittelalter begann man das Übertragungsverfahren zu rationalisieren. Eine Neuerung von weitreichender Bedeutung war zu Beginn des 15. Jh.s die Verwendung eines Kartons, einer Zeichnung von identischer Größe wie das auszuführende Gemälde. Schon vorher war bei der Herstellung von Glasfenstern die Verwendung von Holztafeln üblich, auf denen die herzustellende Scheibe größengleich vorgezeichnet war. Dafür ist auch Pergament verwendet worden, was jedoch sehr kostspielig war. Erst mit der Verbreitung des Papiers war die Voraussetzung für die Nutzung dieses Verfahrens auch in der Malerei gegeben. Es war sehr üblich, dass in den Werkstätten Kartons für Gemälde, die oft bestellt wurden, wie etwa Madonnenbilder, aufbewahrt und mehrfach wiederverwendet wurden.

Karton

Bei der Ausführung ihres Werks waren die Künstler natürlich von der gewählten Maltechnik abhängig, die bestimmte Arbeitsprozesse erforderte. Je langwieriger der Herstellungsprozess und je schwieriger die Korrekturmöglichkeiten waren, desto sorgfältiger wurden die Vorarbeiten ausgeführt. In der Freskomalerei, die schnelles Arbeiten und eine sichere Hand erforderte, konnten Fehler oft nur durch das Herausschlagen des Putzes behoben werden. Die Techniken der Tafelmalerei hingegen basierten lange auf einem schichtweisen Aufbau der Farbe. Bei dieser langwierigen, durch lange Trockenzeiten unterbrochenen Produktionsweise musste der Maler das Ergebnis, das er erreichen wollte, genau vor Augen haben.

Bis weit in das 19. Jh. hinein hielten viele Künstler an den traditionellen Formen der Werkvorbereitung fest. Das gilt insbesondere für die Historienmalerei, bei der eine detaillierte Planung unerlässlich war. In der Landschaftsmalerei war es anfangs üblich, die Motive der gezeichneten Naturstudien und Ölskizzen in größere komponierte Landschaften zu übertragen. Für naturalistische Künstler wie die Maler der Schule von Barbizon war der in der Ölskizze festgehaltene Landschaftsausschnitt Grundlage des im Atelier ausgeführten Bildes. Die Impressionisten führten ihre Gemälde möglichst in der Natur «*en plein air*» als Primamalerei aus und verzichteten in der Regel auf Vorarbeiten. Das wurde jedoch keineswegs die Regel. Cézanne, Seurat oder Matisse (Tafel XVI; s. S. 221–227) haben ihre größeren Gemälde genau geplant. Picasso hat sein Gemälde *Les Demoiselles d'Avignon* (Abb. 40), das an einem ganz entscheidenden Wendepunkt seines Schaffens, dem Übergang zum Kubismus, ent-

Moderne

stand, mit einer geradezu unüberschaubaren Zahl von Vorarbeiten vorbereitet. Die großen *Kompositionen*, die Kandinsky zwischen 1909 und 1913 in München ausführte und die auf den ersten Blick wie auf der Leinwand improvisiert erscheinen, sind sorgfältig mit Zeichnungen, Aquarellen und Ölbildern vorbereitet worden. Eine Besonderheit sind die so genannten Analyse-Zeichnungen Kandinskys, in denen er mit kargen Strichen und Worten Ponderation und Spannungsverhältnisse seiner Kompositionen reflektierte.

Eine derartig gründliche Werkvorbereitung ist jedoch im 20. Jh. selten geworden. Expressionisten wie Ernst Ludwig Kirchner bereiteten ihre Gemälde nur mit einzelnen Kompositionsskizzen oder mit Serien von Skizzen gleichartiger Motive vor. Andere begnügten sich mit der flüchtigen Kohlevorzeichnung auf der Leinwand. Der Pluralisierung der Bildauffassungen entsprechend gibt es eine Vielzahl von Formen der Werkvorbereitung. Ein konstruktivistisches Bild verlangt genau kalkulierte Planung, die allerdings auch auf der Leinwand ausgeführt werden kann. Ein Bild des *Informel* hingegen kann kaum detailliert geplant werden. Es entsteht im Akt des Malens, wobei jeder Arbeitsschritt auch eine Reaktion auf das bereits Ausgeführte ist, Zufallsergebnisse eingeschlossen.

Körper und Raum

Die Wandmalereien und Mosaiken in Pompeji, in Rom und an anderen Orten Italiens zeugen davon, zu welcher Perfektion in der Darstellung von Figur und Raum die antike Malerei gelangt ist. Das technische und praktische Wissen, das sich in diesen Werken manifestiert, wurde von der frühchristlichen Kunst nicht gepflegt und ging bald verloren. Bis in das 13. Jh. hinein spielen Körper und Raum in der Malerei keine besondere Rolle. Die Figuren, der wichtigste Gegenstand der Malerei, werden in der Regel vor einem einfachen Bildgrund dargestellt. Ein schmaler Bodenstreifen dient ihnen als Standfläche, während die Fläche darüber einfarbig gehalten oder in weitere Streifenlagen unterteilt ist. Meist wird diese Hintergrundfolie innerhalb einer Wanddekoration oder einer Handschrift wie ein Formular allen Bildern zugrunde gelegt. Ein Eindruck von Räumlichkeit wird durch dieses Formular kaum vermittelt. Der Goldgrund, der zunächst in der Mosaikkunst und seit dem 10. Jh. auch in der Buchmalerei eingesetzt wurde, wirkt mit seinen starken Reflexlichtern einem Raumeindruck sogar entgegen. Auch der durch die Figuren vermittelte Eindruck der Dreidimensionalität ist nur schwach. Ihre plastische Wirkung wird vor allem durch die Binnenzeichnung der

Gewänder erreicht. Durch ein Stufenschema der Farbgebung, das sich in der ottonischen Buchmalerei besonders ausgeprägt zeigt, kann sogar der Anschein einer bewegten Oberfläche erweckt werden (s. S. 73 u. 119; Tafel II). Architekturen, die den Ort einer Handlung andeuten sollen, werden fast immer in einer zweiten Bildschicht hinter den Figuren als flache Kulissen gezeigt. Die Dreidimensionalität von Häusern oder Städten, die von einem Mauerring eingefasst werden, kann dadurch angedeutet werden, dass nicht nur eine Front, sondern auch eine schräg ansteigende Seite gezeigt wird.

Wandel der Figurenauffassung

Ein deutlicher Wandel der Figurenauffassung vollzog sich im 13. Jh. in Italien. Einen ersten Anstoß gab die Auseinandersetzung mit byzantinischen Kunstwerken, die nach der Eroberung von Konstantinopel 1204 nach Italien gelangt waren. Der byzantinische Einfluss ist beim Madonnenbild und dem gemalten Kruzifix *(croce dipinta)* besonders deutlich. Für diese Entwicklungsphase stehen die Werke Giunta Pisanos. In seinen Tafelkreuzen, wie dem wohl gegen 1250 entstandenen, signierten Werk in San Domenico in Bologna, übernahm er den byzantinischen Haltungstypus des *Christus patiens* und folgte auch in der Modellierung dem byzantinischen Schema. Dabei werden einzelne Wölbungen in stufenloser Hell-Dunkel-Modulierung bezeichnet, die sich jedoch stets so zusammenfügen, dass größte Helligkeit und größtes Dunkel unmittelbar aufeinandertreffen, so dass das Liniengerüst der Figur klar heraustritt. Ganz anders zeigt sich die Modellierung des Körpers in dem von Giotto um 1300 gemalten Kruzifix von Santa Maria Novella in Florenz. An die Stelle des scharfen Aufeinandertreffens von größtem Dunkel und größter Helligkeit sind hier stufenlos modellierte Übergänge getreten, die den Körper greifbar plastisch erscheinen lassen. Giotto löste sich auch von dem byzantinischen Motiv der geschwungenen Körperhaltung. Die zur Seite ausweichende Hüfte und die einknickenden Knie lassen auf den schwer lastenden Körper schließen. Mit der anatomischen Durchgestaltung des Körpers, der Modellierung und Haltung hat Giotto in seinem Kruzifix einen zuvor unerreichten Schein der Gegenwärtigkeit gegeben.

Die Überwindung der byzantinischen Schemata, die sich in den Werken Giottos eindrucksvoll zeigt, ist mehr als eine formale Verbesserung tradierter Darstellungsweisen. Dahinter steht der oben bereits behandelte Wandel der Bildauffassung, der eine wesentliche Voraussetzung im Wandel der Auffassung vom Sehvorgang hatte. Einen wesentlichen Beitrag dazu leistete die neue wissenschaftliche Optik, die seit der Mitte des 13. Jh.s eine einzigartige Blütezeit erlebte.

Entscheidende Impulse gab das Werk des Arabers Ibn al-Haytham (lateinisch: Alhacen), das unter dem Titel *De aspectibus* um 1250 im Westen bekannt wurde. Auf Alhacen fußten die Begründer der abendländischen Optik Roger Bacon, John Pecham und Witelo, deren um 1270 abgefasste Traktate bis in das 17. Jh. hinein Basistexte der Wissenschaft blieben.

mittelalterliche Optik und Malerei

Die Grundlehren der mittelalterlichen Optik, die für die Entwicklung der neuen Bildauffassung und später der konstruierten Perspektive besonders wichtig waren, lauteten: Das Auge ist ein Rezeptionsorgan, das die von außen hereindringenden Bilder empfängt und nicht etwa, wie man zuvor zumeist dachte, die Gegenstände mittels vom Auge ausgesandter Sehstrahlen erfasst. Von jedem Gegenstand werden strahlenförmig Bildpunkte ausgesandt, die als *species* oder *formae* bezeichnet wurden. Der äußere Sehvorgang ist mit dem Modell einer Pyramide oder eines Kegels beschreibbar, deren Basis vom Sehobjekt gebildet wird, während die Spitze, in der alle vom Sehobjekt ausgehenden Strahlen zusammentreffen, im Auge liegt. Diese Strahlen sind nicht alle gleich. Während die äußeren Strahlen der Sehpyramide ein nicht sehr differenziertes Gesamtbild liefern und nur ein oberflächliches Betrachten zulassen, das als *aspectus* bezeichnet wird, ermöglicht der Zentralstrahl der Sehpyramide ein präzises Erfassen des Gegenstandes *(intuitio)*. Das genaue Betrachten eines Bildes erforderte demnach, dass die Augen so bewegt werden, dass der Zentralstrahl über alle Einzelheiten des Bildes geführt wird. Die Sehpyramide war das für die neue Bildauffassung konstitutive Paradigma. Man darf den Zusammenhang von Optik und Bildauffassung aber nicht auf eine Geometrie des Sehens reduzieren. Nach der neuen Sehtheorie gehen von einem Gemälde wie von jedem anderen Gegenstand *species* aus. Für die Bildauffassung war entscheidend, dass das Bild jetzt als etwas gedacht werden konnte, das *species* aussendet, die denjenigen entsprechen oder möglichst ähnlich sind, die vom Naturvorbild ausgehen.

Darstellung von Körpern

Die Optik lehrte, dass das Auge einen konvex gerundeten Körper dann als solchen erkennt, wenn es wahrzunehmen vermag, dass der mittlere Teil ihm näher liegt als die seitlichen Teile. Da die Erscheinungsbilder der Farben *(species)* umso schwächer werden, je weiter der Weg ist, den sie zurücklegen müssen, wird der Betrachter einen runden Körper dann als dreidimensionalen Gegenstand erkennen, wenn die ihm am nächsten liegende Partie des Körpers, also die Körpermitte, am hellsten, die entfernter liegenden Seiten hingegen dunkler sind. Nach diesem Prinzip hat Giotto die Figuren in allen seinen Werken modelliert. Hier liegt der Ursprung dessen, was in der italienischen Fachterminologie als *rilievo* bezeichnet werden sollte. Dieser Gegensatz von vortretender Helligkeit und Tiefenverdunklung, der nicht mit Beleuchtung verwechselt werden darf, spielte in der gesamten europäischen Malerei des 14. Jh.s eine wichtige Rolle. Dass die physikalischen Gesetze, aus denen diese Form des Helldunkel abgeleitet wurden, fragwürdig waren, erkannte man erst hundert Jahre später.

Körper, die sich aus ebenen Flächen zusammensetzen, werden in ihrer Dreidimensionalität, so die Lehren der Optik, nur erfasst, wenn zwei Seiten, die sich in einer Kante treffen, zugleich gesehen werden und wenigstens eine dieser Seiten schräg in die Tiefe läuft. Auch hier war das Prinzip der Tiefenverdunklung anwendbar. Bei der Darstellung von Architekturen waren noch andere Regeln zu bedenken, die schon in der Optik des Euklid erläutert worden waren. Bei Objekten, die sich vor den Augen des Betrachters in die Tiefe erstrecken, scheinen die Linien, die oberhalb der Augen liegen, zur Tiefe hin abzusinken, während die unterhalb der Augen liegenden Linien anzusteigen scheinen. Eine weitere Regel Euklids besagt, dass Wände, die links vom Betrachter in die Tiefe führen, nach rechts und Wände, die sich rechts vom Betrachter befinden, nach links zu laufen scheinen. Giotto hat in mehreren Bildern der Arena-Kapelle demonstriert, wie nach diesen Regeln ein Kastenraum darzustellen ist, in welchem die handelnden Figuren ihren Platz finden können (Tafel III).

Raum Irritierend für den heutigen Leser der Optiktraktate ist, dass der uns vertraute Begriff des Raumes nicht vorkommt. Es wird nur von Entfernung *(remotio)* und Abstand oder Zwischenraum *(distantia, spatium)* gesprochen. «Raum» war nach dem Verständnis des Mittelalters nicht a priori gegeben, sondern entstand sozusagen als ein Beziehungsnetz von Orten. Raumschaffend wirken der Abstand zwischen Körpern und auch das Agieren der Figuren. Die Tiefe eines so konstituierten Raumes vermag der Betrachter nach den Lehren der Optik nur abzuschätzen, wenn Gegenstände oder Figuren in regelmäßigen Abständen hintereinander zu sehen sind und ihm so Anhaltspunkte geben. Die Tiefe eines Innenraumes ist beispielsweise an einer Kassettendecke ablesbar, was in Bildern aus der Zeit um 1300 häufiger zu sehen ist, oder am Muster eines Fußbodens. Ein frühes Beispiel dafür findet man in der Darstellung der *Bestätigung der Ordensregel* in der Predella von Giottos Franziskus-Pala (Paris, Louvre) und in der entsprechenden Darstellung in San Francesco in Assisi. In Landschaftsdarstellungen war Raumtiefe beispielsweise

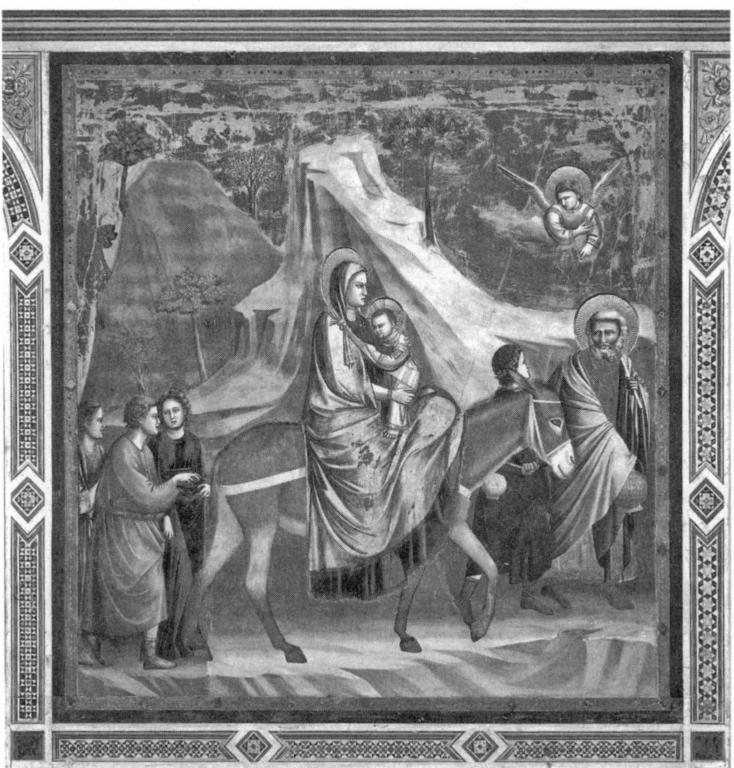

Abb. 1: Giotto, Flucht nach Ägypten, um 1305, Padua, Arena-Kapelle

durch Bäume anzudeuten, die zur Tiefe hin kleiner werden. Noch wichtiger aber war hier das Mittel der Tiefenverdunklung, das Giotto beispielsweise in Padua in der *Flucht nach Ägypten* (Abb. 1) einsetzte, um die Breite des Weges anzudeuten und um zu zeigen, dass der am linken Bildrand aufragende Berg weiter entfernt ist als derjenige in der Bildmitte.

Bild als Wirklichkeitsausschnitt

Beim Blick des Menschen in seine Umwelt bilden sich mit jeder Augenbewegung neue Sehpyramiden, und jede von ihnen erfasst nur einen Ausschnitt aus der Wirklichkeit. Dass Giotto auch das Bild als Wirklichkeitsausschnitt begriffen hat, belegen Figuren, die vom Bildrahmen überschnitten werden, vor allem diejenigen Figuren, die das Bildfeld zu verlassen scheinen, wie Christus, der sich im *Noli me tangere* der vor ihm knienden Magdalena entzieht.

Schließlich ist jede Sehpyramide, mit der ein Stück Wirklichkeit erfasst wird, nur ein «Augenblick», ein punktueller Ausschnitt aus dem Kontinuum der Zeit. Auch dies muss Giotto bewusst gewesen sein, denn von einer einzigen Ausnahme abgesehen, der Darstellung der *Geburt Mariens*, in der die Neugeborene zweimal zu sehen ist, stellt er in allen Bildern der Arena-Kapelle jeweils nur einen Handlungsmoment dar.

In der vor 1266 entstandenen Franziskus-Retabel aus der Bardi-Kapelle in Santa Croce in Florenz wird in der *Vogelpredigt des hl. Franziskus* die große Zahl der vor dem Heiligen versammelten Vögel dadurch sichtbar gemacht, dass mehrere Bodenstreifen übereinander angeordnet wurden, die der Betrachter, der sich auf das bildspezifische System der Anordnung eingestellt hat, als ein Hintereinander begreifen soll. In der entsprechenden Darstellung auf Giottos Franziskus-Tafel im Louvre sieht man die Vögel locker gruppiert am Boden. In Giottos Gemälden folgt die Anordnung der Bildelemente nicht bildinternen Ordnungsschemata, sondern wird so eingerichtet, dass der Betrachter das Bild mit den Kategorien seiner Wirklichkeitsorientierung erfassen kann. Deswegen konnte es geschehen, dass der Betrachter, wie Boccaccio berichtet, «für wirklich hielt, was nur gemalt war».

Linearperspektive

Gegenüber der Malerei des 13. Jh.s war Giottos Darstellung von Figur und Raum ein gewaltiger Fortschritt. Die Darstellungsprinzipien, die er entwickelt hatte, wurden auch noch am Ende des 14. Jh.s für gültig befunden, wie der Traktat Cenninis bezeugt. Für die Bildaufgaben, die ein Künstler damals zu bewältigen hatte, waren sie völlig ausreichend. So mussten Impulse von außen kommen, damit der nächste epochale Schritt getan werden konnte: die Erfindung der konstruierten Perspektive durch Filippo Brunelleschi und Alberti. Der erste Biograph Brunelleschis berichtet, dass der Architekt eine kleine Darstellung des Florentiner Baptisteriums geschaffen habe. Das um 1415 gemalte Bild sollte auf eine ungewöhnliche Art betrachtet werden. Die Tafel war durchbohrt, und der Betrachter hielt sie so, dass er von der Rückseite durch das Loch blicken konnte. Mit der anderen Hand hielt er einen Spiegel vor die Tafel, in dem er dann die Darstellung des Baptisteriums erblickte. Wenn er dies an dem Standort tat, von dem aus das Baptisterium «aufgenommen» worden war, dann konnte er den Spiegel zwischendurch sinken lassen und so die Übereinstimmung des Bildes mit der Wirklichkeit überprüfen.

Es ist viel darüber gestritten worden, wie Brunelleschi zu dieser ersten exakt perspektivischen Darstellung gekommen ist. Es spricht alles dafür, dass sein Ausgangspunkt das optische Messverfahren mit dem so genannten Jakobsstab war, mit dem damals Bauten vermessen wurden. «Kein Tempel kann ohne Symmetrie und Proportion eine vernünftige Formgebung haben», konnte man bei Vitruv lesen. Die Ermittlung der genauen Maßverhältnisse der antiken Bauten war ein notwendiger Schritt bei der Annäherung an das große Vorbild. Es ist belegt, dass Brunelleschi die antiken Bauten in Rom vermessen hat, und es gibt Indizien, dass er sich dabei des Jakobsstabes bediente. Er besteht aus einem Längsstab, mit dem das Bauwerk, etwa ein Turm, angepeilt wird, und einem Querstab, mit dem der Winkel des Sehstrahls ermittelt werden kann, der auf einen bestimmten Punkt des Turms zielt. Da Querstab und Turm parallel sind, kann dessen Höhe leicht errechnet werden. Für die genaue Ermittlung der Maße eines Bauwerks sind natürlich zahlreiche Messungen erforderlich. Wenn man dabei den Querstab fixiert, werden nicht nur die Berechnungen vereinfacht, sondern man kann die Messpunkte auch auf ein Blatt übertragen, und wenn man die Punkte dann miteinander verbindet, erhält man ein perspektivisches Bild des vermessenen Bauwerks. Die Übertragung kann man sich erleichtern, indem man das Blatt quadriert.

Alberti

Dass sich die Entdeckung der Perspektive so abgespielt haben dürfte, wird durch ein Zeichengerät bestätigt, das Alberti in seinem Traktat als *velo* bezeichnet und als seine Erfindung beschreibt. Es ist ein Rahmen, der mit einem dünnen Tuch bespannt ist, in das dunkle Fäden eingewebt sind, die ein Quadratnetz bilden. Es wird zwischen dem Gegenstand und dem Zeichner aufgestellt, und wenn dessen Augenpunkt fixiert ist, kann er jeden Punkt seines Objektes auf seinem ebenfalls quadrierten Zeichenblatt festhalten. Dieses Gerät konnte deutlich machen, dass das perspektivische Bild nichts anderes als ein Querschnitt durch die Sehpyramide ist. Alberti fasste diese Erkenntnis in die prägnante Formel: Das Bild gleicht einem offenen Fenster, durch das hindurch man das dargestellte Objekt oder Ereignis betrachtet. Eine weitere Folgerung war, dass sich Bild und Darstellungsgegenstand proportional zueinander verhalten. Die Frage eines Fluchtpunktes spielt beim Zeichnen mit dem *velo* überhaupt keine Rolle, genauso wenig die Frage der Höhe des Horizontes. Der große Nachteil dieses Gerätes war es, dass nur konkrete, unbewegliche Gegenstände nachgezeichnet werden konnten. Für die praktische Arbeit des Malers, der ein Altarbild oder eine Historie auszuführen hatte, konnte es nur eine Unterstützung bei der Ausführung von Details sein.

In einem zweiten Schritt entwickelte Alberti ein Verfahren, mit dem eine mit einem Quadratmuster versehene Bodenfläche perspektivisch richtig konstruiert werden konnte. Auf dieser Fläche konnten dann Figuren platziert und Bauwerke «errichtet» werden, deren Ort, Größe und Verkürzung sich nach dem für die Grundkonstruktion angenommenen Augenpunkt richten. Dieses Konstruktionsverfahren, das man später als *costruzione legittima* bezeichnete, versetzte den Künstler in die Lage, völlig unabhängig von tatsächlich vorhandenen Modellen eine Bildwirklichkeit zu erschaffen, die als rationales, geometrisches Konstrukt für denjenigen, der sie vom vorgesehenen Blickpunkt aus betrachtete, als der Wahrheit ähnlich *(veri simile)*, als wahrscheinlich erscheinen musste.

Albertis Perspektivkonstruktion hatte langfristig bedeutende Konsequenzen für die Bildkonzeption. Es war üblich, dass die Erfindung bei der Anordnung der Figuren ansetzte, mit denen ein Geschehen veranschaulicht werden sollte. Jetzt wurde in einem zusätzlichen Entwurfsschritt ein Schauplatz konstruiert, auf dem den Figuren wie auf einer Bühne ein Platz angewiesen werden konnte. Dank der Perspektivkonstruktion konnte sich allmählich die Vorstellung durchsetzen, dass zuerst der Raum vorhanden ist, in dem dann Figuren und Objekte ihren Platz finden.

Mit Albertis Traktat von 1435 wurde das Verfahren der linearperspektivischen Konstruktion kodifiziert. Perspektivische Kenntnisse waren jedoch schon vorher unter den Florentiner Künstlern im Umkreis von Brunelleschi verbreitet. Die eindrucksvollsten Belege dafür lieferte Masaccio ab 1425 mit den Fresken der Brancacci-Kapelle in Santa Maria del Carmine (Abb. 6) und mit dem Fresko der *Trinität* in Santa Maria Novella (um 1427). Die Kenntnis der Linearperspektive hat sich vom zweiten Drittel des Jh.s an relativ rasch verbreitet, doch war es oft nicht mehr als ein Schema, das ohne genaueres Wissen eingesetzt wurde. Wichtige Fortschritte brachte Piero della Francesca, der als Erster eine ausschließlich der Perspektive gewidmete Abhandlung (*De prospectiva pingendi*) vorlegte. Seine wichtigste Neuerung war die perspektivische Konstruktion auf der Basis von Grundriss und Seitenansicht. Damit war es möglich, auch komplex geformte Gegenstände wie ein korinthisches Kapitel oder den Kopf eines Menschen perspektivisch richtig abzubilden.

Perspektivtraktate

So verbreitet die Praxis der Perspektive im 15. Jh. in Italien und später in den Niederlanden auch war, präzise Kenntnis der Perspektivtheorie war auch um 1500 noch nicht leicht zu erwerben. Die erste gedruckte Perspektivlehre – mehr Bilderbuch als systematische Abhandlung – war Jean Pelerins *De artificiali perspectiva*, die 1505 in Toul erschien. Dürers *Underweysung der Messung* wurde 1525 gedruckt. Weite Verbreitung fand Sebastiano Serlios Perspektivtraktat von 1545, der die Lehren Albertis und Piero della Francescas zusammenfasste. 1573 erschien *Le due Regole della Prospettiva pratica* des Architekten Jacopo Barozzi, gen. Il Vignola, herausgegeben und kommentiert von dem Florentiner Mathematiker Egnatio Danti. In

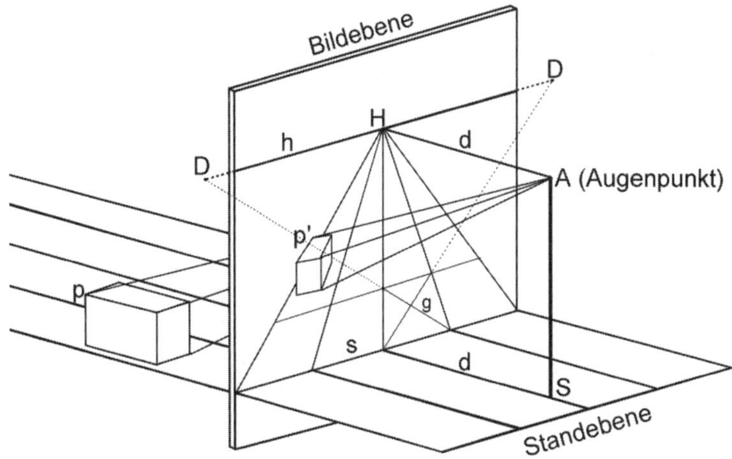

Abb. 2: Perspektivkonstruktion (Zeichnung F. Büttner)

Grundbegriffe der Perspektivkonstruktion (Abb. 2) Die Bildebene steht senkrecht zur horizontalen Standebene. Vom Augenpunkt (A), der senkrecht über dem Standpunkt (S) liegt, wird ein Lot auf die Bildebene gefällt, das diese im Hauptpunkt (H) trifft. Durch den Hauptpunkt (H) läuft der Horizont (h) parallel zur Standlinie (s). Der Abstand vom Augenpunkt (A) zum Hauptpunkt (H) ist die Distanz (d). Als Distanzpunkte (D) werden die Punkte bezeichnet, die auf dem Horizont in der Distanz d vom Hauptpunkt entfernt liegen. Geometrische Grundregel der perspektivischen Konstruktion ist es, dass alle Scharen von Parallelen einen gemeinsamen Fluchtpunkt haben. Die Parallelen zur Linie AH, also alle Linien, die senkrecht zur Bildebene stehen (sie werden auch Tiefenlinien oder Orthogonalen genannt), haben ihren Fluchtpunkt im Hauptpunkt (H). Die Linien, die parallel zur Standebene die Bildebene im Winkel von 45° schneiden, beispielsweise die Diagonalen von Quadraten, die von Orthogonalen begrenzt werden (g), haben ihren Fluchtpunkt in einem der Distanzpunkte. Linien, die parallel zur Bildebene verlaufen, diese also nicht schneiden, werden nicht verkürzt und haben deswegen keinen Fluchtpunkt. Die Bildpunkte der Abbildung von Gegenständen liegen jeweils dort, wo die vom Augenpunkt (A) zum Gegenstandspunkt (P) führende Gerade die Bildebene schneidet (P').

diesem Buch, mit dem die Theorie der linearperspektivischen Konstruktion zu einem gewissen Abschluss gebracht wurde, wird dem Verfahren Albertis, das als erste Regel bezeichnet wird, als zweite Regel die so genannte Distanzpunktkonstruktion zur Seite gestellt, die auf dem Faktum basiert, dass die Diagonalen des Grundquadrates ihre Fluchtpunkte in den beiden Distanzpunkten haben. In der weiteren Entwicklung der Perspektivliteratur sind zwei Linien auszumachen, auf der einen Seite Lehrbücher für Künstler, die weitgehend auf dem von Vignola und Danti gefestigten Fundament aufbauen, und auf der anderen Seite wissenschaftliche Arbeiten, die zur Weiterentwicklung der projektiven Geometrie beigetragen haben. Zu diesen gehören die *Perspectivae libri sex* des Guidobaldo Del Monte (1600), in denen erstmals bewiesen wird, dass alle Scharen von Parallelen ihren eigenen Fluchtpunkt haben, dass es mithin in einem Bild potenziell unendlich viele Fluchtpunkte gibt. Deswegen sollte man nicht einfach von *dem* Fluchtpunkt sprechen, wenn der Fluchtpunkt der Orthogonalen gemeint ist, sondern vom Hauptpunkt.

Kritik an der Linearperspektive

Die Entwicklung der Linearperspektive in Theorie und Praxis war von wachsender Kritik begleitet. Besonderes Gewicht haben die Überlegungen Leonardos, der das Instrumentarium der Perspektive souverän beherrschte, wie die *Verkündigung an Maria* und die unvollendete *Anbetung der Könige* (beide Florenz, Uffizien) belegen. Während der Vorbereitung des Wandbildes *Das Abendmahl* im Refektorium von Santa Maria delle Grazie in Mailand begann er eine intensive Beschäftigung mit der Perspektivtheorie. Schon früh erkannte er das Problem, dass die regelgerecht durchgeführte Perspektivkonstruktion an ihren Rändern ein verzerrtes Bild ergibt, wenn die gewählte Betrachterdistanz zu kurz ist. Wenn die Bildebene extrem schräg zur Blickachse des Betrachters steht, werden die Dinge geradezu monströs abgebildet. Prinzipiell hat er damit das Verfahren der später so genannten Anamorphose beschrieben. Er stellte auch fest, dass es nicht nur eine, sondern drei Arten der Perspektive gibt. Neben der Linearperspektive gibt es die Farbperspektive, die Veränderungen der Farbe, die sich mit wachsender Entfernung der Gegenstände vom Betrachter ergeben, und schließlich eine Form der Perspektive, die darin besteht, dass die Konturen eines Gegenstandes mit wachsender Entfernung immer unschärfer und verschwommener erscheinen. Man kann sie als Formschärfenperspektive bezeichnen.

Farb- und Luftperspektive

Am intensivsten beschäftigte sich Leonardo mit der Farbperspektive. Sie steht für ihn in unmittelbarem Zusammenhang mit der Beschaffenheit der Luft, die zwischen Betrachter und Gegenstand

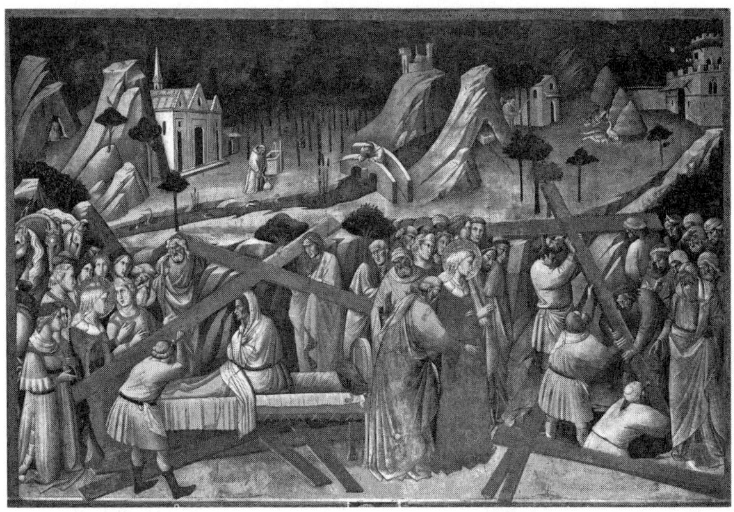

Abb. 3: Agnolo Gaddi, Auffindung und Prüfung des hl. Kreuzes, um 1385–1387, Florenz, S. Croce

liegt. Bis in die Zeit um 1400 hatten die Maler an der Regel der Tiefenverdunklung festgehalten. In den Fresken Agnolo Gaddis der Chorkapelle von Santa Croce in Florenz (Abb. 3) verliert sich die Farbe in der Ferne in einem schwärzlichen Dunkel, auch der Himmel darüber erscheint in einem bräunlichen Schwarz. Dass diese Farbgebung, die sich auf physikalische Gesetze berufen zu können meinte, der alltäglichen Erfahrung widerspricht, hat die Künstler offensichtlich nicht gestört. Erst im frühen 14. Jh. begannen niederländische Maler wie die Brüder Limburg, sich auf ihre eigene Naturerfahrung zu besinnen, und gaben den Himmel so wieder, dass er zum Horizont hin heller wurde. In einem zweiten Schritt wurde dann auch die Landschaft zur Tiefe hin aufgehellt dargestellt, in unvergleichlicher Weise in der *Geburt Christi* des Meisters von Flémalle (Tafel VI) oder in den Landschaften Jan van Eycks im Turin-Mailänder *Stundenbuch*. In Florenz deutet sich die Lösung vom Prinzip der Tiefenverdunklung schon bei Masaccio an und wird ganz deutlich in Werken Fra Angelicos, etwa der *Kreuzabnahme* von 1432. Leonardo hat die Farbperspektive, die zu seinen Zeiten bereits allgemein beachtet wurde, systematisch untersucht und aus dem Zusammenwirken von Licht und der mehr oder weniger dichten und feuchten Luft in der Atmosphäre erklärt. Auch die Formschärfenperspektive findet darin ihre Erklärung. Leonardos Technik des *Sfumato*, der sanften, hauchartigen Übergänge, war ein Mittel, mit dem er beiden Formen der nicht-linearen Perspektive gerecht werden wollte.

Figurenperspektive

Ein weiteres Mittel, räumliche Wirkungen im Bild zu erzeugen und das Verhältnis zwischen Betrachter und Bild zu klären, lag in der Figurenperspektive. Der so genannte *Codex Huygens*, der nicht von Leonardos Hand stammt, dessen Texte und Zeichnungen aber zweifellos auf ihn zurückzuführen sind, kann als ein Lehrbuch der perspektivischen Verkürzung von Figuren angesehen werden. Zwar war es möglich, die perspektivisch gesehenen Figuren geometrisch zu konstruieren, jedoch erwies nach dem Urteil der Theoretiker der Renaissance sich derjenige als wahrer Meister, der diese Verkürzungen, die als Inbegriff der von einem Maler zu bewältigenden Schwierigkeiten galten, aus freier Hand zu zeichnen verstand, geleitet allein vom Urteil seines Auges. Dieser *Giudizio dell'occhio* war für Michelangelo die ausschlaggebende Instanz. Ohne ein geübtes Auge waren seiner Meinung nach alle Kenntnisse der Geometrie und Perspektive nichts wert, und letztlich hieß das für ihn, dass er es nicht nötig hatte, mit ihnen zu arbeiten.

Quadratura-Malerei

Diese Meinung wurde in der Folgezeit immer wieder vertreten, und ihr wurde genauso oft widersprochen. Die große Zahl der für den Gebrauch von Künstlern verfassten Lehrbücher der Perspektive, die im Barock publiziert wurden, lassen auf eine große Nachfrage schließen. Vor allem in der Wand- und Deckenmalerei spielte die Perspektive eine immer größere Rolle, nicht nur bei Quadratura-Dekorationen, bei denen vor allem die Linearperspektive zum Einsatz kam, sondern auch bei der Ausführung von szenischen Deckenbildern, bei denen auch die nicht-linearen Formen der Perspektive gefordert waren. Wegweisend dafür waren die von Correggio in Parma ausgeführten Kuppeln (Tafel VII; s. S. 110).

Das bekannteste Lehrbuch der perspektivischen Deckenmalerei verfasste der Jesuitenpater Andrea Pozzo. Es kam mit dem Titel *Perspectiva pictorum et architectorum* 1693 heraus und wurde bald darauf auch in anderen Sprachen veröffentlicht. Am Beispiel der Deckenbilder, die er kurz zuvor in Sant'Ignazio in Rom geschaffen hatte, (Abb 4; s. S. 111–113) erläutert Pozzo den Entwurfsprozess.

Anders als bei einem Tafelbild ist die Bildebene beim Deckenbild horizontal. Die senkrecht zu dieser Ebene stehenden Linien, also alle Vertikalen, die an einem dargestellten Bauwerk zu sehen sind, treffen sich im Hauptpunkt, der senkrecht über dem Betrachter liegt. Wenn dessen Standpunkt genau in der Mitte angenommen wird, werden die aufragenden Mauerteile sehr stark ver-

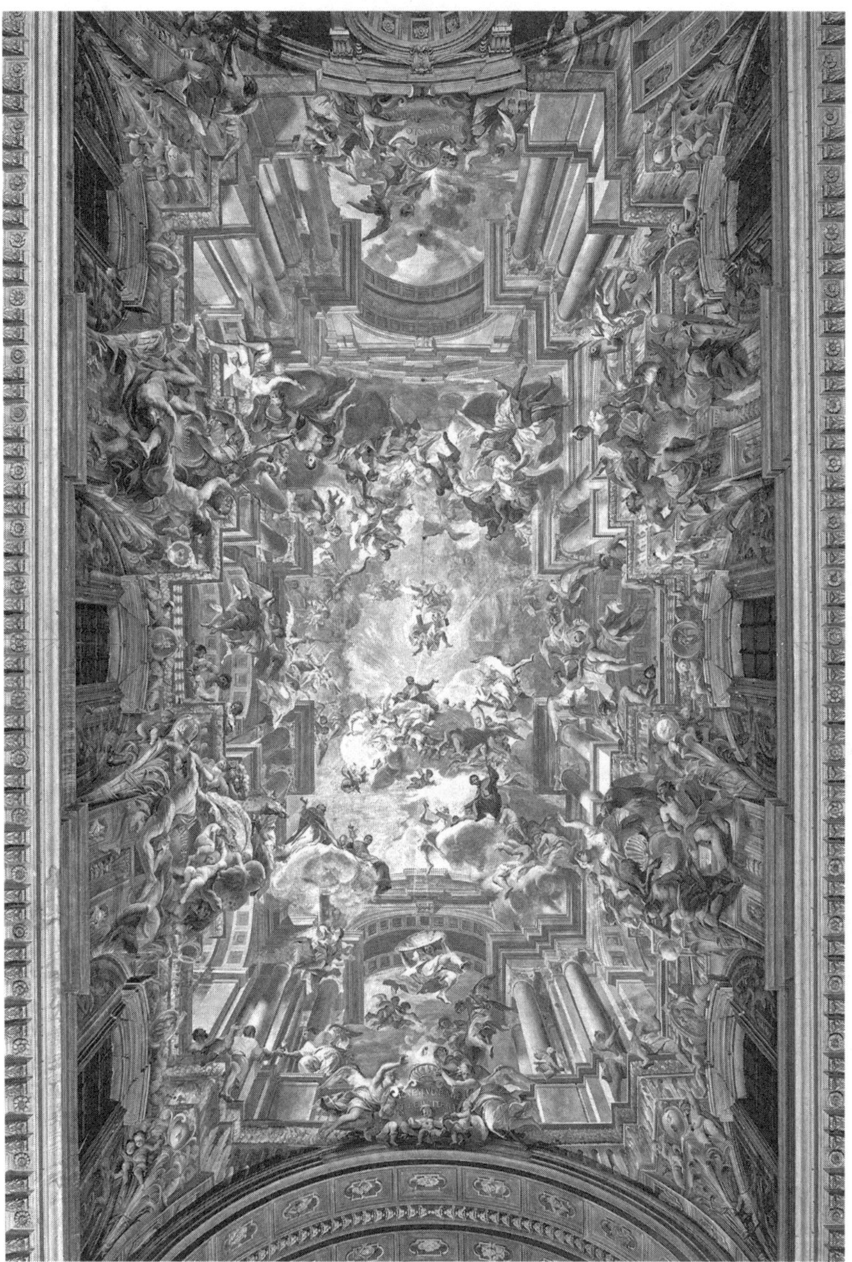

Abb. 4: Andrea Pozzo, Glorie des hl. Ignatius, 1688–1694, Rom, S. Ignazio, Langhaus

kürzt. Für die Scheinkuppel, die er in der Vierung von Sant'Ignazio zu malen hatte, nahm Pozzo einen exzentrischen, am Ende des Langhauses gelegenen Augenpunkt an. Die Kuppel sollte mit einem schräg nach oben gerichteten Blick gesehen werden. Beim Gewölbefresko des Langhauses (Abb. 4) waren mehrere Probleme zu bewältigen. Das Fresko sollte nicht als ein eingerahmtes Bild erscheinen, sondern unmittelbar mit der Langhausarchitektur verbunden werden, diese scheinbar in den Himmel hinein fortsetzen. Diese Entscheidung und der Entschluss, die große Gewölbefläche nicht zu unterteilen, erforderten für die Architekturmalerei einen Blickpunkt in der Mitte des Langhauses. Für die Figuren, insbesondere für die Hauptfiguren im Zentrum des Freskos, das einen Ausblick in den offenen Himmel fingiert, konnte dieser zentrale Blickpunkt nicht gelten, weil eine radikale Untersicht gegen das *decorum* verstoßen hätte. Die Figuren wurden also in einer gemäßigten Perspektive, in Schrägsicht, dargestellt, so dass sie von der Innenfassade aus am besten zu erkennen sind.

Die größte Schwierigkeit war die Übertragung des in Form eines großen Gemäldes (*modello*) vorliegenden endgültigen Entwurfs auf die gewölbte Decke. Pozzo erklärt, wie das sonst übliche Verfahren der Quadrierung dafür modifiziert werden kann. In Höhe des Gewölbeansatzes soll ein Quadratnetz aufgespannt werden, dann soll im vorgesehenen Augenpunkt eine Kerze aufgestellt werden. Deren Schein wirft einen Schatten des Quadratnetzes auf das Gewölbe, dessen Linien nachgezogen werden sollen. Objektiv betrachtet ist dieses auf das Gewölbe übertragene Netz verzerrt, doch wenn es aus dem Augenpunkt betrachtet wird, scheint es ein Quadrat zu sein. Es war wohl nur ein Gedankenexperiment, denn ein einzelnes Licht wäre in einer Kirche wie San' Ignazio viel zu schwach, um hinreichend deutliche Schatten zu werfen. Eher muss man es sich so vorstellen, dass mit Fäden oder optischer Peilung die Kreuzungspunkte des Netzes auf das Gewölbe übertragen wurden. Für das ausgeführte Werk hat dieser Gestaltungsprozess die Folge, dass das Gewölbe seinen Ort in der optischen Ebene zu haben scheint, die dort liegt, wo das Netz gespannt war. Die reale Gewölbeform ist dadurch verschleiert. Sie wird nur dann wieder sichtbar, wenn man von einem möglichst weit entfernten Punkt in den Querarmen in das Langhaus zurückblickt.

Ästhetische Illusion: «Das Aug, ob es wohl unter unsern äusserlichen Sinnen das Schlaueste ist, wird dennoch mit einer wunderbarlichen Belustigung von der Perspektiv-Kunst betrogen», schrieb Pozzo in seinem Traktat. Seine römischen Fresken sind ein Paradebeispiel für das Spiel mit der ästhetischen Illusion. Schon in antiken Künstleranekdoten wird der gelungene Augenbetrug als besondere Leistung von Gemälden gewürdigt, und er wird vor allem in der Kunstliteratur des Barock immer wieder angesprochen. Der Effekt des *Trompe-l'œil* ist mit zwei Darstellungsprinzipien erreichbar, dem Reliefprinzip und dem Fensterprinzip. Bei Ersterem erscheint der

Bildgrund als materielle Ebene, vor der die dargestellten Dinge, die naturalistisch und in betonter Plastizität wiedergegeben werden, nach vorne, in den Betrachterraum, zu ragen scheinen. Das Konzept des Bildes als Fenster, das Alberti formuliert hat, lässt in seiner Darstellung den realen Bildgrund verschwinden. Der Rahmen hat dabei konstitutive Funktionen. Der Betrachter meint durch den Rahmen hindurch in fingierte Räumlichkeiten zu blicken, die jenseits des Bildes oder der Wände des Realraums zu liegen scheinen. Die Quadraturamalerei arbeitet fast immer mit der Verbindung beider Prinzipien. In Pozzos Fresko bildet die Scheinarchitektur, die unmittelbar an den realen Bau anschließt, mit ihren plastisch wirkenden Säulenordnungen und dem umlaufenden Gebälk einen nach dem Reliefprinzip gestalteten Rahmen, der Ausblicke in den Himmel eröffnet. Die Wirkung des Freskos ist keine totale, unauflösbare Illusion. Im Langhaus von Sant'Ignazio ist der richtige Blickpunkt für das Fresko im Fußboden markiert. Nur wer dort steht, kann meinen, wirklich getäuscht zu werden, doch wer dort hingeht, kennt die Spielregeln der Illusionsmalerei und kann also nicht wirklich getäuscht werden. Während die Sinne getäuscht werden, weiß der Verstand, dass sie getäuscht werden, und erfreut sich an der perfekten Scheinwirkung.

Ablehnung des Illusionismus

Die illusionistische Wand- und Deckenmalerei ist von Vertretern der Aufklärung und des Klassizismus grundsätzlich abgelehnt worden. Die Perspektive blieb an den Akademien dennoch ein für notwendig gehaltener Gegenstand der Ausbildung. Erst im Zusammenhang der Bemühungen, die Malerei vom Postulat der Naturnachahmung zu befreien, wurde auch die Perspektive als ein konventioneller Zwang betrachtet, von dem man sich lösen müsse. Die Opposition richtete sich im Grunde nur gegen die Linearperspektive, denn die mit den Mitteln der Farbe erreichbaren Wirkungen der Modellierung oder Tiefe wurden bis in den Expressionismus und frühen Kubismus hinein genutzt. In den 1920er Jahren sind polare Positionen auszumachen. Die abstrakte Malerei, die Flächenkunst Mondrians und des *Stijl* ließen die Darstellungskonventionen hinter sich, während die realistischen und surrealistischen Maler diesen Konventionen sogar neue Wirkungen abgewinnen konnten. Ohnehin war das Fortbestehen der Perspektive als Gestaltungsmittel und des perspektivischen Wahrnehmens des Bildbetrachters durch die neuen Medien

Fotografie und Film gesichert. Mit den digitalen Medien hat die Perspektive erneut eine überragende Bedeutung erhalten. Sie ist in den Sehgewohnheiten des Menschen so tief verwurzelt, dass er diese Art der Verarbeitung seiner visuellen Eindrücke nicht einfach ablegen kann.

Farbe und Licht

Das Verhältnis von Farbe und Licht ist seit der Antike immer wieder von der Naturphilosophie erörtert worden. Die Ansicht des Aristoteles, dass Farbe nicht ohne das Medium der Helligkeit gesehen werden kann, dass sie erst durch das Licht zu aktualer Wirklichkeit gelangt, wurde von der mittelalterlichen Optik geteilt. Aristoteles gab auch erste Anregungen für eine Farbenlehre, die bis in das 17. Jh. hinein immer wieder diskutiert wurde. Danach gibt es sieben Grundfarben, die auf einer Linie anzuordnen sind, deren Pole Weiß und Schwarz bilden, zwischen denen Gelb, Scharlachrot, Purpur, Grün und Blau liegen. Einen entscheidenden Impuls für ein grundsätzlich neues Farbsystem gab Newton mit seiner Entdeckung der prismatischen Brechung des Lichtes. Die Primärfarben Rot, Gelb und Blau und deren primäre Mischungen Orange, Grün und Violett konnten auf einem Kreisschema angeordnet werden, auf dem Weiß und Schwarz keinen Platz fanden, genauso wenig wie die so genannten unbunten Farben, zu denen so gut wie alle Erdfarben gehörten. Der Gegensatz zwischen Buntfarben und unbunten Farben, der auch schon vorher in der Farbgebung eine Rolle spielte, wurde damit bekräftigt.

Farbenlehre und malerische Farbgebung dürfen allerdings nicht generell gleichgesetzt werden. Wenn nach den naturphilosophischen Spekulationen das Licht die Farben erscheinen lässt, so ist dieses Verhältnis in der Malerei genau umgekehrt, hier muss mit der Farbe der Schein des Lichtes hervorgebracht werden. Wenn die Farbe für den Naturforscher eine wie auch immer geartete Eigenschaft des Gegenstandes ist, so hat sie für den Maler nicht nur diesen Gegenstandswert, sondern immer auch einen Eigenwert, der für die Farbgebung oft ausschlaggebend ist.

Die mittelalterlichen Traktate (s. S. 20 f.) befassen sich nicht mit Farbenlehre, sondern mit den Farbmitteln, der Zubereitung von Malfarben und ihrer Verwendung im Bild. Dabei werden auch Regeln für die Farbkombinationen gegeben. So kann man bei Heraklius eine Vorschrift lesen, die bei der Wiedergabe von Gewändern zu befolgen war: «Mische Azur (Ultramarin) mit Bleiweiß, schattiere mit

Indigo, höhe mit Bleiweiß auf.» Dieses dreistufige Verfahren, einen flächig angelegten Mittelton mit einem dunkleren Ton zu vertiefen *(incidere)* und einem helleren aufzuhellen *(matizare)*, um so die Falten eines Gewandes wiederzugeben, das man als *undare* (wellig machen) bezeichnete, wurde allgemein im Mittelalter praktiziert (vgl. Tafel II). Die in den Traktaten überlieferten Regeln bezogen sich immer auf einzelne Farbwerte, mit denen Figuren darzustellen waren. Sie sagen, von der Herstellung eines Goldgrundes abgesehen, nichts über die Farbgebung der Hintergründe und die Farbverteilung im Bild. Die Farbkomposition ergibt sich aus der Zuordnung der Farben zu einzelnen Figuren. Dabei spielen Wert und Ikonographie der Farbe eine wichtige Rolle. So ist im *Perikopenbuch* Heinrichs II. für das Pallium Christi fast durchgängig Purpur, die Farbe der Herrscher, gewählt worden, während Petrus zumeist einen gelben Mantel trägt. Diese Zuweisung der Farben ist zugleich auch ein Akzentuieren. In zweiter Linie ist darauf geachtet worden, dass die Farben in einem Bild von Figur zu Figur variieren.

Tiefenverdunklung

In dem bereits angeführten Wandel, der sich unter dem Einfluss der Lehren der Optik in der italienischen Malerei um 1300 vollzogen hat, wurde das hergebrachte Stufenschema abgelöst durch das Prinzip der Tiefenverdunklung, das die beabsichtigte Reliefwirkung mit stufenloser Verdunklung und Aufhellung erreichte (s. S. 59 f.). Bei dieser Art des Helldunkels, das kein Beleuchtungsphänomen ist, zeigen Figuren und Gegenstände stets in denjenigen Partien die stärkste Aufhellung, die am weitesten nach vorne zu ragen scheinen. Hier wird nur das Licht bedacht, das gemeinsam mit der Farbe von den vom Gegenstand ausgehenden *species* transportiert wird. Giotto ging noch einen Schritt weiter, indem er sich bemühte, das je nach Beleuchtungssituation variable Wechselverhältnis von Licht und Farbe zu berücksichtigen und die Bildgegenstände als beleuchtete darzustellen. In der Arena-Kapelle kann man feststellen, dass in den Fresken auf der rechten Wand der Kapelle die Figuren nach rechts hin die größere Helligkeit aufweisen, während auf der gegenüberliegenden Wand die Körper auf ihrer linken Seite heller sind. Diese asymmetrische Aufhellung, die nicht nur die Figuren, sondern die Bildszene insgesamt betrifft, kann der Betrachter auf ein für alle Szenen gleiches, konstant einfallendes Licht zurückführen, das mit der konkreten Lichtsituation in der Kapelle harmoniert.

Standortlicht

Diese Berücksichtigung des «Standortlichtes» sollte fortan zu einer für die Malerei selbstverständlichen Forderung werden. In den Optik-Traktaten wurde auch darauf hingewiesen, dass Gegenstandsfarben durch das auf sie fallende Licht verändert werden. Auch das kann man in der Arena-Kapelle beobachten, besonders deutlich in dem Bild *Christus vor Kaiphas* (Tafel III), in dem erstmals eine künstliche Lichtquelle dargestellt wird. In der *Verkündigung an die Hirten*, die Giottos Schüler Taddeo Gaddi um 1330 in der Baroncelli-Kapelle (Florenz, Santa Croce) malte, färbt das von dem Engel ausgehende goldgelbe Licht die Landschaft und die Hirten. Die Berücksichtigung eines innerbildlichen Lichts blieb jedoch recht selten. Das vorrangige Interesse der Maler galt der Reliefwirkung in Verbindung mit einer Lokalfarbigkeit, die weniger auf eine überzeugende Wiedergabe der Gegenstandsfarben zielte als auf eine höchst intensive Wirkung der Buntfarben. Einen Gipfelpunkt erreichte diese Entwicklung im frühen 15. Jh. Lorenzo Monacos 1422 vollendete *Anbetung der Könige* (Florenz, Uffizien) ist ein typisches Beispiel dafür. Zu dieser Zeit hatte sich in Florenz der tiefgreifende Wandel der Kunstanschauungen bereits angekündigt, unter anderem mit den erwähnten Perspektivexperimenten Brunelleschis (s. S. 62).

Alberti Die Ausführungen zur Farbe in Albertis Malereitraktat haben mit den Farbrezepten der Werkstattbücher nichts mehr gemeinsam. Sie sind aber keineswegs so schlüssig und wegweisend wie die Darlegungen zur Perspektivkonstruktion. Alberti behandelt das Problem der Farben unter der Überschrift *luminum receptio* (wörtlich: Empfang von Lichtern). Er setzt sich von der traditionellen Farbenlehre des Aristoteles ab und erklärt, dass Weiß und Schwarz für ihn nicht zu den Grundfarben zählen. Sie sind gleichwohl für den Maler sehr wichtig, weil sie es ermöglichen, durch Mischung viele Arten *(species)* von Farben hervorzubringen, die den Veränderungen der Farben in Licht und Schatten entsprechen. Er rät den Malern, auf keinen Fall Gold zu verwenden, sondern den Schein von Gold mit den zur Verfügung stehenden Pigmenten nachzubilden. Eine große Fülle von Farben könne einem Gemälde Reiz und Anmut verleihen, doch viel wesentlicher sei es, durch die Abstufungen zum Hellen wie zum Dunklen zu bewirken, dass die Dinge aus der Bildfläche hervorzutreten scheinen *(«fanno parere le cose rilevate»)*. Der *rilievo* sollte in Florenz zu einem entscheidenden Kriterium bei der Beurteilung von Gemälden werden. Zur Anordnung der Farben im Bild sagt Alberti nur, dass größtmögliche Vielfalt *(varietas)* der Farben wünschenswert sei und dass es eine Art Freundschaft zwischen den Farben gebe, aufgrund derer die Farben an Anmut gewinnen, wie zum Beispiel ein Rot, das zwischen Blau und Grün stehe. Albertis Überlegungen zur Farbe zielen noch nicht auf ganzheitliche

Farbgestaltung, sondern bleiben bei lokalen Farbkontrasten. Auch die Frage des Lichtes wird noch einseitig unter dem Aspekt der Reliefwirkung betrachtet.

Tempera

Ein bezeichnendes Werk eines Florentiner Zeitgenossen Albertis ist die *Verkündigung Mariens* (um 1445) von Filippo Lippi (Tafel VIII). Die rund zwei Meter hohe Tafel war Hauptaltarbild eines Florentiner Nonnenklosters. Das in Temperatechnik ausgeführte Gemälde zeichnet sich in seinem Kolorit durch einen hellen Gesamtklang aus, in dem die Grautöne der Architektur dominieren. Die Gestalt Mariens, die einen blauen Mantel über einem rötlich-gelb gemusterten Kleid trägt, ist der wichtigste buntfarbige Akzent des Bildes, dem in der oberen linken Bildecke die Gestalt Gottvaters antwortet. Der Verkündigungsengel trägt ein changierendes Gewand, das in seinen dunklen Partien karminrot erscheint und sich nach vorne zu einem lichten Graublau aufhellt. Damit wird einerseits eine Verbindung zu dem Ziegelrot des hinter den Arkaden aufscheinenden Bodens hergestellt, andererseits wird das Gewand der Grautonleiter angenähert, die das Farbniveau des Bildes prägt. Dass sich die wenigen buntfarbigen Akzente nicht aus der stumpfen Helligkeit des Bildes lösen können, liegt daran, dass die Farben, den Lehren Albertis entsprechend, mit Weiß aufgehellt und mit Schwarzmischungen abgedunkelt sind. Dadurch wird die Eigenqualität der Buntfarben zum Opaken verändert, und sie werden in den vom Grau bestimmten Farbklang eingebunden.

Ölfarbe

Ein niederländisches Gemälde, das zehn Jahre älter ist, die *Madonna des Kanzlers Rolin* von Jan van Eyck (Tafel IX), zeigt einen ganz anderen Gesamtklang. Der erste Eindruck ist ein starker Kontrast von Dunkel und Hell, der zugleich ein Kontrast von innen und außen ist. Die Fläche größter Helligkeit, die man durch die drei Arkaden in der Bildmitte erblickt, bezeichnet zugleich die weiteste Ferne. Die alte Regel der Tiefenverdunklung ist durch die Farb- und Luftperspektive ersetzt worden. Aus dem bräunlichen Dunkel des Raumes, das zu den Bildrändern hin am tiefsten ist, tritt der intensiv rote Mantel der Madonna hervor. Sein Leuchten ist das Ergebnis der von van Eyck meisterhaft eingesetzten Technik der Ölmalerei. Die Aufhellungen, die dem Mantel Plastizität verleihen, sind nicht wie Lippis Bild durch die Mischung mit Weiß erzielt worden, sondern durch den Farbaufbau. Über einer weißen Untermalung ist das Rot in Lasurschichten gelegt worden, die an bestimmten Stellen wie den Faltenstegen dünner sind, so dass sie mehr von dem Licht, das vom Bildgrund reflektiert wird, hindurchlassen und heller wirken. Die Tiefen der Falten, die zum Teil schon in der Untermalung angelegt sind, werden durch Verdichtung der Lasurschichten, zum Teil aber auch durch eine Übermalung mit einem dunkleren Rotton herausgearbeitet. Die Modellierung erfolgt so, ohne dass der Grundton des Rot etwas von seiner Eigenqualität einbüßt, was besonders dann der Fall wäre, wenn er durch Beimischung von Weiß opak werden würde. Entsprechend ist auch das blaue Kleid des Engels gemalt, der eine Krone über Maria hält. Die Farbabstufungen seiner Flügel und seine Haare, die als farbiges Leuchten aus dem Dunkel hervortreten, lassen im Kleinen die Besonderheit der Farbigkeit des Bildes erkennen. Helligkeit ist bei van Eyck nicht mit Weiß gleichgesetzt, sondern hat farbige Qualität. Die Buntfarben sind aus sich heraus lichthaft. Das Gewand des Stifters antwortet mit seinem Grundton, einem ins Karmin gehenden Braunton mit goldenem Muster, dem Rot des Madonnengewandes und ordnet sich zugleich unter.

Hinter der Malweise van Eycks und der frühen Niederländer insgesamt steht – nach allem, was man bis heute weiß – keine theoretische Farbenlehre, sondern eine genaue Umsetzung der Naturwahrnehmung, was man an Details wie der Wiedergabe der Butzenscheiben oder der Spiegelungen im Wasser des Flusses ablesen kann, genauso aber an dem Gesamteindruck der im hellen Tageslicht liegenden Landschaft. Die besondere Aufmerksamkeit, die den Wirkungen des Lichtes auf den in der Ferne aufscheinenden Gipfeln der Berge genauso wie auf den Perlen der Krone oder des Mantelsaums der Maria gilt, hat entscheidenden Anteil an der Herausbildung der neuen Farbgebung. Wie genau beobachtet wurde, zeigt sich an dem «Reichsapfel», den das Kind hält. Das Licht, das durch die gläserne Kugel dringt, wird in einem hellen Fleck auf den Bauch des Kindes projiziert.

Leonardo hat zum Thema Farbe und Licht leider nur Fragmente hinterlassen, die nicht frei von Widersprüchen sind. Er ging von dem Grundsatz aus, dass Farbe und Licht wie auch Licht und Schatten untrennbar zusammengehören. Die Farbe zeigt sich in der hellsten Beleuchtung in ihrer eigentlichen Qualität, von der immer weniger erkennbar ist, je mehr sie im Schatten versinkt. Die Farbe des Schattens aber ist der einigende Grund eines Bildes. In den sanften, hauchartigen Übergängen von Dunkel zu Hell, Leonardos viel gerühmtem *sfumato*, erweist sich die Kunstfertigkeit des Malers. Ziel ist auch hier die Reliefwirkung, die verbunden wird mit der Tiefenwirkung der Farb- und Formschärfenperspektive (s. S. 66).

In der *Felsgrottenmadonna* (Paris, Louvre) hat er diese Grundsätze exemplarisch realisiert. Um die beabsichtigte Wirkung einer das Bildganze umfassenden Einheit der Farbgebung nicht zu gefährden, werden in diesem Gemälde die Buntfarben mit Ausnahme des Gelb in den das Farbniveau bestimmenden bräunlichen Ton eingebunden, wobei das Blau des Mantels der Maria noch am meisten von seiner Qualität bewahrt, während Rot und Grün kaum hervortreten.

Kolorit Es ist sicher kein Zufall, dass der heute übliche Fachbegriff Kolorit (ital. *colorito*), mit dem die übergeordnete farbige Bildgestalt bezeichnet und von der Farbe als solcher *(colore)* abgesetzt wird, in Italien im frühen 16. Jh. geprägt worden ist. Für Paolo Pino, der 1548 seinen *Dialogo di Pittura* veröffentlichte, war der Begriff Kolorit schon geläufig. Er setzte ihn an die Stelle von Albertis *luminum receptio* und forderte vom Maler, dass er die verschiedenen Farben zu einem Ganzen vereinen solle. Bei Pino, der sein Werk in Venedig schrieb, klingt auch ein Streit an, an dem sich viele Künstler und Autoren des 16. Jh.s beteiligt haben, ob nämlich in der Kunst *disegno* oder *colore* der Vorrang gebühre, ob Michelangelo als Meister des *disegno* oder Tizian als Meister des Kolorits der bedeutendere Künstler sei. Es war auch ein Streit zwischen den Kunststädten Florenz und Venedig. Doch größeres Gewicht hatte der auch später zuweilen wiederholte Vorwurf, dass die Zeichnung etwas für den Verstand, die Farbe hingegen etwas für das sinnliche Vergnügen sei. Vasari versuchte diesen Streit zu schlichten, doch indem er den *disegno* in die Nähe der Idee rückte, aus der das Werk hervorgeht, ergriff er doch wieder Partei für die Florentiner Seite. Die Einheit *(unione)* des Kolorits, die richtige Verteilung der Gewichte im Bild und die Vermeidung hervorstechender greller Farben sind Vasari besonders wichtig. Das Kolorit soll den Figuren «Plastizität und gewaltige Kraft» *(rilievo e forza terribile)* verleihen, also im Grunde doch vor allem dem *disegno* dienen. Das forcierte, aus einem dunkelbraunen Grundton hervortretende starke Relief der Figuren ist für Vasari und andere Florentiner seiner Zeit charakteristisch. Im Farbniveau dominiert die kleinteilig abgestufte Reihe unbunter Farben, gegen die einzelne Hauptakzente mit Buntfarben gesetzt werden. Oft wurden Bilder sogar noch mit einem farbigen, zumeist gelblichen Firniss überzogen, um alle Farben in einen farblichen Gesamtzusammenhang einzubinden. Dieses koloristische Prinzip wird als Tonigkeit bezeichnet.

disegno vs. colore

Venezianisches Kolorit

Die venezianischen Maler des 16. Jh.s begründeten eine völlig andere Auffassung des Kolorits. In den Bildern Tizians entwickelt sich die Farbskala von einem unbunten Dunkel zu einer buntfarbigen Helligkeit, in der vor allem Kontraste von Rot und Blau hervortreten. In seiner *Assunta* von 1518 (Abb. 23) kulminiert das Kolorit in dem triumphalen Dreiklang der drei Grundfarben: Die Gestalt Mariens, die ein leuchtend rotes Kleid und einen tiefblauen Mantel trägt, erscheint vor dem intensiven Gelb des Himmels, in den sie aufgenommen wird. Eine besondere koloristische Bedeutung erhält bei Tizian das Inkarnat, aus dem heraus, wie vor allem die mythologischen Bilder mit ihren Aktfiguren zeigen, das gesamte Kolorit eines Bildes entwickelt wird. Besonders eindrucksvoll ist das an den Bildern des Spätwerks nachzuvollziehen, die Tizian mit einer immer offeneren Pinselschrift malte. Vasari schrieb über Tizians Spätstil, er male «mit groben Pinselhieben und Flecken» *(macchie)*. Die Farbstriche werden locker nebeneinandergesetzt und schließen sich erst bei der Betrachtung aus einiger Entfernung zu einem klaren, in sich bewegten Farbeindruck zusammen. In den Inkarnaten findet man bei nahsichtiger Betrachtung gleichsam keimhaft die Farbwerte, die das Kolorit insgesamt bestimmen. Lodovico Dolce schrieb, Tizians Gemälde zeigten nicht nur sorgfältig modellierte Körper, sondern lebendige Menschen, denen nur der Atem fehle. Dieser schon aus der Antike bekannte Topos hatte mit der Malerei des 16. Jh.s neue Aktualität bekommen. Wenn man die Gemälde Vasaris und Tizians vergleicht, wird deutlich, wie verschieden das Helldunkel als das wichtigste koloristische Gestaltungsprinzip des 16. Jh.s angewandt werden konnte.

Hell-Dunkel-Kontraste

Tintoretto hat in seinen großen Kompositionen mit extremen Hell-Dunkel-Kontrasten eine zuvor unbekannte Dynamik entfaltet, wie seine Bilder in der Scuola di San Rocco in Venedig zeigen. Im Bildaufbau wird nicht einfach ein nach vorne sich aufhellendes Relief geschaffen, sondern durch einen vielfach wiederkehrenden Wechsel von hellen Figuren vor dunklem Grund und dunklen Figuren vor hellem Grund wird ein bewegter, tiefer Handlungsraum geschaffen, der das dargestellte Geschehen wirkungsvoll unterstreicht. Die dramatisch eingesetzten Helligkeiten in Tintorettos Bildern mögen wie Lichteffekte scheinen, sie sind jedoch nie auf eine Lichtquelle mit berechenbarem Standort zu beziehen.

Ganz anders ging ein radikaler Neuerer der Malerei mit dem Helldunkel um: Caravaggio. Vor seinen Bildern wie der *Kreuzigung Petri* (Abb. 5) glaubt sich der Betrachter sicher zu sein, dass der scharfe Gegensatz von Hell und Dunkel ein Beleuchtungseffekt ist. Es ist zwar in keinem Bild eine Beleuchtungsquelle zu sehen, doch die Konsequenz der Lichtführung und des Schattenwurfs sprechen dafür. Diese zusammen mit der detailgenauen Gegenstandswiedergabe wurde von Zeitgenossen als Gipfel der Naturnachahmung gefeiert. Später jedoch wurde Caravaggio von einflussreichen Kritikern wie Bellori als *naturalista* verurteilt, der fern jeder Idee des Schönen die Fehler der Natur kopiere, sich an die Hässlichkeit gewöhnt habe und ohne Modell nicht fähig sei, etwas zu malen.

Ein Anlass für diesen pauschalen Vorwurf war das Kolorit der Bilder Caravaggios, in dem leuchtende Buntfarben kaum zu finden sind. Das Farbniveau ist durch eine differenzierte Reihe unbunter Töne geprägt, die insgesamt eine Nähe zum Braun haben, das wiederum, farbsystematisch gesehen, zwischen Schwarz und Rot angesiedelt ist und damit zum Bereich der warmen Farben tendiert, im Gegensatz zum Grau, das eine stärkere Affinität zum Blau hat.

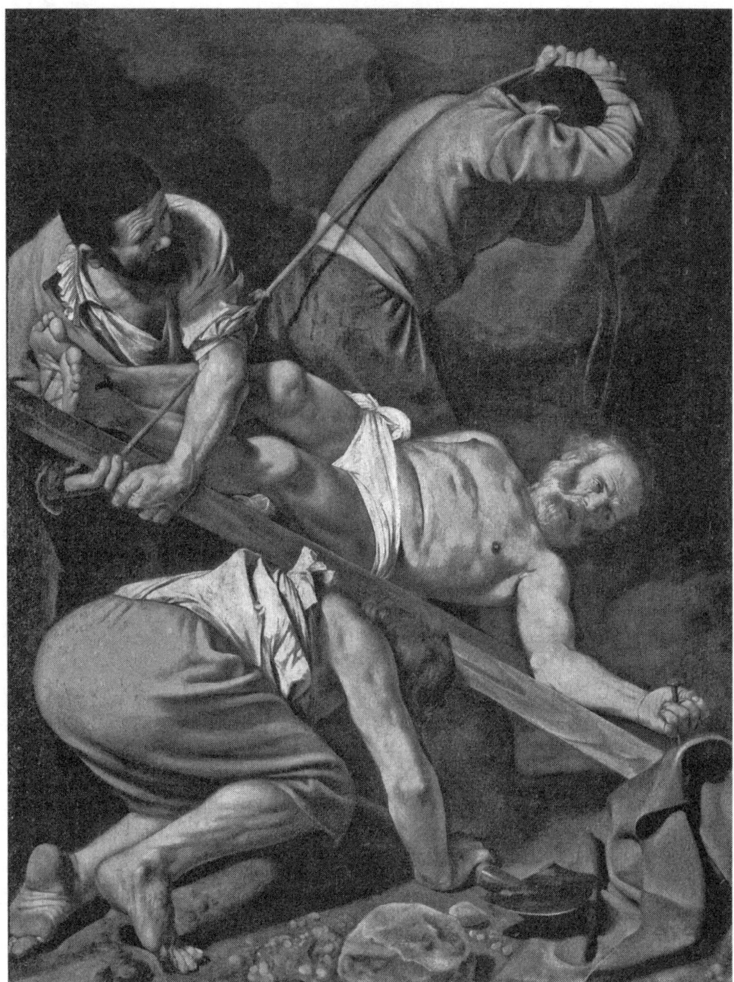

Abb. 5: Caravaggio, Kreuzigung Petri, um 1604, Rom, S. Maria del Popolo

Caravaggio sucht im Kolorit nicht den Kontrast, sondern den Zusammenhang, und so ist es konsequent, dass er als Buntfarben Blau und Grün viel seltener einsetzte als Rot und Gelb, die über den Ausgleichston Braun fest in das mit unbunten Farben modellierte Helldunkel einzubinden sind.

Caravaggio hat zahlreiche Nachfolger gehabt. Maler wie Gerrit van Honthorst oder George de La Tour haben sein Prinzip des Helldunkel konsequent als Beleuchtungsphänomen ausgedeutet, indem sie Lichtquellen in die Darstellung integrierten und dabei dem Phänomen des Gegenlichtes besondere Reize abzugewinnen verstanden. Rembrandt war in der Auffassung des Helldunkel in seinen frühen Werken von Anregungen ausgegangen, die ihm durch die so genannten Utrechter Caravaggisten vermittelt wurden, hat dann aber eine ganz eigene Auffassung entwickelt, in der das Bildlicht mehr eine der Farbe eigene Qualität zu sein scheint als der Reflex einfallender Lichtstrahlen. Dieser Eindruck, der in ganz späten Werken wie der Darstellung eines Paares, vielleicht Isaak und Rebecca (Tafel XI) besonders intensiv ist, kommt nicht zuletzt dadurch zustande, dass die Textur der Farboberfläche und damit die Materialität der Farbe entscheidenden Anteil an der Bildwirkung hat. Rembrandt steht damit der «Fleckenmalerei» in Tizians Spätstil nahe, die von manchen als «grobe Manier» abgelehnt, von anderen aber als Ausdruck kühner Meisterschaft gefeiert wurde. Auch Frans Hals und Velazquez haben sich dieser Technik der offenen Pinselschrift bedient, deren Wirkung nicht plastische Festigkeit, sondern ein Schein von Bewegtheit ist, der die Illusion von Lebendigkeit zu fördern vermag.

Als Gegenspieler Caravaggios galt Bellori und anderen Klassizisten Annibale Carracci. Den fundamentalen Unterschied, der in der Auffassung des Kolorits zwischen den beiden liegt, kann man in der Cerasi-Kapelle von Santa Maria del Popolo in Rom studieren, für die Caravaggio um 1604 die Seitenbilder mit der *Kreuzigung Petri* (Abb. 5) und der *Bekehrung des Paulus* gemalt hat, nachdem Carracci bereits einige Jahre vorher das Altarbild mit der *Himmelfahrt Mariens* geschaffen hatte. In diesem Bild dominiert ein Dreieck, das durch die Figuren der Maria, des Petrus und des Paulus gebildet wird, deren Gewänder jeweils durch Zweiklänge intensiver Buntfarben hervorgehoben sind: Zinnoberrot und Ultramarin sind Maria zugeordnet, ein weißlich aufgehelltes Blau und Gelb Petrus, ein sattes Grün und ein helles Karmin Paulus. Mit dem Eindruck einer hellen Buntfarbigkeit, in der der Eigenwert der Farbe wichtiger ist als ihr Darstellungswert, kann sich die Vorstellung einer Schönheit verbinden, die als Eigenschaft des Kunstwerks unabhängig von seinem Gegenstand besteht.

Peter Paul Rubens hat nach 1600 einige für die Entwicklung seines Stils entscheidende Jahre in Italien verbracht. Er studierte die Werke Tizians und Tintorettos und war von den Gemälden Caravaggios fasziniert. Die meisten seiner Werke, die in den ersten Jahren nach seiner Rückkehr aus Italien entstanden, zeichnen sich durch ein Kolorit aus, das die Farben aus einem dunklen Grund hervortreten lässt und sie bis zu intensiver Buntfarbigkeit steigert.

Inkarnat Dem Inkarnat kommt bei Rubens eine Schlüsselfunktion zu. Es zieht nicht nur als die wirkungskräftigste Helligkeit im Bild die Aufmerksamkeit des

Betrachters auf sich. Vergleichbar den späten Gemälden Tizians, aber doch weiter gespannt und evidenter, vereint es die Trias der Grundfarben in sich. Der helle Grundton, der sich aus Weiß, Gelb, lichtem Ocker und beim männlichen Inkarnat auch stärkeren Brauntönen zusammensetzt, wird gleichsam von unter her von einem bläulichen Ton durchdrungen und geht auf der Oberfläche, vor allem in den Schattenzonen, in ein intensives Zinnoberrot über. Der Bedeutung der Figurenkomposition entsprechend ist das Inkarnat Ausgangspunkt und Höhepunkt des Kolorits. Die lichte Ausweitung des Bildraumes, zu der Rubens in den etwas späteren Bildern gelangte, lässt die zentrale Bedeutung des Inkarnats noch deutlicher werden.

Koloritstreit in Frankreich

Trotz der großen Erfolge, die ein Maler wie Rubens überall in Europa feierte, war der alte Streit zwischen *disegno* und Kolorit noch nicht wirklich beigelegt. In der königlichen Akademie in Paris lebte er in der zweiten Hälfte des 17. Jh.s neu auf. Charles Le Brun, der führende Maler zur Zeit Ludwigs XIV., trat entschieden für den Vorrang der Zeichnung gegenüber der Farbe ein und berief sich dabei vor allem auf Nicolas Poussin. Unterstützung fand er unter anderem bei Henri Testelin, der den Primat der Zeichnung damit begründete, dass man mit einem Rot kein Blau malen könne, die Farbe also an ihre materielle Qualität gebunden sei, während mit Linien, ob sie nun rot oder blau sind, alles dargestellt werden könne. Gegen die Position der Akademiker wandte sich Roger de Piles 1673 mit seinem *Dialogue sur le coloris*. Durch die Farbe ist die Welt für uns sinnlich wahrnehmbar, deswegen ist sie das eigentliche Medium der Malerei. Für ihn ist die Zeichnung der Körper und die Farbe die Seele der Malerei. Der Maler soll die Farbe des einzelnen Gegenstandes nachahmen, sie aber zugleich in das übergeordnete Ganze des *coloris* integrieren. Für die Argumentation de Piles' war Rubens der wichtigste Gewährsmann. Der Streit zwischen Poussinisten und Rubenisten wurde nicht gelöst und erst im 19. Jh. durch die Entwicklung überholt. In der Ausbildung an den Akademien stand die Zeichnung im Mittelpunkt, einen systematischen Unterricht in Farbgebung gab es dort so gut wie gar nicht. In der malerischen Praxis hingegen rückte, wie schon das Aufkommen der Ölskizze belegt, das Medium der Farbe immer weiter in den Vordergrund.

Landschaft

Diese Entwicklung ist vor allem durch die Bildgattungen Landschaft und Stillleben befördert worden. Dazu bedurfte es aber eines Neuansatzes. Im Laufe des 16. Jh.s waren die Errungenschaften der Landschaftsdarstellung der altniederländischen Meister, also die Überwindung der Tiefenverdunklung durch die Entdeckung der Luftperspektive, verbunden mit einem diffus-hellen Bildlicht, einem Gestaltungsschema geopfert worden, das die Aufteilung der Landschaft in drei oder mehr hintereinandergestaffelte Pläne oder Gründe empfahl, die farblich voneinander abgesetzt sein sollten. Im vordersten Grund sollten braune und grüne Töne vorherrschen, im mittleren kältere Grüntöne, und der hinterste Grund sollte blautonig sein. Eine zusätzliche Möglichkeit der Tiefenstaffelung war mit dem Alternieren von hellen und dunklen Bodenstreifen gegeben. Die Umsetzung dieser Regel, beispielsweise in Werken der Brüder Paul und Matthäus Bril, macht einen ausgesprochen artifiziellen Eindruck, weil der Bildraum trotz der Farbperspektive nicht den Eindruck eines lichterfüllten Tiefenraums zu vermitteln vermag.

Die Überwindung dieses Schemas wurde durch das Naturstudium angeregt, das van Mander den Malern ausdrücklich empfahl. Sandrart berichtet, dass Claude Lorrain morgens «ins offene Feld» hinausging, um Farbskizzen anzufertigen. Die so festgehaltene farbige Stimmung hat er dann in seine Landschaftsgemälde übertragen. In den Niederlanden waren es Maler wie Esaias van de Velde und Jan van Goyen, die die einfache Landschaft ihrer Heimat in der charakteristischen Lichtsituation einer leicht getrübten Tageshelle in ihren Bildern wiederzugeben suchten. Mit der niedrigen Anlage des Horizonts wurde der Akzent auf den Himmel und damit auf die Erscheinung des Atmosphärischen gelegt. Wie Claude Lorrain gezeigt hat, konnte auch die von farbigem Licht erfüllte Luft zum eigentlichen Thema des Landschaftsbildes werden (Abb. 34, s. S. 180).

Farbwahrnehmung

Die Vielfältigkeit und Widersprüchlichkeit der Entwicklung nach 1800, von der oben schon die Rede war, zeigt sich auch in der Geschichte des Kolorits. Intensiver als je zuvor wurden die Probleme von Licht und Farbe in den Wissenschaften diskutiert. Die Lehren Newtons regten zahlreiche Versuche einer neuen Farbsystematik an. Den Geltungsansprüchen der physikalisch begründeten Farbenlehre standen bahnbrechende Ergebnisse der Physiologie und Psychologie gegenüber, die die physiologischen Abläufe im Auge erklärten. Sie untersuchten auch so gegensätzliche Fragen wie die Relativität und die Konstanz der Farbwahrnehmung und zeigten dabei, wie sehr die Farbempfindung von den jeweiligen Bedingungen der Beleuchtung und des Farbkontextes, aber auch von der mentalen Verarbeitung der Sinneseindrücke abhängig ist. Die einflussreiche Summe dieser Forschungen ist das *Handbuch der physiologischen Optik* (1856–1867) von Hermann v. Helmholtz. Die Beziehungen zwischen der Wissenschaftsgeschichte und der Kunst sind vielfältig verschlungen und bislang nur ansatzweise aufgeklärt. Goethe, der mit seiner 1810 publizierten *Farbenlehre* vergeblich versuchte, Newton zu widerlegen, hat wichtige Anregungen für die Erforschung der subjektiven Farbempfindungen gegeben. Für die Künstler spielte er aber, von wenigen Ausnahmen wie Philipp Otto Runge oder William Turner abgesehen, erst im frühen 20. Jh. eine größere Rolle. Unmittelbare Wirkung hatten Bücher, die für die künstlerische Praxis geschrieben wurden, wie Michel-Eugène Chevreuls *De la loi du contraste simultané des cou-*

leurs (1839). Darin wird das Prinzip des Simultankontrastes beschrieben, nach dem die Wahrnehmung einer Farbe durch eine benachbarte Farbe beeinflusst wird, indem ihre Erscheinung durch die Farbe des im Auge erzeugten komplementären Nachbildes modifiziert wird. Paare von komplementären Farben steigern sich deswegen gegenseitig in ihrer Intensität, während im Farbkreis benachbarte Farben sich abstumpfen.

Realismus

Eine Distanz zur wissenschaftlichen Farbtheorie ergab sich geradezu mit Notwendigkeit für diejenigen Künstler, die ihre Aufgabe darin sahen, die Erscheinungen der Wirklichkeit im Gemälde wiederzugeben. Dies gilt beispielsweise für Gustave Courbet, in dessen Gemälden der Materialität der Farbsubstanz ein eigener Ausdruckswert zukommt. Wilhelm Leibl und die Künstler in seinem Umkreis, die sich an Courbet orientierten, verfolgten das Ziel des «Reinmalerischen», bei dem nicht der Gegenstand, sondern die Art der malerischen Umsetzung, die Wiedergabe feinster Tonabstufungen *(valeurs)*, wichtig war, das jedoch immer mit dem Blick auf Gegenstand oder Modell. Intensive Buntfarben, die aus dem Gesamtzusammenhang des Kolorits heraustreten, wurden von ihnen vermieden.

Impressionismus

In der Tonigkeit ihrer Gesamterscheinung unterscheiden sich diese Gemälde radikal von den Werken der impressionistischen Freilichtmalerei. Nach den Worten von Jules-Antoine Castagnary wollten Maler wie Monet «nicht die Landschaft wiedergeben, sondern die Sinnesempfindungen, die diese auf sie macht». Der Begriff *impression*, mit dem Monet eines seiner Gemälde betitelte, trifft die Intentionen dieser Maler genau: Der flüchtige subjektive Eindruck eines Stücks Natur soll festgehalten werden. Die Skizzenhaftigkeit des Stils vermittelt den Eindruck von Spontaneität und Subjektivität. Der Verzicht auf Lokalfarben, die Auflösung der Fläche in ein Nebeneinander von Farbflecken lässt den Gedanken an die Substanz der Gegenstände in den Hintergrund treten. Dunkle Erdtöne werden vermieden. Helle, dem Sonnenspektrum nahe stehende Farbwerte, die sich in ihrem Komplementärkontrast noch steigern, bestimmen das Farbniveau. Die Farben selbst erscheinen lichthaltig. In der Konzentration und der Reflexion auf das Sehen wird das Wissen von den Gegenständen und damit das Gegenständliche überhaupt zurückgedrängt. Nur die visuelle Empfindung zählt, die Monet in Bilderserien identischer Motive immer neu Gestalt werden ließ.

George Seurat und die anderen Maler des Pointillismus oder Neo-Impressionismus gingen in der Rezeption der Sinnesphysiologie noch einen entscheidenden Schritt weiter, indem sie die wahrgenommenen

Farben «zerlegten» und Punkte reiner Farben nebeneinander auf die Leinwand setzten, die dem Betrachter in der optischen Mischung dem Ausgangston entsprechend erscheinen. Mit diesem von Seurat entwickelten Verfahren sollte der Kunst eine generelle Fundierung in der wissenschaftlichen Wahrnehmungslehre gegeben werden.

Die Entwicklung der Malerei seit dem Impressionismus kann als schrittweise Befreiung der Farbe beschrieben werden, als Entwicklung vom Primat des Darstellungswertes zu dem des Eigenwertes der Farbe. Cézanne hat mit seinem Schaffen einen wichtigen Beitrag zur weiteren Entwicklung geleistet, indem er lehrte, die Werkentstehung als einen autonomen Realisationsprozess zu begreifen, dessen Material die Farbe ist, die der wahrgenommenen Wirklichkeit als Äquivalent entgegengesetzt wird.

Ganz anders und doch nicht weniger folgenreich war die Farbauffassung von van Gogh. Er entdeckte für sich die suggestive Kraft starker Farben. Wenn er von dem willkürlichen Gebrauch, den er von den Farben mache, spricht, so kann damit nur der Abstand zur Natur gemeint sein, denn innerhalb des Bildes arbeitet er höchst bewusst, denkt über die Verwendung von Simultankontrasten und über die Ausdruckswerte von Farben und, wie viele zu seiner Zeit, über die Analogie von Tönen in Malerei und Musik nach. Gesteigert wird der Charakter des Kolorits in seinen Werken durch die expressive Übersteigerung der Pinselschrift als Ausdruck von Empfindung, Energie und Erregung. Mit der Farbe und der Form, die ihr im Bild gegeben wurde, wird das Gewöhnliche zum Symbolischen, Wesentlichen erhoben. Der befreiten, absoluten Farbe hat van Gogh ein neues Bedeutungsgewicht gegeben. Die Fauves und die Maler der «Brücke» sollten diesen Weg fortsetzen.

abstrakte Malerei

Im 20. Jh. sind die Auffassungen von Wesen und Wirkung der Farbe im Bild so vielfältig und divergent geworden, dass bei jedem einzelnen Künstler die spezifischen, individuellen Ansichten unter Berücksichtigung von Quellen, Selbstaussagen und kunsthistorischen Bezügen herausgearbeitet werden müssen. Kandinsky hat in seinem Buch *Über das Geistige in der Kunst* (1912) seine Überlegungen zur Farbenlehre ausführlich dargelegt. Er geht von einer doppelten Wirkung der Farbe auf den Betrachter aus, der «rein physischen» und der «psychischen» Wirkung, die auf Vibration und Resonanz beruhen soll und auch Assoziationen auslöst. Die Wirkungen werden mit Metaphern umschrieben, bevorzugt mit solchen, die eine Verbindung zur Musik suggerieren, die schon im Begriff «Farbklang» enthalten ist. In seiner Farbordnung blieb Kandinsky auf den Bahnen der Farblehre des 19. Jh.s, und er vermied es auch, genauer zu definieren, was es heißt, dass «Farbenharmonie ... auf dem Prinzip der zweckmäßigen Berührung der menschlichen Seele» beruhen müsse. Wenn bei Kandinsky davon auszugehen ist, dass Farbe für ihn Bedeutungsdimensionen hat, die sich dem Betrachter mitteilen, so geht es Robert Delaunay um eine Malerei, in der die Farbe nur um der Farbe willen da ist. Die Psychophysiologie der Farbwahrnehmung, insbesondere die Lehre von den Simultankontrasten, ist die Grundlage seiner «peinture pure», die nichts als den Eindruck von Bewegung, Rhythmus und Schwingung vermitteln soll. Mondrian wollte in seinen Bildern jede individuelle Gefühlswirkung ausschalten. Mit der reinen Flächenfarbe, die er in seinen Bildern einsetzte, hat er den Schein des Besonderen eines Farbfeldes vermieden und jede Materialität der Farbe gelöscht. Nur auf den ersten Blick ähnlich sind die Arbeiten von Josef Albers, der in seiner *Interaction of Color* (1963) und in seinen Quadratbildern die Relativität der Farbwahrnehmung demonstrierte. Wo es nur um den Eigenwert der Farben geht, spielt die Subjektivität des Künstlers im Werk keine Rolle mehr. Gegenpol zu dieser Einstellung waren der Abstrakte Expressionismus und die daraus hervorgegangene Richtung des *Action-Painting*. Die Spur der Farbe verweist auf den Akt der Herstellung des Bildes und damit auf den Künstler, zumal dann, wenn dieser Akt als Automatismus verstanden wird, in dem sich Unbewusstes entäußert.

Komposition

Alberti hat in seinem Malereitraktat erstmals «Komposition» als Terminus der Kunst verwendet. Die Vorgeschichte dieses Begriffs lässt sich bis in die griechische Philosophie zurückverfolgen. Aristoteles bezeichnete den Körper von Lebewesen als «Zusammensetzung» *(synthesis*, lat. *compositio)* und verglich in seiner *Poetik* das Kunstwerk mit einem Körper. Wie dieser ist es ein Ganzes, dessen Vollkommenheit zerstört wird, wenn auch nur ein Teil verändert oder weggenommen wird. Ganz gebräuchlich wurde der Begriff *compositio* in der Rhetorik, wo er die Zusammenstellung der Wörter zu Sätzen und zur Rede bezeichnete. Dies war auch der Ausgangspunkt für die Geschichte des Begriffs seit der Renaissance, in deren Verlauf sich jedoch das, was darunter verstanden wurde, signifikant gewandelt hat. In der Kunstwissenschaft wurde der Begriff erst seit dem späten 19. Jh. als analytische Kategorie allgemein üblich.

Auch wenn sich in den mittelalterlichen Traktaten keinerlei Aussagen über Kompositionsregeln finden lassen, gab es natürlich eine Praxis des «Zusammensetzens», und aus den Kunstwerken lassen sich bestimmte Verfahrensweisen erschließen. Der Blick wird sich dabei vor allem auf narrative Bilder richten, in denen mit Figuren und anderen Zeichen ein Geschehen dargestellt werden soll. In diesen Bildern wird nicht, wie es dem modernen Verständnis von Komposition entsprechen würde, von einer umgrenzten Bildfläche ausgegangen, sondern von Figuren, die auch auf einem offenen Grund erscheinen können, und wenn sie in einem begrenzten Feld stehen, können sie über die rahmende Linie hinausreichen, die eben keine absolute Grenze ist. Komposition ist in dieser Zeit zunächst das Zueinanderordnen von Figuren, das Herstellen von Figurenbezügen, durch die Handlungszusammenhänge verdeutlicht werden. Die gängigen Anordnungsschemata sind die Reihung und die Ausrichtung auf ein Zentrum, das zumeist auch das Bedeutungszentrum ist. Weitere Kompositionsmittel sind die Gruppenbildung und Isolierung einzelner Figuren, ihre Freistellung durch markante Zäsuren in der Figurenfolge. Die Akzentuierung in der Figurenkomposition wird in der Regel durch die Farbgebung unterstützt.

In der mittelalterlichen Wandmalerei war es nach dem Bericht Cenninis üblich, auf dem Bildfeld zuerst zwei elementare Orientierungslinien anzubringen: eine Vertikale, meist die Mittelsenkrechte, die mit Hilfe eines Lots gezogen werden konnte, und eine Horizontale, die mit der Setzwaage zu ermitteln war. Der Wandel der Bildauffassung, der sich um 1300 vollzog (s. S. 40 f.), brachte einen deutlichen Wandel in der Darstellungsweise mit sich. Zwar war Komposition nach wie vor primär Figurenkomposition, doch es erhielten Bezüge zunehmend Gewicht, die über die bloße Figurenkonstellation hinausgehen. Grundlage dafür war das Konzept der Sehpyramide, aufgrund derer das Bild als Wirklichkeitsausschnitt gedacht werden konnte. Das Prinzip der Sehpyramide konnte auch bewusst machen, dass das Bild nicht mit einem Blick erfasst wird, sondern bei genauerer Betrachtung mit dem Zentralstrahl durchmustert wird (s. S. 59–62). Damit spielt der Faktor Zeit eine Rolle, beispielsweise wenn das Auge eine im Bild vorgegebene Richtung verfolgt. Bei wahrnehmungspsychologischen Untersuchungen ist

Links und Rechts im Bild

festgestellt worden, dass Links und Rechts in einem Blickfeld nicht gleichwertig sind, dass also ein Bild, wenn es seitenverkehrt betrachtet wird, einen ganz anderen Eindruck macht als richtig herum. Die Fresken Giottos in der Arena-Kapelle können das bestätigen. Dort führt die generelle Bewegungs- und Leserichtung von links nach rechts, und Bilder wie die *Auferweckung des Lazarus* oder der *Einzug nach Jerusalem* sind so angelegt, dass eine stärkere Bewegungstendenz nach rechts gerichtet ist, der eine schwächere Gegenbewegung antwortet.

Bildfeld

Die neue Bildauffassung zeigt sich auch darin, dass die umgrenzte Fläche des Bildfeldes eine zuvor unbekannte Relevanz erhalten hat. Figur und Bildfeld stehen in den Fresken der Arena-Kapelle in einem Spannungsverhältnis, das einen entscheidenden Anteil an der Bilderwirkung hat. Max Imdahl hat in diesem Zusammenhang von einem «Feldliniensystem» gesprochen, das als eine der Komposition zugrunde liegende lineare Struktur sichtbar gemacht werden kann. Diese Form der Analyse durch das Herausstellen der im Bild dominanten Linienzüge wird den Darstellungen in einem entscheidenden Punkt nicht gerecht: Die zentralen «Bausteine» der Bildkomposition Giottos sind Figuren, und jede Figur vermittelt dem Betrachter mit ihrer Haltung und ihrer Gestik eine Richtungs- und Bewegungstendenz, die in ihrem Verhältnis zur Bildfläche und zugleich in ihrem Kontext und ihrer narrativen Bedeutung erfasst wird. Es ist ein großer Unterschied, ob eine Figur, die in der Nähe des linken Bildrandes steht, bildeinwärts gewandt ist wie Joachim, der zu seinen Hirten kommt, oder sich nach außen wendet wie der Scherge am linken Bildrand des *Kindermordes*, der aus der Szene hinauszustreben scheint.

Primäre Bedeutung für die Komposition hat der Bezug zur Mitte oder zur Mittelachse. Bei Ikonen und Altarbildern war das stets eine Selbstverständlichkeit gewesen. In den Figurenkompositionen der narrativen Bilder wird nur in Ausnahmefällen eine starre Mittelachse herausgestellt, die den Eindruck von Ruhe und hierarchisch gestaffelter Ordnung vermittelt. Eine solche Ausnahme ist in der Arena-Kapelle die *Taufe Christi*. Mit der zur Gestalt Gottvaters führenden Mittelachse wird die theologische Bedeutung des Geschehens herausgestellt. Giotto kennt viele andere Möglichkeiten, die Komposition von der Mitte aus oder zur Mitte hin zu organisieren. Er zeigt Gruppen, die von beiden Seiten zur Mitte streben, die sich in der Mitte treffen. In der *Kreuztragung* wird mit der leeren Mitte die Einsamkeit Christi auf seinem Weg nach Golgatha angedeutet.

Alberti

Auch in der Renaissance war Bildkomposition in erster Linie Figurenkomposition. Alberti führt den Begriff «Komposition» in seinem Traktat so ein: «Komposition heißt beim Malen das kunstgerechte Verfahren, wodurch die Teile zu einem Werk der Malerei zusammengefügt werden. Das bedeutendste Werk der Malerei ist die Historie; Teile der Historie sind die Körper, Teil des Körpers ist das Glied, Teil des Gliedes ist die Fläche.» Er bezieht sich damit auf den aristotelischen Begriff des Körpers als ein Kompositum. Mit dem schrittweisen Aufbau schließt er sich den Lehren der Grammatik an, die auf entsprechende Weise die Zusammenfügung von Sätzen aus Worten, Satzgliedern und Teilsätzen beschrieben hat. Diese Bezüge zu Sprache und Rhetorik wie auch die Historie als Ziel der Komposition lassen erkennen, dass für ihn die Figurenkomposition immer noch im Mittelpunkt des bildnerischen Denkens stand. Er geht also nicht von einem übergeordneten Bildganzen aus, wie es dem modernen Kompositionsbegriff entsprechen würde.

decorum

Ein Regulativ der Komposition, mit der die Invention sozusagen auf die Bildfläche gebracht wird, ist die Angemessenheit *(decorum)*. Die Figuren als «Glieder» der Historie müssen in ihrer Erscheinung dieser gemäß sein. Über die richtige Darstellung der Figuren in Haltung und Ausdruck äußert sich Alberti relativ ausführlich. Er betont, dass Fülle und Mannigfaltigkeit der Gegenstände in Harmonie (*concinnitas*) verbunden sein sollen. Er bietet jedoch keine Anleitung, wie dieser Gesamtzusammenhang in einem Bild herzustellen sei. Dennoch gab er mit seinem Traktat der weiteren Entwicklung der Komposition einen entscheidenden Impuls. Zum Abschluss seiner Erläuterung der Perspektivkonstruktion merkt er an, dass diese Methode vor allem der Komposition zugutekomme. Das wird zwar später nicht weiter ausgeführt, doch musste für jeden, der Albertis Anleitung genau befolgte, klar sein, dass die Anlage des Bildes mit der perspektivischen Konstruktion des Schauplatzes zu beginnen habe, auf dem dann den Figuren und Bauten ein passender Platz zu geben sei. Komposition einer Historie war fortan die Ordnung der Figuren im Bildraum, die zugleich eine Ordnung auf der Bildfläche zu sein hatte.

Perspektivkonstruktion

Eines der frühsten Beispiele für die Anwendung der konstruierten Perspektive, etwa zehn Jahre vor dem Malerei-Traktat Albertis geschaffen, ist Masaccios Fresko des *Zinsgroschen* in der Brancacci-Kapelle in Santa Maria del Carmine in Florenz (Abb. 6). Die im Matthäus-Evangelium berichtete Geschichte wird in drei Episoden erzählt. Die Forderung der Einheit der Zeit gilt hier noch nicht. In der Mitte sieht man den Steuereinnehmer, der von Christus die Tempelsteuer einfordert. Der verweist nach links auf Petrus und darüber hinaus auf den Fluss, an dessen Ufer man, deutlich in die Tiefe gerückt, Petrus knien sieht, der in dem Fisch, den er gefangen hat, ein Geldstück findet, das er rechts vor einer kleinen Brücke dem Steuereinnehmer aushändigt. Die Perspektivkonstruktion beschränkt sich auf das Bauwerk im rechten Bilddrittel. Anschaulich und thematisch bildet sie eine Barriere, die mit der Entrichtung der Steuer überwunden werden wird. Sie hat aber für die Gesamtanlage des Bildes entscheidende Bedeutung, weil der Hauptpunkt, auf den die sich verkürzenden Orthogonalen hinführen, im Bereich des Kopfes von Christus liegt. Mit dem Hauptpunkt ist die Horizontlinie

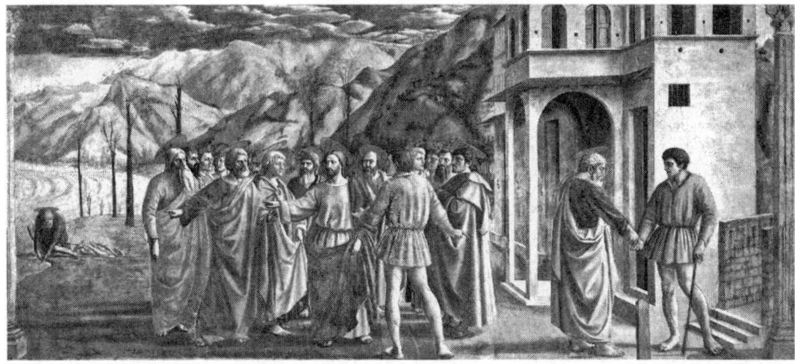

Abb. 6: Masaccio, Der Zinsgroschen, vor 1428, Florenz, S. Maria del Carmine, Brancacci-Kapelle

gegeben. Dass Masaccio diese beachtet hat, ist daran abzulesen, dass die Köpfe der Apostel in der zentralen Gruppe alle auf gleicher Höhe liegen. Ihre perspektivische Verkürzung ist an den jeweiligen Standorten abzulesen. Die Wahrnehmung der Raumtiefe wird durch die Schattenstreifen am Boden unterstützt. Die Perspektivkonstruktion schafft eine formale Einheit des Bildraumes. Sie ist damit konstitutives Element der Bildkomposition. Masaccio und die meisten Freskomaler nach ihm hielten sich nicht an die Grundregel der Perspektive, nach der der Hauptpunkt in einem Bild auf gleicher Höhe mit dem Augenpunkt des Betrachters zu liegen habe. Die Linearperspektive wird hier nicht so sehr eingesetzt, um eine Illusionswirkung zu erreichen, sondern sie dient primär als innerbildliches Ordnungssystem.

Einen weiteren Aspekt der Bedeutung der Perspektive für die Komposition kann die *Geißelung Christi* von Piero della Francesca zeigen. Die Ikonographie des gegen 1460 entstandenen Bildes ist höchst umstritten und kann hier außer Acht bleiben. Die perspektivische Konstruktion des Bildes ist so präzise, dass eine Rekonstruktion des Grundrisses möglich ist. Der Hauptpunkt liegt auf der Mittelachse des Bildes, aber ungewöhnlich tief (etwas oberhalb der Kniehöhe der Gestalt Christi), so dass Halle und Figuren in leichter Untersicht gesehen werden. Auch wenn der Hauptpunkt an einer gegenständlich belanglosen Stelle liegt, wird der Blick durch die Führung der Orthogonalen zur Geißelung Christi gelenkt. Die drei Männer im Vordergrund, deren Identität bis heute nicht geklärt werden konnte, sind, obwohl viel größer dargestellt, der Geißelungsszene gegenüber von sekundärer Bedeutung. Die Regeln der so genannten mittelalterlichen Bedeutungsperspektive, nach der eine Relation zwischen Größe und Bedeutungsgewicht besteht, sind außer Kraft gesetzt. Die Perspektive kann die Aufmerksamkeit lenken und fokussieren und so entscheidende Kompositionsakzente setzen.

Das Verhältnis der Ordnung im Bildraum zu der Ordnung auf der Bildfläche war stets spannungsvoll. Die niederländische Malerei des 15. Jh.s, die bereits Möglichkeiten zur Wiedergabe von Raum, vor allem von Landschaftsraum, entwickelt hatte, ehe sie die Grundregeln der Linearperspektive anwandte (was konsequent erst im Werk von Dirk Bouts geschah), hielt lange am Primat der Flächenordnung fest, wie Otto Pächt dargelegt hat. In der italienischen, insbesondere in der Florentiner Malerei trat dieser Konflikt nicht so deutlich in Erscheinung, weil es ein Drittes gab, was viel wichtiger war als Fläche und Raum: die plastische Wirkung, der *rilievo* der dargestellten Figuren. Ihr gegenüber war die Tiefenwirkung eines Bildes zweitrangig. Ausblicke galten als Leerstellen zwischen den Figuren, die gefüllt oder einfach dunkel gehalten werden konnten. Die Fokussierung auf die Figuren spiegelt sich in der Diskussion um den *disegno*, und sie lässt sich auch aus den Bildbeschreibungen der Zeit herauslesen, die sich so gut wie ausschließlich auf die dargestellte Geschichte beziehen. Die Bilder der Hochrenaissance werden von der das Handlungszentrum bildenden Konfiguration aus entwickelt. Die Macht der Mitte, die durch die Perspektive noch entschieden gestärkt werden konnte, war ein Grundprinzip der Komposition, für das Raffaels Fresken in den vatikanischen Stanzen beispielhaft sind. Es gab dann aber immer wieder Versuche, sich von diesem Prinzip zu lösen. Tizian hat in seiner 1526 vollendeten *Madonna des Hauses Pesaro* in der Frari-Kirche in Venedig die bis dahin für den Bildtypus der *sacra conversazione* gültige Regel eines streng frontalen und symmetrischen Aufbaus durchbrochen, indem er den Marienthron schräg ins Bild setzte und zugleich eine bis dahin unbekannte Dynamisierung der Blickführung erreichte.

Hochrenaissance

Wie die Schriften Vasaris belegen, ging der Bildbegriff der Florentiner Renaissance von der Figur und nicht von der Einheit des Bildes aus. Ansätze dazu, das Bild als Ganzheit zu erfassen und zu konzipieren, boten die in Venedig entwickelten Überlegungen zum Kolorit. Ein anderer in diese Richtung weisender Impuls kam mit der Landschaftsmalerei. Karel van Mander war der Erste, der in den Niederlanden ausführlich über die Landschaftsdarstellung schrieb. Er bekräftigte, was mit Gemälden von Pieter Brueghel und anderen vorgeführt worden war, dass in dieser Gattung die Bildordnung nicht von den Figuren, sondern vom Bildganzen, sozusagen von den Rändern her, entwickelt wird. Auch wenn van Mander keine Kompositionslehre der Landschaft entwickelt, gibt er doch wichtige Hinweise dazu, wie mit Randmotiven der Eindruck eines Ausblicks verstärkt und der alles entscheidende Eindruck der Tiefe des Landschaftsraumes erreicht werden kann.

In der Folgezeit sollte die Auffassung, dass sich die Komposition auf die Ganzheit des Werkes bezieht, an Bedeutung gewinnen. Ein

Künstler, der seine Bildentwürfe konsequent vom intendierten Gesamtzusammenhang her entwickelt hat, war Nicolas Poussin. Seine Historien sind im Gegensatz zu denen der Italiener nicht nur aus der Konfiguration heraus entwickelt, sondern stets im Zusammenhang mit der landschaftlichen oder architektonischen Szenerie, in der sie sich abspielen. Ein Beleg für die Konzeption seiner Gemälde ist seine These, dass ein Modus, eine bestimmte Stimmung dem Gemälde als Ganzem zugrunde liegen soll (s. S. 207). Bezeichnend für sein Vorgehen ist auch, dass er im fortgeschrittenen Entwurfsstadium die geplante Szene auf einer kleinen Bühne mit Wachsfigürchen zusammengestellt hat, um daran die räumliche Disposition wie die Lichtführung zu erproben. Poussins Werke wurden in den Debatten an der Königlichen Akademie, in denen die Grundsätze der Kunst festgelegt werden sollten, als vorbildlich herausgestellt.

Kompositionslehre im 18. Jh.

Der *composition* wurde in der französischen Akademie eine umfassende Bedeutung zugewiesen. Mit ihr hatte der Entwurfsprozess zu beginnen, wobei die *invention* der erste und die *disposition* der zweite Schritt war, denen Zeichnung und Kolorit zu folgen hatten. Wenn von Komposition die Rede war, ging man wie selbstverständlich von der Historienmalerei aus, und nach wie vor war die Figurenkomposition der Ausgangspunkt. Das bestätigt auch das *Schilderboek*, das der Niederländer Gerard de Lairesse 1707 publizierte und das gut hundert Jahre lang an den europäischen Akademien als Standardwerk gelesen wurde. Einige in der Praxis gebräuchliche Grundregeln der «Oeconomie génerale» eines Bildes werden von Michel-François Dandré-Bardon in seinem *Traité de Peinture* (1765) in knapper Form aufgezählt. Zunächst ist der Platz der Hauptgruppe festzulegen, normalerweise in der Bildmitte. Bei der Anlage der begleitenden Gruppen ist das Gleichgewicht der Komposition zu beachten. Die einzelne Gruppe soll wie eine Weintraube gebildet sein, und die Zusammenfügung aller Gruppen soll zu einer pyramidalen Form tendieren. Gruppen und Figuren sollen auf die Hauptfigur hinführen, möglichst in einer diagonalen Linienführung, denn horizontale Linien wirken nicht malerisch. Die Figurenkomposition soll bei alledem wie zufällig wirken. Zur Harmonie und Ausgewogenheit, die im Gesamteindruck erreicht werden sollen, tragen Helldunkel und Kolorit entscheidend bei.

Von grundsätzlicher Bedeutung ist, dass hier die Ordnung der Bildfläche weit größeres Gewicht hat als die Ordnung im Bildraum. Wie in der Ornamentik des 18. Jh.s zeigt sich auch in der Malerei der Zeit eine wachsende Sensibilität für die Spannungsverhältnisse zwi-

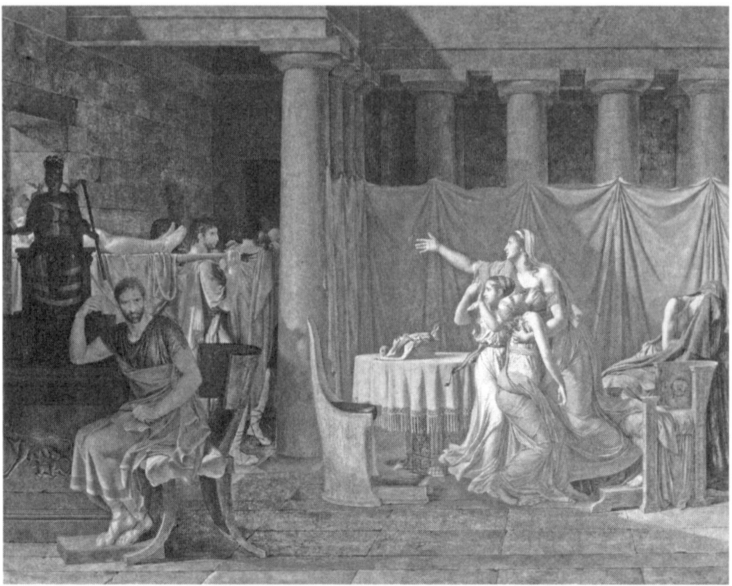

Abb. 7: Jacques Louis David, Die Liktoren bringen Brutus die Leichen seiner Söhne, 1789, Paris, Louvre

schen Figuren und Bildfläche. Die alte Regel der Dominanz der Mitte wird oft nicht mehr beachtet. Zwischen exzentrisch in das Bildfeld eingesetzten Figuren werden Spannungsbögen aufgebaut. Die einzelne Figur wird nicht selten, vor allem in der Deckenmalerei, betont als Muster vor einer wenig differenzierten Fläche gezeigt, um die «Lesbarkeit» der Bilder zu steigern. Im Œuvre Tiepolos findet man viele Beispiele dafür.

Gegen Ende des Jahrhunderts, auf dem Gipfel des Klassizismus, wurde die Rationalisierung der Bildkomposition als Flächenordnung einen bedeutenden Schritt vorangetrieben. Werke von Jacques Louis David wie das im Revolutionsjahr 1789 entstandene Gemälde *Die Liktoren bringen Brutus die Leichen seiner Söhne* (Abb. 7) wurden von den Zeitgenossen kritisiert, weil darin die Einheit der Handlung nicht erkennbar sei. Die Einheit des Bildes soll nach den Intentionen Davids durch die strenge Regularität der Komposition garantiert werden. Die Dominanz vertikaler und horizontaler Linien und damit des rechten Winkels in diesem und anderen Gemälden Davids weist darauf hin, dass der Komposition ein Raster zugrunde liegt, das deren Stringenz gewährleisten soll. Dass im Umkreis Davids über einem derartigen Gitternetz komponiert wurde, belegt unter anderem eine Vorzeichnung von Anne Louis Girodet-Trioson für das Gemälde *Hippocrates weist die Geschenke des Artaxerxes zurück* (1792, Paris, Louvre). Die Festlegung der planimetrischen Ordnung mit Hilfe eines solchen Schemas war zunächst natürlich eine Vereinfachung des Kompositionsverfahrens. Dahinter stand jedoch der Wunsch, die Bilderfindung auf eine geometrische und damit absolut gültige Basis zu stellen. In einer weit komplexeren Weise hat Philipp Otto Runge den Bilderfindungen des graphischen Zyklus der *Zeiten* ein geometrisches Konstruktionsschema unterlegt, um so die Freiheit seiner subjektiven Erfindung mit der durch Ordnung und Maß garantierten Notwendigkeit zu verbinden.

Komposition im 19. Jahrhundert

Die Pluralisierung der Bildauffassung im 19. Jh. betraf auch die Kompositionslehre. Solange die Historienmalerei an den Akademien dominierte, wurde auf konventionelle Regeln geachtet. Zunächst waren es die im Klassizismus entwickelten Schemata, im Historismus kamen die Meister der Renaissance, insbesondere Raffael, wieder zu normativer Geltung. In der zweiten Hälfte des Jh.s wurde im Gegenzug zur Abwertung des Bildgegenstandes das Gewicht zunehmend auf die formale Seite der Komposition verlagert. In John Ruskins *Stones of Venice* konnte man 1853 lesen: «... the arrangement of colors and lines is an art analogous to the composition of music, and entirely independent of the representation of facts. It consists in certain proportions and arrangements of rays of light, but not in likenesses to anything.» Auch wenn sich Ruskin noch keine «gegenstandsfreie» Kunst vorstellen konnte, wiesen seine Gedanken in diese Richtung.

Ornament

Wichtig für die weitere, zur Abstraktion führende Entwicklung waren zum einen Untersuchungen zur Geschichte der Ornamentik, die Ornamentformen im Hinblick auf die ihnen zugrunde liegenden geometrischen Regeln untersuchten, zum anderen die Bemühungen, den Formen, mit denen die Kunst gestaltet, unabhängig von ihrer gegenständlichen Bedeutung einen bestimmten Schönheits- oder Ausdruckswert zuzuerkennen. Zentrale Bedeutung für diese formale Ästhetik hatte die Proportionslehre. Seit der Antike hatten Künstler nach rationalen Regeln für die Gestaltung gesucht. Ausgangspunkt waren zumeist die Proportionen der menschlichen Gestalt, die man zu einem «Kanon» der Idealfigur zusammenzufassen bestrebt war. Derartige Bemühungen erlebten um die Mitte des 19. Jh.s einen einzigartigen Aufschwung.

Goldener Schnitt

Besonders folgenreich war die 1854 von Adolf Zeising propagierte These, dass es ein «bisher unerkannt gebliebenes, die ganze Natur und Kunst durchdringendes morphologisches Grundgesetz» gebe, dem er den Namen «Goldener Schnitt» gab. Die Regel der «stetigen Teilung», die schon Euklid bekannt war und die wohl in der Geometrie, nicht aber in der Kunsttheorie erörtert worden war, wurde von Ästhetikern, Künstlern und Kunsthistorikern begeistert aufgegriffen. Die Wahrnehmungspsychologie, die auch eine Grundlage für die neue Einfühlungsästhetik war, versuchte die positive Wirkung des «Goldenen Schnitts» mit Experimenten zu beweisen. Für Künstler wie Adolf Hoelzel und Johannes Itten wurde der «Goldene Schnitt» zu einem Regulativ der Komposition, und zahlreiche Kunsthistoriker machten sich daran, seine Verwendung in Kunstwerken der unterschiedlichen Epochen nachzuweisen, wobei allerdings die Frage, nach welchem Verfahren die Künstler jeweils konkret die stetige Teilung vorgenommen haben sollen, nie ernsthaft gestellt wurde. Der Erfolg der Idee dieses geometrischen «Grundgesetzes» verband sich in der Kunstwissenschaft mit einer besonderen Vorliebe für planimetrische Kompositionsanalysen, die vor allem auf die Suggestionskraft der Linien, die in die Bilder eingezeichnet wurden, setzten und nicht weiter danach fragten, ob dieses Verfahren auch historisch gerechtfertigt ist. Diese Analysen sind eine Form der Aneignung historischer Kunst auf der Basis der in der Moderne entwickelten Bildauffassung. Bemerkenswert an dieser Bildauffassung ist, dass sie sich im gleichen Moment, in dem sie sich von der Linearperspektive als einer geometrisch exakten Konstruktion des Bildraums zu befreien suchte, der Geometrie der Flächenordnung anvertraute.

Diese Geometrisierung, die in der *Konkreten Kunst* kulminierte, war allerdings nur eine Strömung unter vielen. Das von Surrealisten propagierte Zufallsprinzip negierte jede Kompositionsregel. Pollocks *Action-Painting* nahm das Bild als ein Aktionsfeld, bei dem alle vier Seiten gleiches Gewicht haben sollten. Für Maler des *Informel* waren die Richtungen des spontanen Pinselduktus wichtig, doch Kompositionsregeln wollten sie sich nicht unterwerfen. Bei Werken des 20. Jh.s muss jede Untersuchung von Bildanlage oder Komposition im Lichte des theoretischen Hintergrunds der jeweiligen Richtung und des jeweiligen Künstlers erfolgen.

4. Aufgaben und Funktionen der Malerei

Aufgabe

Der konkrete Anlass für die Entstehung eines Kunstwerkes ist die Aufgabe, die einem Künstler gestellt wird oder die er sich selber stellt. Aufgaben der Malerei sind beispielsweise Wandbild, Altarbild oder Buchillustration, auch Porträt, Landschaft oder Werke anderer Bildgattungen und genauso Bildformen der Moderne wie die abstrakte Komposition oder die Collage. Die Idee einer «Kunstgeschichte nach Aufgaben» geht auf Jakob Burckhardt zurück. Mit dem Begriff der Aufgabe werden die Faktoren erfasst, die unmittelbar auf die Kunst und die Entstehung eines bestimmten Kunstwerks einwirken. Das Kunstwerk muss bestimmte Bedingungen erfüllen, um der vorgegebenen Aufgabe gerecht zu werden. Der Künstler bezieht sich bei seiner Arbeit auf die Tradition der jeweiligen Aufgabe, setzt sich mit den damit verbundenen Erwartungen auseinander, die er erfüllen oder auch negieren kann. Gerade in den äußeren Faktoren ist die historische Bedingtheit der Aufgaben begründet.

Funktion

Mit der Aufgabe, die im konkreten Kunstwerk erfüllt wird, verbindet sich der Begriff der Funktion. Die Funktion eines Werkes muss keineswegs immer konkret und praktisch sein. Sie bezeichnet keine gegenständliche Qualität des Werkes, sondern die Möglichkeit seiner Benutzung, die Erfüllung einer Zweckbestimmung. Die Frage nach der Funktion zielt auf die Einbindung des Werkes in einen größeren gesellschaftlichen Kontext. Sie erfasst historische Bezüge, die für die Interpretation des Werkes von großer Relevanz sein können. Allerdings ist die Funktion eines Werkes nichts absolut Gegebenes, sondern kann sich mit der Zeit wandeln, beispielsweise wenn einem Altarbild eine neue Funktion zugewiesen wird, indem es in ein Museum gebracht wird, wo es fortan primär als Kunstwerk betrachtet wird. Die kunsthistorische Interpretation muss sich jedoch bemühen, das Werk von seinen ursprünglichen Aufgaben und Funktionen her zu erklären, um die Spezifika des jeweiligen Werkes, die Auffassung, die der Künstler von seiner Aufgabe hatte, zu erfassen. Das Potenzial des Kunstwerks wird sich darin nicht unbedingt erschöpfen. Fragen nach dem zeitbedingten Wandel der Rezeption eines Werkes können die historische Entfaltung dieses Potenzials aufdecken.

Die Frage nach der Funktion scheint auf den ersten Blick unvereinbar mit dem in der Neuzeit dominanten Konzept autonomer Kunst zu sein, denn eine Zweckbestimmung ist danach gerade dasjenige an einem Werk, was nicht als der Kunst zugehörig gelten konnte. Doch genau besehen besteht zwischen beiden Seiten kein Gegensatz. Funktion eines «autonomen» Kunstwerks ist es, ausschließlich oder primär als Kunstwerk rezipiert zu werden, und es erfüllt diese Zweckbestimmung, wenn es in einer Ausstellung, einem Museum oder einer Privatwohnung aufgehängt wird.

Verträge mit Künstlern, mit denen festgelegt wurde, was der Künstler und was der Auftraggeber zu leisten hatte, waren sehr unterschiedlich ausführlich. Ein gutes Beispiel für das, was vereinbart werden konnte, bietet der Vertrag vom 23. Oktober 1485 zwischen Francesco di Giovanni Tesori, dem Prior des Spedale degli Innocenti zu Florenz, und dem Maler Domenico Ghirlandaio, mit dem der Maler beauftragt wird, ein Altargemälde mit der Darstellung der Anbetung der Könige zu schaffen. Es wird vereinbart, dass Ghirlandaio die Holztafel, die der Prior hat anfertigen lassen, die der Maler aber bezahlen muss, eigenhändig bemalt «in der Art, wie es auf der Papierzeichnung zu erkennen ist, mit den Figuren und in der Art, die darin gezeigt sind ... er darf nicht von der Art und der Komposition der besagten Zeichnung abweichen», es sei denn, dass der Auftraggeber Änderungen fordert. Die Materialkosten hat der Maler zu tragen, wobei gefordert wird, dass er «mit guten Farben und mit gepudertem Gold» arbeitet, «und das Blau muss Ultramarin im Werte von etwa 4 Florin die Unze sein.» Das Gemälde soll innerhalb von 30 Monaten ausgeführt werden. Der Maler soll für sein Werk 115 große Florin erhalten. Der Auftraggeber behält sich vor, falls er der Meinung ist, das Bild sei diesen Preis nicht wert, «eine Meinung über ihren Wert oder ihre künstlerische Ausführung» einzuholen. Die Festsetzung des möglicherweise niedrigeren Preises wird ausdrücklich in das Ermessen des Auftraggebers gestellt. Dem Maler droht außerdem, wenn er die Tafel nicht rechtzeitig liefert, eine Strafe von 15 Florin.

Malerei im architektonischen Raum

Seit ältesten Zeiten wurden Bauwerke durch Bilder geschmückt. Es war eine wesentliche Aufgabe des Bildschmucks, Rang, Bedeutung und Funktion des Bauwerks zu unterstreichen oder überhaupt erst sichtbar zu machen. Jede Wandmalerei ist konzeptionell – formal wie ikonographisch – auf den jeweiligen Bau bezogen und damit vom Bautypus abhängig. Dabei ist zwischen Sakral- und Profanbau zu unterscheiden, die in ihrer Bauform und Funktion jeweils spezifische Anforderungen an ihre Dekorationen stellen.

Am Außenbau wurden vor allem Fassaden und Portale durch Bildwerke ausgezeichnet, wobei aus Gründen der Witterungsbeständigkeit meist der Skulptur der Vorzug gegeben wurde. Doch auch das Mosaik wurde in Regionen und Zeiten, in denen diese Technik blühte, zum Schmuck des Außenbaus eingesetzt. Beispiel dafür sind die römischen Kirchen Santa Maria Maggiore und Santa Maria in Trastevere. In bestimmten Regionen findet man auch Fresken am Außenbau. In den Alpenländern sieht man beispielsweise immer wieder Kirchtürme mit riesigen Figuren des hl. Christophorus bemalt. Es wurden dort sogar ganze Bilderzyklen an die Außenwände der Kirchen gemalt. Im Profanbau spielte die Fassadenmalerei in Renaissance und Barock eine große Rolle. In reichen Städten wie Augsburg gab es zahlreiche Paläste, die mit malerischem Schmuck – Figuren und Historien – prunkten, doch von alledem ist kaum etwas erhalten geblieben. Das größere und, historisch gesehen, auch wichtigere Aufgabenfeld architekturgebundener Malerei war die Innendekoration.

Profandekoration im Mittelalter

Die profane Malerei war in der römischen Kaiserzeit von herausragender Bedeutung. Die zahlreichen Funde in Rom und Pompeji zeugen von einem beeindruckend hohen Niveau der Dekorationskunst. Diese Tradition ist mit dem Untergang des Römischen Reiches abgebrochen. Gemalte Profandekoration konnte sich im Mittelalter dort, wo Holz das bevorzugte Material für den Wohnbau war, kaum entfalten. Dennoch hat sich im Palastbau der Städte, in den fürstlichen Residenzen, eine vielgestaltige Kultur der Wandmalerei entwickelt, von der allerdings nur ein Bruchteil erhalten geblieben ist.

Ein breites Spektrum der Gestaltungsmöglichkeiten zeigen die Wandmalereien auf Burg Runkelstein bei Bozen, die um 1400 entstanden. Neben rein ornamentalen Dekorationen oder dem Typus des fingierten Wandbehangs unterhalb eines umlaufenden Bogenfrieses ist der Typus des breiten, ununterbrochen, friesartig über die Wände eines Raumes laufenden Bildstreifens am häufigsten vertreten. Im Turniersaal werden auf dem breiten Bildstreifen, der den Raum umzieht, höfische Vergnügungen dargestellt: Jagdszenen, Spiele und ein Lanzenturnier. In weiteren Räumen werden auch Stoffe aus literarischen Vorlagen wiedergegeben, beispielsweise aus der Tristan-Sage.

Malerei in öffentlichen Bauten

Leider blieben die abgelegenen, kunstgeschichtlich nach Qualität und Rang geringer einzuschätzenden Bauten und Werke eher erhalten als die Denkmäler in den Zentren der Macht und des kulturellen Geschehens. Ein besonders schmerzlicher Verlust ist es, dass die Wandbilder, die Giotto im Paduaner Kommunalpalast gemalt hat, nicht erhalten blieben, denn die Ausgestaltung der öffentlichen Bauten ist von ganz besonderem historischen und kunstgeschichtlichen Interesse. Das bedeutendste erhaltene Beispiel dafür ist der Palazzo Pubblico in Siena. Ende des 13. Jh.s begonnen, war der Neubau 1310 so weit fertiggestellt, dass mit der Ausstattung begonnen werden konnte.

Der Anfang wurde mit der *Sala del Consiglio* im Obergeschoss des Palastes gemacht, in der der Rat der Stadt tagte. 1315 wurde Simone Martini für die *Maestà* bezahlt. Dieses Fresko der thronenden Muttergottes mit dem Kind, umgeben von einer großen Schar von Heiligen, nimmt die Schmalseite des Saales ein. Schon 1314 wurde beschlossen, die gerade gelungene Einnahme eines Kastells in einem Bild zu dokumentieren. Später wurde mit einem großen Fresko Simone Martinis die Eroberung des Kastells Montemassi unter der Führung ihres Feldherrn Guidoriccio da Fogliano gefeiert. An weitere militärische Erfolge erinnern zwei monochrome Wandbilder an der den Fenstern gegenübergelegenen Langseite. 1345 führte Ambrogio Lorenzetti unter dem Fresko des Guidoriccio eine große, kreisrunde Weltkarte aus, von deren Aussehen wir nichts wissen, doch der Gedanke liegt nahe, dass sich Siena hier als Mittelpunkt der Welt darstellen ließ. Mitte des 15. Jh.s ließ man die hl. Katharina von Siena und den hl. Bernardino, die beiden Heiligen der Stadt, darstellen und später noch durch Sodoma die beiden Stadtpatrone Viktor und Ansanus ergänzen, die die Weltkarte flankieren. Die Ausstattung des Saales ist langsam und ohne ein von vornherein festgelegtes Konzept gewachsen, aber doch so, dass keine offensichtlichen Brüche entstanden und die *Maestà* ihre raumbeherrschende Wirkung bewahrte.

Ein herausragendes Beispiel für die einheitliche Konzeption einer Ausmalung bietet die unmittelbar an die *Sala del Consiglio* anschließende *Sala della Pace*, in der der gewählte Magistrat der Stadt tagte. Die 1338/39 ausgeführten Wandbilder sind das Hauptwerk Ambrogio Lorenzettis (Abb. 8).

Die Langseiten und die nördliche Schmalseite werden jeweils von einem einzigen großen Bild eingenommen. Wie die *Maestà* in der *Sala del Consiglio*, so ist hier die nördliche Schmalwand mit der vielfigurigen Allegorie des Guten Regimentes Zielpunkt und Bedeutungszentrum. Das auf der Längswand rechts sich anschließende Fresko zeigt in seiner linken Hälfte das Leben und das Wohlergehen in der Stadt und auf dem Lande unter der Herrschaft einer guten Regierung, der die Tugenden zur Seite stehen und die sich von den Prinzipien der Gerechtigkeit und Gleichheit leiten lässt. Auf der westlichen Langseite des Saales wird das abschreckende Gegenbild gezeigt. Im rechten

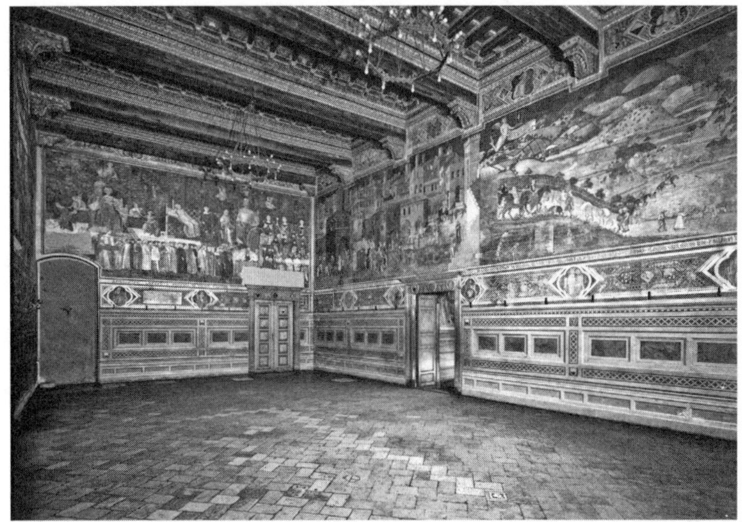

Abb. 8: Ambrogio Lorenzetti, Sala della Pace, 1338/39, Siena, Palazzo Pubblico

Drittel der Bildfläche wird eine Allegorie der schlechten Regierung, der Tyrannis, entworfen. Nach links hin schließt sich das Schreckensbild der Verwahrlosung von Stadt und Land an, in denen Angst, Raub und Mord herrschen. Der Raumeindruck wird durch die sich breit entfaltenden Bilder bestimmt. Ein den Raum umschließendes Kontinuum entwickelt sich jedoch nur begrenzt, da die drei Bilder sich in ihrem Kolorit, vor allem aber im Format der Figuren voneinander absetzen und auch in sich uneinheitlich sind. Auch bei der Landschaft kommt der Eindruck eines Ausblicks nicht auf. Dies kann allerdings nur erwarten, wer diese Fresken aus dem Rückblick der weiteren kunstgeschichtlichen Entwicklung betrachtet.

Sakraldekoration im Mittelalter

In der Geschichte der Gestaltungsprinzipien und Dekorationssysteme des mittelalterlichen Sakralbaus sind zwei Entwicklungslinien auszumachen: eine westliche Tradition, deren Ursprung in den konstantinischen Kirchen Roms zu suchen ist, und eine östliche, byzantinische Tradition, zu deren Entfaltung im 6. Jh. auch Italien beigetragen hat und die später wiederum für den Westen bedeutsam war, insbesondere für die Sakraldekoration in Venedig und auf Sizilien. Dieser Einfluss zeigt sich besonders eindringlich in der Mosaikkunst, die – neben Ikonen- und Buchmalerei – das wichtigste Gebiet byzantinischer Bildkunst war.

byzantinische Mosaiken

Mosaikdekoration und Architektur stehen in der byzantinischen Kunst in einem unauflöslichen Zusammenhang. Das ist eindrucksvoll in Ravenna zu sehen. Im Presbyterium von S. Vitale akzentuieren Schmuckbänder die durch die Architektur vorgegebenen Linien. Das strukturelle Gerüst der Architektur wird nachgezeichnet, ohne dass dabei im eigentlichen Sinne architektonische Formen verwandt werden. Von den durch das Liniengerüst umgrenzten Flächen werden die Felder erster Ordnung, die Apsiskalotte, die Rechtecke zu beiden Seiten der Apsisfenster und die großen Felder der Seitenwände des Presbyteriums mit Szenen oder Figuren gefüllt. Ornamente schmücken die Felder zweiter Ordnung, beispielsweise die Bogenfelder über den Emporenarkaden, aber auch die Gewölbekappen, so dass der ganze Raum mit Mosaik ausgekleidet ist und in intensiv leuchtender Pracht erscheint.

Zu einer Verfestigung des byzantinischen Dekorationssystems kam es im 10. Jh. nach dem Ende des Bilderstreits. Es fand seine prägnanteste Gestalt im Typus der Kuppelkirche. Eine klare hierarchische Gliederung bestimmt das Ausstattungsprogramm. Kuppeln und Apsiskalotten sind für die Darstellung Christi oder Mariens reserviert, Pendentifs und Gewölbe für die Darstellungen zu den großen Festtagen des Kirchenjahrs. An Pfeilern und Wänden finden Bilder der Heiligen ihren Platz. Der übergreifende Zusammenhang aller Bilder wird durch den Goldgrund anschaulich gemacht, durch den die Kirche als heiliger Ort erfahrbar wird.

Langhausdekoration in Italien

In der Westkirche verlief die Entwicklung anders. Sie wurde von einer grundlegend anderen Bildauffassung gelenkt. Hier wurde ein Dekorationstypus dominant, der durch die großen Apostelbasiliken Roms, durch die Peterskirche und Sankt Paul vor den Mauern, geprägt worden war. Die Apsis, der Triumphbogen, der den Übergang vom Langhaus zum Querhaus markiert, die Wände des Langhauses und die Eingangswand sind die wichtigsten Orte der Dekoration des westlichen Langbaus. Die Apsis ist wie in Byzanz dem Höchsten, Christus oder der Muttergottes, vorbehalten. An den Wänden des Langhauses wurde die Fläche unterhalb der Fenster in zwei Registern übereinander mit Bildfeldern ausgefüllt. In Sankt Paul stellten die Bilder auf der rechten Seite Szenen des Alten Testamentes dar, auf der linken Seite solche aus der Apostelgeschichte. Diese narrativen Zyklen boten den Prototyp für die Auffassung der Malerei als «Lektüre der Laien», die für das westliche Bildverständnis grundlegend geworden ist.

Eines der wichtigsten Beispiele der mittelalterlichen Sakraldekoration in Italien ist die Ausmalung der kleinen Basilika Sant'Angelo in Formis in der Nähe von Capua, die Abt Desiderius von Montecassino um 1080 ausführen ließ (Tafel IV). Die Apsis zeigt den thronenden Christus, umgeben von den Evangelistensymbolen, im Register darunter drei Erzengel und an den Seiten den hl. Benedikt und Abt Desiderius als Stifter. Die Seitenschiffe waren mit

Szenen des Alten Testamentes geschmückt. Die Wände des Mittelschiffes zeigen in den Zwickeln über den Säulen Figuren der Propheten und darüber in drei Registern Szenen des Neuen Testamentes. Durchlaufende Bänder, auf denen noch Reste der Bildtituli zu lesen sind, trennen die Register. Die Bilderfolge beginnt im obersten Register an der Chorseite, setzt sich dann auf der gegenüberliegenden Seite im obersten Register von der Eingangsseite zum Chor fort, um dann im mittleren Register an der Chorseite fortgeführt zu werden und in diesem Sinne rings um den Raum weiterzulaufen, wobei die Leserichtung stets von links nach rechts führt. Der thronende Christus in der Apsis und die Gerichtsdarstellung der Eingangswand sind die Pole, zwischen denen sich die Heilsgeschichte ausspannt, die von der Schöpfung bis zur Himmelfahrt reicht. Die szenischen Bilder haben zumeist ein gestrecktes Querformat. Vor der Folie von drei, manchmal auch vier breiten Streifen, die mit ihrer Abfolge Standfläche, Hintergrund und Himmel andeuten, entwickelt sich die Bilderzählung. Die Bildhandlung vollzieht sich in einer vorderen Ebene, wobei die durch Christus vorgegebene Bewegungsrichtung zumeist nach rechts weist, also in Leserichtung.

Der Typus der narrativen, in Registern übereinandergestellten Szenenfolge wurde auch in den Mosaikdekorationen Siziliens, der Cappella Palatina (gegen 1170) und dem Dom von Monreale (um 1180), adaptiert, jedoch mit starken byzantinischen Elementen. Das gilt insbesondere für das Dekorationsprinzip der Kuppel, wie sie die Cappella Palatina zeigt: eine goldene Schale, um deren Rand Engelsfiguren einen Kreis bilden und das Mittelmedaillon mit der Büste des Pantokrators umschließen. Diesem Typus folgten um 1200 die großen Kuppeln des Innenraums der Markuskirche in Venedig. In den Mosaiken der Vorhalle wurde dann ein neuer Typus der Kuppeldekoration entwickelt, die der westlichen Tradition der Langhausdekoration angepasst ist. In der so genannten Genesis-Kuppel (Abb. 9) wird in einer Bilderfolge in drei Registern die biblische Schöpfungsgeschichte bis zur Vertreibung aus dem Paradies erzählt.

Kuppeldekoration

Das System der in Registern angeordneten szenischen Bildfelder spielt auch in der Wanddekoration nördlich der Alpen eine führende Rolle. Die karolingischen Wandmalereien der Kirche des Klosters Müstair in Graubünden und die ottonischen Wandbilder der Kirche Sankt Georg in Reichenau-Oberzell folgten diesem Prinzip. In romanischen Bauten verlangten die großen Flächen der ungegliederten Wände geradezu nach Malerei. Die spätere Entwicklung der nordalpinen Architektur verlief, von Frankreich ausgehend, in eine andere Richtung, was für die Geschichte der Wandmalerei von erheblicher Bedeutung war. Schon in der Spätromanik ließen die zunehmende Durchbrechung der Wand und die betonte Plastizität der Architekturglieder der Malerei immer weniger Raum. In der Gotik war Ma-

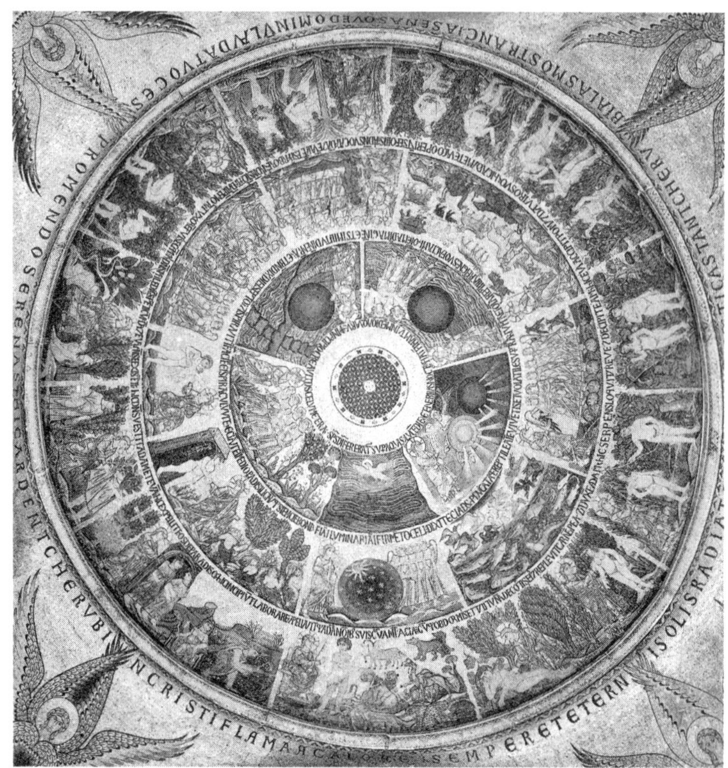

Abb. 9: Genesis-Kuppel, um 1220, Venedig, S. Marco

lerei dann bestenfalls als schmückendes Ornament gefragt. Der Wunsch nach Bildern, nach Darstellung von Figuren und Geschichten, wurde durch die Skulptur und die Glasmalerei mehr als befriedigt. Als weiteres Medium kam noch die Teppichkunst hinzu, die Meisterwerke wie die *Apokalypse* von Angers (um 1380) hervorbrachte, die wohl zu Festtagen in der Kathedrale der Stadt ausgestellt wurde.

In Italien dagegen baute man auch dort, wo man Stilelemente der Gotik übernahm, zumeist so, dass die Wände große Flächen für eine Ausmalung boten. Einen entscheidenden Beitrag zur Entwicklung *Giotto* der Wandmalerei hat Giotto geleistet. Mit seinem Hauptwerk, der Ausmalung der Arena-Kapelle (um 1305) in Padua, hat er Maßstäbe gesetzt (Tafel V).

Die Kapelle ist ein schlichter Saalbau mit Tonnengewölbe und eingezogenem Chor. Fenster, Türen und Eingangsbogen zum Chor waren die einzigen baulichen Vorgaben, die Giotto zu berücksichtigen hatte. Den für die Ausmalung errichteten Bau hat Giotto mit seiner Malerei sozusagen vollendet. Das gemalte Dekorationssystem, das den Raum anschaulich strukturiert, imitiert architektonische Plastizität und Festigkeit. Die Sohlbank der Fenster gab die Höhe für einen umlaufenden Sockel vor, der Marmorinkrustation imitiert, unterbrochen von flachen Nischen mit fingierten Reliefs der Tugenden und Laster. Die Breite der Bildfelder ergab sich aus dem Abstand zwischen den Fenstern, deren Scheitelhöhe auch die Grenze für die unteren beiden Bildregister vorgab. Das oberste Register der Fensterwand folgt der Gliederung der gegenüberliegenden Seite. Die sechs Bildfelder der fensterlosen Wand werden von breiten Streifen getrennt, die zwischen profilierten Leisten mit fingierten Marmorintarsien, so genannter Cosmatenarbeit, geschmückt und in ihrem inneren Feld mit Ornamenten und Vierpassbildern ausgefüllt sind. Diese vertikalen Streifen werden an Chor- und Eingangswand wie auch in der Mitte über das Gewölbe geführt. Sie verbinden die beiden Seitenwände und begründen die Anlage des oberen Bildregisters der Fensterseite. Die tiefblaue, mit goldenen Sternen besetzte Fläche des Tonnengewölbes wird durch den mittleren Gurt geteilt. Wie große Sterne erscheinen in der Mitte der beiden Felder Medaillons mit den Büsten von Christus beziehungsweise Maria, umgeben von je vier Medaillons, die Propheten zeigen. Die Aufteilung der Register an der Chorwand musste sich nach der Kämpferhöhe des Bogens richten, die mit der Fensterhöhe nicht übereinstimmt. Mit dem gleichen Höhenunterschied beziehen sich die Dächer der beiden Gehäuse, in denen die Verkündigung Mariens stattfindet, auf den oberen Abschluss der Bilderwände zu beiden Seiten. Um die Sequenz der Bilder zu lesen, muss der Betrachter im obersten Register der Fensterseite an der Ecke zur Chorwand beginnen und kann dann, immer nach rechts fortschreitend, im Rundherum im obersten Register die Kindheitsgeschichte Mariens, im mittleren das Leben Jesu und im untersten seine Passion betrachten.

Mit Giottos Bildauffassung, mit der Art und Weise, wie er Geschehen in Szene setzt und menschliches Handeln und Affekte sichtbar macht, wurde eine neue Epoche der Kunstgeschichte eröffnet. Der Augentrug mit den kleinen Scheinkapellen zu beiden Seiten des Choreingangs, der auf einen in der Mittelachse der Kapelle stehenden Betrachter berechnet ist, belegt, dass Giotto bei seinem Werk auch mitbedacht hat, wie es gesehen wird.

Das zu Beginn des 14. Jh.s entwickelte Schema der Kapellendekoration blieb bis weit in die Renaissance hinein in Gebrauch. Daneben gab es auch noch andere Dekorationssysteme, die im Hinblick auf bestimmte Bautypen entwickelt wurden. So wäre eine Geschichte der Ausmalung von Zentralbauten, Oratorien, Kapitelsälen, Sakristeien, Refektorien oder Kreuzgängen zu schreiben, was hier jedoch nicht möglich ist. Eine die verschiedenen Aufgaben verbindende Gemeinsamkeit liegt in der Bildauffassung. Das Dekorationssystem wird in dieser Zeit als Rahmen für die Bilder aufgefasst, die letztlich jeweils für sich betrachtet werden sollen. Die Erfindung und allmähliche

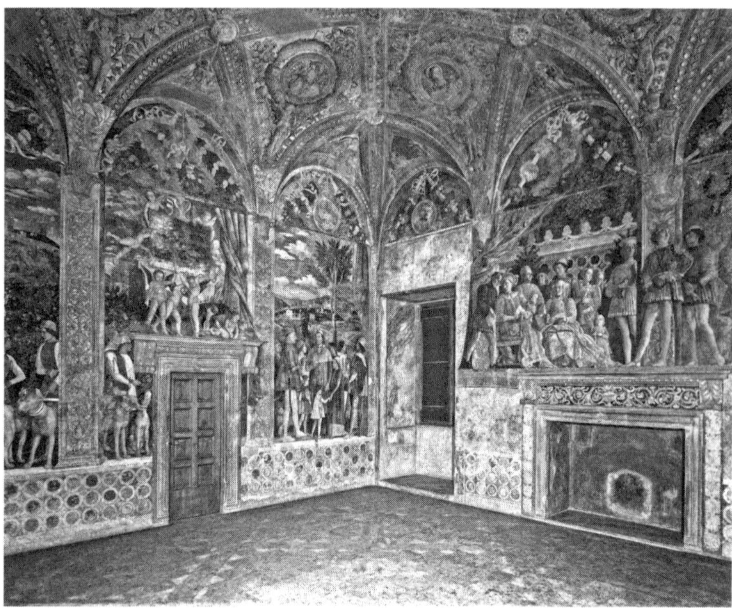

Abb. 10: Andrea Mantegna, Camera degli Sposi, 1474, Mantua, Palazzo Ducale

Durchsetzung der konstruierten Perspektive führte zunächst nicht zu einer Modifikation dieser Auffassung. Noch 1490 hat Ghirlandaio seine Fresken in der Hauptchorkapelle von Santa Maria Novella in Florenz in vier Registern übereinander angelegt. Wenig später schrieb Leonardo, es sei eine große Dummheit, in Kapellen Bilder in drei oder vier Reihen übereinander anzubringen, die jeweils einen eigenen Augenpunkt haben. Man wisse doch, dass es für den Betrachter nur einen Augenpunkt geben könne. Deswegen riet er, nur ein einziges großes, auf die Augenhöhe des Betrachters bezogenes Bild anzulegen, das den wichtigsten Abschnitt der Geschichte darstellt und die weiteren Episoden in kleinerem Maßstab in der Hintergrundlandschaft andeutet. Die anschaulich unmittelbar wirksame Einheit der Perspektive und damit des Raumes war ihm wichtiger als die Einheit der Zeit. Die Umsetzung dieser Empfehlung allerdings war nicht einfach.

Profandekoration der Renaissance

Die aus den Lehren der Perspektive sich ergebende Forderung nach einem einheitlichen, dem realen Betrachter entsprechenden Augenpunkt ist zuerst in der Profandekoration umgesetzt worden. Das bedeutendste frühe Beispiel ist die *Camera degli Sposi* in Mantua, deren Fresken Andrea Mantegna 1474 vollendete (Abb. 10).

Mantegna hat mit seiner Malerei den quadratischen Raum mit Stichkappengewölbe in eine allseits mit drei Arkaden sich öffnende Pfeilerhalle umgewandelt. An zwei Seiten scheinen die Öffnungen mit Goldbrokatstoffen verhängt zu sein. In dieser Ecke des Raumes stand ein großes Prunkbett mit Baldachin. Das Grundkonzept der Ausmalung wird in der Eingangswand am deutlichsten. Über einem niedrigen, mit Marmorscheiben verzierten Sockel öffnen sich drei Pfeilerarkaden. Die mittlere wird von der Eingangstür eingenommen. Die Arkaden zu beiden Seiten gewähren einen freien Ausblick. Links sieht man Mitglieder einer Jagdgesellschaft. In der rechten Arkade hat der Hausherr Ludovico Gonzaga Familienmitglieder um sich versammelt. Der Mantuaner Herzog ist auch der Zielpunkt der Szene auf der rechten Wand. Die linke Arkade wird von einem Fenster eingenommen. Die beiden anderen Arkaden werden durch das Agieren der Figuren miteinander verbunden. Von rechts her nahen sich mehrere Männer, die eine Treppe hinaufgehen, um vor Ludovico Gonzaga zu treten. Die gemalten Pfeiler erscheinen als Gliederungselemente der tatsächlich existierenden Architektur. Der Ausblick, den sie gewähren, fällt auf eine durchgehende Landschaft und auf den blauen Himmel, der nach allen Seiten hin sichtbar ist. Die Figuren, die zwischen, zum Teil auch vor den Pfeilern stehen, scheinen in den Raum hineinzutreten. Diese illusionistische Wirkung stellt sich auch deswegen so lebhaft ein, weil die Figurengröße in etwa der des Betrachters entspricht. Wichtig ist auch, dass die Figuren der Hofgesellschaft über dem Kamin konsequent in Untersicht dargestellt sind. Der Betrachter kann den Eindruck haben, dass sich das höfische Leben in den Wandbildern gegenwärtig abspielt. Das Gewölbe, das die gemalten Pfeiler zu tragen scheinen, hat Mantegna mit weißem Stuck auf goldenem Grund geschmückt. Überraschungseffekt des Raumes ist die kreisrunde Öffnung in der Mitte des Gewölbes, die scheinbar einen Ausblick auf den Himmel erlaubt. Einige Gestalten und Putten, in konsequenter Untersicht dargestellt, scheinen auf den Betrachter herabzublicken.

Einheit des Ganzen und Wahrscheinlichkeit sowohl in Bezug auf die Architektur wie in Bezug auf den Betrachter sind die Kriterien, nach denen fortan profane Raumdekorationen konzipiert wurden, so die von Raffael und seiner Werkstatt ausgemalten Stanzen im Vatikan oder die Fresken in der Villa Farnesina. Das Stichkappengewölbe der Loggia dieser Villa wurde 1518 nach den Entwürfen Raffaels in eine zum blauen Himmel offene Pergola umgewandelt. Bei konsequenter Beibehaltung der Perspektive hätten die Figuren der Szenen in der Gewölbemitte in strikter Untersicht dargestellt werden müssen, was für den Betrachter doch wohl sehr verwirrend gewesen wäre. Raffael fand die Lösung darin, dass er Bildteppiche fingierte, die wie Sonnensegel aufgespannt sind, auf denen er die

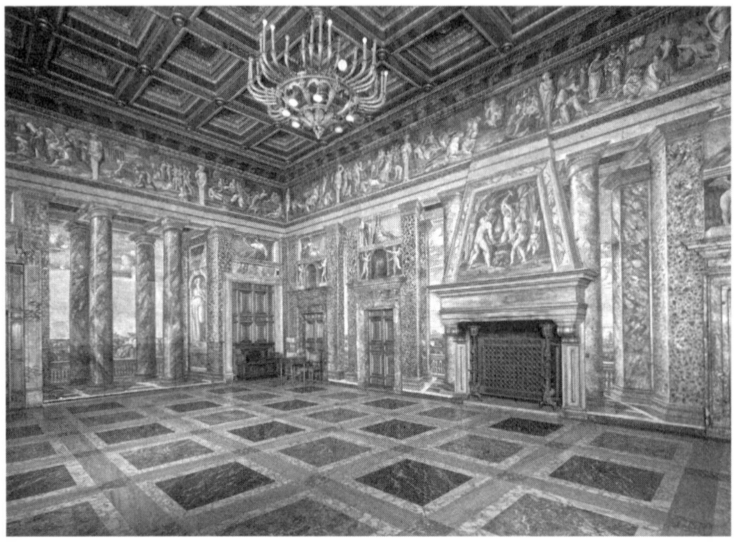

Abb. 11: Baldassare Peruzzi, Sala delle Prospettive, um 1519, Rom, Villa Farnesina

Szenen ohne Verstoß gegen das Gebot der Wahrscheinlichkeit in Tafelbildperspektive wiedergeben konnte. Für diesen Bildtypus prägte man später den Begriff *quadro riportato*. Ein weiteres Beispiel konsequent einheitlicher Raumgestaltung findet man im Obergeschoss der Villa Farnesina.

quadro riportato

Scheinarchitektur

Gegen 1519 malte Baldassare Peruzzi, der Architekt der Villa, die große *Sala delle Prospettive* aus (Abb. 11). An den Schmalseiten scheint sich die Wand mit einer Kolonnade zu öffnen. Die Verkürzung der hintereinander stehenden Säulen ist auf den Betrachter bezogen, der den Raum durch die an der Fensterseite liegenden Türen betritt. Die Scheinwirkung wird auch dadurch unterstützt, dass die weißen Marmorstreifen des Fußbodenmusters im Saal sich gradlinig im Wandbild fortsetzen. Vom Kaminbild abgesehen finden sich an der Wand keine figürlichen Szenen. Über den Türen sieht man *al vivo*, in natürlichen Farben gemalte Putten und antike Göttergestalten. Das Narrative findet seinen Platz in dem relativ hohen umlaufenden Fries, also als Schmuck der gemalten Architektur.

Peruzzis Werk ist ein Meisterstück gemalter Scheinarchitektur. Dieser Typus der Raumdekoration, der sich im 16. und 17. Jh. größter Beliebtheit erfreute, wird auch als Quadratura-Malerei bezeichnet, weil bei der Übertragung des Entwurfs auf die Wand die quadratische Rasterung der Zeichnung eine wichtige Rolle spielte.

Groteskenmalerei: Die Auffindung antiker Wandmalereien in Rom, insbesondere die Entdeckung der *Domus aurea* des Nero, führte zur Entwicklung eines grundsätzlich neuen Dekorationsstils: der Groteskenmalerei. Auch für diesen Typus setzte Raffael mit seiner Schule Maßstäbe, und zwar mit der 1519 vollendeten Dekoration der *Loggien* des Vatikan (Abb. 12). Die Groteske ist eine Ornamentform, die vor monochromem Untergrund ein Formennetz entfaltet, das in der Grundform der Ranke oder des Kandelabers heterogene Motive miteinander verbindet. Die Spannung zwischen der Plastizität der einzelnen Elemente und der flächigen Ausbreitung des Ornaments ist ein Charakteristikum der Groteskenmalerei, wie auch das kunstvolle Spiel mit Widersprüchen. Die Verbindung von Malerei und Relief war genauso eine Möglichkeit wie die Einbindung von Bildern. Die Mode der Groteskenmalerei breitete sich schnell aus. Ein wichtiges deutsches Beispiel ist die Ausmalung des Antiquariums der Münchner Residenz vom Ende des 16. Jh.s.

In Frankreich bildete sich im 16. Jh. ein neuer Raumtypus heraus, der im Barock zum Standardprogramm des Schloss- und Palastbaus gehören sollte: die Galerie. Der Form nach ist die Galerie ein sehr lang gestreckter Raum, der an einer oder beiden Langseiten durchfenstert ist. Ein prägendes Exempel war die Galerie Franz' I. im Schloss Fontainebleau, die unter der Leitung von Rosso Fiorentino ab 1535 ausgestattet wurde. Die Dekoration in diesem mit einer flachen Holzdecke geschlossenen Raum konzentriert sich auf die Wandfelder zwischen den Fenstertüren, die Fresken in aufwendigen Stuckrahmen zeigen. Dekorationsprinzip ist die Reihung gleicher Grundformen, die vielfältig variiert werden. In der weiteren Entwicklung der Galerie sollte das Gewölbe der wichtigste Platz für malerischen Schmuck werden. Das bedeutendste italienische Beispiel dafür ist die Galleria Farnese, die Annibale Carracci ab 1597 ausmalte (Abb. 13). Die lang gestreckte Raumform einer Galerie ließ die Ausrichtung der Malerei auf einen einzigen Augenpunkt nicht zu. Carracci umging dieses Problem, indem er die Historien als *quadri riportati* in eine fingierte Architektur einfügte.

Sakraldekoration in Renaissance und Barock

Die Entwicklung der Sakraldekoration verlief im 16. Jh. sehr uneinheitlich. Die alte Tradition der friesartig angeordneten Bilderzyklen wurde fast nur noch in Saalräumen und Oratorien fortgesetzt. Im

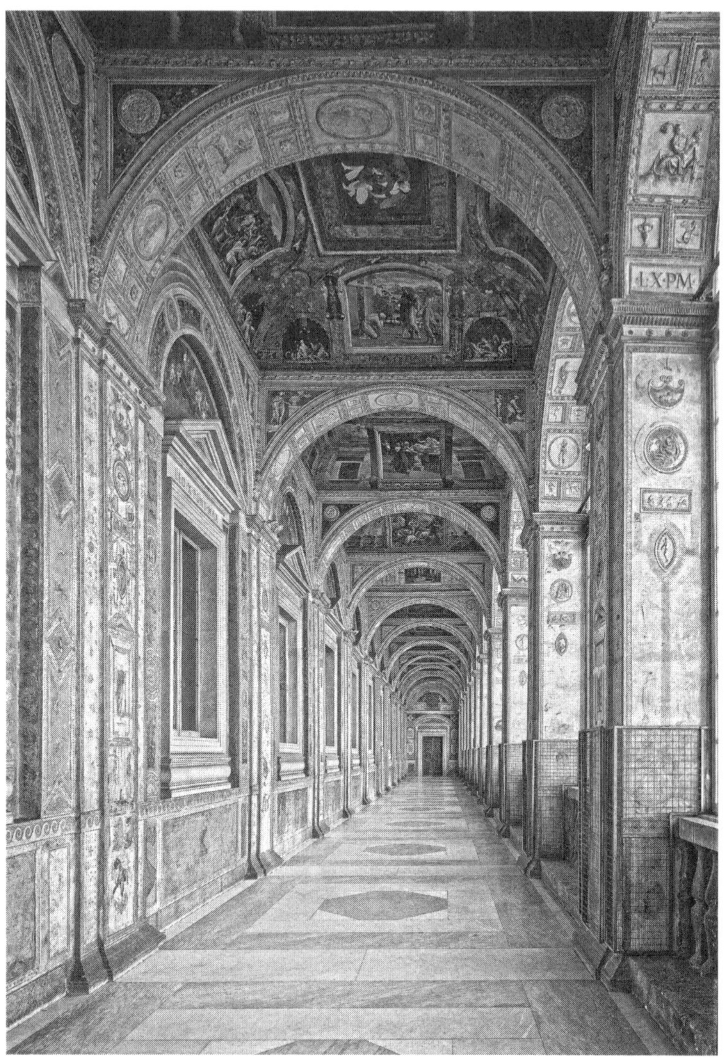

Abb. 12: Rom, Vatikan, Loggien Raffaels, um 1519

Kirchenbau blieben die Wände des Langhauses in der Regel ohne bildlichen Schmuck. Orte für Bilder waren die Apsis, die Gewölbe, eventuell vorhandene Kuppeln und die Kapellen. Gerade in den Letzteren bahnte sich die weitere Entwicklung an. Ihre Seitenwände erlangten als Anbringungsort für Bilder besondere Bedeutung, wie etwa die Cappella Paolina des Vatikan mit den Fresken Michelangelos zeigt. Die den Altar flankierenden, zumeist narrativen Bilder wurden oft als eigenständige Ölgemälde ausgeführt. Zu einem wich-

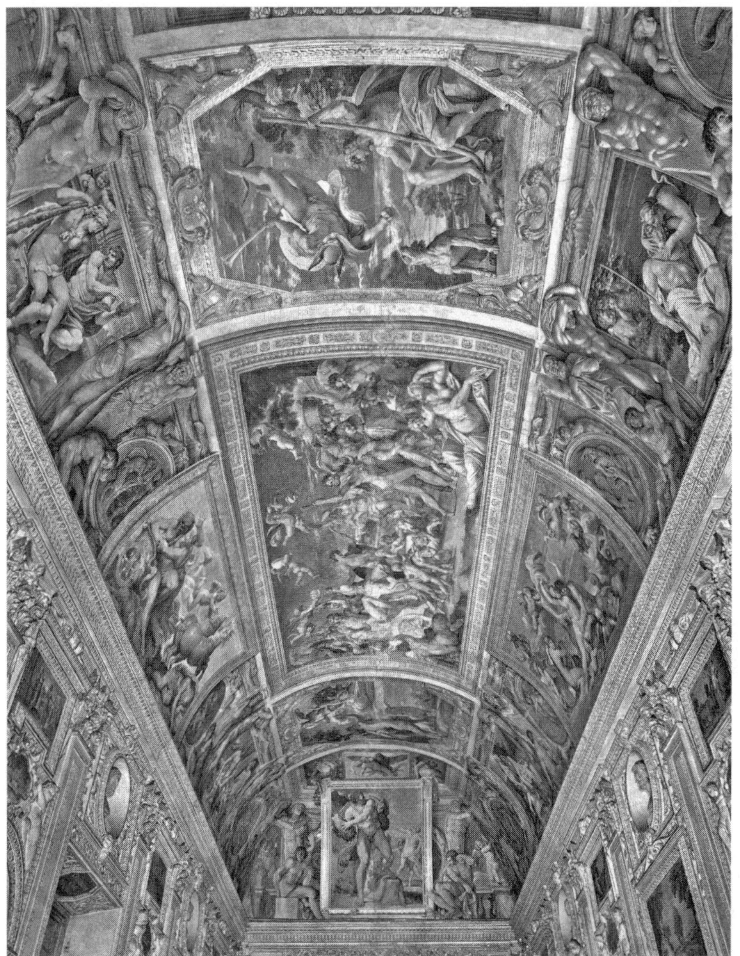

Abb. 13: Annibale Carracci, Galleria Farnese, 1597–1604, Rom, Palazzo Farnese

Kuppeldekoration

tigen Experimentierfeld der Monumentaldekoration wurden die Gewölbe oder Kuppeln der Kapellen. Für die Chigi-Kapelle in Santa Maria del Popolo in Rom entwarf Raffael die Kuppeldekoration. Vergoldeter Stuck gliedert die Kuppel und rahmt Felder, die mit Mosaiken ausgefüllt wurden. In ihrem Scheitel scheint sich die Kuppel in einem Opaion zu öffnen, in dem in extremer Verkürzung die Gestalt Gottvaters erscheint. In der Folgezeit wurden verschiedene Möglichkeiten einer Verbindung von Stuck und Malerei erprobt, wobei dem Stuck primär die Rolle zukam, Rahmensysteme auszubilden, die mit

Malerei gefüllt werden konnten. Diese Aufgabe konnte aber auch Scheinarchitektur übernehmen, die eine Brücke von der Kapellenarchitektur zu den gemalten Szenen und Figuren bildete.

Die Aufgabe der Kuppeldekoration war entwicklungsgeschichtlich besonders bedeutsam. Von dem tradierten Schema einer Unterteilung der Kuppel in einzelne Felder hat sich Correggio als Erster gelöst. Die Vierungskuppel von San Giovanni Evangelista in Parma gestaltete er 1522 ohne jedes architektonische oder ornamentale Beiwerk.

In der achteckigen Vierungskuppel des Doms zu Parma (Tafel VII) entwickelte Correggio sein Darstellungsschema noch weiter. Er hat die im Bau vorhandene Tambourzone mit ihren Rundfenstern in die Darstellung einbezogen und in eine halbhohe Mauer umgedeutet, vor der die Apostel als Zeugen der Himmelfahrt Mariens agieren. Der Tambour ist eine Zone des Übergangs, die den Betrachter von der ihn umgebenden Wirklichkeit zu der gemalten Illusion des Ausblicks führt. Es scheint, als öffne sich über ihm ein wolkenreicher Himmel mit übereinandergestaffelten Ringen von unübersehbar vielen Gestalten, die nach oben hin im hellsten Licht verschwimmen. In dem Wirbel der Figuren ist die aufschwebende Maria kaum erkennbar.

Der Eindruck unermesslicher Höhe wird mit den wichtigsten Mitteln einer nicht-linearen Perspektive realisiert. Dazu gehören die Verkürzungen der in Untersicht dargestellten Figuren und die Figurenperspektive, die im Verbund mit dem kontinuierlichen Abnehmen der Figurengröße wachsende Entfernung signalisiert. Die Farbperspektive lässt zum Zentrum hin die Figuren immer heller werden, so dass die Gegenstandsfarben immer mehr von dem vom Zenit ausgehenden Licht überstrahlt werden. Zusammen mit der Formschärfenperspektive, die die Konturen der Figuren und Gegenstände zur Mitte hin immer verschwommener werden lässt, werden so wachsende Entfernung und grenzenlose Höhe angedeutet. Wichtig für die illusionistische Wirkung ist auch das Maß der dargestellten Figuren. Nur diejenigen Figuren empfindet der Betrachter als wahrscheinlich, die Lebensgröße zu haben scheinen. Doch eine neben den Aposteln in tatsächlicher Lebensgröße dargestellte Figur würde dem Betrachter wie ein Zwerg erscheinen. Das Maß der Figuren muss die Entfernung vom Betrachter berücksichtigen und soll zugleich in einem angemessenen Verhältnis zu den Dimensionen der Architektur stehen. Die scheinbar nächsten Figuren – bei Correggio die Apostel – sind für den Betrachter das Grundmaß, von dem aus er auf die Entfernung der anderen dargestellten Figuren schließt. Die Gestaltungsprinzipien Correggios blieben für die weitere Entwicklung der Deckenmalerei bis zum Ende des Barock wegweisend.

Dekoration von Langhausgewölben

Gewölbe oder Decken der Mittelschiffe wurden erst in der zweiten Hälfte des 16. Jh.s häufiger ein Aufgabengebiet der Maler. Das Deckenfresko Michelangelos in der Sixtinischen Kapelle (1508–1512) hat im profanen Bereich weit mehr Nachfolger gefunden als in der Sakraldekoration. Der Entwicklung hinderlich war vor allem das in der Architektur vorherrschende Jochsystem, das die Entfaltungsmöglichkeiten der Dekoration stark einschränkte. Zu einem einzigartigen Aufschwung kam es erst nach 1600 in Rom und nachfolgend in ganz Italien. Hier sollen aus der Fülle des Vorhandenen nur zwei etwas später entstandene Werke genannt werden, die in gewisser Weise eine Summe der Entwicklung der Barockdekoration gezogen haben und auch für die nordalpine Malerei wegweisend waren.

Von 1672 bis 1685 hat Giovanni Battista Gaulli die Fresken in Il Gesù, der römischen Hauptkirche der Jesuiten, geschaffen (Abb. 14).

Das Kuppelfresko folgt den Gestaltungsprinzipien Correggios, die Giovanni Lanfranco in Rom bekannt gemacht hatte. Dem Himmelsausblick der Kuppel werden kontrapunktisch die Pendentifs entgegengesetzt, die jeweils mit Viierergruppen besetzt sind, die über den Rahmen hinaus in den Raum hineinzuragen scheinen. Im Langhaus liegt über den Gurten, die die Jochteilung des Schiffes im Gewölbe markieren, ein großes Bildfeld, das die Einheit des Raumes betont. Das Deckenbild soll nicht direkt von unten nach oben, *di sotto in su,* betrachtet werden, sondern vom Mittelportal der Kirche aus im schrägen Blick nach oben. Gaulli bietet dem Betrachter auch hier einen Ausblick in den Himmel. Sein Thema ist die Anbetung des Namens Jesu, dessen Zeichen in einem Strahlenkranz im Kompositionszentrum erscheint. Das Geschehen wird durch den markanten, von Stuckengeln getragenen Bilderrahmen nicht begrenzt. In einem großen Bogen scheinen Heilige und biblische Gestalten vor der Gewölbeöffnung im Kirchenraum zu schweben. Mit den weißen Stuckfiguren in den Fensterlaibungen wird der Kreis der Anbetenden noch erweitert. Dem durch die Figuren- und Farbperspektive artikulierten Zug in die Höhe, der im Christusmonogramm seinen Gipfel erreicht, antwortet am unteren Rand des Bildfeldes die Gruppe der Laster, die in den Kirchenraum zu stürzen scheinen. Der Betrachter kann Gaullis Dekoration als seine eigene Vision erfahren.

Quadratura

Einen grundsätzlich anderen Weg als Gaulli ging der Jesuitenpater Andrea Pozzo bei der Ausmalung von Sant'Ignazio, der zweiten römischen Jesuitenkirche. Der Bau der 1626 begonnenen Kirche ging nur schleppend voran. Weil das Geld fehlte, musste man auf den Bau der Kuppel verzichten. Pozzo erhielt 1684 den Auftrag, die über der Vierung angebrachte flache Holzdecke mit einer auf Leinwand gemalten Scheinkuppel zu schmücken. In der Tradition der Quadratura-Malerei entwarf Pozzo eine Scheinarchitektur, die in ihrer per-

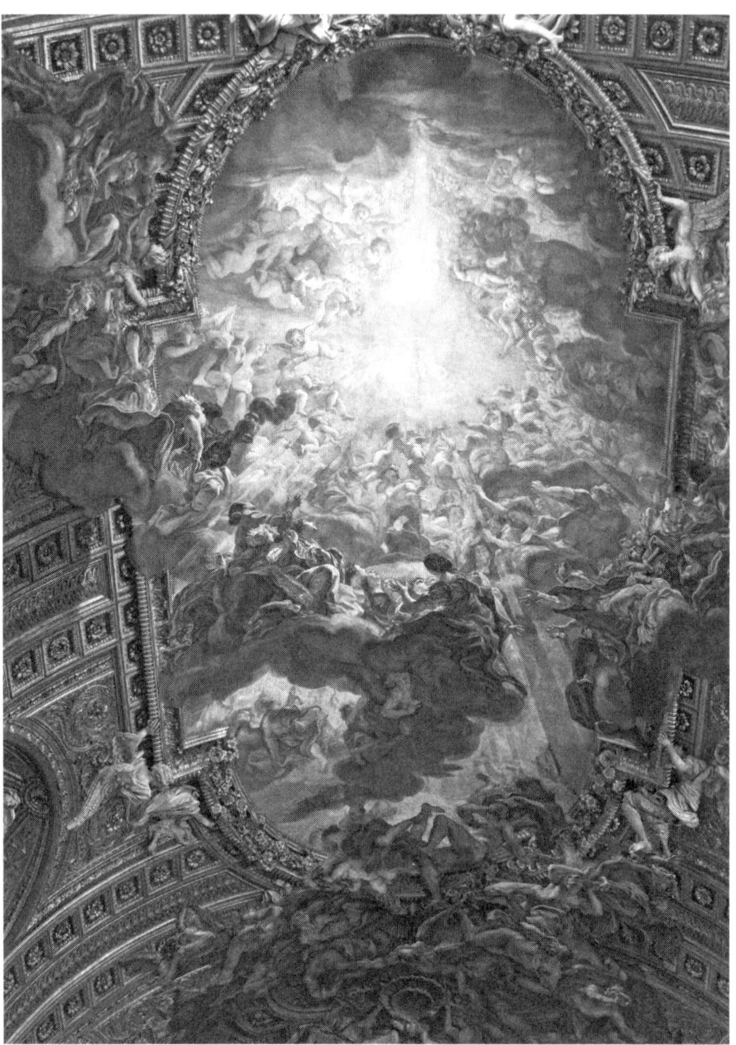

Abb. 14: Giovanni Battista Gaulli, Triumph des Namens Jesu, 1679, Rom, Il Gesù

spektivischen Konstruktion auf einen Betrachter bezogen ist, der am Übergang vom Langhaus zur Vierung steht.

Als Meister der *Quadratura* zeigte sich Pozzo auch bei der Ausmalung der Apsiskalotte. Hier hatte er den hl. Ignatius darzustellen, der erscheint, um den Bedürftigen zu helfen. Die Szene spielt sich vor einer mächtigen Triumphbogenarchitektur ab, die mit ihrer überzeugenden Scheinwirkung dem einfachen Betrachter die Illusion geben konnte, dass sich das wunderbare

Geschehen hier und jetzt ereignet, während der Kenner der Kunst bewundern konnte, wie der Künstler die schwierige Aufgabe bewältigt hat, die Säulen auf der gekrümmten Fläche so darzustellen, dass sie senkrecht zu stehen scheinen. Im Deckenbild im Langhaus von Sant'Ignazio (1694) gibt es keine Rahmen mehr, die das Bild eingrenzen, sondern die gemalte Architektur setzt unmittelbar bei der gebauten an, scheint sie um ein Stockwerk zu erhöhen und gibt zugleich den Blick in den Himmel frei.

Pozzo gestaltet das Langhausgewölbe (Abb. 4) als einheitliche Fläche, was eine Zentralisierung und Betonung der Einheit des Raumes zur Folge hat. Die Perspektive ist auf einen genau in der Mitte des Langhauses liegenden Augenpunkt bezogen. Der jedoch gilt nicht für die Figuren, die bei einer solchen Untersicht kaum erkennbar gewesen wären. Der ihnen angemessene Blickpunkt liegt beim Mittelportal der Kirche. Die Figuren sollen in Schrägsicht betrachtet werden. Pozzos Deckenbild gilt als Paradebeispiel illusionistischer Deckenmalerei (s. S. 68 f.).

Infolge des Dreißigjährigen Krieges wurden die Impulse der italienischen Monumentaldekoration mit großer Verspätung in Zentraleuropa aufgenommen. Im 17. Jh. entschied man sich zumeist für Stuckdekorationen mit eingefügten Bildern. Mit der Entwicklung der Sakralarchitektur und einer verbesserten Technik des Gewölbebaus wuchs der Anteil der Malerei an der Innenausstattung. Künstlerisches Ziel war das Zusammenwirken aller Künste. Anfangs waren es vor allem norditalienische Künstler, die die Entwicklung vorantrieben. Später übernahmen einheimische Meister wie Daniel Gran, Paul Troger und Franz Anton Maulbertsch in Österreich und Cosmas Damian Asam, Johann Baptist Zimmermann und Matthäus Günther in Süddeutschland die Führungsrolle. Die in Italien entwickelten Grundprinzipien der Monumentalmalerei wurden beibehalten und allenfalls modifiziert. Generelle Tendenzen dabei waren die Überwindung der Jochgrenzen und die zunehmende Ausweitung der Deckenbilder. Scheinarchitektur spielte, abgesehen von einzelnen Kuppeldarstellungen nach dem Vorbild Pozzos, nur eine untergeordnete Rolle.

Profandekoration des Barock

Quadratura

Auch die profane Monumentalmalerei konnte im Barock einen einzigartigen Aufschwung verzeichnen. Die *Quadratura* erlebte in der Profandekoration des 17. Jh.s ihren Höhepunkt. In Bologna gab es mehrere auf dieses Fach spezialisierte Werkstätten. Von dort kam Angelo Michele Colonna, ein vielgefragter Meister dieses Fachs, der auch in Spanien und Frankreich tätig wurde. Zusammen mit Agos-

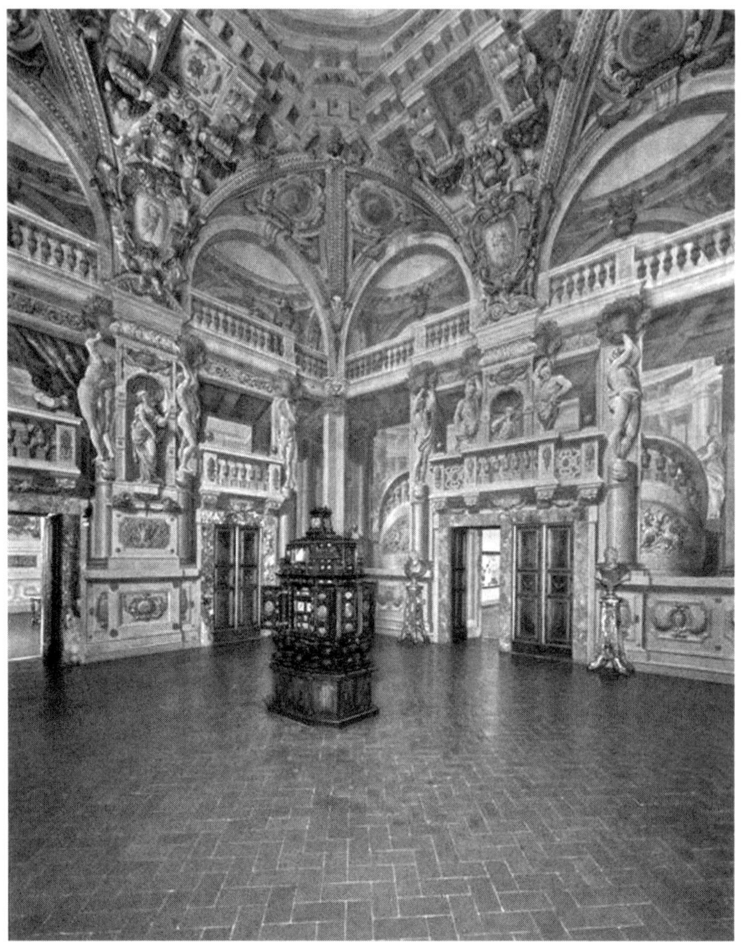

Abb. 15: Angelo Michele Colonna und Agostino Mitelli, Udienza pubblica, 1637–1639, Florenz, Palazzo Pitti

tino Mitelli malte er um 1640 drei große Säle des Palazzo Pitti in Florenz aus (Abb. 15). Die baulichen Gegebenheiten, die Gewölbeformen oder Türen gehen völlig in den kompliziert zusammengefügten Scheinarchitekturen auf. Die Vor- und Rücksprünge der gemalten Architektur machen es dem Betrachter fast unmöglich, die tatsächliche Raumgrenze zu erfassen.

Zum wichtigsten Aufgabenfeld der profanen Monumentalmalerei wurde im Barock die figürliche Deckenmalerei. Auf diesem Feld hat Pietro da Cortona mit der Ausmalung des Gewölbes des Großen Saales im Palazzo Barberini in Rom Maßstäbe gesetzt (Abb. 16).

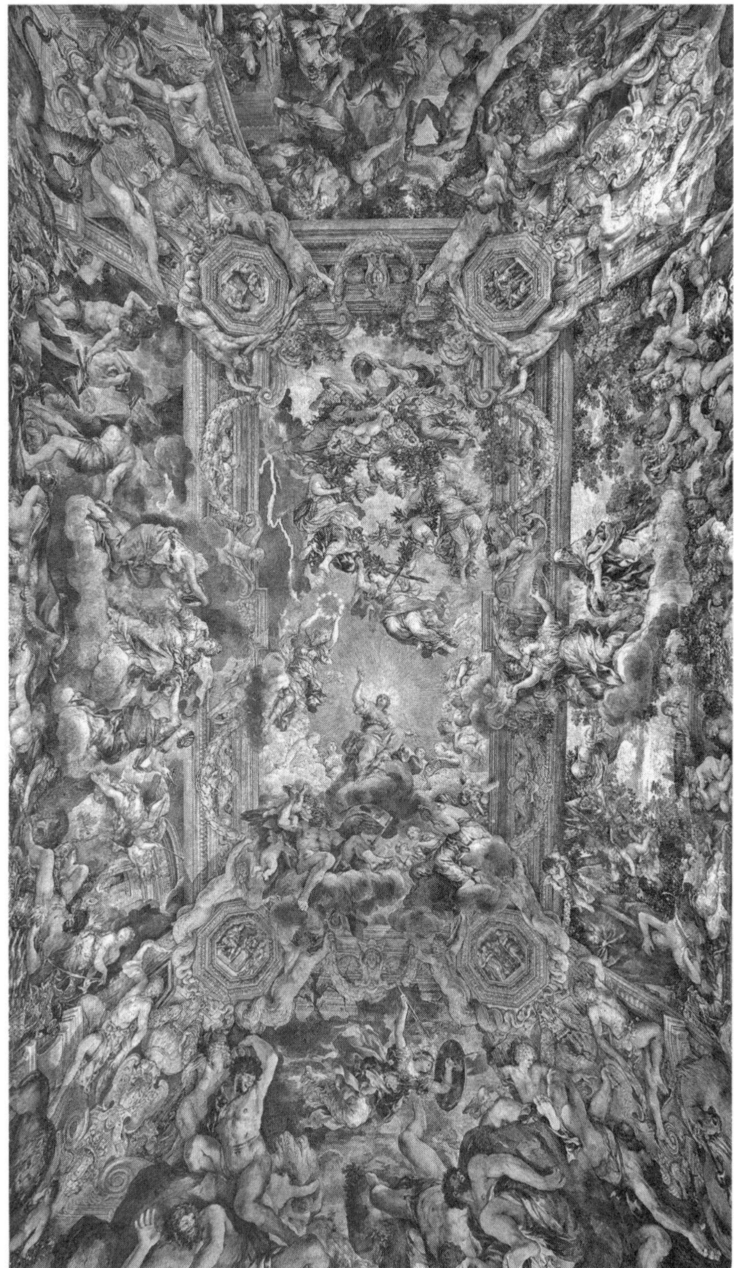

Abb. 16: Pietro da Cortona, Triumph der Divina Providentia, 1632–1639, Rom, Palazzo Barberini, Salone

Cortona unterteilte das große Muldengewölbe mit einem monumentalen Rahmensystem. In den Gewölbeecken steigen grau in grau gemalte, pfeilerartige Gebilde auf, die ein schweres Gebälk tragen, das den Gewölbespiegel umschließt. In jedem der so geschaffenen fünf Felder spielen sich figurenreiche Szenen ab. Das Blau des gemalten Himmels deutet an, dass sich hinter diesem architektonischen Gerüst ein räumliches Kontinuum ausdehnt. Das Rahmensystem gewährt zudem einen wichtigen Anhaltspunkt für die räumliche Orientierung. So scheinen die Giganten unter dem Ansturm Minervas aus dem Bildraum herauszustürzen. Die zentrale Figur der Komposition hingegen, die Personifikation der *Divina Providentia*, ist jenseits des Rahmengevierts zu sehen, befindet sich also mit weiteren Göttergestalten in großer Höhe.

1641–1647 führte Cortona in Florenz in den so genannten Planetensälen, den vier Staatsgemächern des Palazzo Pitti, eine neue Synthese von Malerei und Stuck vor. Schwerer goldener Stuck gliedert die Decken. In den zentralen Bildfeldern werden die Stationen des Lebens eines Fürsten verbildlicht, die jeweils unter der Herrschaft eines Planeten stehen. Im Saal des Mars nimmt das Fresko die gesamte Gewölbefläche ein und entfaltet die Darstellung von Krieg, Sieg und Frieden in einem kontinuierlichen Rundum. Dieser Gestaltungstypus, bei dem – wie bei einer Kuppel – das Geviert des Auflagers des Gewölbes das «Unten» und der Gewölbescheitel das «Oben» bedeutet, sollte zahlreiche Nachfolger finden. Ein Gipfelpunkt dieses Typus ist Giovanni Battista Tiepolos Fresko im Treppenhaus der Würzburger Residenz.

Am Vorbild der Florentiner Planetensäle orientierte sich auch Charles Le Brun bei der Ausgestaltung des Schlosses in Versailles, deren Gemälde allerdings in Öl ausgeführt wurden. Überhaupt zeigte man in Frankreich keine allzu große Begeisterung für Fresken. An den Höfen und beim Adel in Deutschland, Österreich und den angrenzenden Ländern hingegen erfreuten sich Freskendekorationen im 18. Jh. größter Beliebtheit. Vor allem die Folge der Repräsentationsräume – Treppenhaus, Gardesaal, Antichambre, Audienzsaal, Paradeschlafzimmer, Galerie – wurde mit Fresken geschmückt, wobei der Schwerpunkt auf den Deckenbildern lag. Bis in die zweite Hälfte des Jahrhunderts hinein dominierte das Prinzip des illusionistischen Ausblicks oder das Schrägsichtbild, das auch narrative Szenen darzustellen erlaubte.

Krise der Deckenmalerei

In den letzten Jahrzehnten des 18. Jh.s, in denen die Wende zum Klassizismus vollzogen wurde, geriet die Deckenmalerei in eine Krise. Immer dringlicher wurde die Frage gestellt, was an der Decke dargestellt werden dürfe. Johann Georg Sulzer forderte 1771 in seiner

Allgemeinen Theorie der schönen Künste, dass ein Deckenbild nur zeigen dürfe, was zum «Ort der Scene, der die offene Luft oder der Himmel ist», passt, nämlich mythologische Szenen oder Allegorien. Die Deckenbilder von Lambert Krahe im Gartensaal von Schloss Benrath bei Düsseldorf wären ein Beispiel dafür. Die Rückkehr zum Bildtypus des *quadro riportato* war eine andere Möglichkeit, die Anton Raffael Mengs für das Deckenbild des *Parnass* in der Villa Albani in Rom wählte. In der klassizistischen Architektur gab es für Wandmalerei allerdings kaum noch einen Platz.

Wandmalerei im 19. und 20. Jahrhundert

Die Wandmalerei musste im 19. Jh. regelrecht wiederentdeckt werden. Der Impuls dazu ging von Peter Cornelius und der Gruppe der Lukasbrüder aus, die in Rom 1816/17 einen Saal in der Wohnung des preußischen Konsuls ausmalten und sich dabei an der Freskomalerei Raffaels und der frühen Renaissance orientierten. Für die Bildauffassung der Nazarener ist der konsequente Verzicht auf illusionistische Effekte bezeichnend. Großflächig angelegte Wandbilder bestimmen die Dekoration. Ein anderes Gestaltungsprinzip war die Arabeske, eine Synthese verschiedenster Ornamentformen, in die Bildfelder eingebunden werden konnten. Im Grunde war die Arabeske eine Weiterentwicklung der Groteskenmalerei der Renaissance, wobei auch Anregungen aus der neu entdeckten pompejanischen Wandmalerei aufgenommen wurden. Ein erstes Beispiel dafür hatte Philipp Otto Runge mit seinem Zyklus der *Zeiten* gegeben, den er als Wanddekoration ausführen wollte. Cornelius schmückte die Loggien der Alten Pinakothek in München mit Arabesken, die den Besucher in Geschichte und Theorie der Kunst einführen sollten.

In der historistischen Baukunst des 19. Jh.s, im Sakralbau und im öffentlichen Profanbau erhielt die Wandmalerei einen festen Platz. Die Apollinaris-Kirche in Remagen oder die Karlsfresken Alfred Rethels im Aachener Rathaus sind prominente Beispiele. Die Begeisterung für die Wandmalerei war nicht nur ein deutsches Phänomen. Bei der Ausgestaltung der Houses of Parliament in London entschied man sich ebenfalls für die Wandmalerei und holte sich auch Rat bei Cornelius und Schnorr von Carolsfeld. In Rom wurden Regierungsgebäude, das Finanzministerium und der Senat mit Freskenzyklen geschmückt. In Paris malte Delacroix Wandbilder in Saint Sulpice und – in Öl auf Leinwand – im Palais du Luxembourg. Die Zahl der im 19. Jh. in ganz Europa zumeist in offiziellem Auftrag geschaffenen Monumentaldekorationen ist unüberschaubar groß, sehr groß ist allerdings auch die Zahl der nicht mehr erhaltenen Werke. Daran sind nicht nur die Kriege des 20. Jh.s schuld. Im Zeichen der Moderne hat man diese Werke offizieller Kunst geradezu verachtet und war gerne bereit, sie dem Verfall preiszugeben. Hinzu kam, dass die Tradition der Monumentalmalerei im 20. Jh. vor allem in den totalitären Staaten fortgeführt wurde, was diese Kunstform zusätzlich kompromittierte. Dass dieses Urteil nicht verallgemeinert werden darf, zeigen die Werke der mexikanischen Bewegung des *Muralismo*, deren Hauptvertreter José Clemente Orozco, Diego Rivera und David Alfaro Siqueiros waren. In ganz anderer Weise bemühten sich die Künstler des Bauhauses um neue Formen der Wandmalerei, doch zu einer wirklichen Erneuerung ist es dabei nicht gekommen.

Buchmalerei

Die Entdeckung des Pergaments als Beschreibstoff im 4. Jh. und der gleichzeitige Übergang von der Buchrolle zum Codex können mit gutem Recht als kulturelle Revolution bezeichnet werden. Die Buchseite aus Pergament, die weit haltbarer als Papyrus war, wurde nicht nur zu einem Garanten der geistigen Überlieferung, sondern auch zu einem Feld künstlerischer Gestaltung, das zentrale Bedeutung für den weiteren Gang der Kunstgeschichte haben sollte. Entscheidenden Einfluss auf diese Entwicklung hatte auch der hohe Rang, der dem Buch im christlichen Kultus zuerkannt wurde. Es war wie Kreuz und Reliquiar ein unerlässlicher Teil der Kirchenausstattung. Die Buchmalerei hatte die Aufgabe, als auszeichnender Schmuck den hohen Rang des Buches zu bekräftigen, diente aber auch der sichtbaren Strukturierung des Textes, durch die größere Teile und kleinere Textabschnitte markiert werden konnten. Die Gestaltungsprinzipien sind dabei vom jeweiligen Typus des Buches abhängig.

Buchmalerei des Mittelalters

Liturgische Bücher

Dass die Anlage des Buches wie der einzelnen Seite, also das Layout, der ornamentale Schmuck und die eingefügten Bilder zugleich repräsentativ und funktional sind, wird bei denjenigen Büchern besonders deutlich, die bei den liturgischen Handlungen der Kirche verwendet wurden. Das waren noch vor der Bibel und dem Evangeliar, das den Text der vier Evangelien enthält, jene Bücher, die alle in der Messe zu lesende Texte zusammenfassen. Das Evangelistar enthält die Perikopen, also die in der Messe zu lesenden Evangelientexte, nach den

Sonn- und Festtagen geordnet, das Epistolar bietet die entsprechenden Texte aus den Briefen der Apostel. Beide Teile konnten in einem Lektionar zusammengefasst werden. Ein weiteres für die Messe benötigtes Buch war das Sakramentar, das diejenigen Teile der Messe enthält, die der Priester selbst zelebriert. Das Missale, das im 10. Jh. eingeführt wurde, enthält alle Teile der gottesdienstlichen Liturgie.

Anlage und Schmuck eines solchen liturgischen Buches sollen an dem *Perikopenbuch* erläutert werden, das Kaiser Heinrich II. in den Bamberger Dom vermutlich zu dessen Weihe 1012 gestiftet hat (Tafel II). Die Handschrift enthält 28 ganzseitige Miniaturen, deren Wertschätzung daran abzulesen ist, dass man die Rückseite der Blätter frei ließ, um Schädigungen oder auch nur ein Durchscheinen der Schrift zu vermeiden. Grundlage der Miniaturen ist ein Schema oder Formular, das innerhalb einer dünnen Rahmenleiste oben und unten schmale Streifen vorgibt, die für Boden und Himmel stehen. Die Fläche dazwischen wird durch einen Goldgrund ausgefüllt, der als Folie für die dargestellte Szene dient und diese in einem überwirklichen Glanz erscheinen lässt. In der Buchmalerei wurde der Goldgrund, der ja schon in der Mosaikdekoration gebräuchlich war, seit dem 10. Jh. verwendet. Titelseiten, wie sie uns heute selbstverständlich sind, waren in der Frühzeit des Buches noch unbekannt. Die erste Doppelseite des Bamberger Perikopenbuchs zeigt links die Widmungsinschrift und rechts als Widmungsbild die Krönung Heinrichs II. und Kunigundes durch Christus. Es folgen vier Miniaturen mit den Darstellungen der vier Evangelisten mit den ihnen zugehörigen Symbolen. Sie leiten das Perikopenbuch sozusagen als Textzeugen ein. In Evangeliaren wurde die Darstellung der Evangelisten, die der Tradition des antiken Autorenbildes folgt, in der Regel dem jeweiligen Evangelium vorangestellt. Die Perikopen zu den hohen Festtagen der Kirche beginnen jeweils mit einer Initialseite. Es folgen dann bei den Hochfesten zwei ganzseitige Miniaturen, die sich in Einzelfällen wie bei der Anbetung der Könige zu einer Einheit ergänzen. Bei Kirchenfesten von nicht ganz so hohem Rang wie dem Gründonnerstag markiert eine Bildseite den Anfang. Die gegenüberliegende Textseite beginnt mit der rot geschriebenen Rubrizierung. Der Text setzt mit einer großen Initiale ein. Mit entsprechenden Initialen werden auch die Abschnitte der gewöhnlichen Sonntage markiert.

Die Kennzeichnung von Textanfängen und -abschnitten durch Initialen findet sich schon gelegentlich in Papyrusrollen. In der nachantiken Buchmalerei durchläuft die Initiale eine bezeichnende Entwicklung. Anfangs begnügte man sich damit, den Buchstaben größer zu schreiben, dann folgte seine ornamentale Ausschmückung, aus der sich in der vorkarolingischen Kunst selbständige Zierseiten entwickelten. In der romanischen Epoche wurde eine figürliche Ausschmückung des Buchstabens üblich. Die so genannte historisierende Initiale bezieht sich in ihrer Darstellung auf den Text, dem sie voransteht.

Szenische Darstellungen, die im Perikopenbuch Heinrichs II. als Einzel- oder als Doppelbild jeweils eine eigene Seite erhalten haben, sind schon in den Anfängen der Buchmalerei der wichtigste Schmuck des Buches. Der Typus des rahmenlosen Bildes, in dem die Figuren ohne oder mit nur wenigen Andeutungen einer szenischen Umgebung dargestellt werden, findet sich schon auf Papyrusrollen, wo sie meist in die Textkolonnen integriert sind. In den frühsten Zeugnissen christlicher Buchmalerei wie dem byzantinischen Evangeliar von Rossano (6. Jh.) fungieren die szenischen Darstellungen als eine Art Kopfleiste, in der gleichzeitigen *Wiener Genesis* finden sie sich am unteren Blattrand, oft in zwei Zeilen übereinander. Charakteristikum des zweiten Typus ist das klar abgegrenzte rechteckige Bildfeld. Ihn findet man bereits in den beiden ältesten Codices mit den Dichtungen Vergils, dem *Vergilius Vaticanus* aus dem frühen 5. Jh. und dem etwas jüngeren *Vergilius Romanus*, deren Illustrationen durchweg monoszenisch angelegt sind, während die Bilder der Wiener Genesis Szenenfolgen im kontinuierenden Stil (s. S. 39) zeigen. Eine Art Synthese der beiden Typen sind die so genannten Streifenbilder, in denen ein großes Bildfeld in drei oder vier Streifen unterteilt wird, die ein Geschehen im kontinuierenden Stil illustrieren. In der karolingischen *Grandval-Bibel* (Mitte 9. Jh.) beispielsweise steht ein solches Streifenbild, das die Geschichte von Adam und Eva schildert, der Genesis voran.

Gebetbücher Der Buchschmuck richtet sich nach dem Typus des jeweiligen Textes. Für besonders verbreitete Texte und Textgattungen haben sich eigene Traditionen der Illustration ausgebildet. Ein im Mittelalter besonders weit verbreitetes Buch war der Psalter, der auch als privates Gebetbuch benutzt wurde. Der besondere Charakter der Psalmen Davids, insbesondere seine bildreiche Sprache, hat die Psalterillustration geprägt. Ein herausragendes Merkmal ist die Wortillustration, das heißt die direkte Umsetzung von Metaphern und Gleichnissen ins Bild. Szenen des Alten Testaments stehen bei Psalmen, die als Anspielung auf Ereignisse aus der Geschichte Israels verstanden wurden. Andere wurden typologisch auf das Neue Testament bezogen und dementsprechend illustriert. Der typologische Bezug von David auf Christus war bei manchen Psalterien Anlass, dem Text eine Bilderfolge zum Neuen Testament voranzustellen.

Stundenbuch Ein im Spätmittelalter überaus beliebter und reich ausgestatteter Typus war das Stundenbuch, das als Gegenstück zum Brevier (lat. *breviarium* = kurzes Verzeichnis) der Kleriker geschaffene Gebetbuch der Laien. Die Grenzen zwischen beiden Buchtypen sind fließend. Zum

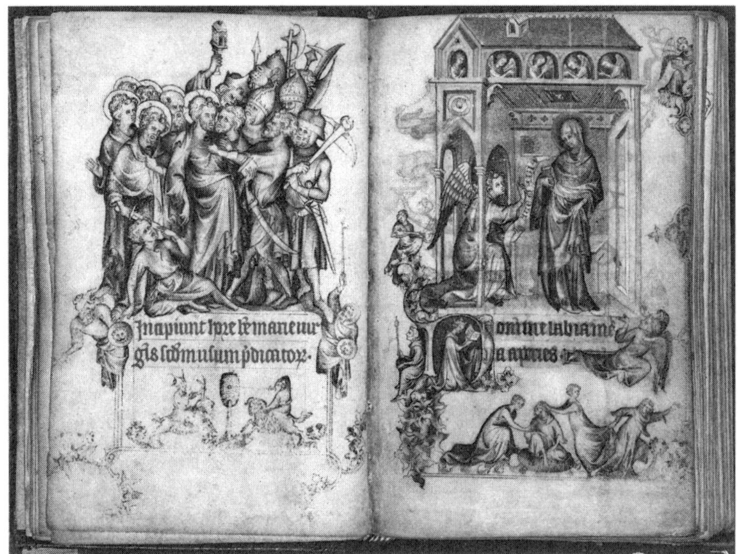

Abb. 17: Jean Pucelle, Stundenbuch der Jeanne d'Evreux, fol. 15v–16r, 1325–1328, New York, Metropolitan Museum, The Cloisters Collection

Grundbestand des Stundenbuchs gehören das Marien- und das Totenoffizium, die Bußpsalmen und ein Heiligenkalender. Im Unterschied zu den Brevieren erhielten die Bilder im Stundenbuch zunehmend größeres Gewicht.

Ein bezeichnendes Meisterwerk ist das kleine, kaum 10 cm hohe Stundenbuch der Jeanne d'Evreux, um 1325 von dem Pariser Miniator Jean Pucelle geschaffen (Abb. 17). Zu Beginn des Marienoffiziums steht eine Doppelseite, auf der die Gefangennahme Christi und die Verkündigung Mariens dargestellt werden. Die Technik der Grisaillemalerei ermöglicht es dem Maler, die Plastizität der Figuren zu betonen. Bei der Benutzung derartiger Stundenbücher dürfte die andächtige Betrachtung der Bilder eine große Rolle gespielt haben. Unterhalb der Textzeilen sieht man jeweils noch einen Bildstreifen (in der Fachsprache *Bas de Page* genannt) mit profanen Darstellungen, die auf der linken Seite als parodistisch bezeichnet werden können.

Die Miniaturen sollten auch ästhetisches Vergnügen bereiten. Diese Seite des Bildschmucks der Stundenbücher kam besonders bei den Kalenderbildern zum Zuge, in denen zeitgenössisches Leben im Lauf der Monate und Jahreszeiten geschildert wurde. Einzigartig sind die Kalenderbilder in den *Très riches heures du Duc de Berry* (Chantilly, Musée Condé), die 1410–1415 von den Brüdern von Limburg geschaffen wurden.

Naturkundliche Bücher

Die Illustration profaner Texte hat ebenfalls eine lange, bis in die Antike zurückreichende Tradition. Schon auf Papyrusrollen wurden astronomische Werke wie das Lehrgedicht des Aratos über die Himmelserscheinungen illustriert, um mit den Bildern die Konstellationen der Sternbilder einprägsam vorzuführen. Für Herbarien, die Pflanzen, insbesondere Heilkräuter, abbilden, und Bestiarien mit Bildern von Tieren wurden Illustrationstypen entwickelt, die zunächst sehr schematisch waren, im Spätmittelalter jedoch immer konsequenter um Genauigkeit der Naturwiedergabe bemüht waren. Dass das einfache Abbilden aber nicht die einzige Aufgabe derartiger Illustrationen war, lehren die illustrierten Enzyklopädien des Mittelalters, in denen Bilder als Initialen oder Titelbilder den Text strukturieren, ihn als Sammelbilder zusammenfassen oder als Schemata verdeutlichen. Auch der mnemotechnischen Funktion der Illustrationen wurde eine große Bedeutung zuerkannt.

Dichtung

Die Illustration dichterischer Texte, die seit der Gotik immer beliebter wurde, leistete wichtige Beiträge zur Entwicklung des narrativen Bildes. Antike Eposillustrationen waren im Mittelalter nicht bekannt. Zwar bildeten sich bald eigene Traditionen, beispielsweise in der Illustration der Ritterepik, mit deren Motivrepertoire auch antike Themen wie der trojanische Sagenkreis behandelt wurden, doch ein neues Werk wie Dantes *Divina Commedia* stellte die Künstler auch vor ganz neue Bildaufgaben. Die frühen Literaturillustrationen, die vom 13. Jh. an in wachsender Zahl geschaffen wurden, sind zunächst auf die handelnden Figuren konzentriert. Die Bildseiten zu Gottfried von Straßburgs *Tristan und Isolde* (gegen 1250; Bayer. Staatsbibliothek) sind in drei Streifen aufgeteilt, die jeweils einfarbig unterlegt sind. Auf einen Bodenstreifen wird verzichtet. Der Eindruck von Räumlichkeit kommt nicht auf. Bauten, Gegenstände und Pflanzen werden, soweit es für die Handlung notwendig ist, nur schematisch angedeutet. Die Aufgabe des Miniators bestand darin, das erzählte Geschehen durch die Gestik des Handelns der Figuren und ihre Beziehung zueinander anschaulich zu machen.

Spätmittelalterliche Buchmalerei

Im Laufe des 14. Jh.s änderte sich die Bildkonzeption in der profanen wie in der sakralen Illustration grundlegend. Zwar behielten die Bilder zunächst noch die meist aufwendig ornamental gestaltete Hintergrundfolie bei, doch der Ort der Handlung wurde mit erkennbarer Tiefenräumlichkeit gestaltet, und die Figuren wurden nicht mehr einfach gereiht oder gestaffelt, sondern in einem räumlichen

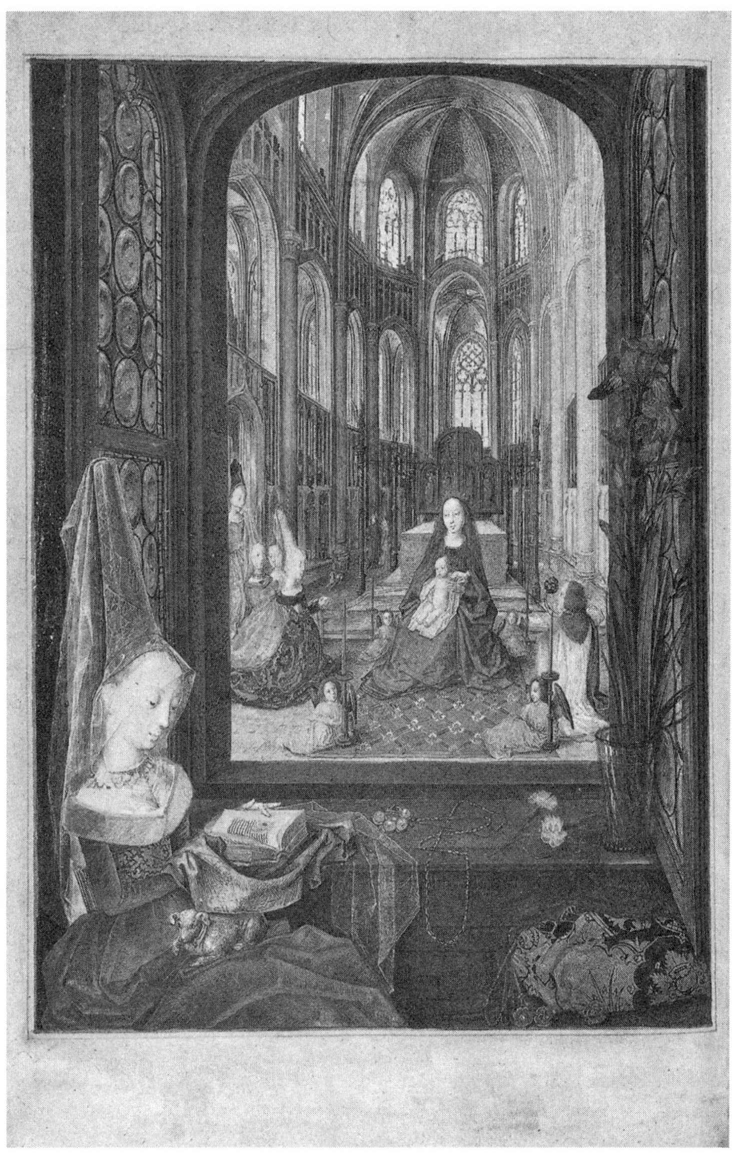

Abb. 18: Stundenbuch der Maria von Burgund, fol. 14v, um 1470/80, Wien, Österreichische Nationalbibliothek, Cod. 1857

Verhältnis zueinander wiedergegeben. Die französisch-niederländische Buchmalerei, die diese Entwicklung entscheidend vorantrieb, gelangte im zweiten Viertel des 15. Jh.s zu Bildlösungen, die sich von denjenigen der Tafelmalerei nicht mehr unterschieden. In der Buchkunst blieb jedoch ein Widerspruch zwischen dem nun als Fensterausblick aufgefassten Bild und der Flächigkeit des rahmenden Ornamentes. In der Folge wurde mit verschiedenen Rahmenformen experimentiert, die zuweilen als Rahmenarchitektur oder als illusionistisches Stillleben angelegt wurden.

Diese Uneinheitlichkeit zeigt sich an dem um 1475 entstandenen *Stundenbuch der Maria von Burgund*, an dessen Gestaltung verschiedene Meister beteiligt waren (Abb. 18). Die Textseiten und die meisten Bildseiten sind noch mit dem bekannten flächigen, filigranen Rankenornament eingefasst, doch die Widmungsminiatur gestaltet den Rahmen als geöffnetes Fenster. Davor sitzt die Stifterin und liest in einem Stundenbuch. Durch das Fenster hindurch blickt man in den Chor einer Kirche, vor dessen Altar Maria mit dem Kind sitzt; die Stifterin, die mit ihrem Gefolge in die Kirche gekommen ist, ist vor der Madonna auf die Knie gesunken. Die Erscheinung im Fenster zeigt uns das Vorstellungsbild, das sich Maria von Burgund bei ihrer andächtigen Lektüre gebildet hat.

Buchmalerei der Neuzeit

Die Buchmalerei blieb auch nach der Erfindung des Buchdrucks zunächst noch in hohem Ansehen. Illuminierte Manuskripte genossen den Ruhm hoher Exklusivität und wurden als bibliophile Rarität geschätzt. Die Zahl der Künstler, die sich der Buchmalerei widmeten, ging jedoch immer weiter zurück. Es gab aber zuweilen Versuche, die grundlegende Idee des Buches als künstlerisches Unikat mit neuen Mitteln umzusetzen. Als frühes Beispiel ist William Blake anzuführen, der die Seiten seiner Bücher mit der Technik der Reliefätzung ausführte und druckte, um sie dann eigenhändig zu kolorieren. Im 20. Jh. wurde das «Künstlerbuch» zu einer immer wieder aufgegriffenen Aufgabe, zumeist allerdings mit Mitteln der Druckgraphik. Das vom Künstler selbst ausgeführte Unikat blieb eine Ausnahme.

Ikonen

Seit der Reichsteilung im Jahr 395 gingen West- und Ostrom ihre je eigenen Wege. Im oströmisch-byzantinischen Reich entwickelte sich ein Bilderkult, in dessen Zentrum die Ikone stand. Das Wort hat seinen Ursprung im griechischen *eikon* (= Bild, Abbild) und bezeichnet Bilder, die in der Ostkirche in den Dienst des liturgischen Kults gestellt wurden. Die Zuschreibung einiger Marienbilder an den Apostel Lukas rechtfertigte den Bildgebrauch und den hohen Rang von Ikonen ebenso wie Legenden, nach denen Heiligenikonen auf wundersame Weise entstanden. Solche nicht von Menschenhand gemalten Bilder, zu denen zum Beispiel auch das *Vera Icon* gehört, das Schweißtuch, auf dem Christus einen Abdruck seines Antlitzes hinterlassen haben soll, bezeichnet man als *Acheiropoietoi.*

Neben Heiligenikonen gibt es Festtagsikonen, deren Themen die Hochfeste der Kirche wie zum Beispiel die Verkündigung oder die Geburt Christi sind. Ikonen können in allen Techniken auf allen Trägermaterialien hergestellt werden, doch handelt es sich meist um Tafelbilder, denn diese lassen vielfältigere Formen der Verehrung zu: Küssen, Salben, Niederknien, Mitführen auf Prozessionen oder Feldzügen.

Bilderstreit

Literarische Quellen belegen, dass es bereits im 4. Jh. Ikonen gab. Es haben jedoch nur wenige spätantike Ikonen den Ikonoklasmus, den Bildersturm (725/30–843), überstanden.

Die Zulässigkeit von Darstellungen Christi war theologisch umstritten. Christus besaß eine göttliche und eine menschliche Natur (Zweinaturenlehre). Die göttliche entzog sich der Darstellbarkeit, und nur die menschliche abzubilden war theologisch nicht vertretbar. Im Grunde löste schon das 1. Ökumenische Konzil von Nikäa (235) das Problem: Christus war wesensgleich mit Gottvater, zugleich aber auch Mensch. Also musste er das vollkommene Abbild Gottes in Menschengestalt sein. Gleichwohl verbot der byzantinische Kaiser Leon III. die Anbetung und Anfertigung von Bildern. Das Kreuz, als Symbol, ohne den Körper Jesu, sollte wieder die Stelle des Christusbildes einnehmen. 787 wurde auf dem 2. Konzil von Nikäa der Bilderkult wieder zugelassen. Die Ikonodulen (Bildverehrer) argumentierten gegen die Ikonoklasten (auch: Ikonomachoi, Bilderfeinde), dass die göttliche Herrlichkeit Christi in dessen menschlicher Darstellung mitgedacht sei und nicht das Bild, sondern der Dargestellte verehrt werde. Die Beschlüsse von 787 wurden 815 widerrufen, noch einmal flammte der Bilderstreit auf, bevor er 843 beigelegt wurde.

Nur eine geringe Zahl früher Ikonen ist erhalten. Dennoch kann aufgrund der großen Beständigkeit in Ikonographie und Gestaltung davon ausgegangen werden, dass die Ikonenmalerei auf Prototypen aus vorikonoklastischer Zeit zurückgriff, als sie nach dem Bilderstreit wieder aufgenommen wurde. Anders als das Altarbild, das es in Byzanz nicht gab, wurden Ikonen in die Liturgie eingebunden, beispielsweise durch Beweihräucherung und Ikonengebete. Ebenfalls im Unterschied zu Altarbildern wurden Ikonen auch in Privathäusern aufgestellt und kultisch verehrt. In der Kirche standen Ikonen auf Pulten und wurden, dem Fest- und Heiligenkalender folgend, ausgetauscht. Ab dem 11. Jh. ersetzten Tafelbilder mehr und mehr die Reliefs und Skulpturen, die bis dahin die Ikonostase geschmückt hatten. Die Ikonostase ent-

Ikonostase

wickelte sich aus den Chorschranken und trennt den Altar- vom Laienraum. Im Mittelalter erreichte sie die Höhe einer Wand, die flächendeckend mit Ikonen besetzt war, deren Aufstellung genauen Programmen folgte. Auch für die Anfertigung von Ikonen gab es Regeln. Nur in einer Abschrift, die der 1701 bis 1723 nachweisbare Mönch und Maler Dionysus aus Phurna verfasste, ist das berühmte *Malerbuch vom Berge Athos* überliefert. Es instruiert über Ikonographie, die Anbringung von Gemälden im Kirchenraum und Techniken. Auch wenn gerade der technische Teil in byzantinischer Zeit wurzelt und der Eindruck einer rigiden Reglementierung des Malers entsteht, gab es doch Gestaltungsmöglichkeiten, und es bildeten sich Schulen heraus. Die Eleganz der Form und die Sensibilität der Farbgebung lagen schließlich im Geschick des Malers, der jedoch keine Signatur setzte, da er ganz hinter sein Werk zurücktrat. Im 11. Jh. begannen erzählende Elemente die Ikonenmalerei zu bereichern. Ohne ihre feierliche Würde einzubüßen, zeigen Christus, Maria und die Heiligen Gefühle. Die Muttergottes wendet sich zärtlich dem Kind zu oder zeigt Trauer über das Leiden, dem es entgegengeht.

Malerbuch vom Berge Athos

Ikonen im Westen

Über Handelsbeziehungen gelangten Ikonen in den Westen, wo auch griechische Wandermaler ihre Dienste anboten. Die Kreuzfahrer nahmen, insbesondere nach der Eroberung Konstantinopels (1204), Ikonen auch als Kriegsbeute mit in ihre Heimat. Im Westen wurde und wird manchen Bildern ebenfalls hohe Verehrung zuteil. Ursprungslegenden verhalfen auch hier Ikonen zum Status von «Kultbildern», ebenso Berichte über Wunder, die teilweise erst lange nach der Entstehungszeit einsetzten und ein bisher unauffälliges und längst bekanntes Gemälde, nicht nur eine Ikone, zum «Kultbild» machen konnten.

Eine hochrangige Ikone der Muttergottes mit dem Jesuskind wird in Santa Maria Maggiore in Rom verehrt (Abb. 19). Im Mittelalter nannte man sie *Regina Caeli* (Himmelskönigin), seit dem 19. Jh. ist sie als *Salus Populi Romani* bekannt. Sie gilt als eines der Marienbilder, die der Evangelist Lukas malte. Die kultische Verehrung hinterließ bei vielen Ikonen Abnutzungsspuren. Auch *Salus Populi Romani* wurde deshalb mehrfach übermalt, was die Datierung erschwert; die unterste Malschicht und damit die Bildidee könnten spätantik sein. *Salus Populi Romani* nahm im Mittelalter ganz besondere Verehrungen entgegen. Zum Fest der Himmelfahrt Mariens erhielt sie Besuch von der *Sancta Sanctorum.* Diese wichtigste, als nicht von Menschenhand gemachter *Acheiropoietos* verehrte Christus-Ikone wurde in einer feierlichen Prozession, die bei weiteren Marienikonen Station machte, vom Lateran zur *Salus Populi Romani* gebracht; beide Ikonen verneigten sich voreinander. Die Inszenierung erinnerte an die Erscheinung Christi am

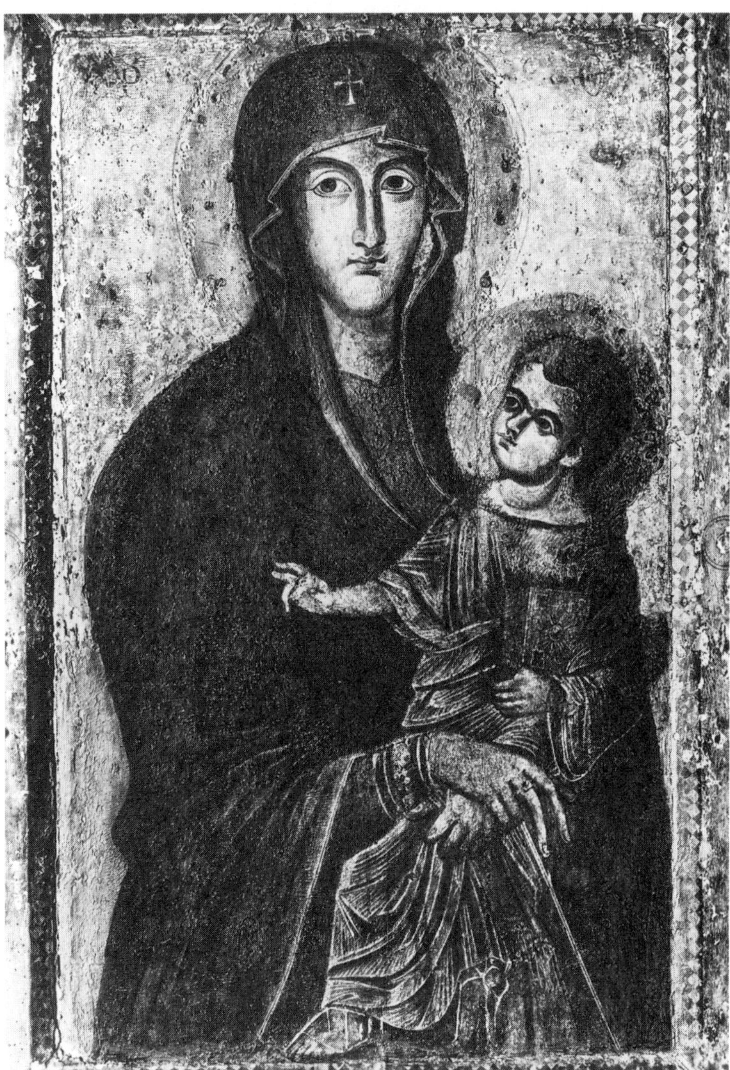

Abb. 19: Salus Populi Romani, Rom, Santa Maria Maggiore

Sterbebett seiner Mutter. Außerdem sollte die Christustafel die Fürbitte entgegennehmen, die man an Maria als Gnadenmittlerin richtete. Obwohl in der Bildtheologie zwischen dem Bild und dem Dargestellten deutlich unterschieden wurde, verschwammen die Grenzen in der religiösen Praxis des Volkes, das Heiligenbilder wie personale Wesen wahrnahm, mithin Bild und dargestellte Person miteinander identifizierte. *Salus Populi Romani*, von der früh Kopien angefertigt wurden und die im Mittelalter in einem Ziborium im Mittelschiff präsentiert wurde, erhielt im Barock eine eigene Kapelle, die

Capella Paolina in Santa Maria Maggiore. Seit 1613 wird sie in einem Ädikula-Altarretabel von vergoldeten Bronzeengeln gehalten. 1569 erhielten die Jesuiten die Erlaubnis, Kopien der *Salus Populi Romani* anzufertigen, die sie in ihren Missionsgebieten bis nach Übersee verbreiteten. Auch in der jüngeren Vergangenheit wurde die Ikone nicht nur betrachtet – Papst Pius XII. versah sie 1954 mit einer Krone.

Im 13. Jh. wirkte die Ikonenmalerei verstärkt auf die Entwicklung besonders der italienischen Malerei. Die Provenienz der Bilder aus dem Heiligen Land garantierte ihre Authentizität, die nicht weniger faszinierte als ihre Bildsprache. Die Form der frühen italienischen Altarretabeln (Abb. 20) ist ein Reflex der Anbringung von Ikonen auf den Ikonostasebalken in Ostrom; auch die Vitenretabeln haben ihre Vorbilder in der Ikonenmalerei.

Vitenretabel sind Tafeln, in deren Mitte, meist das gesamte Bildfeld beanspruchend, ein Heiliger dominiert, zu dessen Seiten übereinander angeordnete Szenen aus seinem Leben berichten. Den oberen Abschluss bildet in der Regel ein Dreiecksgiebel. Anregungen für Heiligenretabeln gingen vom Katharinenkloster auf dem Sinai aus, der wichtigsten Produktionsstätte für Ikonen. Das früheste erhaltene italienische Vitenretabel malte Bonaventura Berlinghieri 1235; es zeigt den hl. Franziskus (Pescia, San Francesco). Heiligenretabeln wurden auf den Seitenaltären aufgestellt, ob zeitweise oder von Anfang an dauerhaft, ist umstritten.

Schließlich wurde die Ikonographie, vor allem die der Christus- und Marientypen, übernommen. Die Künstler haben die Vor-Bilder aus dem Osten jedoch nicht einfach kopiert, sondern sich schöpferisch mit ihnen auseinandergesetzt. Das gilt auch für das neue Interesse am emotionalen Reichtum. Während Giotto um 1300 den Bildraum öffnete (Abb. 1, Tafel III) und den alltäglichen Sehgewohnheiten möglichst nahe kommen wollte, ging Duccio einen anderen Weg: Er suchte den Ausgleich zwischen der Schilderung komplexer Gefühlslagen und der suggestiven Wirkung der hoheitsvollen Ikonen.

Altarbilder

Der Altar ist der liturgische Mittelpunkt der Kirche. Bis ins 13. Jh. schrieben Anweisungen wiederholt vor, dass auf dem Altar nur liturgische Handschriften und liturgisches Gerät, Reliquiare und ein

Altarkreuz platziert werden durften. Bilder waren keine liturgische Notwendigkeit. An ihre dauerhafte Aufstellung auf dem Altar war im frühen Mittelalter schon allein deshalb nicht zu denken, weil der Liturg hinter dem Altar stand: Ein großes Bild hätte ihn verdeckt. Allerdings konnte der Altar durch ein Antependium geschmückt werden. Solche Altarverkleidungen wurden aus verschiedenen Materialien angefertigt, zum Beispiel auf Tuch gemalt oder in Metall getrieben. Das Soester Antependium, das um 1160/80 entstand (Münster, Westfäl. Landesmuseum), ist das älteste erhaltene deutsche Tafelgemälde.

Um 900 änderte sich der Ritus: Liturg und Subdiakon traten vor den Altar. Für das frühe 11. Jh. lässt sich die Aufstellung von Bildtafeln auf dem Altar nachweisen, deren Einsatz allerdings auf die Festtage beschränkt blieb. Der Grund für die zunächst nur temporäre Verwendung dürfte in der thematischen Festlegung des Bildes liegen. Das Zusammenspiel von Ikonographie und Liturgie gelang nur an den Tagen, an denen das Thema der Messe mit dem des Bildes übereinstimmte. Vorrichtungen zeugen davon, dass Altarbilder durch Vorhänge den Blicken entzogen werden konnten. Temporärer Bilderverzicht wird noch heute in Kirchen in der Fastenzeit bei Hauptaltären geübt.

Erst im 12. Jh. wurden Bilder zunehmend dauerhaft auf dem Altar installiert. Zunächst wurden zu diesem Zweck auch einfach Antependien zu Altarretabeln umfunktioniert. Der Begriff ist vom lateinischen *re(tro)tabulum* abgeleitet und bezieht sich auf den Anbringungsort an der rückwärtigen Altarseite oder auf einem Unterbau hinter dem Altar. Altarretabeln wurden auch aus Stein, Holz oder anderen Materialien angefertigt, nördlich der Alpen waren bis ins 16. Jh. besonders Schnitzaltäre weit verbreitet. Auch Medienkombinationen waren möglich (s. S. 202 f.). Im Folgenden wird nur die Entwicklung gemalter Altarbilder erläutert.

Dem **Tafelbild** fielen **im Kirchenraum** noch weitere Aufgaben zu. *Croci dipinte* (Sing.: *croce dipinta*: gemaltes Kreuz, Tafelkreuz) standen nicht nur auf dem Altar, sondern wurden mit weiteren Bildern auf dem Tramezzo-Balken oder Lettner aufgestellt. Die teilweise sehr großformatigen *Maestà*-Tafeln (Darstellungen der thronenden Madonna) markierten, sofern sie nicht in eigenen Kapellen hingen, im Kirchenraum die Versammlungsorte der Laudes-Bruderschaften und waren in deren paraliturgische Zeremonien eingebunden. Laudes sind das kirchliche Morgengebet; Bruderschaften sind Gemeinschaften von Laien, die oft wohltätige Ziele verfolgen. Ein Tafelbild konnte im Wechsel verschiedene Funktionen übernehmen: Altarbilder wurden bei Prozessionen mitgeführt und konnten Adressaten einer privaten, d.h. individuell verrichteten Andacht werden. Die funktionellen Kategorien unterscheiden sich hierin von den formal-ikonographischen, die Andachtsbilder mit bestimmten Gestaltungsmerkmalen, vor allem mit der intimen Ansprache des Gläubigen, in Verbindung bringen. Eine fundamentale Änderung bewirkt die Musealisierung von Altar- und Andachtsbildern: Sie verlieren ihre religiöse Funktion und repräsentieren fortan Kunst.

Einfluss der Bettelorden Die Frage, warum das Altarbild ausgerechnet im ausgehenden 13. Jh. seinen Siegeszug antrat, ist nicht leicht zu beantworten. Immerhin waren einerseits die äußeren Voraussetzungen zur Errichtung von Altarretabeln schon früher erfüllt. Andererseits bestand nach wie vor das Problem der ikonographischen Festlegung. Einen nicht zu unterschätzenden Einfluss auf die Entwicklung dürften die Bettelorden genommen haben, die nach einem neuen Frömmigkeitsideal lebten und Laien in die liturgische Feier einbanden. Im Umkreis der Bettelorden stieg außerdem die Wertschätzung des Bildes, da ihm eine größere affektive Wirkung zugetraut wurde als dem gesprochenen Wort. Entscheidende Impulse gingen von Siena aus. Frühe Altarbilder (Abb. 20) erinnern sowohl stilistisch als auch in der Anordnung der Heiligen um die Muttergottes an die in der Ostkirche an Ikonostasen angebrachten Ikonen.

Wie Einzelikonen, jedoch auf einer einzigen Tafel, sind die Heiligen hierarchisch abgestuft angeordnet. Die Muttergottes, der die Bettelorden große Verehrung entgegenbrachten, befindet sich in der Mitte, ist am größten und von einem Dreipassbogen überfangen, während die Heiligen unter einfachen Bögen stehen. Ihre Größe nimmt zu den Seiten ab; der Flachgiebel fordert und unterstützt die Abstufung.

Fest auf dem Altar angebrachte Einzeltafeln wie diese, die nicht verändert werden können und horizontal ausgerichtet sind, bezeichnet man *Dossale* als Dossale. Der Begriff geht nicht auf einen mittelalterlichen Wortgebrauch zurück, sondern wurde 1949 von Edward G. Garrison eingeführt. Das Prinzip dieser nicht-erzählenden, sondern repräsentie-

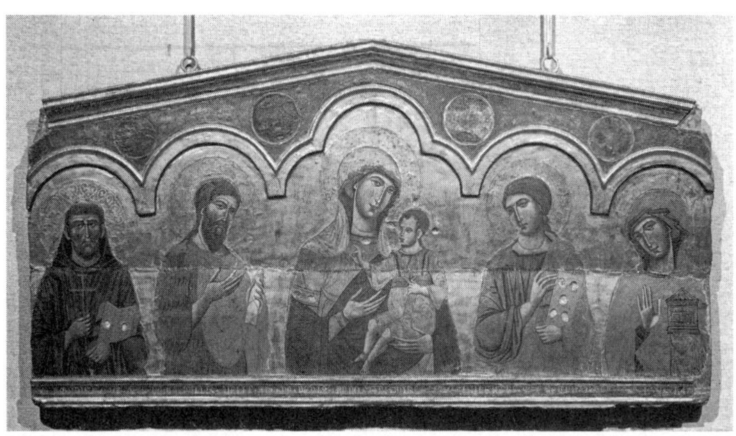

Abb. 20: Guido da Siena, Maria mit dem Kind und den Heiligen Franziskus, Johannes d. T., Johannes d. Evangelist und Magdalena, 1270, Siena, Pinacoteca Nazionale

renden Zusammenstellungen einzelner Heiliger wurde im 14. Jh. fortgeführt, dabei aber sowohl formal als auch ikonographisch immer stärker ausdifferenziert. Oft handelt es sich um ein Ensemble von Einzeltafeln, die aber unbeweglich montiert sind. 1319 schuf Simone Martini für die Dominikanerkirche in Siena ein Polyptychon (Abb. 21), also ein aus vielen Tafeln zusammengesetztes Altarwerk. Ein Diptychon besteht aus zwei, ein Triptychon aus drei Hauptbildern. Gezählt werden die Hauptbilder, nicht die Predella oder die Aufsätze.

Polyptychon

Wie in Guido da Sienas Dossale flankieren halbfigurige, hier durch Säulchen voneinander getrennte Heilige das zentrale und größere Bild der Gottesmutter mit dem Jesuskind. Drei Register, die das Programm inhaltlich erweitern, sind noch hinzugekommen: im spitzen Giebel über der Haupttafel Gottvater, in den anderen Propheten, darunter die zwölf Apostel, direkt unter Gottvater die Erzengel Michael und Gabriel. Im unteren Geschoss sind nachgeordnet weitere Heilige an Christus als Schmerzensmann im Zentrum angefügt.

Das Untergeschoss der Polyptychen, die Predella, etablierte sich als die Zone, in der erzählende Bilder Einzug in das Altarretabel hielten, wie sie zuvor schon auf Vitenretabeln und als Nebenbilder auf den *croci dipinte* zu sehen waren. Ein Auftrag für narrative, in der Predella unterzubringende Szenen ist erstmals 1302 fassbar: Cimabue sollte laut Auftrag *«storie»* (Geschichten) der Marienvita malen.

Szenische Altarbilder

Die Wahl einer szenischen Darstellung, anstelle der hieratischen Heiligenfigur als Hauptbild eines Altars, blieb zunächst eine Ausnahme, für welche es gleichwohl mit Giottos Franziskus-Altar für San

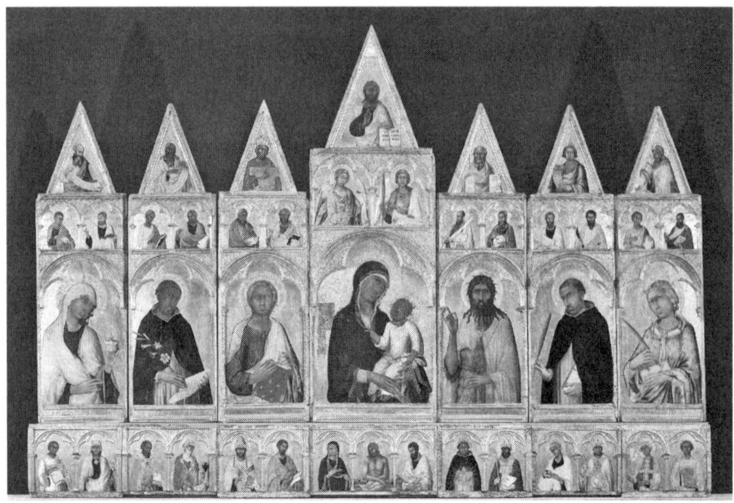

Abb. 21: Simone Martini, Polyptychon, 1319, Pisa, Pinacoteca Nazionale

Francesco in Pisa (um 1307, Paris, Louvre) ein frühes Beispiel gibt. An diese Innovation des szenischen Altarbildes schlossen die den Stadtheiligen geweihten Nebenaltäre im Sieneser Dom an, die jeweils ein Marienfest veranschaulichen. Die Bilderzählung ist nicht auf die Predella beschränkt, sondern beansprucht die Haupttafel. 1333 malte Simone Martini für einen der Altäre die *Verkündigung an Maria* (Florenz Uffizien), 1342 lieferte Pietro Lorenzetti die *Mariengeburt* (Abb. 22).

Lorenzettis Triptychon dokumentiert den Wunsch nach einer Vereinheitlichung, Aufhebung oder Überspielung der Grenzen zwischen den Bildfeldern. Auch bei den nicht-narrativen Polyptychen gibt es Versuche, die Heiligen nicht lediglich zu addieren, sondern in eine Beziehung zueinander treten zu lassen. Lorenzetti fasste zwei Bildfelder durch die Architekturdarstellung zu einem Bildraum zusammen, der der Geburt der Maria vorbehalten ist. Auf der linken Tafel wartet ihr Vater Joachim in einem abgetrennten Zimmer, das räumlich logisch an den Hauptraum anschließt.

So fortschrittlich diese Bildlösung anmutet – die Entwicklung des Altarbildes verlief nicht linear, und die *historia* (s. S. 150) konnte sich nicht gleich im Hauptbild durchsetzen. Die Tradition der Polyptychen mit halbfigurigen Heiligenbildern wurde bis ins 15. Jh. gepflegt, ebenso der Goldgrund. Ein Sonderfall blieb auch die beidseitig bemalte *Maestà*, die Duccio 1311 für den Sieneser Dom malte. Über vierzig Einzelbilder erzählen unter anderem ausführlich die Passion Christi,

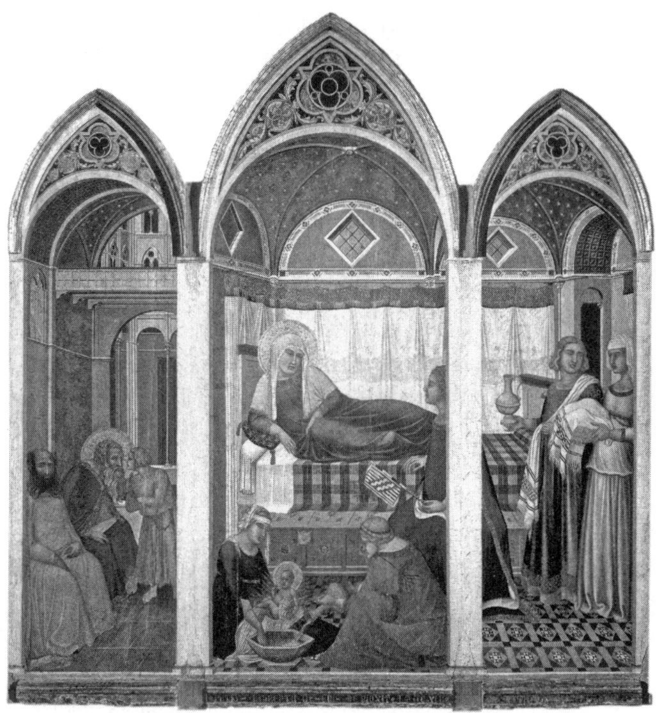

Abb. 22: Pietro Lorenzetti, Mariengeburt, 1342, Siena, Museo dell'Opera del Duomo

während auf der Vorderseite weiter die Muttergottes im Gefolge von Engeln und Heiligen repräsentativ thront.

Kleinformatige Diptychen werden oft als **Reisealtäre** bezeichnet. Diese Bezeichnung ist schon deshalb irreführend, weil ein Bild kein Altar sein kann. (Insofern sind auch die eingebürgerten Titel mancher Kunstwerke wie *Tetschener Altar*, *Merode-Altar* usw. missverständlich.) Es ist kaum anzunehmen, dass sie auf Reisen die Funktion eines Altarbildes übernahmen. Die besonders im 14. Jh. beliebten Kleinformate dienten eher als Andachtsbilder. Sie können in die Hand genommen werden, bieten damit eine auch körperliche Nähe und beabsichtigen eine intimere Ansprache des Betrachters. Darüber hinaus konnten sie auch als Luxusgüter gesammelt werden.

Flügelaltäre

In den Kirchen nördlich der Alpen gab man Flügelaltären den Vorzug. Ihre Tafeln sind mit Scharnieren verbunden, so dass die Flügel sich schließen lassen und den Schrein, der in der Frühzeit oft plastisch ausgeführt war (s. S. 202), der Sicht entzogen. Somit konnten, dem Lauf des Kirchenjahres folgend, verschiedene Ansichten gezeigt werden. Quellen, die die Wandlungspraxis dieser auch als Wandelaltäre bezeichneten Werke dokumentieren, liegen ab dem Spätmittelalter vor. Flügelaltäre konnten beachtliche Ausmaße erreichen: Der *Grabower Altar* des Meister Bertram (um 1380, Hamburger Kunsthalle) ist in geöffnetem Zustand über sieben Meter breit.

Ädikula-Retabeln

Ädikula-Retabeln lösten im Lauf des 15. Jh.s sowohl die nordalpinen Flügelaltäre als auch die italienischen Polyptychen ab. Die Tendenz, den Bildraum zu vereinheitlichen bzw. Bildfelder zusammenzufassen, war bereits im 14. Jh. zu beobachten. Die Entscheidung fiel in Florenz ab den 1420er Jahren immer häufiger für eine einzige, wenngleich um eine Predella ergänzte Pala. Die meist annähernd quadratischen Tafeln erhielten eine *Ädikula* als Rahmen: eine antikisierende Architektur, die aus Pilastern oder (Halb-)Säulen mit Gebälk besteht. Auch diese Entwicklung geht mit einer veränderten Auffassung des Bildes einher. Beim Polyptychon befanden sich Schnitzwerk und Bild auf einer einzigen Realitäts- bzw. Erfahrungsebene. Die Ädikula hingegen bildet einen fiktiven Fensterrahmen, der einen Ausblick in einen anderen Raum eröffnet, zumal die Zentralperspektive konsequent eingesetzt wird. Die *Pala quadrata* beherbergte noch lange bevorzugt Versammlungen von Heiligen um die Muttergottes. Mit der *Pala centinata*, einem Hochrechteck mit Bogenabschluss, das um 1490 in Venedig aufkam, war ein Bildformat gefunden, das eine deutliche Ausrichtung nach oben und unten ermöglichte und dessen inhaltliche Nutzung, die Trennung in einen irdischen und einen himmlischen Bereich, anregte.

Tizians Assunta (Abb. 23) ist ein hervorragendes Beispiel dafür, wie Rahmen, Komposition und Inhalt sich unterstützen. Ganz oben schwebt Gottvater, dessen unterer Körperabschluss mit dem oberen Bogen eine Ellipse bildet. Diesem himmlischen Bereich strebt Maria entgegen. Engel und Wolken komponierte Tizian so in das Bildfeld, dass sie den Rundbogenabschluss innerbildlich annähernd zum Kreis ergänzen und Maria bereits der himmlischen Sphäre zuordnen. Die Apostel bleiben unten, im Irdischen zurück. Die Ädikula akzentuiert diese Einteilung, denn die Sockel, auf denen die Dreiviertelsäulen stehen, reichen über die irdische Zone nicht hinaus, und die Pilasterkapitelle markieren den Übergang von der «englischen» zur rein göttlichen Sphäre.

Reformation und Konzil von Trient

Während der Reformationszeit ging die Bereitschaft zur Stiftung von Altären auch unter den Altgläubigen zurück, um nach dem Konzil

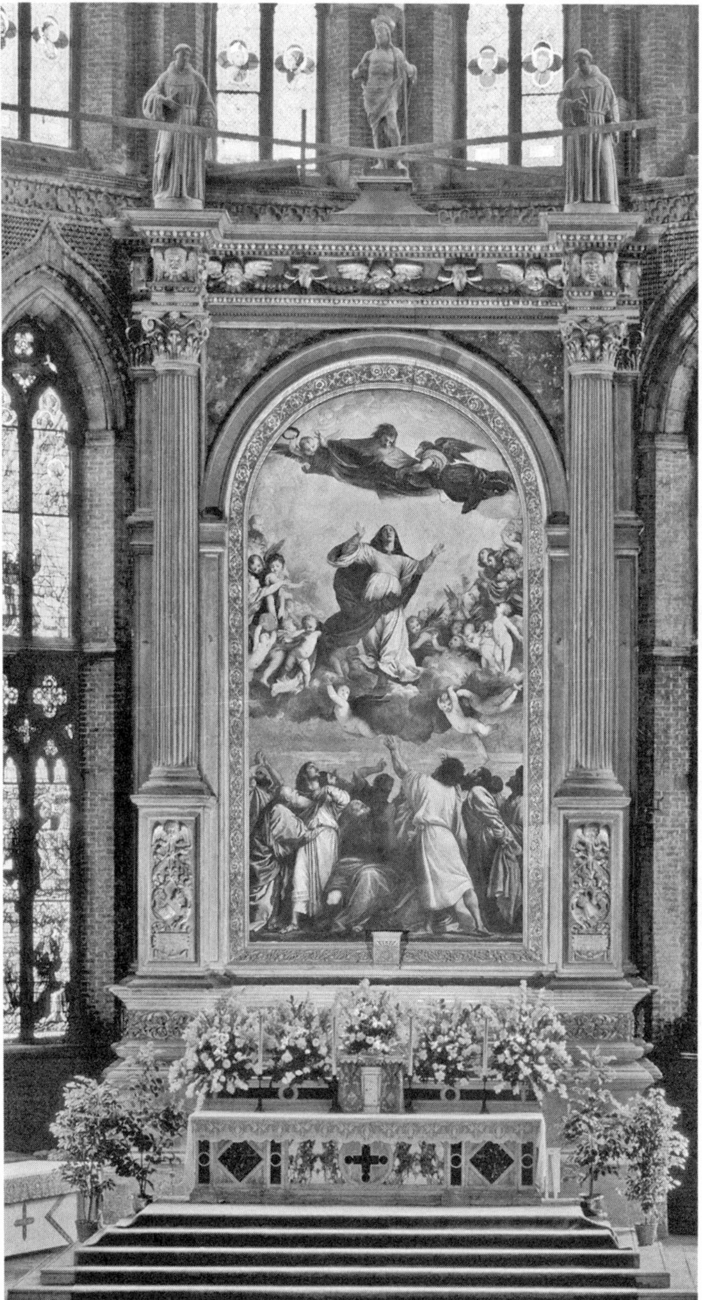

Abb. 23: Tizian, Assunta, 1512–1516, Venedig, Santa Maria Gloriosa dei Frari

von Trient (1545–1563), das sich auch Fragen des kirchlichen Bildes widmete, umso größeren Aufschwung zu nehmen. Das Tridentiner Konzil erhob den Altaraufsatz wieder zum Aufbewahrungsort für die Eucharistie und stärkte damit seinen Stellenwert in der Liturgie.

Die Reformatoren nahmen unterschiedliche Standpunkte zur Bilderfrage ein. Generell wog der Verdacht schwer, dass die Verehrung der Gläubigen nicht dem Dargestellten, sondern dem Bild selbst galt, also Aberglaube war. In einigen Städten wie in Basel oder Ulm kam es zu Bilderstürmen, in denen Bildwerke in Kirchen zerstört wurden, anderenorts wurden Gemälde und Skulpturen lediglich entfernt. Wo der didaktische Nutzen von Bildern anerkannt wurde, gab man aber schon bald wieder Altarbilder in Auftrag, deren belehrende Funktion oft durch die eigentlich nicht mehr zeitgemäße Beifügung von Schrift, zum Teil in beträchtlichem Umfang, betont wurde. Jede Fehlinterpretation der dargestellten Szene, jede Bildverehrung sollte ausgeschlossen werden.

Anders verlief die Entwicklung in katholischen Gebieten. Die Unterschiede liegen nicht nur in der Ikonographie, die bevorzugt um Martyrium und Erlösung kreist, sondern auch in einer sehr viel pathetischeren, von der Rhetorik getragenen Umsetzung des Themas. Ein frühes Beispiel hierfür ist Tizians zerstörter, jedoch als Kopie überlieferter *Tod des Petrus Martyr* (1527–1529, Venedig, Santi Giovanni e Paolo).

Der Heilige erwartet den Todesstoß – und den Lohn für sein Martyrium. Er wehrt den Angriff nicht ab, sondern streckt den Arm in extremer Körperspannung nach oben, wo zwei Engelchen mit der Märtyrerpalme warten und der Himmel aufbricht. Dass damit die metaphysische Dimension gemeint ist, zeigt die Farbgestaltung, die sich von dem Ausblick hinter dem Mitbruder des Heiligen deutlich unterscheidet. Die Dramatik der Szene teilt sich nicht nur über den erzählten Vorgang, sondern auch über die Komposition mit, die von vielen gegenläufigen Schrägen bestimmt wird.

Barock Im Werk von Domenichino, Guido Reni oder Rubens erreichten diese Strategien des emotionalen Appells an den Betrachter weitere frühe Höhepunkte. Die Nachfrage nach solchen Altarretabeln war groß, denn im Barock wurde es in katholischen Kirchen üblich, jeden Altar, also auch die Nebenaltäre, mit einem Retabel auszustatten. Die Bildtafel wurde in immer aufwendiger gestaltete architektonische Rahmen eingefügt, die in großen Kirchen am Hauptaltar wie prunkvolle Bühnenaufbauten wirken.

19. Jahrhundert Während der Klassizismus eine Rückkehr zu schlichten Formen und Kompositionen durchsetzte, adaptierte der Historismus bevorzugt das Vorbild gotischer Flügelretabel. Probleme entstanden nicht dort, wo Künstler in Form und Inhalt auf Tradiertes zurückgriffen, sondern dort, wo sie den ikonographischen Bezugsrahmen, der beim Altarbild seine Verbindlichkeit behielt, verließen – Caspar David Friedrichs *Tetschener Altar* (Tafel I) ist hierfür ein Beispiel. Noch größere Konflikte brachen auf, wenn das «Wie» in der Kunstauffassung wichtiger wurde als das «Was». Insbesondere ungegenständliche Gemälde, die ja durchaus ein Thema haben und Meditationen unterstützen können, vermittelten die christliche Botschaft nicht in der Deutlichkeit, die von einem Altarbild erwartet wurde.

2. Vatikanisches Konzil

Einen gravierenden Einschnitt in den Kirchenbau und seine Ausstattung brachte das 2. Vatikanische Konzil (1962–1965), dessen Liturgiereform vorsah, die Messe wieder hin zur Gemeinde zu zelebrieren, die außerdem die Möglichkeit haben sollte, den Altar zu umstehen. Bei Kirchenneubauten wurde deshalb zunächst ganz auf Altarbilder verzichtet. In historischen Kirchen stellte man einen frei stehenden Altar vor den alten, vielleicht noch mit einem Altarretabel geschmückten Hauptaltar. Zugleich fanden Purifizierungsmaßnahmen der 1950er Jahre, in denen vor allem historische Retabel entfernt wurden, in den 1960ern eine Fortsetzung. Der Idee der liturgischen Reform, den Altar als Opfertisch stärker ins Zentrum zu rücken, wirkte der Verzicht auf Altarretabeln und damit das Fehlen einer visuell unterstützen Zentrierung entgegen. Das Gefühl der Leere des Chorraums, das viele Gemeindemitglieder beklagten, sollte in modernen Kirchen durch die Aufstellung einfacher Stelen oder Kreuze überwunden werden. Auch Wandmalereien oder Glasfenster konnten wieder den Chorraum schmücken, jedoch nicht die Funktion des Altarbildes übernehmen und nicht Zielpunkt der Wegkirche sein. Selbst in purifizierten Kirchenräumen kamen deshalb wieder Altarretabel zum Einsatz – die ehemaligen, weggeräumten Kopien, aber auch bei zeitgenössischen Künstlern in Auftrag gegebene. Einzeltafeln und Triptychen sind weiter auch bei modernen Altarbildern die vorherrschenden Formen, sofern man sich für Gemälde entscheidet.

Das autonome Tafelbild

Ab dem 15. Jh. etablierte sich eine Kategorie von Gemälden, deren Bestimmungsort von Anfang an die Sammlung eines Kunstliebhabers war. In Ermangelung eines besseren oder historisch überlieferten Begriffs werden hier Gemälde, die vorrangig oder zumindest doch auch wegen ihres Kunstwertes erworben wurden, als autonome Tafelbilder bezeichnet. Auch solche Bilder konnten als Auftragswerke entstehen, die bestimmte Vorgaben zu erfüllen hatten. Natürlich gab es auch schon im Mittelalter ein Bewusstsein für die Qualität eines Werks und quittierte die Höhe des Lohns das Können eines Meisters. Einen grundsätzlichen Unterschied zur Bewertung der Arbeit eines Handwerkers – ein solider Tischler war ja auch angesehener als einer, der die Bretter mehr schlecht als recht zusammennagelte – machte man jedoch nicht. Hier wie dort bestimmten Materialwert und investierte Arbeitszeit den Preis mit. Seit etwa 1400 wechselten Tafelbilder zwar als Geschenke den Besitzer, blieben in der Wertschätzung den Buchmalereien und Goldschmiedearbeiten aber nachgeordnet. Doch schon für Alberti stellte sich 1435 der Rang der Malerei und des Malers ganz anders dar. In seinem Traktat über die Malerei attestierte er der Malerei «göttliche Kraft» und brachte antike Beispiele für die Förderung der Religiosität durch Malerei. Selbst die Kostbarkeit von Edelsteinen und Elfenbeinschnitzereien ließe sich durch Malereien noch steigern; der antike Maler Zeuxis habe seine Gemälde gar verschenkt, weil kein Lohn ihrem Wert angemessen gewesen wäre. Mit kaum zu überbietendem Selbstbewusstsein konstatiert Alberti als Fakt: «Über ein solches Ansehen also verfügt die Malerei, dass ein meisterhafter Maler erfahren wird, wie seine Werke verehrt werden und er selbst für einen zweiten Gott gehalten wird.» Dabei steckte das autonome Tafelbild seinerzeit noch in den Anfängen.

Malerei, Handwerk, Kunsthandwerk

Vorläufer: spalliere, cassoni, deschi da parto

Zu seinen Vorläufern gehören Gemälde, die als Raumdekor dienten. Spallierabilder (auch: *spalliere* (Pl.), von ital. *spalle*, Schulter) ließ man auf Schulter- oder Augenhöhe in Wandvertäfelungen ein, die mit einem Möbelstück verbunden waren. Noch Botticellis *Primavera* (Abb. 25) diente einem *lettuccio*, einer sofaartigen Liegestatt, als Aufsatz. Außerdem trugen die Bemalungen von *cassoni* (Sing.: *cassone*, Truhe) zur Entwicklung der Historienmalerei und der profanen Ikonographie bei sowie *deschi da parto* (Sing.: *desco da parto*), also Tabletts, die eigens zum Bedienen von Wöchnerinnen angefertigt und, nachdem sie diesen Zweck erfüllt hatten, als Wandschmuck aufgehängt wurden. Noch gab es in den Gemächern ebenso wenig Platz für eine Gemäldesammlung wie in den Repräsentationsräumen, deren vornehmster Schmuck, kostbarer und höher geschätzt als Tafelbilder, Wandteppiche waren. Erst als die Wohnkultur sich änderte und das Ansehen von Malern weiter stieg, etablierte sich das autonome Tafelbild. Hier bedingte eines das andere wechselseitig: Seit der Mitte des 15. Jh.s und mit dem wachsenden sozialen Ansehen des Malers, der sich in Selbst- und Fremdwahrnehmung vom Handwerker zum Künstler emanzipierte, stellte sich bei Kunstliebhabern der Wunsch ein, ein Werk von der Hand eines bestimmten Meisters zu besitzen.

Sammlungen

In der Nachfrage nach altniederländischen Gemälden in Italien kündigte sich bereits das Entstehen eines Kunstmarktes an. Das «Sammeln nach Namen» nahm mit dem Bewusstsein für Künstlerindividuen und ihre je eigene Handschrift seinen Anfang. Im Gegenzug bewirkte dieser kennerschaftliche Zugang, dass Maler eine unverwechselbare *maniera* ausbilden mussten, um sich von der Menge der Kollegen zu unterscheiden; auch spezialisierten sich Maler auf bestimmte Bildgattungen. Gemälde wurden zum Sammelgut. Der Kunstwert entwickelte sich zu einem Eigenwert. Zugleich konnten die Motive, ein Werk anzuschaffen, das nicht vorrangig religiöse oder politische Funktionen erfüllte, sehr unterschiedlich sein. Das Kunstwerk gab Anlass zur Freude über seine Schönheit, bot Gelegenheit zum Gedankenaustausch über Kunst und steigerte das Sozialprestige seines Eigentümers, der als Sammler seine Kennerschaft unter Beweis stellte. Über die Malerei, ihre Geschichte und Theorie informiert zu sein, gehörte für Adel und gehobenes Bürgertum zum guten Ton. Wer es sich leisten konnte, richtete Räume ein, in denen Kunstwerke, anfangs noch zusammen mit anderen Objekten, aufbewahrt und präsentiert wurden. Neben den Kunst- und Wunderkammern entstand in der Renaissance der Raumtypus des *studiolo*, in dem man das Studium von Wissenschaft und Kunst pflegte. Die Galerie, die zunächst als lang gestreckter Raum, an einer Seite durchfenstert, der Erschließung angrenzender Räume diente, entwickelte sich nicht nur zum Festsaal, sondern wurde auch zur Ausstellung der Kunstsammlung genutzt.

Sammlungsräume

Der Schwerpunkt der Sammlungen lag zunächst auf der zeitgenössischen Kunst. Obwohl es erstes Ziel sein konnte, seiner Sammlung «einen Raffael» oder «einen Tizian» einzuverleiben, heißt das nicht, dass die Künstler bei der Gestaltung eines Bildes, das im Auftrag eines Sammlers entstand, ganz frei waren. Thema und Format konnten nach wie vor festgelegt sein – nicht zuletzt, weil neue Werke in bestehende Sammlungen integriert werden mussten, wo die Gemälde dicht an dicht neben- und übereinander hingen. Diese Art der Präsentation, die uns heute befremdet, übernahmen die ersten Museen. Der Platzökonomie kam es entgegen, dass, seit Alberti die Metapher

Hängung

vom Bild als Fenster geprägt hatte, selbstverständlich vorausgesetzt wurde, dass ein Tafelbild rechteckig ist. Kreis (*tondo*) und Oval blieben die Ausnahme. Erst um 1900 setzte sich die isolierte Hängung durch, die jedem Werk einen Respektabstand zu seinen Nachbarn sichert und auf zurückhaltendere Wandbespannung achtet. Diese uns heute so vertraute Hängungsästhetik, der beispielsweise auch Galerien folgen, wirkte auf das Tafelbild zurück: Zum einen kann der Maler seither darauf vertrauen, dass eine isolierte Betrachtung seines Gemäldes möglich ist, zum anderen kann er mit ungewöhnlichen Formaten experimentieren, wie Richard Tuttle und Frank Stella in den 1960er Jahren mit den *shaped canvases*.

Autonomie des Tafelbildes – Autonomie des Künstlers?

Handwerker Der mittelalterliche Künstler war Handwerker und unterlag als solcher der Zunftbindung, die unter anderem regelte, wie viele Gesellen er beschäftigen und in welchem Umfang er kostbare Materialien wie Gold und Ultramarin verwenden durfte. Mancherorts, wie in Venedig oder den Niederlanden, blieben die Maler lange in Zünften organisiert. Die Utrechter Malergilde beispielsweise richtete 1640 eine ständige Verkaufsausstellung ein und ließ für die dort angebotenen Bilder nur drei Formate zu. *Hofkünstler* Hofkünstler waren solchen Zwängen nicht unterworfen, dafür aber verpflichtet, jeden erteilten Auftrag auszuführen, ob dieser nun nach eigener *invenzione* verlangte oder nach der Kopie eines bedeutenden Meisterwerks. Freilich sind Varianten in der Beziehung zwischen Künstler und Auftraggeber zahlreich, spielen Selbstverständnis des Herrschers und Prestige des Malers eine Rolle. Während Leonardo 1497 von Herzog Ludovico Sforza zur Eile bei der Arbeit am *Letzten Abendmahl* (Mailand, Santa Maria delle Grazie) angetrieben wurde, oblagen ihm am Hof des französischen Königs gar keine Verpflichtungen, nicht einmal die, überhaupt zu malen.

Auch den Künstler, der als Unternehmer für einen freien Markt arbeitete, konnten bei Aufträgen strikte Vorgaben binden, doch war es seine eigene Entscheidung, ob er einen Vertrag unterzeichnete. Pietro Perugino erhielt von Isabella d'Este minutiöse Anweisungen und verpflichtete sich, auf eigene Erfindungen zu verzichten, als er 1503 ein Gemälde für ihr *studiolo* (Studierzimmer) anfertigte. Mantegna nahm sich dagegen die Freiheit, ein ähnliches Angebot abzulehnen; er erteilte der Markgräfin eine Absage.

Kunstmarkt Künstler übernahmen nicht nur als «Freischaffende» Aufträge, vor allem produzierten sie für einen sich entwickelnden freien Kunstmarkt, und das heißt letztlich für ein anonymes Publikum, dessen Geschmack sie treffen mussten. Die trivial-romantische Vorstellung vom Maler, der nur für seine Kunst lebt, geht oft genug an der Realität vorbei.

Künstler waren auch Geschäftsleute. Raffael besaß Immobilien, Giotto desgleichen, außerdem vermietete er einen Webstuhl. Die holländischen Fachmaler des 17. Jh.s sind zuweilen schon als «Nebenerwerbskünstler» zu bezeichnen. Jan Steen war Schankwirt, Willem Kalf bezeichnete sich in Urkunden als Seidenhändler. Gerade am holländischen und flämischen Kunstmarkt lassen sich die neuen Zwänge, denen die Künstler ausgesetzt waren, besonders gut studieren. Allein in Antwerpen gab es im Jahre 1560 330 Maler, aber nur 169 Bäcker.

Zum einen standen die Künstler unter Innovationsdruck, um immer neue Kaufanreize zu geben. Zum anderen musste aber auch der Wiedererkennungswert gewährleistet sein. Manche Künstler setzten bestimmte Motive oder Kompositionen fast wie Markenzeichen ein, sei es die halb geschälte Zitrone bei Kalf (Tafel XIII) oder der Kupferkessel bei David Teniers. Nicht zuletzt erwarteten die Kunden hohe technische Perfektion. Sie erwarben die Werke nicht nur aus Liebe zur Kunst, sondern auch als Kapitalanlage in der Hoffnung auf Wertsteigerung der Ware. Der neue Beruf des Kunsthändlers entstand. Die Frage, ob ein Gemälde sich als verkäuflich erwies oder nicht, dürfte mit darüber entschieden haben, ob ein Maler ein Thema, gleich ob gestalterisch oder ikonographisch, weiterverfolgte.

Akademiekünstler

Die erste Akademie, die sich die Ausbildung von Künstlern zum Ziel setzte, war die 1563 in Florenz gegründete Accademia e Compagnia dell'Arte del Disegno. Das Gewicht verschob sich von der handwerklichen zur umfassenden, auch theoretischen Ausbildung. Akademiekünstler mussten sich mit der an ihrer Akademie vorherrschenden Doktrin der Kunsttheorie auseinandersetzen, was zur Folge hatte, dass die meisten Eleven Historienmaler werden wollten. Im 19. Jh. verstärkte sich das bis heute andauernde Dilemma vieler Künstler, sich einerseits den Unterhalt verdienen, andererseits einem gesteigerten, hohen Ethos der Kunst genügen zu müssen. So unterschiedliche Künstler wie Moritz von Schwind und George Grosz klagten in ihren Briefen darüber, «verkäufliche» Werke malen zu müssen, um sich mit dem Erlös für einige Monate finanzielle Unabhängigkeit zu sichern, die es ihnen ermöglichte, ihrer eigentlichen Auffassung entsprechende Gemälde in Angriff zu nehmen.

Ausstellungskünstler

In einer weitgehend medial orientierten Welt wie der unseren hängt der Erfolg eines Malers erheblich von seinem Image, von

Kunstkritiken, dem Renommee der Galerie, die ihn vertritt, sowie der Beteiligung an Ausstellungen und der Präsenz in bedeutenden Museen ab. Für diesen neuen Künstlertypus hat Oskar Bätschmann den Begriff des Ausstellungskünstlers geprägt. Seit 1970 erscheint einmal jährlich, zunächst in der Zeitschrift *Capital*, seit 2008 für das *manager magazin*, der *Kunstkompass*, ein Ranking der bedeutendsten zeitgenössischen Künstler. Die Kehrseite der Ruhmesmedaille: Ökonomisch erfolgreiche Künstler trifft schnell der Vorwurf, durch Geld korrumpierbar zu sein und Zugeständnisse an den Markt zu machen.

5. Bildgattungen

Der Begriff «Gattung» wird in der Kunstgeschichte mit wechselnder Bedeutung verwendet. Zum einen bezeichnet er die Großgattungen Architektur, Skulptur und Malerei, zum anderen – im engeren, auf die Malerei bezogenen Gebrauch – verschiedene Funktionstypen wie Altar- oder Andachtsbild. Zum Dritten wird der Begriff bei der thematischen Kategorisierung der Malerei eingesetzt. Den klassischen Kanon der Gattungen, die zur Präzisierung als Bildgattungen bezeichnet werden sollten, bilden: Historie, Genre, Porträt, Landschaft und Stillleben.

Anfänge der Bildgattungen

Die Einteilung der Malerei in fünf Bildgattungen ist historisch gewachsen und Ergebnis eines Prozesses, in dem die Weichen für eine zunehmende Autonomie der Malerei gestellt wurden, denn es ist ein enormer Unterschied, ob zum Beispiel jagdbares Wild auf einen Schrank gemalt oder ob es auf einer isolierten Tafel in einem Kabinett gezeigt wird. Im ersten Fall ist das Stillleben, mag seine künstlerische Ausführung noch so anspruchsvoll sein, Dekoration, vielleicht auch «Inhaltsangabe», wenn der Schrank zur Aufbewahrung von Jagdgerät dient. Im zweiten Fall steht es für sich selbst, repräsentiert Kunst und lädt als solche zur ästhetischen oder zumindest kennerschaftlichen Rezeption ein. Dass es daneben themengebundene Reflexionen anregen kann, zum Beispiel über die Vergänglichkeit, nimmt dem Schritt in die Autonomie nichts von seiner historischen Bedeutung.

In die Suche nach dem Prototyp, dem ersten autonomen Bild innerhalb jeder Bildgattung, wurde deshalb viel Energie investiert. So wurde oft diskutiert, ob die von Jacopo de Barbari 1504 datierte Komposition aus Rebhuhn, Eisenhandschuhen und Armbrustbolzen (München, Alte Pinakothek) als erstes oder zumindest ältestes überliefertes autonomes Stillleben zu werten sei. So verständlich der Wunsch ist, wegweisende Entwicklungen auf einen einzigen Entdecker zurückführen zu können – keine der Bildgattungen trat aus einem schöpferischen Urknall heraus in den Kosmos der Malerei ein. Die Frage nach dem Ursprung der einzelnen Bildgattungen ist nicht falsch gestellt, täuscht über einen entscheidenden Punkt jedoch leicht hinweg. Stünde Barbaris Bild tatsächlich am Anfang der Reihe autonomer Stillleben, wäre ein bemerkenswerter Sachverhalt zu klären:

Barbaris Erfindung blieb lange folgenlos; sie löste keine sofortige Flut weiterer freier Stillleben aus, und die Frage, warum dies so ist, wäre mindestens genauso wichtig wie die nach dem Beginn der Bildgattung. Daher ist, um bei dem Beispiel dieser Bildgattung zu bleiben, die Konzentration auf jenen Zeitraum zu lenken, in dem autonome Stillleben erstmals in nennenswerter Zahl entstanden, die Bildgattung sich also etablierte.

Historie und Porträt haben eine weiter zurückreichende Vorgeschichte, wohingegen Landschaft, Stillleben und Genre im Verlauf des 16. und 17. Jh.s auftraten. Während die Geschichte der einzelnen Bildgattungen gut erforscht ist, lassen sich die Anfänge der inhaltlichen Ausdifferenzierung der Malerei als Gesamtphänomen nicht so leicht erklären. Manche Interpretationsmodelle versuchen, die Entwicklung auf eine einzige Ursache zurückzuführen, doch mussten viele Faktoren zusammenkommen, um der Malerei neue Möglichkeiten zu erschließen.

Eine Voraussetzung dafür, dass Blumen, spielende Kinder oder Wälder überhaupt Eingang in die Bildwelt fanden, bot seit dem ausgehenden 13. Jh. ein neues Kunstverständnis, das den Maler nicht mehr so sehr auf tradierte Muster verpflichtete, als vielmehr in der möglichst genauen Naturnachahmung eine Möglichkeit sah, dem Betrachter christliches Geschehen in Bildern so nahe wie möglich zu bringen (s. S. 41 f.).

Wie viele andere Stifter ließ sich der Auftraggeber des Mérode-Altars (Abb. 24) in ewiger Andacht vor der Gottesmutter porträtieren. In der Stube, in der der Erzengel Gabriel Maria aufsucht, sind Blumenvase, Schriftrolle und Beutel wie zufällig zu einem Stillleben arrangiert. Joseph, der auf der rechten Seitentafel in seiner Schreinerwerkstatt arbeitet, spielt zwar eine heilsgeschichtlich wichtige Rolle, doch in der Freude an der Schilderung von Details wartet die genreartige Darstellung einfacher handwerklicher Tätigkeit mit ganz eigenen Reizen auf.

Für die Bilderzählung nicht notwendige Motive wie stilllebenartige Arrangements oder Genreszenen werden auch als *parerga* (altgriech., Sing.: *parergon*, Beiwerk) bezeichnet. Das Vordringen solcher zusätzlicher Motive in jene Bildgattung, die später Historienmalerei genannt werden sollte, darf allerdings nicht zu dem vereinfachenden Schluss führen, die Bildgattungen seien entstanden, indem die Historie selbst immer mehr in den Hintergrund trat, bis sie schließlich verzichtbar wurde. Für eine solche Herleitung aller Bildgattungen aus der Historie scheinen Gemälde von Pieter Aertsen zu sprechen, die im Vordergrund

parerga

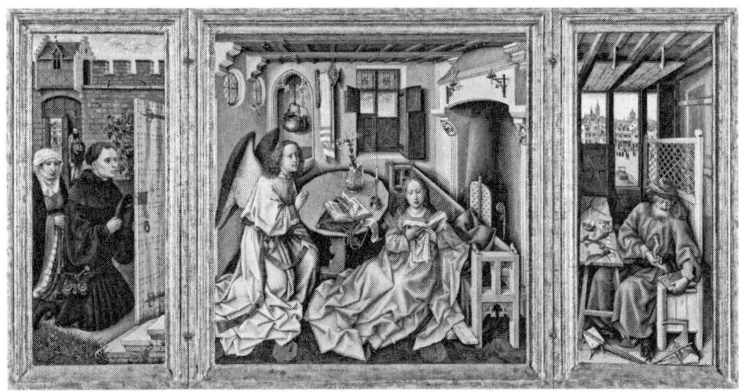

Abb. 24: Meister von Flémalle, Mérode-Altar, um 1435, New York, Metropolitan Museum of Art

üppig auf einem Tisch entfalten, was eine Küche zu bieten hat, und nur noch klein im Hintergrund eine biblische Geschichte einfügen, die man im nächsten Schritt scheinbar genauso gut weglassen könnte. Doch solche Gemälde bilden selbst nur eine kleine Gruppe in einer experimentierfreudigen Zeit, die selbst noch nicht in Kategorien der Bildgattungen dachte.

Obwohl sich *parerga* und funktionsgebundene Darstellungen in die Geschichte der einzelnen Bildgattungen einschrieben, lösten sie allein deren Aufkommen nicht aus. Um bislang Nebensächliches zum alleinigen Gegenstand eines Tafelbildes zu erheben, waren weitere Impulse nötig. Einige gingen von antiken Autoren aus, deren Schriften ins Zentrum neuer Studien rückten. Nicht nur Plinius und Philostrat lieferten Belegstellen für die große Wertschätzung, die Darstellungen von Landschaften oder Obstkörben bereits in der Antike genossen. Eine antike Provenienz war immer ein starkes Argument bei der Legitimation von Neuerungen. Der Wissensdurst war mit dem Studium der Gelehrten des Altertums aber noch lange nicht gestillt. Kunst- und Wunderkammern enthielten von Mineralien über exotische Tiere bis hin zu hochdiffizilen kunsthandwerklichen Objekten und Gemälden alles, was Kunst, Handwerk und Natur an Staunenswertem hervorbrachten. Sie waren Sammel- und Studierzimmer zugleich und führen, als parallele Erscheinung, zu einem weiteren Faktor, der die Ausdifferenzierung der Malerei in verschiedene Sparten begünstigte: die Neugier auf die Welt in ihrer ganzen Vielfalt. Expeditionen in ferne Länder, Berichte über die Gebräuche fremder Völker, Kenntnisse exotischer Flora und

Antike Schriften

Erkundung der Welt

Fauna paarten sich mit einem neuen wissenschaftlichen Interesse an der eigenen Lebenswelt, die im Blick durch Mikroskop und Teleskop neu gesehen wurde. Ab etwa 1550 wurde das gesammelte Wissen in Enzyklopädien und Schautafeln zusammengetragen. Sie lösten die Erfindung neuer Bildgattungen nicht aus, sind aber wie sie Ergebnisse einer neuen Einstellung gegenüber der Welt.

Spezialisierung der Maler

Eine Teilursache und zugleich Folge der Ausdifferenzierung der Gattungen war in den großen Werkstätten außerdem eine Arbeitsteilung, in der Experten bestimmte Aufgaben bzw. Motive übernahmen. Sie konnten nebenher selbständig zum Beispiel als Stillleben- oder Landschaftsmaler tätig sein. Die Spezialisierung konnte einen hohen Grad auch innerhalb einer Bildgattung erreichen. Besonders in Holland und Flandern gab es im 17. Jh. Künstler, die sich auf Marinestücke verlegten, während andere hauptsächlich Kircheninterieurs malten, wieder andere Wirtshausszenen. In der Geschichte der Malerei wurden allerdings nicht alle Gattungen mit sämtlichen Untersparten jederzeit und an jedem Ort gleichermaßen gepflegt – so spielte das Stillleben in der venezianischen Malerei nie eine nennenswerte Rolle, während es sich in Frankreich seit dem 18. Jh. großer Beliebtheit erfreute. In Holland hingegen erlebte die christliche Historienmalerei nach der Einführung der Reformation einen eklatanten Einbruch. Da keine Altar- und Andachtsbilder mehr benötigt wurden, verlagerte sich das Themenfeld in den profanen Bereich, und es bildete sich ein Kunstmarkt aus, der beständig neue, innovative Beiträge in allen Bildgattungen forderte. Das autonome Tafelbild hatte sich endgültig etabliert.

Einteilung der Bildgattungen in der Kunsttheorie

Von sehr vereinzelten Äußerungen einmal abgesehen, gibt es in der kunsttheoretischen Literatur keine Belege dafür, dass Zeitgenossen den Aufschwung des autonomen Tafelbildes und die Ausdifferenzierung der Bildgattungen als unerhörte Entwicklung wahrnahmen.

Edward Norgate gehört zu denjenigen, die ihre Ver- und Bewunderung über den Schritt in die Autonomie mitteilten, als er über die Landschaftsmalerei schrieb, sie «zu einer absoluten und selbständigen Kunstform zu machen und die Arbeit eines Menschenlebens ihr ganz allein zu widmen ist ... meines Erachtens eine Erfindung der neueren Zeit. Aber obwohl es eine Neuheit ist, ist es doch etwas Wertvolles, das den Erfindern dieser Kunst und den sie übenden Künstlern Ehre und Gewinn gebracht hat.» Allerdings verfasste Norgate diese Zeilen erst um 1650, also aus der historischen Distanz zum ersten Aufkommen autonomer Landschaftsbilder.

Tatsächlich wird dem Schritt zum autonomen Tafelbild erst im Rückspiegel der Kunstgeschichte, verstanden als wissenschaftliche

Disziplin, seine große Bedeutung zugewiesen, scheint er doch die Voraussetzung für eine Kunst zu schaffen, die nicht mehr außerkünstlerischen Vorgaben folgt, die mit «interesselosem Wohlgefallen» (Kant) ästhetisch wahrgenommen wird und die als «Meta-Malerei» (Stoichita) beginnt, sich selbst zu thematisieren. Das mag durchaus so sein, sollte aber nicht die historische Situation vergessen lassen. Die zahlreichen Quellen des 16. und 17. Jh.s enthalten keine Hinweise darauf, dass die Entstehung der Bildgattungen als Sensation gefeiert worden wäre.

Es liegt immer eine Gefahr darin, in Kenntnis der weiteren Geschichte Entwicklungen als notwendig zu interpretieren. Dabei ist schon die Einteilung der Malerei in fünf Bildgattungen weniger das Ergebnis eines dieser Kunst inhärenten Vorgangs als vielmehr eine Zuschreibung und Vereinfachung durch Kunsttheorie und -kritik. Die Reduktion auf die klassischen Bildgattungen ist eine nachträgliche Konstruktion, die zwar bei der Systematisierung und der Aufarbeitung bestimmter Entwicklungen hilft, zugleich aber wieder das Risiko birgt, in teleologische Argumentationsmuster zu verfallen. Im Grunde wird die Theorie der riesigen Fülle nicht gerecht und droht zu marginalisieren, was sich außerhalb der Bildgattungsgrenzen bewegt. So lässt sich das Interieur, also die Darstellung von Innenräumen, nicht ohne Weiteres als Subgattung der Genremalerei zuschlagen. Gefechte wie Albrecht Altdorfers *Alexanderschlacht* (1529, München, Alte Pinakothek) changieren zwischen Historie und Landschaft; auch gibt es besondere Anweisungen, was beim Malen von Kampfgetümmel zu beachten sei. Eigens genannt werden von André Felibien 1668 in den *Conférences de l'Academie Royale de Peinture et de Sculpture* und von Samuel van Hoogstraeten 1678 in der *Inleyding tot de Hooge Schoole der Schilderkunst* zum Beispiel noch Tierbilder. Beide Abhandlungen dürfen als wichtige Wegmarken in der Kanonbildung der Bildgattungen gelten. Diese bringen künstlerische Probleme und inhaltliche Aussagen mit sich, die sie von den anderen Bildgattungen trennen. Auch Jan Brueghels d. J. *Einzug der Tiere in die Arche Noah* (1613–1615, Budapest) ist weniger biblische Historie als Tierbild, und noch Franz Marc stand anfangs in der Tradition seinerzeit bereits konventioneller Pferdemaler, bevor er 1913 den *Turm der Blauen Pferde* (verschollen) malte. Dass zum Beispiel Interieur und Tierbild nicht als eigene Bildgattungen den Kanon erweitern, dürfte im Wesentlichen daran liegen, dass sie in entscheidenden, historisch isolierten Momenten der Theoriebildung unberücksichtigt blieben.

Interieur

Tierbild

Die «Erfindung» der Bildgattungen fiel nicht mit ihren jeweils tatsächlichen Anfängen zusammen. Nach seinem eigenen Verständnis malte Jan Brueghel zum Beispiel kein Stillleben, denn die Bezeichnung gab es noch nicht, er malte eine Blumenvase (Abb. 35). Der Begriff «Stillleben» und damit die Subsummierung vielfältiger Darstellungen unter dem Bildgattungsbegriff kamen erst später in Gebrauch. Alberti kennt in seinem Traktat über die Malerei, wie erwähnt, nur Historie und Porträt. Im Buch über die Architektur nennt er zudem Landschaftsmalerei als Schmuck von Villen. Um 1450, als Alberti seine Einsichten niederschrieb, war das Spektrum der Bildgattungen noch nicht gegeben. Doch auch als es sich längst entfaltet hatte, konzentrierte sich die Kunsttheorie auf die erzählende Malerei, an die sich die höchsten Ansprüche an Fertigkeiten, Bildung, Intellekt und Phantasie des Malers knüpften. Daher stand die Historienmalerei im Fokus, und es gab lange keine systematischen Aussagen über alle Bildgattungen. Erst als für die 1648 gegründete Académie Royale, deren Mitglieder fast ausschließlich Historienmaler waren, eine offizielle, verbindliche Doktrin erstellt wurde, die auch die Ausbildung regelte, wurde die gesamte Malerei in den Blick genommen. Die Aufstellung eines Kanons samt Hierarchie und Theorien stellt einen folgenreichen Schritt dar, denn nunmehr war es für Maler, Kritiker und Mäzene nicht möglich, sich nicht dazu zu verhalten: die Theorien zu respektieren, zu ignorieren oder offensiv in Frage zu stellen.

Dominanz der Historienmalerei

Auch wenn die Bildgattungshierarchie um 1600 noch nicht schriftlich fixiert war, folgt allein aus der Fokussierung der Traktate auf die Historienmalerei, dass diese quasi die Königsdisziplin sei. Deutliche Indizien sprechen aber dafür, dass Fachmaler und Sammler sich von den Überlegungen der Kunsttheoretiker nicht sonderlich beeindrucken ließen. Kardinal Federico Borromeo baute in Mailand eine Sammlung auf, die einen starken Akzent auf Landschaft und Stillleben setzte. Jan Brueghels Korrespondenz mit diesem Mäzen offenbart keine Anzeichen von Minderwertigkeitsgefühlen, weil er «nur» eine *Blumenvase* für die Sammlung malte – ganz im Gegenteil. Leopoldo und Cosimo III. de' Medici und Lactanz Graf Firmian bauten Porträtsammlungen auf. Oft genug schufen Künstler selbst neue Tatsachen, sei es aufgrund der Beliebtheit ihrer Werke beim Publikum, sei es aufgrund der Hochachtung, die ihnen die Kollegen nicht verweigern konnten. Im Falle Greuzes, der als Genremaler reüssierte, fand die sonst so streng reglementierende französische Akademie sogar einen Weg, dem jungen Künstler eine Reise nach Rom zu ermöglichen. Eigentlich waren Rom-Stipendien an Preise gebunden, die nur Historienmalern verliehen wurden.

Hierarchie der Bildgattungen

André Felibien erstellte 1668 ein «Ranking» nicht eigentlich der Bildgattungen, sondern der Maler, die in den einzelnen Fächern arbeiteten, und fixierte damit eine Hierarchie, die bis ins 19. Jh. ihre Gültigkeit behaupten konnte.

Felibiens Urteil lautete: «So steht der, der vollkommene Landschaften schafft, höher als ein anderer, der nur auf Früchte, Blumen und Muscheln spezialisiert ist. Derjenige, der lebende Tiere malt, ist schätzenswerter als die, die nur Dinge ohne Leben und Bewegung darstellen; und da die menschliche Natur das vollkommenste Werk Gottes auf Erden ist, ist es auch sicher, daß der, der als Nachahmer Gottes menschliche Figuren malt, die anderen weit überragt.» Außerdem «ist ein Maler, der nur Porträts malt, noch nicht zu höchster Perfektion in der Kunst gelangt.» Die Genremalerei erwähnte Felibien nur beiläufig, die Allegorie ist für ihn die Königsdisziplin. Ähnlich äußerte sich Samuel van Hoogstraaten zehn Jahre später.

Umkehr und Auflösung der Hierarchie im 19. Jh.

Obwohl das Gefüge, eingespannt zwischen die Pole des Stilllebens als niedrigster und der Historie als höchster Bildgattung, über 200 Jahre stabil blieb, regte sich immer wieder auch Widerstand gegen die Festschreibung. Eine neue Forderung nach «Wahrhaftigkeit» verschob seit dem 18. Jh. vor allem die Grenzen zwischen Historie und Genre. Darüber hinaus hatte der Abbé Dubos schon 1718 in seinen richtungsweisenden *Reflexions* die Wirkung eines Gemäldes zum Gradmesser seines Wertes erklärt. Die These, dass der Art der Darstellung die entscheidende Rolle beim Erzielen der Wirkung zuzusprechen ist, wertete das Wie gegenüber dem Was der Darstellung auf. Diese Auffassung setzte sich im 19. Jh. mehr und mehr durch, bis sich die Gattungshierarchie praktisch umkehrte und auflöste. Zum einen wandten die Maler sich aktuellen Themen zu. Manets *Bar in den Folies Bergères* (1882, London, Courtauld Institute of Art Gallery) könnte man zwar immer noch als Genremalerei betrachten, aber das System der Bildgattungen besaß keine Verbindlichkeit mehr. Zum anderen waren gerade die niederen Bildgattungen, Stillleben und Landschaft, am wenigsten dem Verdacht ausgesetzt, in Abhängigkeit von literarischen Themen außerkünstlerische Ziele zu verfolgen. Gerade diese beiden Bildgattungen empfahlen sich im 19. Jh. als Experimentierfeld für den Einsatz der gestalterischen Mittel und die Auseinandersetzung mit nicht-ikonographischen Themen. Paul Cézannes Œuvre besteht zu einem guten Teil aus Stillleben sowie Landschaften, die wiederum ein Motiv, den Mont St. Victoire, umkreisen.

Historienmalerei

Die Historienmalerei versammelt alle erzählenden Bilder, in denen die Handelnden, in Abgrenzung zur Genremalerei, nicht anonym, sondern benennbar sind. Ihr Themenfeld deckt nicht nur, wie der Begriff vermuten lassen könnte, historisch verbürgte (oder als verbürgt geltende) Ereignisse ab, sondern umfasst auch die Mythologie, die christliche Heilsgeschichte und die Werke der neueren Dichter.

Mittelalter In Burgen und Palästen ließ man schon im Mittelalter Episoden aus den großen Epen oder historische Ereignisse an die Wand malen; biblische Szenen waren in der Buchmalerei und in der Wandmalerei längst gebräuchlich, bevor ihnen auf Tafelbildern Platz eingeräumt wurde. Im Medium der Tafelmalerei finden sich erste narrative Szenen auf den Flügeln von Skulpturenschreinen und auf Vitenretabeln (s. S. 128). Dem zunächst überschaubaren Themenrepertoire der profanen Ikonographie boten Möbel, vor allem die *cassoni*, Entfaltungsmöglichkeiten. Mythologische Szenen eigneten sich aber auch für die ausgeklügelten ikonographischen Programme der *studioli*. Doch die Nachfrage nach großformatigen Bildern mythologischen Inhalts stieg ab dem 16. Jh., zumal ihnen politische Botschaften unterlegt werden konnten. Botticellis Beiträge zur profanen Historienmalerei bildeten im ausgehenden 15. Jh. vorerst noch eine Ausnahme.

Die Vor-Geschichten der Historienmalerei auf Predellen und *cassoni* wurden bei den frühen auf die Kunst bezogenen Verwendungen des Begriffes der *storia* (auch: *istoria, historia*) nicht in den Blick genommen. Cennino Cennini berief sich vorrangig auf Wandmalereien, als er die *storia* verhandelte. *Alberti* Alberti, der den Begriff 1435 in die Kunstterminologie einführte, definierte ihn nicht. Dass Alberti bei den *storie* an Figurenmalerei dachte, geht allein aus dem Kontext und seinen Bildbeispielen hervor: eine Allegorie, die Darstellung eines christlichen und eines mythologischen Themas. Die Malerei erfuhr durch Alberti eine enorme Aufwertung. Er gab wichtige Impulse für die Ausbildung der Historienmalerei als eigenes Aufgabengebiet der Malerei, das in Wichtigkeit und Wertigkeit über alle anderen gesetzt wurde, und er legte den Grundstein zu einer Theorie des Bildes als Kunstwerks. Sowohl im Aufbau seines Traktates *De pictura* (1435) als auch mit seinen Vorstellungen von den einzelnen Bestandteilen der Malerei und deren Zusammensetzung steht Alberti in der Tradition der Rhetorik (s. S. 42 f.; 199). Zentrale Bedeutung kommt der *compositio* zu, aus der die *storia* hervorgeht. Was Alberti

Albertis Auffassung der storia

unter *storia* verstand, muss indirekt aus seiner Verwendung des Begriffs erschlossen werden. Die *storia* ist für ihn nicht die narrative Darstellung, sondern das *summum opus*, die höchste Aufgabe, der ein Maler sich stellen kann. Porträts, Polyptychen und Landschaften fallen nicht in diese Kategorie. Alberti würdigte die *storia* als Ergebnis einer schöpferischen Leistung, die der Künstler nur erbringen kann, weil er über *ingenium*, ein von der Natur verliehenes Talent, verfügt und über seine Erfindungskraft. Albertis Empfehlung, der Maler möge den Dialog mit Dichtern suchen, setzt selbstverständlich voraus, dass er sich dieses Umgangs würdig erweist und sich gleichrangig behaupten kann.

Der Künstler soll im Gemälde auf *copia* (Fülle) achten. Einer beliebigen Anhäufung möglichst vieler Figuren und Motive wirkt der Rat entgegen, dass immer der Bezug zum Geschehen gegeben sein muss, dessen Würde keinen Abbruch erleiden darf. Außerdem sei auf *varietas* (Mannigfaltigkeit, Abwechslungsreichtum) Wert zu legen. Körperliche und seelische Bewegung der Figuren, beide im Einklang miteinander, soll der Künstler wiedergeben. Die *storia* verfolgt das Ziel, den Betrachter zu bewegen, zu belehren und zu erfreuen. Inwiefern Albertis Abhandlung auf das künstlerische Schaffen des 15. Jh.s, namentlich auf Botticelli, Einfluss nahm, ist in der Kunstgeschichte umstritten.

Botticellis *Primavera* (Abb. 25) versammelt vor einem Orangenhain auf einer Blumenwiese mythologische Gestalten. Es handelt sich, von rechts nach links, um den Windgott Zephyr, der der Nymphe Chloris nachstellt. Gleich daneben tritt die Verfolgte noch einmal, nun ruhig schreitend, als Flora auf, in die sie sich nach ihrer Hochzeit verwandelt. In der Mitte steht Venus, über der Amor mit seinem Pfeil auf die Grazien zielt, während Merkur mit seinem Caduceus Nebelschwaden vertreibt. Obwohl die *Primavera* mit der Verfolgungsjagd ein narratives Moment enthält, fügen die Figuren sich nicht in eine zusammenhängende Bilderzählung. Dem Bild liegt auch keine *narratio* zugrunde, die man in einem einzigen Text nachlesen könnte. Stattdessen repräsentieren die Figuren bestimmte Tugenden und Werte. Es handelt sich um eine mittels mythologischer Gestalten vorgetragene Allegorie, deren verschiedene, teils kontroverse Deutungen bei der Frage nach dem Bezug zu Albertis Theorie vernachlässigt werden können. Obwohl Botticelli nicht alle von Alberti genannten möglichen Bewegungsrichtungen (nach oben, unten, links, rechts, vorne, hinten, im Kreis) ausschöpft, strebte er eine möglichst große Vielfalt an und integrierte sogar die Bewegungen nach oben, die Alberti als besonders anmutig lobte. Des Weiteren lassen die durchsichtigen, durch die Tanzbewegung und den Wind bauschenden Gewänder an Alberti denken, der sich über wehende Kleider und Haare recht ausführlich äußerte und empfahl, den Kopf eines Windgottes einzufügen, damit der Stoff nicht unmotiviert flattert.

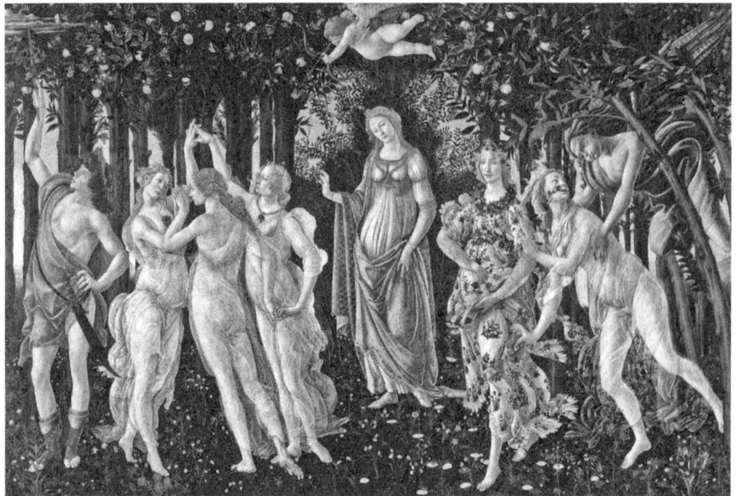

Abb. 25: Sandro Botticelli, Primavera, 1482, Florenz, Uffizien

Es gibt aber nicht nur Übereinstimmungen mit, sondern auch Abweichungen von Albertis Vorstellungen. Die Figuren sind sehr in sich gekehrt und lassen wenig innere Bewegung ahnen, was den harmonischen Gesamteindruck jedoch stützt. Botticelli ignorierte z. B. auch Albertis Wunsch, manche Figuren sollten in der Höhe, andere in der Tiefe stehen. Seine Art der Figurenreihung knüpft zum einen an die Tradition der *uomini illustri* (berühmte Männer, die nebeneinanderstehend ganzfigurig dargestellt wurden) an, zum anderen an die Heiligenversammlungen auf Altarbildern.

Dass sich Theorie und Praxis nicht vollständig decken, bedeutet nicht, dass sie gar nichts miteinander zu tun haben. Das Verhältnis ist nicht nur für jeden Künstler, sondern Bild für Bild aufs Neue zu untersuchen. An erster Stelle steht die jeweilige Aufgabe. Botticelli schuf auch Gemälde mit sehr viel weniger, aber auch mit deutlich mehr als den von Alberti empfohlenen neun bis zehn Figuren. Nicht immer ist leicht zu klären, ob eine Übereinstimmung Ergebnis einer Reflexion der Theorie oder Zufall ist oder eine Selbstverständlichkeit beherzigt. So bedarf es sicher keines Alberti, um dem Maler zu der Einsicht zu verhelfen, dass Frauenkleider sich für den Kriegsgott Mars nicht schicken. Als Faustregel gilt: Je mehr spezifische theoretische Vorgaben in einem Bild umgesetzt wurden, umso größer die Wahrscheinlichkeit, dass der Künstler nicht nur theoretisch versiert war, sondern dies auch zu erkennen geben wollte.

Trotz Albertis Vorlage ließ eine Systematisierung der Überlegungen zur *storia* auf sich warten. Erst gegen Ende des 16. Jh.s entstanden breit angelegte Abhandlungen, in denen die *storia* im eingangs beschriebenen Sinn der Historienmalerei Konturen erhält. Neben den umfassenden Terminus *storia* traten im 16. Jh. *favola* und *poesia* für (fiktive) Themen der Dichtung und Mythologie, nachdem Giovanni Boccaccio bereits um die Mitte des 14. Jh.s in der *Genealogia Deorum* die Lektüre der antiken Götterfabeln legitimiert hatte, verstanden als rein dichterische Fiktion, die aber doch auch moralphilosophische und theologische Wahrheiten beinhaltet. Eine eigene ästhetische Strategie bildete sich für die *favola* nicht heraus; sie wurde in der Theorie unter dem Oberbegriff *storia* mitbehandelt.

favola und poesia

Nach dem Konzil von Trient wurde die *convenevolezza*, die Angemessenheit, insbesondere bei Themen der christlichen Ikonographie detailliert verhandelt. Mit Gilio (1564, *Degli errori de' pittori circa l' istorie*) und Paleotti (1582, *Discorso intorno alle imagini sacre e profane)* sind nur zwei Autoren genannt, die auf die Kritik am katholischen Bilderkult reagierten und vor allem für Bilder christlichen Inhalts Regeln aufstellten, die sich aber ohne Weiteres auf alle Sparten der Historienmalerei anwenden ließen. Um als Historienmaler zu bestehen, musste der Maler über vielfältigste Kenntnisse und Fertigkeiten verfügen. Er musste beispielsweise die Gesetze der Anatomie und Perspektive beherrschen, in Literatur und Geschichte bewandert sein und Imaginationskraft besitzen, da die Figuren und Geschehnisse sich nicht im Alltag beobachten ließen, sondern vor dem inneren Auge Gestalt annehmen mussten.

convenevolezza

Nicht zuletzt aufgrund ihrer Komplexität kann die Historienmalerei nicht auf eine einzige Kernfrage reduziert werden, die von den Anfängen bis ins 21. Jh. zu verfolgen wäre. Es gibt aber sehr wohl zentrale Kategorien, die in den Debatten immer, wenn auch mit Akzentverschiebungen, präsent waren. Dazu gehören der angemessene Umgang mit dem Thema, den die Gelehrsamkeit der Künstler gewährleistet, und die Darstellung von Emotionen. Bei nahezu allen Historienbildern kann untersucht werden, welche Textquelle die Grundlage bildet und wie sie umgesetzt wurde. Ausschmückungen waren zulässig und zuweilen sogar nötig, sie durften nur nicht gegen das Gesetz der Wahrscheinlichkeit verstoßen, das heißt den Vorgaben des Textes oder den historischen Fakten widersprechen. Auch die Wahl des für die Darstellung am besten geeigneten Zeitpunktes aus dem Handlungsablauf wurde diskutiert. Zudem mussten Kostüme, Gegenstände, Gebäude usw. auf Ort und Zeit der Handlung abgestimmt werden. Den Maßstab definierte der Kenntnisstand der jeweiligen Epoche – im 15. Jh. dominierte noch Gleichgültigkeit gegenüber

Historische Genauigkeit

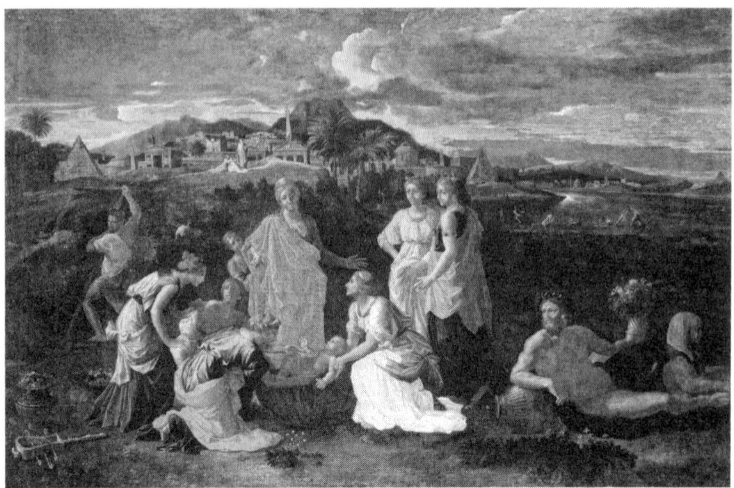

Abb. 26: Nicolas Poussin, Auffindung des Mosesknaben, 1647, Paris, Louvre

der *convenevolezza.* Auch teilten nicht alle Schulen die Hochschätzung der historischen Genauigkeit. Die Venezianer vertraten zum Beispiel die Ansicht, dass Malern die gleichen Freiheiten zustünden wie Dichtern und dass einige Authentizitätssignale ausreichten, weil der durch historische Genauigkeit sichtbar gemachte zeitliche Abstand den Betrachter befremde und seine Identifikation mit den Figuren erschwere. Veronese gab der Prinzessin in seiner *Auffindung des Moses* (Madrid, Prado) deshalb die Garderobe einer reichen Venezianerin seiner eigenen Zeit. An dieser Mode orientierte sich wiederum Giambattista Tiepolo, als er dasselbe Thema aufgriff (1730er, Edinburgh). Prachtentfaltung und – auch mittels Farbe evozierte – Festlichkeit waren ihm wichtiger als eine historisch korrekte Darstellung.

Nicolas Poussin erarbeitete sich den Ruf des *pictor doctus*, des gelehrten Malers. In seiner *Auffindung des Moses* (Abb. 26) hüllte er die Tochter Pharaos und ihr Gefolge in antikisierende Gewänder. Seine Gelehrsamkeit stellte er auch unter Beweis, indem er den Flussgott einfügte, der anhand der Sphinx als Nil zu identifizieren ist, sowie durch die Pyramiden und sonstigen Gebäude, die das Geschehen in Ägypten lokalisieren. Der Fährmann links und die Nilpferdjagd rechts zitieren Motive aus römischen Mosaiken. Auch in der Wahl des dargestellten Moments und der Schilderung der Emotionen zeigt Poussin sich auf der Höhe des theoretischen Anspruchs.

Die Angemessenheit der Darstellung war nicht nur eine Frage der historischen Genauigkeit und der Texttreue. Sie betraf auch die

Komposition. Poussin äußerte sich dazu in einem Brief, in dem er sich auf die Musiktheorie und deren Lehre der *modi* (Sing.: *modus*) berief (s. S. 207). Dem Vorwurf seines Freundes, die *Auffindung des Moses* sei mit mehr Liebe gemalt als die Serie der *Sakramente*, die er selbst besaß, begegnete Poussin mit der Belehrung: «Sehen Sie nicht, daß die Art des Gegenstandes die Wirkung bedingt ebenso wie Ihre eigene Stimmung und daß die Gegenstände, die ich für Sie gestalte, in anderer Weise dargestellt werden müssen. Darin eben besteht ja die Kunst der Malerei.» Unterschiede zwischen den genannten Gemälden fallen sehr wohl auf, die *Auffindung des Moses* ist bewegter, fröhlicher, kleinteiliger. Eine systematische Zuordnung der Werke Poussins zu den insgesamt acht *modi* im Sinn der Kirchentonarten gelingt jedoch nicht. Eine konsequente Anwendung der Moduslehre verfolgte Poussin nicht; sehr wohl ließ er sich aber von der Idee einer Abstimmung von Thema und Gesamtkomposition leiten.

modus

Dass auch andere Künstler solche Überlegungen umsetzten, zeigt das Beispiel Pietro da Cortonas, der 1637/47 im Florentiner Palazzo Pitti einen Zyklus der Weltalter malte. Dem *Goldenen Zeitalter* liegt eine kreisförmige Komposition zugrunde, die absolute Harmonie zum Ausdruck bringt, während viele unterbrochene und gegenläufige Schrägen das von Mord und Totschlag beherrschte *Eherne Zeitalter* bestimmen.

Selbst der Pinselduktus konnte auf seine Angemessenheit hin begutachtet werden. Fragonard wurde zu Beginn des 18. Jh.s vorgeworfen, seine lockere Pinselführung schicke sich nicht für Historiengemälde.

Im 17. Jh. wurde die französische Akademie zum Diskussionsforum für Kunsttheorie. In den seit 1663 stattfindenden *Conférences* wurden Regeln für die Kunstproduktion aufgestellt. Poussins Gemälde wurden bis ins 18. Jh. als vorbildlich besprochen.

Wandel der Geschichtsauffassung

Gegen Ende des 18. Jh.s beklagten Kunsttheoretiker Ermüdungserscheinungen angesichts eines sich beständig wiederholenden Themenkanons. Zugleich stiegen die Anforderungen an die historische Genauigkeit sprunghaft an, nicht zuletzt im Zuge eines Wandels der Geschichtsauffassung. Bislang galt die Lehrmeinung, dass Geschichte sich prinzipiell wiederholen könne, so dass selbst weit zurückliegendes Geschehen eine Orientierungshilfe für vergleichbare Situationen in der Gegenwart gibt. Auf der Grundlage der Maxime *Historia magistra vitae* (Geschichte ist die Lehrmeisterin des Lebens) dienten die Themen der Historienmalerei als *exempla virtutis*, als Tugendbeispiele. Diese exemplarische Geschichtsauffassung wurde von der Vorstellung eines ständigen Fortschreitens der Geschichte und der Einmaligkeit jedes Ereignisses abgelöst. Die weiter forcierte

Forderung nach größtmöglicher historischer Genauigkeit warf jedoch beträchtliche Probleme auf. Sie steigerte nicht nur den Rechercheaufwand erheblich. Ein Bild, das mit wissenschaftlicher Akribie alle Details historisch korrekt rekonstruiert, mag sich als Lehrstück eignen, aber es muss noch kein gutes Kunstwerk sein. Darüber hinaus schwand mit zunehmender Verwissenschaftlichung die Möglichkeit, Historie als Abbild einer höheren Realität zu nutzen und Überzeitliches oder Transzendentes darzustellen. Das Dilemma betraf die christliche genauso wie die profane Ikonographie. Dennoch verlagerte sich die Diskussion vor allem auf die Darstellung historischer Ereignisse, denn dort schien die Problematik virulenter, auch infolge weiterer Akzentverschiebungen: Die Darstellung der nationalen Geschichte mit dem Ziel der Förderung von nationalem Bewusstsein und Patriotismus wurde im 19. Jh. in vielen Ländern ein wichtiges Anliegen. Außerdem geriet die Hierarchie der Bildgattungen ins Wanken. Die Verwendung des Begriffs «Historienbild» verengte sich durch den neuen Geschichtsbegriff auf die Darstellung des faktisch Nachweisbaren.

Ereignisbild

Werner Hager hat 1934 für die Darstellung zeitgenössischer oder nicht sehr weit zurückliegender, im Bewusstsein noch präsenter Ereignisse, die die geschichtliche Wirklichkeit vor Augen führen will, den Begriff des Ereignisbildes eingeführt. Obwohl eine terminologische Differenzierung auf dem unübersichtlichen Feld der Historienmalerei wünschenswert wäre, birgt auch Hagers Definition ein Problem. Selbst ein Maler, der Zeitgenosse, vielleicht sogar Augenzeuge eines Ereignisses war, liefert nicht reine Fakten, sondern verarbeitet sie in seiner subjektiven Wahrnehmung zur Fiktion des Faktischen. Und: Wie viele Jahre darf ein Geschehen maximal zurückliegen, damit seine Darstellung noch als Ereignisbild bezeichnet werden kann? Um den Begriffsverwirrungen entgegenzutreten, kann man als Geschichtsdarstellung jene Bilder bezeichnen, die historische Ereignisse thematisieren. Historienmalerei könnte als übergreifender Begriff für die Bildgattung bestehen bleiben.

Doch die Krise reichte über das Problem der Begriffsfindung weit hinaus. Eine suggestive, «realistische» Geschichtsmalerei, die den Bildbetrachter gleichsam zum Augenzeugen eines historischen Ereignisses machen wollte, geriet in Gegensatz zur kritischen, dem Ideal der Objektivität verpflichteten Geschichtswissenschaft.

Die Vermittlung historischer Inhalte durch die Malerei musste umso fragwürdiger werden, je mehr die Subjektivität der Sehweise und die unverwechselbare Handschrift des Künstlers über den Rang

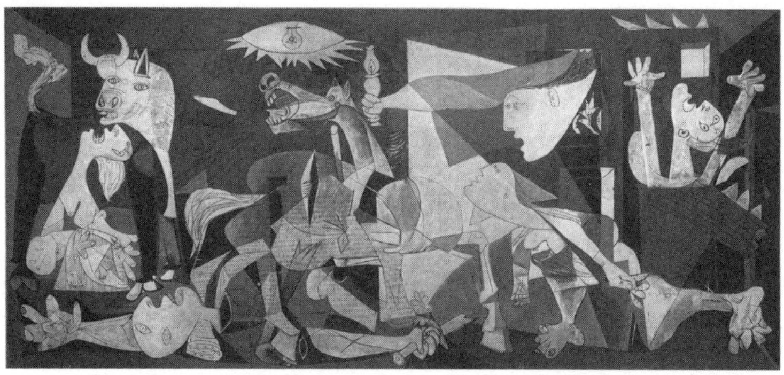

Abb. 27: Pablo Picasso, Guernica, 1937, Madrid, Museo Reina Sofía

eines Kunstwerks entschied. Eine Geschichtsmalerei, die affirmativ Themen behandelte, um einem Herrscher, dem Staat oder der Kirche zu dienen, war mit dem Ideal der *l'art pour l'art* nicht zu vereinbaren. Die Historienmalerei spaltete sich in zwei parallele Strömungen: eine der Avantgarde, die nicht mehr nach Gattungen, erst recht nicht nach Hierarchien fragte, und eine akademische Historienmalerei, die im Salon weiter den Ton angab. Als Propaganda fand die traditionelle Geschichtsmalerei ein Reservat in totalitären Systemen des 20. Jh.s, zum Beispiel im Sozialistischen Realismus. Der freie Umgang mit Farben und Formen und eine nicht-figurative Malerei schienen dagegen kaum geeignet, Themen der Historienmalerei, die seit jeher erzählende Figurenmalerei gewesen war, zu gestalten. Wenn der Avantgarde zugehörige Künstler Ereignisse der Zeitgeschichte verarbeiteten, zogen sie außerdem gebrochene Helden vor, klagten Gewalttaten an und konfrontieren mit unsäglichem Leid. Von Goyas Gemälde *Der 3. Mai 1808. Die Erschießung der Aufständischen* über Manets Darstellung der *Erschießung Kaiser Maximilians* (1868/69) führt insofern eine Linie bis zu Picassos *Guernica*.

Avantgarde

Am 26. April 1937 machten deutsche Bomben die baskische Stadt Guernica dem Erdboden gleich. Keine Woche später nahm Picasso die Arbeiten an *Guernica* (Abb. 27) auf, das Bild war für den Pavillon der Spanischen Republik auf der Pariser Weltausstellung bestimmt. Schon im Januar 1937 hatte Picasso die Einladung erhalten, für diesen Ort bei freier Themenwahl ein Wandgemälde zu schaffen. In Tageszeitungen wird Picasso Fotos von der Zerstörung gesehen haben, knüpfte aber nicht an diese Bilder an. In *Guernica* gibt es weder deutsche Flugzeuge noch zeittypische Waffen noch Soldaten – nur Symbole entsetzlichen Leids. Diese Symbole sind nicht kodifiziert, sondern offen und zum Teil selbstreferenziell: Das heißt, Picasso verwendete Motive, die schon in seinen früheren Werken immer wieder vorkommen.

Das Pferd beispielsweise ist ein Symbol für Kraft und Virilität, aber auch für das spanische Volk. Die Mutter mit dem toten Kind am linken Bildrand und die ihre Arme gen Himmel reißende Frau am rechten Bildrand sind geradezu Archetypen, Symbole eines kaum zu ertragenden Schmerzes, so wie Guernica – nichts außer dem Titel erinnert unmittelbar an die Stadt – von einem Schauplatz der Geschichte zum Symbol faschistischen Terrors wurde. Das Ereignis selbst wird nicht «erzählt», es ist als solches nicht adäquat darstellbar. Während Goya und Manet noch den Weg einer narrativen Geschichtsdarstellung gingen, schlug Picasso also den Pfad einer symbolischen Darstellung ein, wodurch sich auch der Rezeptionsprozess ändert.

Die Beschäftigung mit Geschichte blieb bis ins 21. Jh. ein Thema der Malerei. Vor allem ihre dunklen Kapitel forderten weitere Künstler wie Asger Jorn und Anselm Kiefer heraus. Auch weit zurückliegende Ereignisse können Aktualität erlangen, wenn sie nicht als Ergebnisse der Tagespolitik gedeutet, sondern auf Grundfragen oder -konflikte hin befragt werden.

Im Jahr 2001, vor dem 11. September, widmete sich Cy Twombly in einem zwölfteiligen Zyklus (Tafel XV) der Seeschlacht von Lepanto, in der 1571 eine Allianz aus spanischen, venezianischen und päpstlichen Truppen die osmanische Kriegsflotte vernichtete. Das Gefecht und der Sieg des Christentums waren wiederholt Thema der klassischen Historienmalerei. Twombly schildert es ohne Figuren aus der Farbgestaltung heraus und mit Chiffren, die für die Schiffe stehen. Helle, blaue Farbe lässt Wasser assoziieren, in dem Spiegelungen spielen, rote Farbe dagegen Blut. Der Rot-Anteil nimmt in den Bildern, von denen einige wie Halbtotale, andere wie Close-ups wirken, beständig zu; in den Bildern 1, 4, 8 und 12 dominiert Rot sogar. Gelb steht für das Feuer, das die Schiffe zerstört. Twombly unterscheidet nicht zwischen den Parteien und bietet, wie Picasso, keine zeittypischen Requisiten. Er arbeitet aber auch nicht mit Archetypen oder Symbolen, sondern mit der Farbe, die im Verlauf der Schlacht düsterer wird, Wasser und Boote rot färbt. Die zerlaufenden Farbmassen, die in Rinnsalen die Leinwand hinunterlaufen und den Gegenstandsbezug tilgen, sind ein Äquivalent für das Gemetzel, das über 37 000 Menschenleben auslöschte. Farbe wird über ihren Darstellungswert hinaus eingesetzt. Twombly teilt die Geschichte nicht über Fakten, sondern über Atmosphäre mit. Die strahlenden Farben mögen Augenzeugenberichten Rechnung tragen, die das herrliche Wetter eigens erwähnten. Die «Naturstimmung» nahm keine Rücksicht auf das historische Drama. Gemessen an der traditionellen Strategie der Historienmalerei bleibt zwischen der emotionalen Wirkung der Farbe – die blaugrundigen Bilder wirken geradezu fröhlich – und der Kenntnis der Historie, die ein einziges Gemetzel war, ein Widerspruch, den der Betrachter aushalten muss.

Genremalerei

Während die Historienmalerei bedeutende Ereignisse und Persönlichkeiten aus Religion, Mythologie, Dichtkunst und Geschichte darstellt, fängt die Genremalerei Episoden und Zustände des Alltags, aber auch des Festtags ein. Die Figuren, die uns Einblick in ihre Lebensbereiche gewähren – seien diese bäuerlich, bürgerlich oder adlig –, bleiben in der Regel anonym. Oft gibt es nicht einmal einen Hauptdarsteller. Genauso wenig wie die Historienmalerei gibt die Genremalerei ein Abbild der Wirklichkeit: Idealisiert die eine, typisiert die andere. Schon die Auswahl der Themen, die sie aufgreift, ist klein im Vergleich zur Vielzahl der Dinge, die den Alltag bestimmen, denn auch im Genre bildeten sich Konventionen und Bildtraditionen heraus. Die Absicht des Künstlers, den Anschein zu erwecken, als seien die Szenen der Wirklichkeit abgeschaut, ist für diese Gattung besonders wichtig.

Begriffsgeschichte

Der Begriff Genre stammt aus dem Französischen und wurde an den Akademien zunächst im allgemeinen Sinn von «Fach» benutzt. Bei Bedarf erfolgten Differenzierungen durch Zusätze wie *genre historique* oder *genre du paysage*. Alltagsszenen wurden in Inventaren und Schriften nicht mit dem heute üblichen Bildgattungsbegriff Genre belegt, sondern nach dem jeweiligen Sujet benannt: Bauernhochzeit, Rauferei, Kirmes.

Noch in der zweiten Hälfte des 18. Jahrhunderts verwendete neben anderen Denis Diderot den Begriff Genre in unterschiedlichen Bedeutungen. Der Sammelbegriff *peinture de genre* bündelte alles, was nicht der Historienmalerei zugerechnet werden konnte, also auch Tierstücke, Interieurs und Stillleben. Ähnlich unpräzise handhabte noch Watelet den Wortgebrauch in seinen Beiträgen zur *Encyclopédie méthodique* (1788–1791), doch ist aus der Gattungshierarchie, die er erstellte, und der Nennung bedeutender Vertreter der Bildgattung eindeutig ersichtlich, dass er der Genremalerei in der heute gebräuchlichen Definition den zweiten Platz zuwies, weil sie wie die Historienmalerei Einbildungskraft erfordert. Aus dem Französischen und über den Umweg über das Dänische fand der schwierige Terminus Genre Eingang ins Deutsche. Obwohl er sich etablierte, blieb er problematisch, da jeder Definitionsversuch einen unbestimmten Rest übrig ließ. Friedrich Theodor Vischer plädierte 1854 dafür, «Genre» durch «Sittenbild» zu ersetzen: «‹Sitte› wird nicht nur im moralischen Sinne gebraucht, sondern bezeichnet das Gewohnheitsmäßige im weitesten Umfang, insbesondere auch die äußeren Kulturformen.» Obwohl Vischers Vorschlag durchaus aufgegriffen wurde, setzte sich in der Kunstgeschichtsschreibung nicht der Begriff Sittenbild, sondern Genre bzw. Genregemälde durch.

Vorläufer Motive und Themen des Alltags wurden in Malerei, Skulptur und Graphik bereits gestaltet, bevor die ersten autonomen Tafelbilder mit Genreszenen entstanden. In Palästen und Burgen schmückten Darstellungen höfischer Unterhaltungen wie Reigentanz und Schachspiel die Wände. In den Kalendarien der Stundenbücher zeigen Monatsbilder das Nebeneinander arbeitender Bauern und sich vergnügender Adliger als Ausdruck einer spannungsfreien, gottgewollten Ordnung. Bevor Laster und Sünden als Personifikationen auftraten, wurden sie in genreartigen Szenen menschlichen Fehlverhaltens geschildert, wie von Boschs *Todsünden* (Madrid, Prado). Planetenkinderbilder versammelten Berufe und Charaktereigenschaften, die für ein Sternzeichen als typisch galten. Auch in der christlichen Ikonographie gab es Themen, die deutlich genreartige Züge tragen, wie das Gleichnis vom verlorenen Sohn, der sein Erbe im Wirtshaus mit Dirnen durchbringt. Nicht zuletzt leistete die Graphik als günstig, schnell und in größeren Auflagen zu produzierendes Medium mit großem Innovationspotenzial Vorarbeiten bei der Verbreitung von Genreszenen. Dürer malte keine tanzenden Bauern, erhob sie aber 1514 im Kupferstich zum alleinigen Bildgegenstand. Der Entwicklung einer selbständigen Genremalerei war es außerdem zuträglich, dass antike Autoren, darunter Plinius, Künstler nannten, die mit Genregemälden große Erfolge gefeiert hatten – die Bildgattung war also durch antike Wurzeln nobilitiert.

Realismus Bauern gehören zu den ersten anonymen «Helden», die in autonomen Genregemälden ihr Wesen oder Unwesen trieben. In Flandern und Holland war das Interesse an solchen Themen weitaus reger als zum Beispiel in Italien. Da keine Theoriebildung die Praxis begleitete, gibt es nach wie vor Debatten darüber, wie der «Realismus», der als Leitmotiv und Deutungsmuster das Genre seit seinen Anfängen prägte, zu werten ist.

Pieter Brueghels *Bauerntanz* (Abb. 28) wird von zwei Paaren im Mittelgrund ausgeführt. Rechts eilt ein Paar mit großen Schritten hinzu, um sich einzureihen, wird aber abgelenkt vom Geschehen am Tisch links, das schwer zu deuten ist. Dort streckt ein vielleicht blinder Bettler eine Hand über den Tisch, auf dem Brot liegt und Gefäße stehen. Überall auf dem Bild gibt es viel zu sehen: einen Dudelsackspieler, Kinder, die sich im Tanz üben, ein sich küssendes Paar, einen Mann, der eine Frau durch ein Scheunentor auf den Tanzplatz zieht. Brueghels Bauern sind derb, ungeschönt, ungeschliffen in ihren Bewegungen, in Gestik und Mimik. Obwohl man ja annehmen darf,

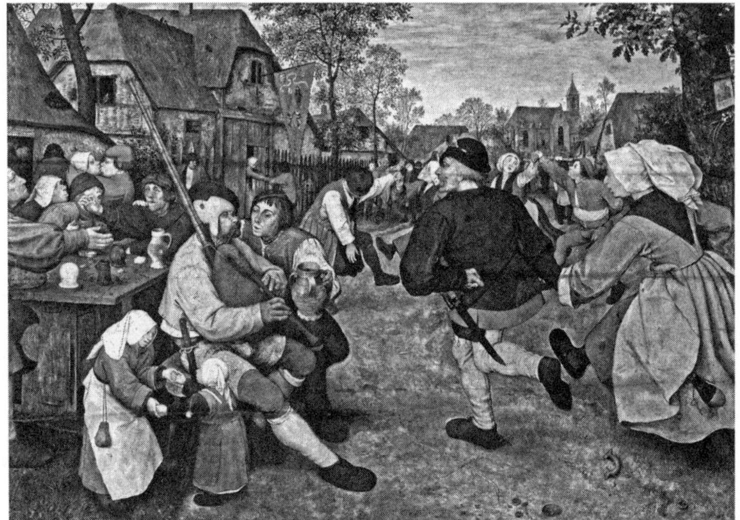

Abb. 28: Pieter Brueghel, Bauerntanz, um 1568, Wien, Kunsthistorisches Museum

dass es auch unter der Landbevölkerung hübsche Personen gab, obwohl Brueghel also keinen Querschnitt gibt, sondern eine typisierte Auswahl, stellt sich der Eindruck ein, die Darstellung sei realistisch.

Eine bewährte, von Plinius bis Diderot beobachtete und empfohlene Strategie, einer Darstellung den Anschein von zuverlässigem Realismus zu geben, ist ein großer Detailreichtum, wie ihn auch Brueghel kultivierte. Da Genreszenen mimetisch genau Realien und Bräuche wiederzugeben scheinen, wurden sie lange voreilig als volkskundliche Primärquellen ausgewertet. Das gilt für Brueghels Bauernszenen ebenso wie für die Bilder Pietro Longhis, die für Dokumente venezianischer Wohnkultur des 18. Jh.s gehalten wurden. Für Brueghel hat Theuwissen bereits 1979 nachgewiesen, dass der Künstler an einer mimetisch korrekten Wiedergabe von Geräten und Dingen gar nicht interessiert war und sogar funktionsuntüchtige Sensen und Räder malte. Brueghel dokumentierte zwar nicht, was er unmittelbar vor Augen hatte, aber er fand eine Strategie, den Anschein der Realitätstreue zu wecken. Auch nachfolgende Generationen von Genremalern manipulierten in ihren Darstellungen nachweislich die Wirklichkeit. Sie schufen nicht deren Abbild, sondern erzielten die Fiktion mimetischer Genauigkeit.

Auf die Frage, wie Brueghels Bauernszenen rezipiert wurden und welche Einstellung er selbst dem Landvolk gegenüber mitbrachte, sind unterschiedliche Antworten gegeben worden. Zumindest der *Bauerntanz* nimmt keine Wertung vor: Weder sind die Figuren karikiert, noch ist ihr Verhalten zügellos. Die Dorfleute sind sogar mit auffälligem Ernst bei der Sache. Sieht man einmal vom Dudelsackspieler ab, dessen Gesicht sich vor Anstrengung verzerrt, scheint Brueghel den Betrachter auf den ersten Blick nicht zum überlegenen Lachen reizen zu wollen. Aber zum einen hat auch der Humor seine Geschichte; in anderen Zeiten und Kulturen wurde über anderes gelacht – körperliche Gebrechen eingeschlossen. Zum anderen gaben Poetiken mit der Ständeklausel einen Rahmen vor, in den Genreszenen sich bis ins 18. Jh. einfügten: Das Personal der Komödie entstammte den niederen Ständen, denen man derbe Affekte und Umgangsformen nachsagte, während es in der Tragödie aus Heroen und Adligen bestand, denen allein das Vorrecht tragischer Würde eingeräumt wurde.

Ständeklausel

Die Komödie diente aber nicht nur der Belustigung, sondern auch der Belehrung. Allgemeine menschliche Schwächen ließen sich, das wussten auch Autoren des 16./17. Jh.s, in bäuerliches Gewand eingekleidet leichter aufzeigen. H. J. Raupp hat die Anwendbarkeit des Systems der literarischen Gattungen auf die Genremalerei untersucht und nachgewiesen, dass schon in der frühen Genremalerei eines Brueghel die lebensnahe Schilderung der Wirklichkeit nicht Ausdruck eines Lebensgefühls war, sondern eine verfügbare Stilebene.

Die Wiedergabe der Wirklichkeit blieb auch für die Interpretation der holländischen Genremalerei des 17. Jh.s ein Problem, das sich dort aber auf eine andere Ebene verlagerte, weil eine präzise Oberflächenbeschreibung der dargestellten Dinge den Eindruck authentischer Abbildung noch steigerte. Theorie und Kunstgeschichte verfestigten das Vorurteil wirklichkeitsgetreuer Abbildung zum Dogma. Für Karl Julius Ferdinand Schnaase nahm die holländische Malerei des 17. Jh.s 1834 den Rang einer kulturgeschichtlichen Quelle ein, W. Bürger deklarierte sie 1854 gar als «Photographie des 17. Jahrhunderts». Erst nach dem Zweiten Weltkrieg wurde diese Einschätzung u. a. durch Eddie de Jongh in Frage gestellt, der zentrale Themen mit Verweis auf Embleme inhaltlich deutete. Embleme setzen sich aus einem Bild, einer knappen Überschrift und einem Epigramm zusammen, also aus drei Bestandteilen, die sich wechselweise erläutern, wobei das Bild im Zentrum steht. De Jongh favorisierte einen primär ikonographischen Zugriff. Diesem Ansatz trat Svetlana Alpers entgegen, die die holländische Malerei des 17. Jh.s als optische Form der Weltbewältigung und Medium der Erkenntnis der physischen Welt interpretierte.

Deutungsmodelle

Alpers beschränkte ihre These nicht auf die Genremalerei, sondern sie schlug ein Interpretationsmodell für die gesamte holländische Malerei des 17. Jh.s vor, die sie als beschreibend in Abgrenzung zur erzählenden italienischen charakterisierte. Beschreibend ist für sie weitgehend identisch mit realistisch; auch von einem «Bildmodus der Photographie» ist die Rede. Mit Recht lenkte Alpers die Aufmerksamkeit darauf, dass Methoden und Fragestellungen, die von der Kunstgeschichte an der italienischen Malerei entwickelt worden waren, nicht ohne Weiteres auf Gemälde anderer Kulturkreise, wie den holländischen, übertragen werden können. Alpers setzte den Schwerpunk ihrer Betrachtung allerdings auf die «niederen» Bildgattungen, denen die italienische Malerei längst nicht die Aufmerksamkeit schenkte, die sie nördlich der Alpen genossen, wohingegen sie die holländische Historienmalerei, die in Delfter Inventaren um 1630 immerhin 40 Prozent der Sammlungsbestände ausmachte, marginalisierte. Obwohl Alpers' Deutungsmodell theoretisch alle Gattungen erfasst, wurde die Debatte, die sie auslöste, besonders am Beispiel der Genremalerei geführt. In der Diskussion ging es nicht um ein «Entweder-oder» im Sinne einer Unvereinbarkeit der Interpretationen, sondern um einen Deutungsprimat, der ins Zentrum der Kunstauffassung und des Bildverständnisses der holländischen Malerei zielt.

Sofern sich erbrechende Trunkenbolde, leichtfertige Mädchen und schlafende Wirte als Bildmotive nicht ohnehin eindeutig einzelne Laster vorführten, teilten sich moralische Botschaften oft schon über den Titel mit, über Inschriftentafeln oder Kommentare, die beigefügt wurden, wenn ein Gemälde als Stich bekannt gemacht wurde. Zuweilen setzten Bilder im Bild den Reflexionsprozess in Gang, wenn zum Beispiel Vermeers *Perlenwägerin* (um 1665, Washington, National Gallery) ihrem Geschäft vor einer Darstellung des Jüngsten Gerichts nachgeht. Fragwürdig wird die inhaltliche Interpretation erst dann, wenn die Qualität des Bildes allein aus der Tiefe des literarischen oder philosophischen Gedankens, den es visualisiert, abgeleitet wird. Zudem vernachlässigen ikonographische Ansätze oft die malerische Gestaltung als Wert *sui generis*. Umgekehrt leidet die ästhetische Qualität eines Gemäldes aber auch nicht, wenn es eine Moral transportiert. Problematisch waren im Grunde weniger die Werke als eine Verabsolutierung der Ansätze und eine Verhärtung der Fronten, die aber mittlerweile aufgebrochen wurde. In letzter Zeit wurde die Diskussion erweitert um Fragen nach Selbstreferenzialität und medialen Reflexionen. In den besten Fällen gelingt es, die Ansätze zu einer Synthese zu führen. Generell gilt: Die heute unverzichtbare wissenschaftliche Systematik, die im begrenzten Umfang eines Aufsatzes oft nur die Entwicklung eines bestimmten Aspekts zulässt, darf nicht auf das Verhalten des zeitgenössischen Kunstliebhabers übertragen werden, der ein Bild auf mehreren Rezeptionsebenen gleichzeitig wahrnahm, die wohl nicht immer systematisch durchlaufen wurden.

Selbstreferenzialität

Zu Jan Vermeers *Junger Dame mit Perlenhalsband* (Tafel XII) liegen gegensätzliche ikonographische Interpretationen vor. Die Frau, die sich im Spiegel betrachtet, während sie eine Kette schließt, wurde beispielsweise als Inbegriff der *superbia* (Hochmut) tituliert. Der Spiegel ist jedoch ungewöhnlich klein, und Perlen können auch für Reinheit stehen. Eine Entscheidung scheint nicht möglich, weil Vermeer die Zahl der Bildmotive stark verringerte. Es fehlen Attribute, die die Interpretation entschieden in die eine oder andere Richtung lenken. Das war nicht immer so: Eine Neutronen-Autoradiographie ergab, dass an der Wand ursprünglich eine Landkarte hing, während auf dem Stuhl eine Laute lag. Beides sind in der Genremalerei der Zeit gebräuchliche Motive. Die Laute weist als «Resonanzkörper der Liebe» in den amourösen Bereich.

Vermeer tilgte die Motive und erreichte damit, dass der Blick der Dame ins Zentrum gerät. Vor der weißen Wand durchmisst er den Raum und kontrolliert im Spiegel das Schließen des Halsbandes. Jedes Bild an der Wand hätte den Betrachter abgelenkt und dem Schauen der Dame die Konzentration genommen. Zum Thema wurde so der Blick, das Sehen. Dafür gibt es ikonographische Vorbilder: Der Sehsinn wird oft als sich vor einem Spiegel schmückende Frau dargestellt und durch weitere Details charakterisiert. Vermeer verzichtete dagegen auf Attribute. Seine Allegorie des Sehsinns funktioniert anders: Die Erkenntnis wird visuell sinnlich vermittelt und mit weiteren Reflexionen über das Sehen verbunden. Der Vordergrund, normalerweise gut ausgeleuchtet, ist in ein Dunkel getaucht, das das Sehen genauso behindert wie die enorme Helligkeit, die von der Wand reflektiert wird, so dass der Stuhl vor der Frau unscharf erscheint. Dort, wo die Luft mit Licht angereichert ist, nicht zu hell, nicht zu dunkel, zwischen Frau und Spiegel, treten die Gegenstände klar in Erscheinung. Der Raum ist in verschiedenen Graden von Licht erfüllt, und nur weil das Licht auf ihnen spielt, erfahren wir etwas über die Oberfläche der Dinge. Das Gemälde «beschreibt» also, hat ein benennbares ikonographisches Thema – und beide Rezeptionsebenen unterstützen sich in der Aussage und stiften einander Sinn.

Fêtes galantes

Der holländischen Genremalerei des Goldenen Zeitalters war nachhaltiger Erfolg beschieden; von ihr gingen Impulse auf das französische Genre des 18. Jh.s und das deutsche des 19. Jh.s aus. Vorerst breitete sich in Frankreich zu Beginn des 18. Jh.s jedoch eine andere Tendenz aus, die amouröse und galante Themen favorisierte. Dass über die Zuordnung zum Genrefach nicht nur das Sujet entschied, zeigte sich, als Antoine Watteau 1717 mit einem mythologischen Sujet, der *Einschiffung nach Cythera*, als Historienmaler an der französischen Akademie reüssieren wollte. Da das Fehlen eines Helden und eine mangelnde Lesbarkeit der Geschichte moniert wurden, erhielt Watteau seine Zulassung lediglich mit dem eigens für ihn geschaffenen Status eines Malers der *Fêtes galantes*.

Peinture morale

Um die Jahrhundertmitte setzte eine Gegenbewegung ein, die dem Genre Aufgaben zutraute, wie sie bisher nur der Historienmalerei übertragen worden waren. Die Genremalerei sollte nun bürgerliche Tugenden vorführen und trat mit einem moralischen Anspruch auf. Solchen Ideen hatte in England bereits William Hogarth mit seinen *modern moral subjects* vorgearbeitet, dessen Erfolge im Genre allerdings in der Graphik größer waren als in der Malerei. In Frankreich setzte Jean Baptiste Greuze neue Maßstäbe, dem Denis Diderot in seinen Salonkritiken fast gegen seinen eigenen Willen das hohe Lob aussprach: «C'est de la peinture morale.»

Der väterliche Fluch (1777, Paris, Louvre), der einen jungen Mann trifft, der sich zum Militär hat anwerben lassen, soll nicht nur eine moralische Botschaft vermitteln – dieses Ziel verfolgten viele flämische und holländische Genrebilder ja auch. Während dort aber die Komödie den Rezeptionsrahmen absteckte, ist hier die Tragödie mit dem neuen Fach des bürgerlichen Trauerspiels der Bezugspunkt. In Komposition und Erzählstrategie griff Greuze nach dem Vorbild der Historienmalerei: Die Handlung entfaltet sich im Vordergrund bildparallel, es sind eindeutig zwei Hauptfiguren zu erkennen, und einzelne Figuren haben Vorbilder in der antiken Skulptur und christlichen Ikonographie.

Mit der Aufwertung der Genremalerei ging eine Kritik an der Historienmalerei einher, da sie weder die Kriterien der Wahrscheinlichkeit noch die der Wahrheit erfülle: In Venedig bemängelte Gaspare Gozzi 1761, die Begebenheiten lägen jenseits des Erfahrungshorizonts der Betrachter, neigten zu Übertreibungen und hätten nichts mehr mit der Natur gemein. 1799 reichten sogar einige Künstler eine offizielle Beschwerde über den Ausschluss der Genremaler vom Ehrenpreis der Französischen Akademie ein: Die *«histoire domestique»* und die *«scènes sentimentales»* seien für die Volksbildung unverzichtbar. Im 19. Jh. verschwammen die Grenzen zwischen Genre- und Historienmalerei noch weiter, als das historische Genre zwar Herrscher und hochgestellte Persönlichkeiten in Szene setzte, jedoch nicht in staatstragenden Aktionen und Heldentaten. Stattdessen rückten ihre menschlichen Qualitäten und ihr Verhalten im Alltag in den Mittelpunkt. Johann Peter Krafft malte Kaiser Franz I., der den Sarg eines Armen begleitet (um 1834, Wien, Belvedere), Adolf Menzel Friedrich den Großen beim Flötenkonzert (1852, Berlin, Alte Nationalgalerie).

Historisches Genre

Realismus im 19. Jh.

Diskussionen dieser Form des Grenzverkehrs zwischen den Bildgattungen verliefen unaufgeregt. Heftig fielen dagegen die Reaktionen auf Courbets Realismustrilogie (*Steineklopfer, Ein Begräbnis in Ornans* und *Rückkehr der Bauern vom Markt*) aus, die 1849 erst im Salon, dann in einem eigenen Pavillon ausgestellt wurde. Schon mit der Wahl des sehr großen Formats forderte Courbet die Historienmalerei bzw. das Denken in den Konventionen der Bildgattungen heraus. Einfache Steinklopfer, die in Staub und Hitze Knochenarbeit leisten, monumentalisierte Courbet. Er gab auch die Trauergemeinde im *Begräbnis* in Lebensgröße und schilderte sie ungeschönt, in krassem «Realismus». Dieser Realismus unterscheidet sich grundlegend von dem eines Brueghel. Er ist keine Stiloption, die mit den Funktionen der Belehrung und des Vergnügens verbunden ist, sondern durchgehendes künstlerisches Programm, das, auch hierin von Brueghel unterschieden, provozieren will, indem es die an der Académie gelehrten Regeln missachtet: nicht nur in der Heroisierung einfacher Arbeiter, die noch nicht einmal als Tugendideal inszeniert werden, sondern auch in der regelwidrigen Komposition und der Wahl des Bildausschnitts, die auf den ersten Blick zufällig erscheint. Es ging nicht mehr darum, der Genremalerei größeres Ansehen zu erstreiten oder sie auf eine Höhe mit der Historienmalerei zu bringen. Es ging um eine neue Definition von Kunst, die der Moderne den Weg bereitete. Wie die Wirklichkeit künstlerisch zu gestalten sei, wie Konventionen herauszufordern und Vorstellungen von der Funktionsweise der Wahrnehmung umzusetzen seien – darüber gingen die Auffassungen der Künstler auseinander. Doch war die Motivation, sich mit Alltagsszenen zu beschäftigen, spätestens seit Baudelaires Forderung nach der *modernité* und der Zeitgenossenschaft des Künstlers (1863) eine gänzlich andere als im klassischen Genre. Viele Werke, wie Cézannes *Kartenspieler* (1890/95, Paris, Musée d'Orsay), haben in der traditionellen Genremalerei ihre ikonographischen Wurzeln, die in der Ästhetik auch noch weiter im Bewusstsein blieben. Die Darstellungen unterlagen aber nicht mehr der Ständeklausel.

Porträtmalerei

Als Porträt kann man das als ähnlich intendierte Abbild der physiognomischen, anatomischen, gegebenenfalls auch charakterlichen Eigenschaften einer Person verstehen, das auf Wiedererkennbarkeit zielt. Die Schwachstellen dieser Umschreibung der Porträtaufgabe liegen darin, dass Wiedererkennbarkeit nicht nur durch physische Ähnlichkeit gewährleistet und «Ähnlichkeit» ganz unterschiedlich definiert werden kann. Daraus ergeben sich das bildgattungsspezifische Thema und das kunsttheoretische Problem der Porträtmalerei. Der Künstler muss entscheiden, wo er ein Bildnis zwischen den Polen des Verismus einerseits und der Idealisierung bzw. Typisierung und der Darstellung überindividueller Eigenschaften andererseits ansiedelt.

Verismus und Idealisierung

Auch wenn wir die dargestellte Person nicht kennen, sind wir paradoxerweise gerne und schnell bereit, Urteile über den vermuteten Grad der Ähnlichkeit eines Bildnisses abzugeben, sogar wenn uns Korrektive in Form anderer Porträts desselben Menschen fehlen. Und selbst wenn uns solche vorliegen, können wir im Grunde nicht sicher sein, ob sie nicht Produkte einer Imagekampagne sind, wie sie sich zum Beispiel für Porträts Martin Luthers aufdecken lässt. Unsere Reaktionsmechanismen sind erstaunlich einfach: Je stärker Porträtierte der Schönheitsauffassung ihrer Zeit entsprechen, umso leichter argwöhnen wir eine Idealisierung. Bei Abweichungen sind wir, sofern die Grenze zur Karikatur nicht überschritten wird, eher bereit, ein authentisches Bildnis zu vermuten.

Während die Feststellung von Ähnlichkeit hochproblematisch ist, sind Strategien, die auf Typisierung abzielen oder die Gesichter nach rhetorischen Vorgaben überarbeiten, leichter zu ermitteln. Das gilt ebenso für das Menschenbild, das aus dem Porträtwerk eines Künstlers oder einer Epoche spricht. Und schließlich erfasst auch die Annahme, ein Porträt sei «authentisch», möglicherweise die Absicht des Künstlers, uns genau dies glauben zu lassen.

Begriffsgeschichte

Der Begriff «Porträt» leitet sich vom lateinischen *protrahere* ab, das in der Geometrie das Hervorziehen einer Linie aus einem Punkt bezeichnete und daher hohe Präzision erforderte. In Italien setzte sich zu Beginn des 15. Jh.s *ritratto* durch. Antike und Mittelalter kannten diese Termini nicht und verwendeten stattdessen *imago, eikon* und *effigies* – Wörter, die zwar im engeren Sinn, in Abhängigkeit vom Kontext, Bildnisse bezeichnen können, gleichzeitig aber auch «Bild» allgemein.

Bei der inventarisierenden **Beschreibung von Porträts** werden in der Regel zuerst allgemeine Ordnungskriterien erfasst. Sie betreffen die Ausrichtung der Dargestellten (Profil, Dreiviertelansicht, en face) und die Wahl des Ausschnitts: Brustbild, Halbfigur, Hüft- und Kniestück sowie die ganzfigurige Darstellung, die aus der Tradition der Reihe der *uomini famosi* (Darstellung von berühmten Männern) stammt und lange Herrschern vorbehalten war. Für manche Porträtaufgaben wie für das Herrscher-, das Gelehrten- oder Familienporträt bildeten sich eigene Konventionen heraus. Eine gesonderte Kategorie bildet das Selbstbildnis, in dem der Künstler sich nicht zwangsläufig so malt, wie er sich sieht, sondern auch so, wie er von der Öffentlichkeit gesehen werden will.

Aus den Quellen wissen wir, dass Porträtmalerei im Altertum intensiv gepflegt wurde; erhalten hat sich nur wenig. So genannte Mumienporträts wurden zu Lebzeiten der Porträtierten angefertigt und nach deren Tod auf dem Körper angebracht. Allerdings waren solche Bildnisse noch nicht bekannt, als das Porträt sich in der frühen Neuzeit als eigene Bildgattung herausbildete. Anders verhält es sich mit antiken Porträtbüsten und Medaillen, aber auch mittelalterlichen Großskulpturen, die Formen und Funktionen tradierten. Die zentralen Aufgaben des Porträts bestanden in der Aufrechterhaltung der *memoria*, also des rühmenden Gedenkens in der Nachwelt, in der Vorbildfunktion der Dargestellten und in der Legitimation von Herrschaftsansprüchen. Was für die mittelalterliche Grabskulptur gilt, lässt sich auf die Anfänge der Porträtmalerei übertragen: Die authentische Überlieferung der Gesichtszüge war weder oberstes Ziel noch einziges Mittel, die genannten Funktionen zu erfüllen. Da schon die übernächste Generation den Verstorbenen vielleicht nicht einmal mehr erlebt hatte und als Individuum wiedererkennen konnte, halfen Inschriften und Wappen weitaus zuverlässiger bei der Identifikation. Stand, Rechtsfähigkeit und Repräsentation überdauerten und interessierten mehr als die individuellen Gesichtszüge. Entscheidender als die Überlieferung vergänglicher Merkmale war es, welche Dynastie der Verstorbene weitergeführt hatte. Stiftern, die sich in Buchmalereien und auf Altären verewigen ließen, wurden deshalb ihre Wappen beigegeben; beim Wilton-Diptychon (1395/99, London, National Gallery) sind sie auf den Außenflügeln angebracht. Auch Holzschuber, wie sie im 16. Jh. der Aufbewahrung von Bildnistafeln dienten, konnten Wappen tragen. Die beiden ältesten Herrscherporträts verdanken wir Zufallsüberlieferungen; sie dürften nicht die Einzigen gewesen sein. Neben dem Bildnis des französischen Königs Jean II. Le Bon (Paris, Louvre) ist dasjenige Rudolfs IV. von Österreich (Abb. 29) das älteste überlieferte Porträt der Tafelmalerei.

Aufgaben des Porträts

Es zeigt den Herzog in Dreiviertelansicht im Brustausschnitt und ist schon früh im Wiener Stephansdom in der Nähe des Hochgrabs Rudolfs IV. nachweisbar, wo es eine Memorialfunktion innerhalb eines größeren Zusammenhangs erfüllte. Das Grabmal, also die Skulptur, weist Rudolf IV. als Nachfahren Albrechts II. aus und stellt so den dynastischen Konnex her, während das gemalte Porträt Namen und Titel mitteilt – eine bemerkenswerte Aufgabenteilung. Auf der Porträttafel trägt Rudolf IV. überdies die königliche Bügelkrone, die ihm als Herzog gar nicht zustand. Das Porträt reklamiert über den Tod hinaus einen Herrschafts- und Ranganspruch und versucht als eine Art gemalter Urkundenfälschung, Fakten zu schaffen.

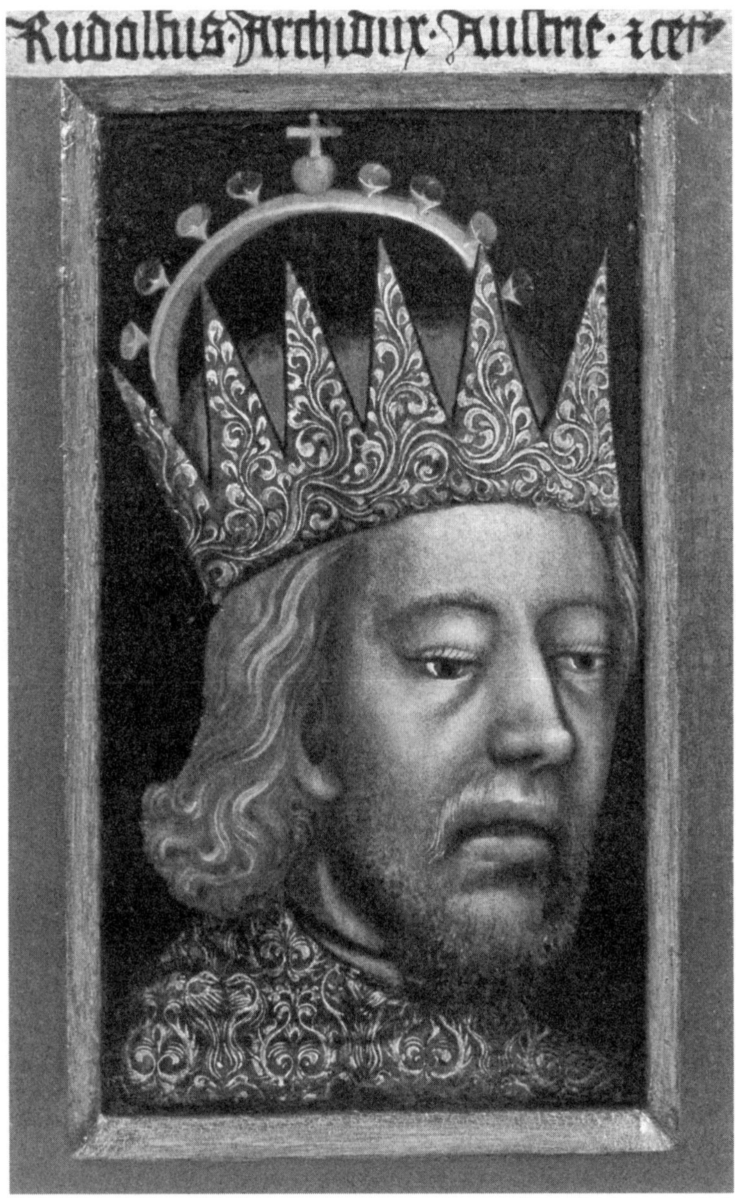

Abb. 29: Anonym, Rudolf IV. von Österreich, um 1360, Wien, Diözesanmuseum

Stifter Der Großteil früher Porträts findet sich in nicht-autonomen Darstellungen: Stifter ließen sich auf Altarbildern abbilden, zunächst klein am Rand und empfohlen von Heiligen, aber auch als Mitspieler in biblischen Szenen. Selbständigen Porträts schon nahe kommen Diptychen, auf denen der Stifter eine eigene Tafel als Gegenüber der Gottesmutter oder Christi einnimmt. Solche Tafeln wurden nicht aufgestellt oder aufgehängt, sondern in Beuteln oder Schachteln aufbewahrt.

Medaillenkunst Einen großen Aufschwung nahm die Porträtmalerei in den 1430er Jahren. In Italien, mit dem Zentrum Florenz, übernahmen die Künstler das Profilbild aus der Medaillenkunst. Auf Medaillen und Münzen waren in der antiken Tradition neben Göttern herausragende Persönlichkeiten, wie beispielsweise Herrscher, zu sehen, wodurch das Medium geadelt war. Das Profilbild erlaubte außerdem ein Maximum an Wiedererkennbarkeit bei einem Minimum an Aufwand und kam der kunsttheoretischen Wertschätzung des *disegno* entgegen.

Renaissance Die Porträtierten verbindet in der Renaissance eine ausgeglichene Gemütslage; vor allem wurden Extreme des Ausdrucks vermieden, weil sie momentanen Regungen entspringen und der Vorstellung einer allgemein gültigen, zeitlosen Sicht zuwiderlaufen. Auch eine differenzierte Einschätzung des Alters ist aufgrund einer Typisierung selten möglich. Nicht das individuelle Aussehen einer Person in einem bestimmten Lebensjahr sollte das Porträt wiedergeben, sondern eine Altersstufe, entsprechend der Lehre der Lebensalter. Im Wesentlichen gibt es die Kategorien Jugendlicher, junger oder reifer Mann und, wenn auch seltener, Greis. Weitere Überformungen individueller Züge folgten physiognomischen Lehren, die besagen, dass das Äußere eines Menschen Rückschlüsse auf seine inneren Anlagen zulässt. Verbreitet waren Vergleiche mit Tieren, bei Herrschern gerne mit dem Löwen als König der Tiere. Schon Jean Le Bon dürfte die Mähne, die ihn in seinem Porträt umwallt, dieser Assoziation verdanken. Deutlich leonide Züge verlieh Pisanello 1441 dem Markgrafen Leonello d'Este (Bergamo, Accademia Carrara), der die «tierische Verwandtschaft» ohnehin bereits im Vornamen trug.

Ghirlandaios Porträt der Giovanna degli Albizzi Tornabuoni (Abb. 30) lädt nicht ein, Rückschlüsse auf ihr individuelles Seelenleben zu ziehen. Die Inschrift auf dem *cartello* (Zettel) verbreitet sogar die Ansicht, dass dies gar nicht möglich sei, indem sie einen Ausspruch des römischen Dichters Martial paraphrasiert: «Oh Kunst, könntest Du Gesittung und Geist wiedergeben, schöner würde auf Erden keine andere Tafel sein.» Der Konjunktiv

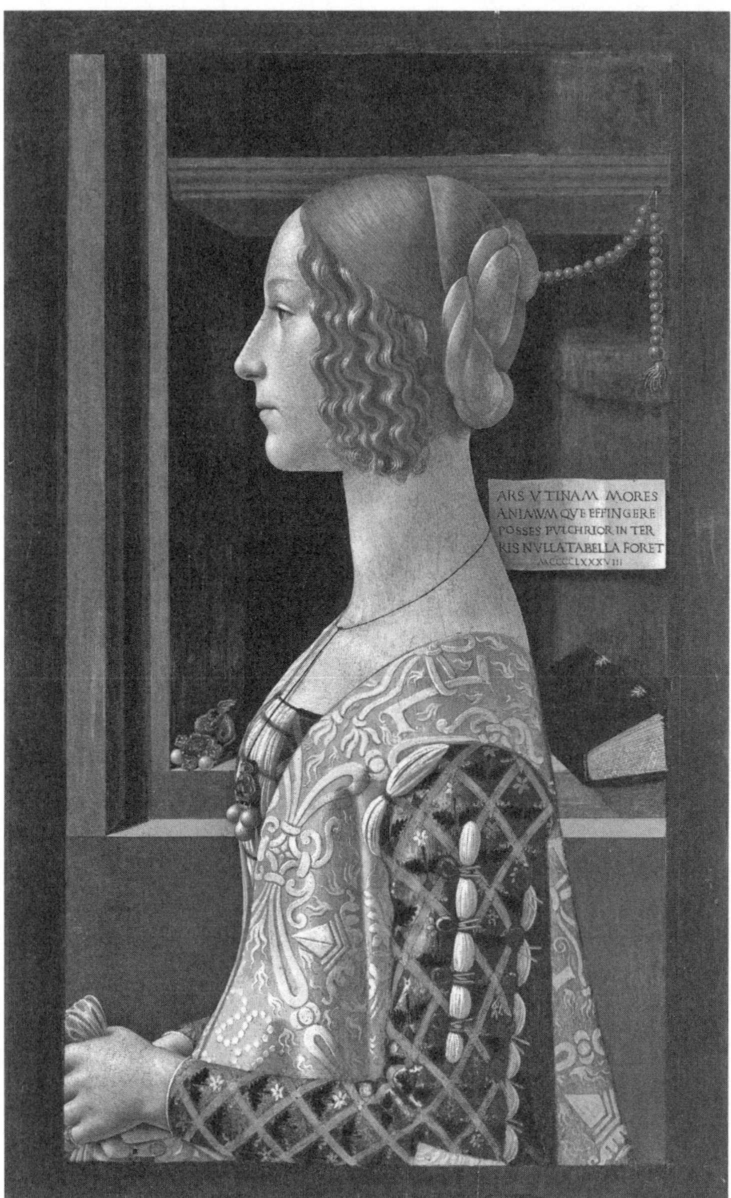

Abb. 30: Domenico Ghirlandaio, Giovanna degli Albizzi Tornabuoni, 1489/90, Madrid, Museo Thyssen-Bornemisza

zeigt die Vergeblichkeit des Bemühens an. Dem Betrachter bleibt es überlassen zu prüfen, ob die Aussage wirklich zutrifft.

Das Werk sensibilisiert für weitere formale Probleme, die die Porträtmalerei zu lösen hatte: die Verbindung von Figur und Raum, die beim Profilbildnis, das ohnehin zum Silhouettenhaften und damit zur Fläche tendiert, besonders virulent wurde. Hinter Giovanna öffnet sich eine Nische, die dem Bild räumliche Tiefe verleiht, doch die Frau selbst nimmt den sie umgebenden Raum nicht in Besitz. Ein weiteres Thema ist die Wahl des Ausschnitts, die im Bildnis Rudolfs IV. noch beliebig getroffen scheint. Ghirlandaio führt das Absichtsvolle der Komposition fast demonstrativ vor: Der nahezu waagerecht gehaltene Unterarm bildet eine stabile Basis, der Oberarm dagegen eine Vertikale aus, die die Büste stützt, zumal Ghirlandaio Farbe und Bändchen am Ausschnitt des Kleides wiederholt. Vertikale und Horizontale werden in der Nische und in Details wieder aufgenommen, so dass Giovanna in ein Koordinatensystem eingeschrieben scheint, das ihre Büste noch einmal gesondert rahmt, wie ein Bild im Bild.

altniederländische Malerei

Das Bemühen, der Komposition eine stabile Basis und eine innerbildliche Logik zu geben, lässt sich auch in der altniederländischen Malerei verfolgen. Die aus Italien importierte Form der Profildarstellung wurde hier schnell zugunsten von Dreiviertelansichten aufgegeben, die zunächst vor indifferentem Hintergrund einen «Verismus» pflegten, für den die altniederländische Malerei bald auch in Italien berühmt wurde. Fältchen, Warzen und Adern wurden sorgfältig und gewissenhaft dokumentiert und suggerieren große Naturtreue. Immer weiter dem Betrachter zugedreht, schicken die Porträtierten ihre Blicke noch an ihm vorbei. Der nächste Schritt wurde mit der Darstellung des Augenblicks im doppelten Wortsinn unternommen. Jan van Eycks *Mann mit rotem Turban* (1433, London, National Gallery), vermutlich ein Selbstporträt, nimmt mit dem Betrachter Blickkontakt auf. Mit dem Blick aus den Augenwinkeln hielt ein zeitliches Moment Einzug in die Porträtmalerei, weil dieser Augenstellung meist unmittelbar die Hinwendung des Kopfes zum betrachteten Objekt folgt. Diese Innovation erweiterte die Spielräume der Bildgattung genauso sehr wie die Öffnung des Hintergrundes in Landschaften oder Interieurs, die durch ihre Ausstattung Zusatzinformationen über die Dargestellten liefern konnten.

Psychologisierung des Porträts

An der Psychologisierung des Porträts im 16. Jh. lässt sich nicht nur der Wunsch ablesen, die physiognomischen Eigenschaften einer Person mitzuteilen sowie vielleicht noch individuelle Neigungen mittels Accessoires. Zwei Aspekte traten in den Vordergrund: erstens die Vorstellung, dass nicht nur Charaktereigenschaften sich in unveränderlichen Merkmalen niederschlagen, sondern dass «das Innere» zusätzliche Spuren hinterlässt, und zweitens die Fremdwahrnehmung

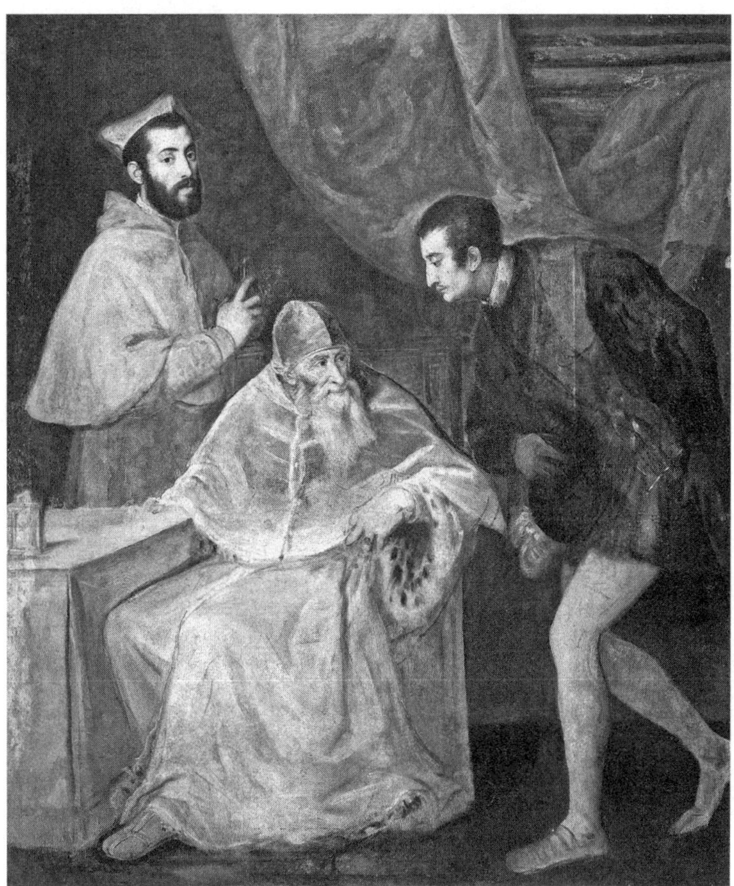

Abb. 31: Tizian, Papst Paul III. und seine Enkel, 1546, Neapel, Museo di Capodimonte

des Modells durch den Künstler. Im Grunde floss sie schon immer mit ein, erhielt nun aber eine andere Qualität: Van Eyck und Ghirlandaio geht es um eine Inventur der Gesichtszüge im Ruhezustand – emotionslos und daher scheinbar objektiv. Jede Darstellung aktiven Verhaltens beruht dagegen sehr viel mehr auf einer subjektiven Deutung. Im Gruppenporträt kann sie noch einmal forciert werden, sofern es die einzelnen Teilnehmer nicht nur nebeneinandersetzt, sondern sie interagieren lässt.

Tizian ließ das Porträt Papst Pauls III. und seiner Enkel (Abb. 31) unvollendet. Paul III. sitzt, hinterfangen von einer Draperie, vor einer Säule. Vor dem Papst liegt eine Uhr, die an den Ablauf auch seiner irdischen Zeit erinnert.

Die linke Hand umschließt die Lehne des Stuhls fest. Auch Kardinal Alessandro Farnese hat den Stuhl «im Griff». Der Kardinal steht zwar hinter dem Papst und auf der Ehrenseite zur Rechten, doch zusammen mit dem Herandrängen des Körpers an den Thron kann die Geste als Anspruch auf die Macht respektive die Nachfolge im Amt interpretiert werden. Anders nähert sich Ottavio Farnese. Seine Haltung lässt es offen, ob er noch eine der drei zeremoniell vorgeschriebenen Verbeugungen ausführt oder bereits ansetzt, zum Fußkuss niederzuknien. Für Letzteres sprechen seine Blickrichtung im Profil am Papst vorbei und das Hervorspitzen des Fußes unter dem Gewand des Pontifex. Vom Alter gebeugt und leise lächelnd, wendet sich der Papst dem Enkel zu, doch im Spiel der Gesten und Blicke wirkt es, als sei er auf der Hut und zöge sich wie ein Raubtier zum Sprung zusammen, die Hand wird zur Kralle. Die Haltungen der Beteiligten mögen aus Alter und Zeremonie zu erklären sein, dennoch enthalten sie Spannungen, da Tizian die Verbeugungen in einer Atmosphäre einfängt, die gezwungen wirkt. Man möchte die Geste nicht echter Ergebenheit des jungen Mannes zuschreiben, der, wenn er den Körper aufrichtet, die anderen weit überragt.

Staatsporträts

Draperie und Säule gehörten zu den unverzichtbaren Requisiten des Staatsporträts, das öffentliche Funktionen übernahm, zum Beispiel in Audienzsälen dem Herrscher zu immerwährender Anwesenheit verhalf, und mit dem auch politisch-dynastische Ansprüche reklamiert wurden. Noch bis ins 16. Jh. unterschied die Porträtmalerei nicht durch besondere Posen oder prägnante Attribute zwischen den Adelsrängen; das Staatsporträt versammelte erst mit der Zeit den «großen Apparat», wie ihn Hyacinthe Rigaud im Porträt Ludwigs XIV. 1701/02 vorführte: Als Ganzfigur tritt der französische Herrscher nicht nur vor üppiger Draperie und Säule auf. Er trägt den Krönungsornat und ist umgeben von den Insignien seiner Macht.

Wenn Figuren in Historienbildern die Züge von Zeitgenossen des Malers tragen – meist des Auftraggebers, zuweilen auch seiner Familienmitglieder –, handelt es sich um **Kryptoporträts**. Kaiser Karl IV. war wohl der Erste, der im 14. Jh. solche Identifikationsporträts von sich anfertigen ließ und seine Züge Heiligen, Personen der Bibel oder der Geschichte lieh.

In den **Portraits historiés** zeigen sich die Dargestellten mit den Attributen von biblischen oder mythologischen Gestalten, was ihre Bedeutung durch die überpersönliche Ebene aufwertet und zugleich die Grenzen vom Porträt zum Historienbild öffnet. Agnolo Bronzino stellte um 1540/50 den Admiral Andrea Doria als Neptun dar; Jean-Marc Nattier porträtierte 200 Jahre später verschiedene adlige

Damen als Diana oder Flora, und Napoleon ließ sich 1806 von Jean-Auguste-Dominique Ingres in der Rolle Jupiters verewigen.

Tronies sind Brustbilder von fiktiven Figuren, aber auch nach Modellen, die nicht um ihrer Persönlichkeit willen porträtiert wurden. Im Mittelpunkt des Interesses standen bestimmte Zustände, Tugenden, Emotionen usw. Tronies wurden besonders in Holland im 17. Jh. populär. Rembrandts zahlreiche, teils grimassierende Selbstporträts sind wohl weniger, wie lange angenommen, Ergebnisse quälender Selbstbefragung als vielmehr Tronies: An sich selbst konnte der Künstler das Minenspiel viel intensiver studieren und kontrollieren als an Modellen.

Seit dem 16. Jh. florierte die Porträtmalerei. Hier wie auch in den anderen Bildgattungen, die im Rang unter die Historie verwiesen wurden, fanden Theorie und Praxis oft nicht zueinander. Es hob den Ruhm der Bildgattung nicht, dass antiker Überlieferung zufolge der Wunsch eines Mädchens, das Bildnis des Geliebten zu besitzen, sie veranlasste, seinen Schattenriss nachzuzeichnen. Dabei wurde diese Episode nicht nur als Beginn des Porträts, sondern der Malerei an sich interpretiert. Im theoretischen Diskurs wurden gegenläufige Ansichten oft zeitgleich vertreten. Gabriele Paleotti geißelte es 1582 als «Schwachheit des Geistes» und als Narzissmus, wenn jemand sein eigenes Bildnis in Auftrag gab. Ausnahmen gestattete er, wenn eine Familie ein abwesendes Mitglied zu vergegenwärtigen wünschte oder das Bildnis dem Zweck der Hochzeitswerbung dienen sollte. Während Paleotti eine Beschönigung des Modells untersagen wollte, forderte Lomazzo 1584, auch der Porträtmaler solle sich einen *concetto* machen und nicht lediglich die Natur imitieren. Es sei, je nach Auftraggeber und Bestimmungszweck, das hervorzuheben, wofür der jeweilige einstehe, zum Beispiel Edelmut oder Geistesschärfe. Herrscherbildnisse müssten Würde ausstrahlen, daher seien Unvollkommenheiten im Aussehen zu verbergen. Diese Korrekturen stehen mit der Aufgabe in Verbindung, der Dargestellte möge als Vorbild dienen, denn nur als solches ist er überhaupt porträtwürdig. Die Überlegungen kreisten in erster Linie um das Männerporträt; Frauenbildnisse blieben auf das Ideal der Schönheit und der Tugend festgelegt.

Theoretische Positionen im 16. Jh.

Wie in den anderen «niederen» Bildgattungen vergrößerte sich die Kluft zwischen Theorie und Diskriminierung auf der einen und Praxis und Beliebtheit auf der anderen Seite, bis im 19. Jh. die Rede von

Krise der Porträtmalerei

der Krise der Porträtmalerei die Runde machte. Jakob Burckhardt war überzeugt, die Malerei habe die Bildnisaufgabe an die Fotografie verloren. Die Vernachlässigung der Gattung bzw. ihre jüngste Entwicklung wurde als Symptom bedenklicher gesellschaftlicher Veränderungen interpretiert. Die Erinnerung an «vergangene Geschlechter» werde nicht mehr gepflegt, außerdem drohe der endgültige Verlust der Individualität. Der Einzelne gehe in der Masse unter, da er nicht mehr als Einzelpersönlichkeit wahrgenommen werde, sondern nur noch als Vertreter verschiedener Ordnungsgefüge, beispielsweise einer Schicht oder eines Berufsstandes.

Ungeachtet dieser Bedenken wurden in der Malerei der Moderne die Möglichkeiten des Porträts noch einmal durch die Auffassung erweitert, dass eine mimetisch korrekte Darstellung noch keine Ähnlichkeit des Dings mit sich selbst garantiere. Nicht die äußere Hülle, sondern der innere Wesenskern wurde zum Referenzwert. Das galt auch für das Porträt. In den Porträts Oskar Kokoschkas ist es zum Beispiel der psychologische Ausdruckswert der Farbe und des Pinselduktus, der die seelische Befindlichkeit des Porträtierten zum Ausdruck bringt. Normverletzungen und Wendungen ins Hässliche waren Tabus, die gebrochen wurden.

Während es sich dabei gleichsam um die neue Lösung eines alten Themas der Bildgattung Porträt handelte, gab es auch neue Fragen, die nach Antworten verlangten. Dazu gehörten die Auseinandersetzung mit den Massenmedien, die das Original quasi zum Verschwinden brachten, und mit der Rückwirkung auf die Identität der Abgebildeten im «Zeitalter der technischen Reproduzierbarkeit» des Bildes (Walter Benjamin). Ferner wurde aufgrund der Dominanz der abstrakten Malerei und im Dialog mit ihr die Möglichkeit der figurativen Malerei neu ausgelotet.

In Francis Bacons *Porträt der Isabel Rawsthorne* (Abb. 32) halten Abstraktion und Figuration sich die Waage. Bacon dienten Fotografien als Ausgangspunkt seiner Porträts, nicht zuletzt weil er sich so, ohne Modell, auf den Malprozess konzentrieren konnte, in den er den Zufall einbezog. Vom Figurativen ausgehend, bearbeitete Bacon entstehende Porträts mit unkontrollierten Pinselhieben und Verwischungen der noch feuchten Farbe mit Lappen. Das Resultat weist in zwei Richtungen. Zum einen sind die Gesichtszüge nicht festgelegt, wodurch Lebendigkeit entsteht – dass im Porträt immer nur eine Momentaufnahme gegeben werden kann, war in der Kunsttheorie wiederholt diskutiert worden. Zum anderen ist das Gesicht entstellt. Schmerz und Verletzlichkeit des Menschen teilen sich dem Betrachter unmittelbar und fast körperlich mit, erinnert die Deformation doch auch an die Vergänglichkeit. Fleisch und Blut, die als Material, aus dem der Mensch be-

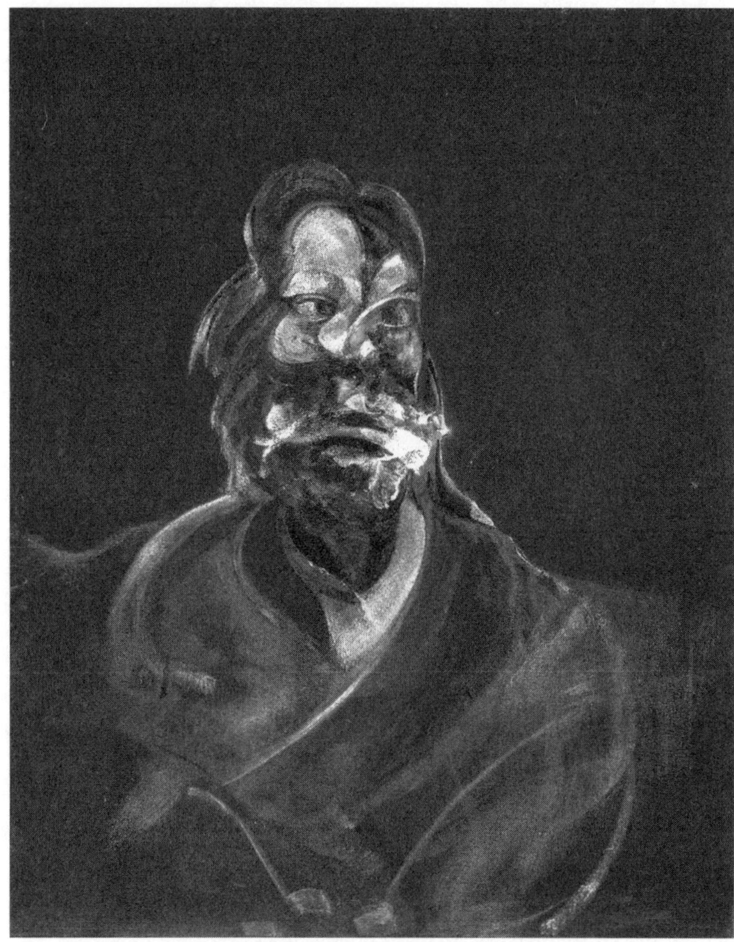

Abb. 32: Francis Bacon, Porträt der Isabel Rawsthorne, 1966, London, Tate Gallery

steht, für Bacon von zentraler Bedeutung waren, geben sich besonders dort, wo das Figurative gestört wird, als das eigentliche Material zu erkennen: Farbe.

Landschaftsmalerei

Wie die Geschichte der anderen Bildgattungen beginnt auch die der Landschaft nicht erst mit dem ersten Tafelbild, das sie zum alleinigen Thema machte. Ihre Vorgeschichte setzt im 14. Jh. in verschiedenen Medien der Malerei ein. Um 1300 genügte es Künstlern und *Mittelalter*

Betrachtern nicht mehr, den Ort der Handlung unbestimmt zu lassen oder allenfalls abbreviaturhaft mit frei stehenden Stadttoren oder zu Ornamenten stilisierten Bäumen anzugeben. In der Arena-Kapelle in Padua schloss Giotto die schmalen Vordergrundbühnen mit Gebäude- oder Naturkulissen ab (Abb. 1). Noch agieren die Figuren nicht vor einer vielgestaltigen Landschaft, sondern ausschließlich vor schlichten Felsformationen, die als farblich neutrale Folie und als beliebig zu gestaltendes formal-kompositorisches Mittel die Bilderzählung stützen. Giottos Bildhintergründen ist anzusehen, dass er eine Praxis anwandte, die Cennini noch um 1400 empfahl: Um Felsen oder Bäume zu malen, fertigte der Künstler keine Skizzen vor der Natur an, sondern studierte Licht und Schatten an Steinen und Zweigen, die er in seiner Werkstatt aufstellte. 1338/39 entfaltete Ambrogio Lorenzetti im Palazzo Pubblico in Siena dann schon eine detailreiche Ansicht einer Stadt sowie der vor ihren Toren liegenden Ländereien (Abb. 8). Obwohl Details die Stadt als Siena identifizieren und die Landschaft an die Toskana erinnert, ging es nicht um eine topographisch korrekte Wiedergabe. Stadt und Land sind Bestandteile einer Allegorie der guten und der schlechten Regierung.

Wandmalerei

Nahezu zeitgleich nahmen Darstellungen von lieblichen Blumenwiesen und Wäldern als Schauplatz adliger Vergnügungen wie Fischen und Jagen im so genannten Hirschzimmer im Papstpalast in Avignon ganze Wände ein. Solche Dekorationen dürften auch auf Wandteppichen viele Paläste geschmückt und ein Ideal ländlichen Lebens vor Augen gestellt haben. Im Adlerturm in Trient verbindet es sich um 1400 mit einer Darstellung der zwölf Monate, die auch zu den Standardthemen der Stundenbücher gehören.

Buchmalerei

Neben der Wandmalerei ist die Buchmalerei das zweite Medium, von dem zu Beginn des 15. Jh.s wichtige Impulse für die Landschaftsmalerei ausgingen. Auch hier wird die Landschaft nicht nur aus Freude an den Schönheiten der Natur dargestellt. In den *Très Riches Heures* des Duc de Berry zeigen die Monatsbilder die Besitzungen des Auftraggebers, und im Nebeneinander der sich vergnügenden Aristokraten und der arbeitenden Landbevölkerung spiegelt sich die gottgewollte Ordnung der Gesellschaft. Die Buchmalerei war aber auch ein Medium, in dem Innovationen erprobt werden konnten. Die Landschaft, in die Jan van Eyck im Turin-Mailänder Stundenbuch die *Taufe Christi* bettete, setzt in den Spiegelungen des Ufers im Wasser und der luftperspektivischen Verblauung des Hintergrundes die unmittelbare Naturbeobachtung voraus.

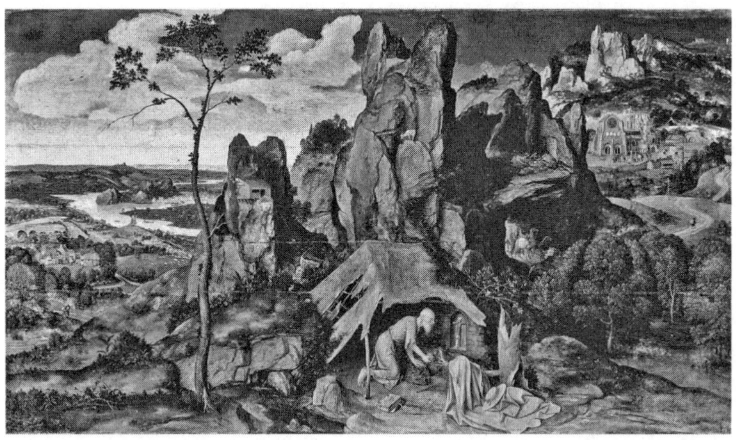

Abb. 33: Joachim Patinir, Landschaft mit dem Heiligen Hieronymus, nach 1515, Paris, Louvre

Dieser Wandel, bedingt durch neue Vorstellungen von Raum und Licht, vollzog sich auch in der Tafelmalerei: Landschaftliche Hintergründe lösten den Goldgrund ab und das Bewusstsein für künstlerische Qualitäten der Ausführung den Materialwert. Konrad Witz siedelte im *Genfer Altar* (1444) biblisches Geschehen erstmals in einer wiedererkennbaren Landschaft an: Petrus droht im Genfer See zu versinken.

Renaissance

Wie den anderen Bildgattungen kamen der Landschaftsmalerei antike Quellen zugute. In der Renaissance wurde die antike Idyllen-Dichtung wiederentdeckt; bei Vitruv konnte man nachlesen, dass in den Villen Landschaftsbilder Bewohner und Gäste erfreuten. Mit der Wiederbelebung der Villenkultur wandelte sich die Villa außerdem vom rein landwirtschaftlichen Betrieb zum Ort unbeschwerter Sommerfreuden, die sich durch ausgedehnte Gärten noch steigern ließen. Nicht sich selbst überlassene «wilde», sondern kultivierte und beherrschte Natur entzückte.

Um 1520 werden die Termini «Landschaft» und (italienisch) «*paesi*» erstmals in kunsthistorisch relevantem Kontext fassbar, müssen aber, da sie ganz selbstverständlich verwendet werden, schon vorher zur Klassifikation von Tafelbildern als Landschaftsgemälden gebräuchlich gewesen sein. Das wiederum bedeutet, dass man die Entstehung autonomer Landschaftsbilder wohl früher im 16. Jh. ansetzen darf. Dürer lobte in seinem Tagebucheintrag vom 5. Mai 1521 Patinir als «gut landschaft mahler». Patinir setzte biblische Personen und

Weltlandschaft Heilige in Überschau-Landschaften, für die Ludwig von Baldass 1917 die Bezeichnung Weltlandschaft einführte. Baldass zielte damit auf die räumliche Erschließung der in Aufsicht gegebenen Landschaft ab. Mit dem Hinweis auf die enzyklopädische Vielfalt, die jeder Einzelheit die gleiche Aufmerksamkeit schenkt, wurde Baldass' formale Definition inhaltlich präzisiert.

Die *Felslandschaft mit Hieronymus* (Abb. 33) öffnet links den Blick auf eine weite Ebene, während rechts im Hintergrund hohes Gebirge aufragt. Sanfte Hügel und fruchtbare Flussauen schildert Patinir genauso sorgfältig wie kargen Fels. Rechts thront ein Kloster, links liegt ein Dorf. Fluss und Wege erschließen den Landschaftsraum, in dem sich Figuren und allerlei Tiere tummeln, der aber nicht kohärent ist, sondern verschiedene Auf- und Ansichten kombiniert. Der Bruch ist ein Mittel, das Motiv des büßenden Heiligen zu steigern. Die Felsen, die sich hinter ihm auftürmen, verhindern aber nicht nur, dass er in dieser Welt verloren geht. Sie deuten den Ort auch symbolisch als einen christlichen. Die Bibel enthält viele Naturmetaphern, die den Betrachtern geläufig waren und die ihn hier vielleicht an 2 Sam 22,2 erinnerten: «Der Herr ist mein Fels und meine Burg und mein Erretter.» Die Bildstruktur ist nicht der Natur abgelauscht, sondern symbolisch und liegt auch anderen Landschaften Patinirs zugrunde.

Während Patinir in Flandern die Landschaft für die Tafelmalerei entdeckte, sondierten die Maler der so genannten Donauschule und die Venezianer die Möglichkeit größerer Naturnähe und Stimmungshaftigkeit – beide konnten durch atmosphärische Werte gesteigert werden.

Ideallandschaft Ab 1600 gingen wichtige Anregungen von Annibale Carracci und seinen Schülern aus. Sie komponierten Landschaften nach strengen Grundmustern und vermittelten ein Ideal, das Claude Lorrain weiterentwickelte, indem er atmosphärische Nuancen in feinen Valeurs einfing. Lorrain soll Ölskizzen vor der Natur angefertigt haben, führte die Werke selbst jedoch im Atelier aus, und zwar nach einem klassischen Muster, bei dem Bäume oder Gebäude im Vordergrund einen Ausblick in die Landschaft rahmen.

Ein Boot und ein Triumphbogen führen im *Seehafen bei aufgehender Sonne* (Abb. 34) schräg in den Bildraum hinein. Wo sich der Hafen zum Meer öffnet, schieben sich Bauwerke wie Kulissenteile auf einer Bühne weiter zur Mitte, während im Vordergrund Männer im Hafen arbeiten. Die Komposition erschließt den Bildraum nicht nur formal vom Vorder- in den Hintergrund, sondern durch Licht und Farbe auch von hinten nach vorne: Die aufgehende Sonne harmonisiert die Farben, sie spiegelt sich im Meer, und Reflexe spielen bis in den Vordergrund, wo sie Spuren auf den Staffagefiguren hinterlassen. Lorrain wiederholte das Konzept in mehreren Variationen. Die Landschaft weist in zeitlose, unbestimmte Fernen, die allenfalls durch Staffagefiguren näher bestimmt werden.

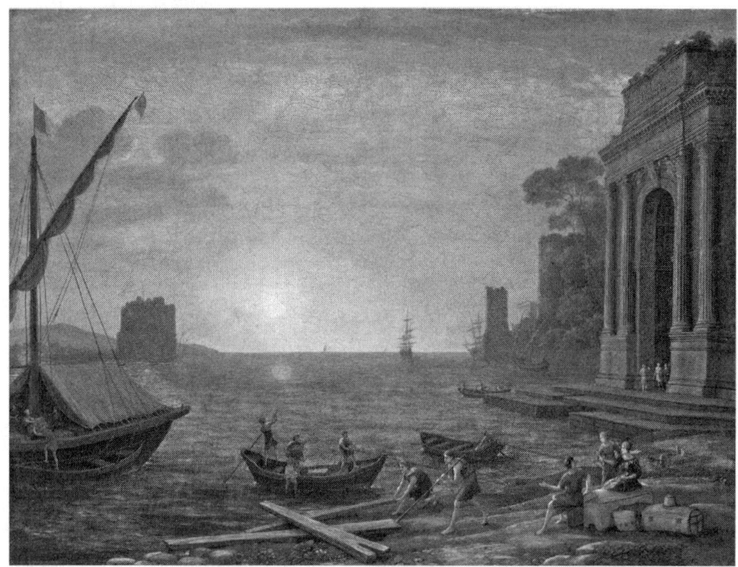

Abb. 34: Claude Lorrain, Seehafen mit aufgehender Sonne, 1674, München, Alte Pinakothek

Waren Landschaften Schauplatz von Tragödien oder bedeutenden Ereignissen, wurden Wetterlage und Formensprache darauf abgestimmt, das Grundmuster der Komposition aber nicht wesentlich verändert. Über Poussins *Landschaft mit Pyramus und Thisbe* (1651, Frankfurt, Städel) fegt ein Gewittersturm, die Farben sind entsprechend düster.

Der Einteilung folgend, die Roger de Piles 1708 vornahm, kann die Ideallandschaft in einen heroischen und einen pastoralen Zweig geschieden werden. Als Staffage der **heroischen Landschaft** empfahl de Piles regelmäßige, bedeutende Gebäude wie Tempel, Pyramiden und Grabmäler. Er definierte die Landschaftstypen aber nicht nur über die Staffage, sondern auch über die Gestaltung. Kunst und Natur müssten in der heroischen Landschaft «entlehnen, was sie beide Großes und Außerordentliches hervorbringen». Demgegenüber ist die **pastorale Landschaft** scheinbar naturbelassen und kunstlos, die Staffage besteht aus Hirten und Bauern. Eine Abgrenzung zur **arkadischen Landschaft**, einer weiteren Untergattung der Ideallandschaft, ist nicht immer möglich. Hier ist der Schauplatz das griechische Bergland Arkadien, wie es Vergil in den *Bucolica* als

Ort natürlicher, anspruchsloser Glückseligkeit besang. Fließend ist der Übergang zur **Idylle**, die, verkürzt oft als Inbegriff der heilen Welt verstanden, ihren Ursprung ebenfalls in der antiken Dichtung hat. Eine Gruppe von Gedichten Theokrits wurde als *eidyllion* bezeichnet. Die Idylle vergegenwärtigt einen Zustand, bei dem jede Geschichtlichkeit ausgeblendet wird. Sie schildert eine überschaubare harmonische Welt, die als verlorenes Paradies empfunden wird. Eine **Vedute** gibt die topographisch korrekte (oder Genauigkeit suggerierende) Ansicht einer Stadt oder Landschaft.

Holland Ein ganz anderes Naturverständnis als dasjenige Lorrains bestimmte die zeitgleich in Holland gepflegte Landschaftsmalerei, die in der Wahl der Motive nicht von der Lebenswelt der Betrachter abrückte, sondern sich ganz im Gegenteil der unmittelbaren Umgebung in ihrer gegenwärtigen Erscheinung zuwandte. Als eigene Untergattung der Landschaftsmalerei etablierten sich die Marinebilder; innerhalb dieses Fachs bildeten sich wiederum Spezialisten für bestimmte Sujets aus. So erforderten Schiffsdarstellungen wegen des hohen Anspruchs an die Genauigkeit spezifische Sachkenntnisse. Die Motive reichen in der holländischen Landschaftsmalerei von Hafenansichten und Schiffen in schwerer See zu weiten Polder- und Dünenlandschaften, in denen sogar Schnee liegen kann, der in der Ideallandschaft nie fällt. Die suggerierte Naturnähe wird dabei mit scheinbar einfachen Mitteln erzeugt.

1642 malte Jan van Goyen (Tafel X) eine unspektakuläre Landschaft, in der nur eine Windmühle in den Himmel aufragt, der über dem niedrigen Horizont den größten Anteil an der Bildfläche hat. Die Palette reduzierte van Goyen auf Grau, Braun und Ocker und trug die Farbe so dünn auf, dass der Malgrund teilweise durchscheint. Die einzelnen Pinselstriche sind vor allem im Himmel gut zu erkennen, wo sie den Eindruck der Regenschwere der Wolken unterstützen. Die Figuren, Holländer des 17. Jh.s, zeigen sich unbeeindruckt; die Wetterstimmung ist nicht Ausdruck eines menschlichen oder gar kosmischen Dramas, sondern meteorologisches Phänomen.

Eine symbolische Sinnschicht kann aber auch solche Landschaften durchziehen. Der Calvinismus lehrte, dass überall in der Natur das Wirken Gottes zu erkennen sei, und die verbreiteten Emblembücher sammelten auch rein landschaftliche Motive, wie sie in der Malerei der Zeit ebenfalls vorkommen – Windmühlen mit ihren Flügeln konnten so zum Sinnbild für das Kreuz werden.

Neue Naturauffassung im 18. Jh.

Nach 1700 setzte abermals ein Wandel in der Naturauffassung ein, der deutlich in neuen Konzepten der Gartengestaltung abzulesen ist. Der barocke Garten unterwarf die Natur einer strengen Symmetrie und Geometrie, dem der neue englische Landschaftsgarten eine scheinbar natürliche Entfaltung entgegensetzte, die «malerische» Ansichten öffnete. Die Landschaft wurde mit einem an der Malerei geschulten Auge gesehen und gestaltet. Als Vorbild dienten die Ideallandschaften Lorrains. Das neue Naturgefühl antwortete einer Zivilisationskritik, wie Rousseau sie übte, und einer Naturferne, wie Schiller sie konstatierte. Der Preis, den die Menschen für die Freiheit und ihre weitgehende Unabhängigkeit von den Launen der Natur entrichteten, war der Verlust der ursprünglichen Einheit mit der Natur – ein nicht umkehrbares Tauschgeschäft. Joachim Ritter definierte 1974 in einem wichtigen Aufsatz Landschaft als «Natur, die im Anblick für einen fühlenden und empfindsamem Betrachter gegenwärtig ist». Dieser Fall tritt erst ein, wenn der Betrachter sie nicht beispielsweise mit geologischem oder landwirtschaftlichem Interesse auf ihre Nutzbarmachung prüft, sondern sich ihr «ohne praktischen Zweck in freier genießender Anschauung zuwendet, um als er selbst in der Natur zu sein».

Das Erhabene

Es war nicht nur die schöne, liebliche Natur, die faszinierte und in der nun schon, vor Ort, farbige Skizzen in Öl oder Aquarell ausgeführt wurden. 1757 hatte Edmund Burke die Kategorie des Erhabenen der des Schönen gegenübergestellt. Demnach entfaltete auch der Schrecken einen ästhetischen Reiz, sofern man der Gefahr selbst nicht ausgesetzt ist, sondern sie aus sicherer Entfernung beobachtet, was bei Landschaftsgemälden ja der Fall ist. Somit war die Darstellung des Erhabenen eine weitere Möglichkeit, die Bildgattung aufzuwerten. Tosende Wasserfälle, Vulkanausbrüche, Schiffbruch und unwirtliches Hochgebirge sind nur einige Szenarien, in denen der Betrachter im Angesicht der Naturgewalten die Begrenztheit seines Lebens und Denkens fühlt. Das Anknüpfen an die ideale Landschaftsmalerei steigerte das Prestige ebenfalls. Maler wie Jakob Philipp Hackert ließen sich um 1800 von Lorrain anregen, als sie Italien, vor allem die Gegend um Rom, erkundeten und in ihren Bildern in eine Wunschwelt verwandelten, einen Sehnsuchtsort. Zugleich stieg unter Adligen und wohlhabenden Bürgerlichen die Nachfrage nach topographischen Ansichten, die sie von ihrer «Grand Tour» (auch: Kavalierstour), ihrer obligatorischen Bildungsreise durch Mitteleuropa, vor allem aus Italien mit nach Hause nahmen.

Der Status der Landschaftsmalerei war um 1800 weiter niedrig. Um den Vorwurf bloßen Abmalens des Naturgegebenen abzuwehren, um mehr als diffuse Stimmungen auszulösen und um den Rang eines Kunstwerks einzunehmen, sollte die Landschaft «ästhetischen Ideen» Gestalt geben. Das konnten zum Beispiel Vorstellungen von Transzendenz oder die Ahnung einer ursprünglichen Einheit von Mensch und Natur sein. Dabei sollte die subjektive Auffassung des Stoffes durch die Form objektiviert werden – eine Forderung, die Lorrain nach Überzeugung der Vertreter des Idealismus eingelöst hatte.

Obwohl nordalpine Künstler schon in der Vergangenheit ihre unmittelbare Umgebung in Landschaftsgemälden festgehalten hatten, brachte das 19. Jh. eine Entdeckung neuer Regionen und Länder unter den Kategorien des Erhabenen und des Pittoresken. Solche Landschaften lagen nicht ausschließlich in Italien, sondern genauso in Norwegen oder in der Umgebung Dresdens und Salzburgs. Einen neuen Stellenwert erhielt auch die Ölskizze. In Frankreich ließ sich deren Aufwertung schon allein daran ablesen, dass die Entscheidung über die Vergabe des 1817 eingerichteten Rompreises für Landschaftsmaler anhand je einer Ölskizze einer Baumstudie und eines Entwurfes für ein Landschaftsbild fiel. Die Ölskizze eignete sich dazu, unabhängig von tradierten Kompositionsschemata neue Motive zu gestalten, denn die bekannten, ständig wiederholten drohten zu Klischees ihrer selbst zu gerinnen. Hier ließ sich nun ein subjektiver Zugriff erproben. Ohnehin schienen die Variablen einer Landschaft manchem Künstler aufregender als ihre Konstanten: Nicht nur Constable und Turner widmeten sich besonders den Wolken, ihrem Einfluss auf das Licht und der Lichtwirkung zu verschiedenen Tageszeiten. Entsprechend stieg der Stellenwert des Malens in freier Natur, der Freilichtmalerei, wenn anfangs auch nur Studienskizzen angefertigt oder Kompositionen angelegt wurden, das Bild jedoch im Atelier ausgeführt oder zumindest fertiggestellt wurde. Dass ab 1822 fertig aufbereitete Ölfarben erhältlich waren, das Anrühren also entfiel, und 1841 verschließbare Tuben auf den Markt kamen, begünstigte die Entwicklung.

Ölskizze

Schule von Barbizon

Das Dorf Barbizon am Westrand des Waldes von Fontainebleau, das durch die Vielfalt seiner Natur bestach, lockte besonders viele Freilichtmaler an. Théodore Rousseau hielt sich nicht an die akademischen Regeln, als er 1849 seinen Eindruck von einem Weg im Wald von L'Isle-Adame (Paris, Musée d'Orsay) wiedergab. Grün- und Brauntöne überziehen in rauen Tupfen die Malfläche und fügen sich zum Bild einer Lichtung, auf die senkrecht Sonnenlicht fällt, während der Rest im Dunkeln liegt, das nur einige flirrende Sonnenflecke zulässt. Ein dunkler Streifen im Vordergrund trennt den Betrachter von der Lichtung. Zwischen einzelnen Pflanzen wird nicht unterschieden, die raue Faktur löst sie alle in ein undurchdringliches Farbdickicht auf.

Die unspektakuläre Natur, auf deren Reize die Maler von Barbizon in ihren *paysage intime* die Aufmerksamkeit lenkten, faszinierte bald immer mehr Künstler. Vielen reichten gelegentliche Ausflüge in die Umgebung nicht mehr. Seit dem ausgehenden 19. Jh. zogen Maler auf der Suche nach der einfachen Natur und einem schlichteren Leben in ländliche Gegenden und gründeten Künstlerkolonien, beispielsweise in Dachau bei München (ab etwa 1875) oder Worpswede bei Bremen (seit 1889).

Es waren im Wesentlichen zwei Pole, zwischen denen die Landschaftsmalerei sich weiterentwickelte. Der eine, dem zum Beispiel Waldmüller zugehörte, strebte eine maximal präzise Wiedergabe der Natur an. Der andere nutzte Landschaftsmalerei, weil sich das «Wie» leichter ausloten ließ, wenn das Sujet keine Rolle spielte und nicht die Einzelform definiert, sondern die farbige Erscheinung der Oberfläche im wechselhaften Licht eingefangen werden sollte. Nicht die Natur, sondern die Art ihrer Darstellung wurde zum zentralen Thema. Cézanne erforschte bildimmanente Ordnungen nicht von ungefähr im Stillleben und in der Landschaft, hier sogar mit Konzentration auf ein Motiv, den Mont St. Victoire. Für Kandinsky und Mondrian führte der Weg zur Abstraktion über die Landschaft. Ihr war es, wie dem Stillleben, möglich, faktisch von einem literarischen Inhalt ganz frei zu sein. Das hatte allerdings zur Folge, dass der Bildinhalt weiter an Bedeutung verlor, was der Autonomie der Kunst zuträglich war, nicht aber der Bildgattung Landschaftsmalerei, sofern sie nur noch als Katalysator diente.

Stillleben

Begriffsgeschichte

Das deutsche Wort Stillleben geht auf das niederländische *stilleven* zurück, welches erstmals 1650 in einem Inventar nachweisbar ist. 1678 verwendete Samuel van Hoogstraeten es mit einer Selbstverständlichkeit, die vermuten lässt, dass es inzwischen in allgemeinem Gebrauch war. Weder «Stil» noch «Leben», verstanden als Gegenbegriff zu Tod, schrieben sich in den Terminus ein, sondern *still*, was so viel wie unbewegt bedeutet, und *leven* als Abkürzung für die

Wendung «naar het leven» (nach dem Leben), was signalisiert, dass etwas unmittelbar vor des Künstlers Augen stand, als er es malte. «Stillleben» suggeriert damit eine Ateliersituation, die aber nicht unbedingt der Realität entsprechen muss.

Der deutsche Sprachgebrauch umkreiste die Gattung bis ins 18. Jh. hinein mit Umschreibungen, in denen zum Beispiel von «still liegenden Dingen» die Rede ist, bis 1776 in einem Lexikon der Zusatz, «man sagt auch Stilleben», die Begriffsbildung abschloss. Da es im Französischen kein passendes Äquivalent gab, etablierte sich *nature morte* als griffigste Formel, der allerdings etwas Abwertendes eignet. Deshalb wurden gelegentlich Versuche unternommen, andere Wendungen einzuführen. Theodor Bürger sprach 1860 von *peinture d'objets inanimés*, Michel Faré 1975 von *la vie silencieuse*; diese Wendungen konnten sich aber nicht durchsetzen.

Antike Schon Philostrat beschrieb im 3. Jh. n. Chr. Gemälde, auf denen Speisen und Obst dargestellt waren. Bei einer solchen Gemäldebeschreibung, die man als Ekphrasis bezeichnet und die als eigene Untergattung der Literatur gepflegt wurde, muss offenbleiben, ob der Autor wirklich ein Gemälde beschrieb, das er gesehen hatte, oder ein fiktionales. Stillleben, die Nahrungsmittel darstellen, wurden, wie auch bei Vitruv nachzulesen, als Xenia (Gastgeschenke) bezeichnet, und zwar nach den Lebensmitteln, die Gastgeber ihren Gästen bereitstellten. Anekdoten überlieferten, welch hohen Grad an Naturtreue die antiken Künstler bei der Darstellung solcher Motive erreichten.

So groß sei die mimetische Qualität gewesen, dass sogar die Natur sich täuschen ließ. Berühmtheit erlangte die Perfektion des Zeuxis, dessen gemalte Trauben so echt wirkten, dass Vögel sie anflogen, um an ihnen zu picken. Dem Künstler selbst bereitete das, wie Plinius d.Ä. berichtet, wenig Freude, weil der Junge, der das Obst hielt, ihm offenbar weniger täuschend lebensnah geraten war – seine Anwesenheit hätte die Vögel doch fernhalten müssen.

Die antiken Quellen, die von der mimetischen Vollkommenheit der antiken Stillleben und der ihnen entgegengebrachten Hochachtung berichteten, werden kaum die Ursache für die Entstehung der Gattung im 16. Jh. gewesen sein. Ihre Kenntnis dürfte aber geholfen haben, den Weg zum autonomen Stillleben zu ebnen.

Vorläufer Sieht man von stilllebenartigen Arrangements in Altarbildern (Abb. 24) ab, treten Vorläufer der Bildgattung in größeren Dekorationszusammenhängen, zum Beispiel in der Freskomalerei, auf. Die sich ausbildenden Traditionen konnten allerdings regional oder sogar lokal begrenzt sein. Anders als nördlich der Alpen war in Florenz nicht nur in Kapellendekorationen (Taddeo Gaddi, 1328–1330, Florenz, Santa Croce, Baroncelli-Kapelle) die Einführung fingierter Nischen, die allerlei Gegenstände beherbergten, besonders verbreitet. Chorgestühl, Sakristeischränke und Lesepulte boten Flächen, um Blumen, Bücher und Musikinstrumente in Intarsien zu inszenieren (Studiolo des Federigo da Montefeltro, 1475/76, Urbino, Palazzo Ducale), desgleichen in flämischen Teppichen des 16. Jh.s, die vor Landschaftsausblicken zwischen Säulen Blumenvasen präsentieren (Venedig, Cà d'Oro). Gemalte Stillleben schmückten, immer noch funktionsgebunden, Schränke oder die Rückseite von Andachtsbildern. Hans Memlings *Majolikavase* (um 1485, Madrid, Museo Thyssen-Bornemisza) auf der Rückseite des Porträts eines Mannes wirkt bei isolierter Betrachtung wie ein autonomes Stillleben. Es bezog seine Legitimation aber noch aus der Vorderseite, mit der es in einen ikonographischen Dialog trat: Die Vase trägt das Christus-Monogramm, und die Blumen verweisen symbolisch auf die Tugenden der Jungfrau Maria, deren Bild sich auf einer verlorenen Tafel befand und der sich der Porträtierte im Gebet zuwandte.

botanische Illustrationen

Ein wichtiger Wegbereiter für die Stilllebenmalerei waren botanische Illustrationen, die aus dem Interesse an einer wissenschaftlichen Erforschung der Natur heraus angefertigt wurden. Nach 1500 lösten Porträts von Pflanzenindividuen die anfangs schematischen Darstellungen ab. Nicht den Typus in Reinkultur zu zeigen, sondern ein bestimmtes Exemplar, das individuelle Mängel aufwies oder zusammen mit seinen Schädlingen gezeigt wurde, eröffnete auch neue künstlerische Möglichkeiten, die über die Illustrationskunst hinauswirkten.

autonome Stillleben um 1600

Um 1600 traten vor allem in Italien, Flandern, Holland und Spanien in dichter Folge die ersten nachweislich autonomen Stillleben auf. Auch wenn die Künstler Kenntnisse von den Vorgängen andernorts gehabt haben dürften (sowohl Brueghel als auch Caravaggio lieferten Stillleben für die Sammlung des Federico Borromeo), darf man sich die Ausbreitung nicht wie einen Staffellauf von Land zu Land, von Künstler zu Künstler vorstellen. Vielmehr scheint es gleichzeitig an verschiedenen Orten, mit unterschiedlichen Vorgeschichten, ein Bedürfnis nach malerischer Auseinandersetzung mit der Magie der Dinge gegeben zu haben, denen man sich zudem forschend zuwandte. Heimische und exotische Pflanzen wurden ebenso wie Insekten in großen Enzyklopädien in Illustrationen katalogisiert. Solche Stichwerke nutzten Maler als Vorlagen.

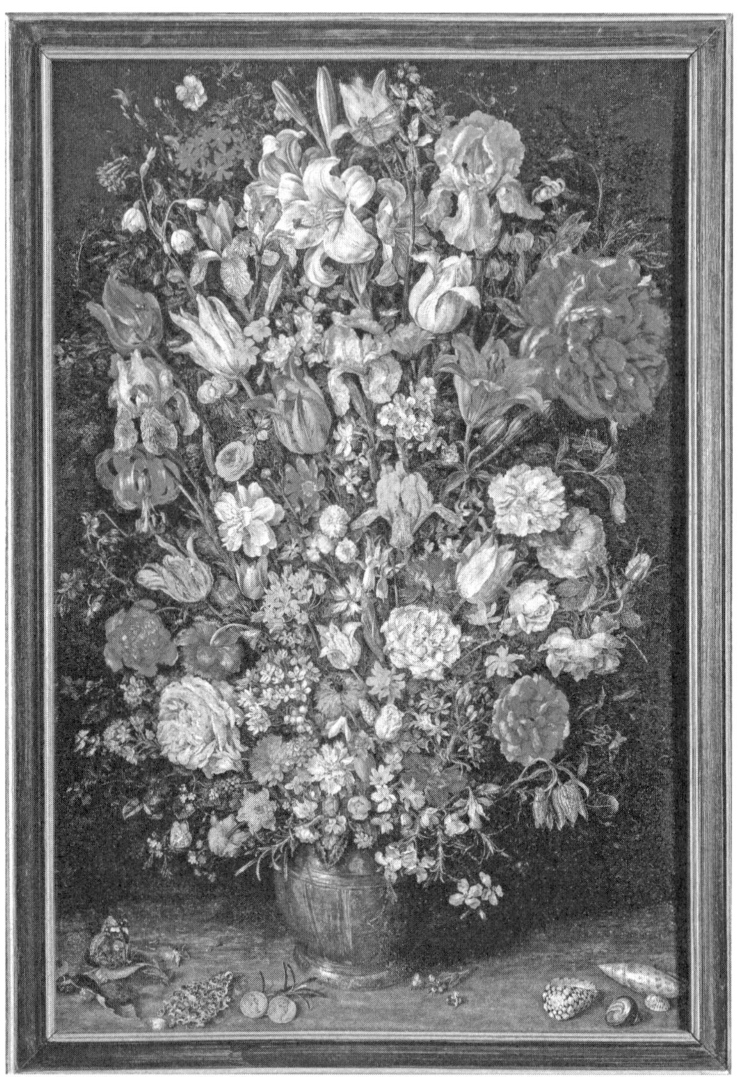

Abb. 35: Jan Brueghel d. Ä., Blumenstrauß, 1606, Mailand, Pinacoteca di Brera

Worin lag nun aber der Reiz selbstständiger Stillleben? Dieser Frage lässt sich gut anhand der Korrespondenz zwischen Jan Brueghel d. Ä. und Federico Borromeo nachspüren. Der Kardinal freute sich darauf, die gemalten Blumen (Abb. 35) auch im Winter betrachten zu können, wenn die Natur nicht mit Blüten erfreute. Viele Blumen waren viel zu kostbar, um ihre Lebenszeit noch zu verkürzen, indem man sie als Schnittblumen ins Haus holte. Dass das Bild einen Ersatz für real Abwesendes schafft und dessen imaginäre Anwesenheit ermöglicht, gilt analog für andere Stilllebenmotive, wie zum Beispiel die kostbaren Nautiluspokale (Tafel XIII), die sich nur wenige Begüterte leisten konnten. Des Weiteren faszinierte das Maximum an Naturtreue, als das die Darstellung verkauft wurde.

Brueghel schrieb: «Ich glaube, daß niemals vorher so viele seltene und verschiedenartige Blumen mit ähnlicher Sorgfalt vollendet wurden: Einige Farben erreichen fast die Natur. Unter die Blumen habe ich Schmuckstücke gemalt mit handgefertigten Medaillen und Raritäten des Meeres. Ich überlasse es Euer Hochwohlgeboren zu urteilen, ob die Blumen nicht das Gold und den Schmuck übertreffen.» Des Sieges seiner künstlerischen Perfektion gewiss, schickte der Künstler seinem Auftraggeber zusammen mit dem Bild Muscheln, um den Vergleich zwischen Natur und Kunst herauszufordern.

Brueghels Behauptung, die Blumen seien nach der Natur gemalt, zielt auf die Naturnähe der Darstellung ab, darf aber nicht auf «Porträtsitzungen» vor einer wirklich so wie im Bild geschmückten Vase oder auch nur vor jeder einzelnen Blüte schließen lassen. Manche Blüten kehren nahezu identisch in anderen Stillleben wieder, was auf eine jeweils gemeinsame Vorlage deutet. Abgesehen davon, dass die rein praktischen, technischen Voraussetzungen für ein Malen in Öl im Freien noch nicht gegeben waren, blühten die Blumen zu unterschiedlichen Zeiten. Schließlich bemühte sich Brueghel zwar um Wahrscheinlichkeit, indem er die kleinsten Blüten meist unten platzierte, aber die Stängel der oberen Blumen können unmöglich lang genug gewesen sein für eine solche Anordnung.

Bei allem Anschein der Naturnähe der einzelnen Blüten ist Brueghels Komposition genau überlegt und austariert. Wie ein innerbildlicher Rahmen, in dem besonders viel Rot eingesetzt wird, fassen größere Blumen außen die kleineren zusammen. Fast jeder Blüte auf der einen Seite stellte Brueghel eine vergleichbare auf der anderen Seite gegenüber, so dass sich dem Auge bei aller überbordenden Vielfalt Ordnung mitteilt. Eine rigide Symmetrie vermied Brueghel, doch akzentuierte er die Symmetrieachse durch ein leicht schräg verlaufendes Übereinander weiterer größerer Blüten. Jede einzelne Blüte ist für sich sorgfältig ausgeleuchtet; nach Möglichkeit sind Überschneidungen vermieden, so dass jedes Blatt zu erkennen ist, vor allem bei den Prachtexemplaren. Das war wichtiger, als durch eine zusammenfassende Lichtführung den Eindruck der Räumlichkeit zu steigern.

Keine Blüte weist Fraßspuren oder Anzeichen des Verwelkens auf. Nicht Gedanken an Vergänglichkeit sollen evoziert, sondern die Vielfalt der Natur gefeiert werden, die in ihrer Pracht den Ruhm ihres Schöpfers bezeugt. Diese Sicht stand im Einklang mit einer theologischen Richtung, der Physikotheologie, die noch im Kleinsten und Niedrigsten Beweise für Gottes Wirken fand.

Stillleben werden nach den Hauptmotiven benannt, die sie darstellen. Als wichtige **Untergattungen** bildeten sich heraus: Jagd-, Bücher-, Blumen-, Bankett- und Prunkstillleben. Vanitas-Stillleben versammeln Gegenstände, die an die Vergänglichkeit allen Seins erinnern. Als *sottobosco* bezeichnet man Stillleben in freier Natur.

Sinnbildliche Deutung

Kontrovers wurde und wird in der Forschung diskutiert, inwiefern Stillleben, vor allem im 17. Jh. in Holland, sinnbildlich gemeint sind. Ernst H. Gombrich vertrat die These (1978), dass im Grunde jedes Stillleben den Vanitas-Gedanken von vornherein enthält, da die Sinnesfreude, die es bereitet, nicht real ist und Gedanken über den Gegensatz von Sein und Schein anregt. Man könnte von einem Subtext sprechen, der in jedem Stillleben mitspricht. Wie konkret können aber die Sinngehalte sein, die ein Einzelbild transportiert? Eddie de Jongh hat seit den 1960er Jahren nachgewiesen, dass sich Stillleben und Emblematik eine ganze Reihe von Motiven teilen. Ein Emblem besteht aus einem Motto, einem Bild und einer beide deutenden Auslegung. Emblemliteratur erfreute sich so großer Beliebtheit, dass die Bereitschaft, bestimmte Motive sinnbildlich zu deuten, im 17. Jh. vorausgesetzt werden kann. Einer Überstrapazierung dieses ikonographischen Zugangs wurde unter anderem mit dem Argument begegnet, dass Stillleben eine beachtliche Standardisierung der Motive und der bildinternen Effekte aufweisen, dass Sinngehalte mithin genormt und allenfalls sehr allgemein gehalten wären. Nachdenklich stimmt es auch, dass die Durchsicht der publizierten Antwerpener Inventare ergab, dass die Hälfte aller lokalisierbaren Küchenstücke in Küchen hing. Allen voran sprach sich Svetlana Alpers dagegen aus, holländische Stillleben als Fortsetzung der Emblematik in der Malerei zu interpretieren, und stellte ihre beschreibenden Qualitäten als ein Mittel der Weltaneignung in den Vordergrund (s. S. 162 f.). Man mag der einen oder anderen These in ihrer Gesamttendenz zuneigen – im Einzelfall der Bildbetrachtung muss jedes Mal aufs Neue untersucht werden, ob Motive oder Komposition eine bestimmte Lesart nahelegen.

Obwohl ein konzentrierter Blick meist genügt, um die Behauptung, alles sei vor der Natur gemalt, als Topos zu entlarven, wurde genau diese Annahme gegen die Maler von Stillleben verwendet, um sie im System der Gattungen auf den untersten Rang zu verweisen: Lediglich wiederzugeben, was unbeweglich vor der Staffelei aufgebaut sei, stelle keine hohen Ansprüche an den Künstler. Dessen ungeachtet waren Stillleben nicht nur bei Sammlern sehr beliebt. Die Bildgattung erwies sich als außerordentlich geeignet für Experimente, die besonders die ästhetische Grenze zwischen Bildraum und Betrachterraum immer neu ausloteten, indem sie mit der Illusion spielten, dass Dinge in den Realraum des Betrachters einzudringen scheinen.

Unter **Trompe-l'œil** (franz.: Augentäuschung) versteht man Malerei, die durch ihre täuschende Wirkung den Betrachter zweifeln lassen soll, ob er einen Gegenstand oder dessen Darstellung sieht. Zu den Voraussetzungen gehören Lebensgröße der abgebildeten Dinge, die nicht vom Rahmen überschnitten werden dürfen, Detailrealismus, präzise Lichtführung und Perspektive.

Selbstreferenzialität

Als weiteres nicht ikonographisches Thema reflektierte das Stillleben die Medialität der Malerei. Davon zeugen auch Werke Willem Kalfs (Tafel XIII).

Auf einem Marmortisch, den ein Teppich bedeckt, befinden sich verschiedene Luxusgüter, die umso kostbarer erscheinen, als sie in ein Dunkel gebettet sind, das die Lichtreflexe zum Faszinosum werden lässt. Fast programmatisch sind die Grundfarben Rot, Blau und Gelb etwas links der Mittelachse angeordnet. Auch das Weiß strahlt hier am reinsten vor seinem Gegenpol, dem Schwarz. Dass es allein durch die geschickte Kombination und Mischung dieser wenigen Farben möglich ist, ganz unterschiedliche Oberflächen zu charakterisieren, woran die Illusion von Licht ihren Anteil hat, ist das eigentliche Thema des Bildes. Rot lässt sich stumpf einsetzen, so dass Teppichgewebe daraus wird, dem man sein Gewicht ansieht. Das Geschick des Künstlers lässt Rot aber auch flüssig als Wein wirken oder sich zu einem glänzenden Porzellanfigürchen verdichten. Je nach Auftrag und Abstimmung mit anderen Farbnuancen wird gelbes Pigment zur porigen Zitronenschale oder zum saftigen Fruchtfleisch usw. Vor einer Zuckerdose liegend, soll die Zitrone auch den Geschmackssinn ansprechen. Kalfs Ziel war es, die Farben so souverän zu verwenden, dass sie auch etwas von den nicht–visuellen Qualitäten der Dinge mitteilen. Der malerische Vortrag macht ihr Gewicht, ihre Stofflichkeit sinnlich erfahrbar.

Trotz solcher Meisterleistungen pflegte die Kunsttheorie weiter die Vorbehalte gegenüber dieser Bildgattung, die Gerard Lairesse 1707 aufzuwerten versuchte. Er erstellte eine Hierarchie der Motive innerhalb der Gattung und empfahl, bei der Auswahl Sorgfalt walten zu lassen, welke Blumen und angeschlagenes Obst auszusortieren. Lairesse dachte in den Kategorien der Historienmalerei, die er auch mit der Anweisung, die schönsten Blumen wie die Helden einer Historie ins Zentrum zu stellen, zum Maßstab nahm. Es ist nicht ersichtlich, dass seine Ratschläge beherzigt wurden. Die Maler widmeten sich weiter den eigentlichen Vorzügen der Gattung: kunstimmanente Aufgaben zu suchen und zu lösen.

Chardin nahm die Naturnachahmung nicht mehr, wie die Holländer ein Jahrhundert zuvor, mit den Mitteln der Feinmalerei in Angriff, sondern gab einen resümierenden Gesamteindruck der Objekte (Tafel XIV). Er trug Farbe unabhängig von den Objektgrenzen so auf, dass die Dinge miteinander eine Beziehung eingehen, der der Betrachter nachspürt. Selbst der genau beobachtete Farbraum zwischen den Dingen wird zum visuellen Ereignis. Chardin eröffnet, wie Max Imdahl 1987 schrieb, «ein visuelles Angebot, das dem Bildbeschauer das Farbensehen als eine Erkenntnis der gegebenen Wirklichkeit bewußt macht und ihm zugleich im Sehen des zu Sehenden ein Erlebnis seines Sehens selbst vermittelt».

Das Rot der Erdbeeren wird nicht vom Glas reflektiert, sondern dringt quasi in es ein, desgleichen das Weiß der Nelken. Der Übergang zwischen Tisch und Hintergrund ist kaum mehr fassbar. Der Tisch dürfte aus Holz sein, doch interessiert eine genaue Wiedergabe der Maserung, die Kalf sich nicht hätte entgehen lassen, nicht. Das helle Braun schließt die Gegenstände zusammen, die eine Aura ausbilden, welche die Atmosphäre zwischen ihnen sichtbar macht und den leeren, negativen Raum in einen positiven Wert der Komposition umdeutet.

Chardins Stillleben brachte Kritiker wie Denis Diderot zum Jubeln, doch an der Gattungshierarchie änderte das nichts. Alois Riegl urteilte noch 1870: «In einem Wildprethkram ... hört die Poesie auf.»

Seiner theoretischen Diskriminierung ungeachtet war es dennoch das Stillleben, das sich zum Synonym für das Malerische, zum Experimentier- und Demonstrationsfeld der Darstellungsweise entwickelte. Emile Zola prophezeite 1886 überpointierend-ironisch in seinem Künstlerroman *L'Œuvre*: «Der Tag nahte, an dem eine einzige [gemalte] Mohrrübe eine Revolution bedeuten würde.» Obwohl das Sujet als solches im 19. Jh. immer mehr von seiner Bedeutung einbüßte, konnte die Wahl wenig edler Gemüsesorten, vorgetragen in nicht-akademischer Malweise, immer noch provozieren. Künstler schätzten am Stillleben weiterhin, dass sie sich in selbst gewählter

Moderne

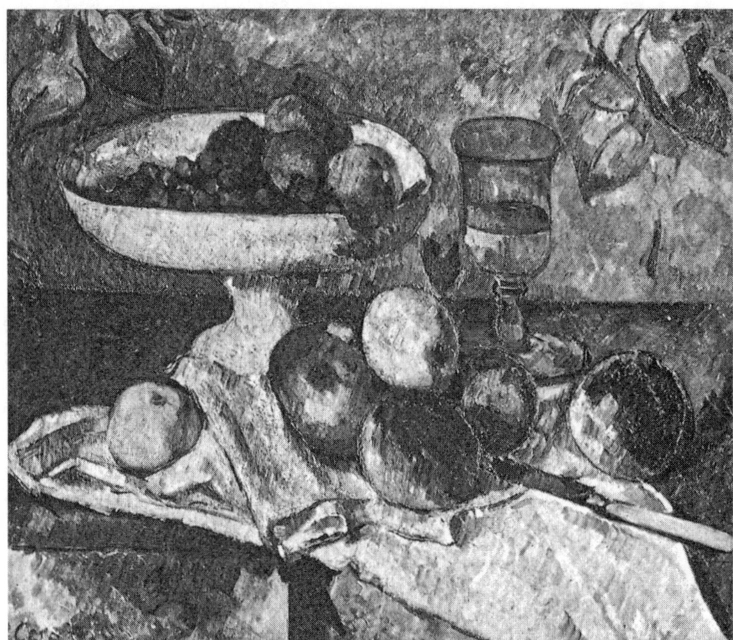

Abb. 36: Paul Cézanne, Stillleben 1879–1882, Privatbesitz

Beschränkung der Motive auf malerische Themen konzentrieren konnten.

Paul Cézanne beschäftigten gleich mehrere Probleme, denen er in Stillleben nachspürte (Abb. 36). Der malerische Prozess bleibt sichtbar und ist so organisiert, dass allein durch seine Eigengesetzlichkeit klar ist: Wir haben es mit einem Bild zu tun. Recht kurze, parallele Striche prägen den Farbauftrag unabhängig davon, ob Cézanne einen Apfel oder ein Tuch malt. So weit als möglich vereinfachte Körper werden allein durch Farbe dargestellt. Sogar die Schatten sind farbig: Der Eindruck von Plastizität soll erzielt werden, aber nicht auf Kosten der Leuchtkraft der Farbe. Auch die räumliche Anordnung folgt bildimmanenten Gesetzen. Die Öffnung des Glases ist verzogen, der Tisch erscheint in stärkerer Aufsicht als die Obstschale. Zum einen bilden Schale und Glas als Ovale korrespondierende Formwerte, zum anderen beschäftigte Cézanne sich mit den Bedingungen räumlicher Wahrnehmung: Linkes und rechtes Auge sehen aus unterschiedlicher Perspektive, außerdem sind die Augen in Bewegung, wodurch sich die Sicht auf die Dinge ständig ändert. Die Zentralperspektive wird dieser subjektiven Wahrnehmung nicht gerecht.

Obwohl es zunächst anders aussah, hatte das Stillleben seine Mission mit dem Beginn der Moderne doch nicht erfüllt. Georges Braque führte ab 1912 mit seinen Collagen die Idee des *Trompe-l'œil* ad absurdum, denn die Täuschung durch die Malerei erübrigt sich, wenn das Material selbst in ein Bild integriert oder gar zum Kunstwerk erklärt wird, wie Duchamps *Flaschenständer* (1914, Kopie von 1964 Mailand, Galleria Schwarz).

Wenn für das 19. Jh. betont wurde, wie wichtig das Stillleben für die Emanzipation von Farbe und Form auf der Leinwand war, so bedeutet das nicht, dass über die Ikonographie sich mitteilende Inhalte obsolet geworden wären. Courbet setzte sich in einigen Stillleben mit seiner Gefangenschaft auseinander, und van Goghs *Sonnenblumen* stehen ebenfalls in einem komplexen symbolischen Verweiszusammenhang. Auch im 20. und 21. Jh. wurden altbekannte Themen wieder aktuell. Die *Pop-Art* thematisierte in den 1960ern in Stillleben die Welt der Konsumgüter, und Gerhard Richters *Schädel* (1983) nicht in der Tradition des Memento mori zu sehen, ist nahezu unmöglich. Als Verarbeitung einer fotografischen Vorlage überprüft das Bild zugleich die Bedingungen, unter denen Malerei im Zeitalter der Fotografie möglich ist. Als «Malerei über Malerei» greift es ein klassisches Thema der Bildgattung Stillleben auf.

6. Die Malerei im Kanon der Künste

Plinius d. Ä. erzählt, wie großzügig Alexander der Große den Maler Apelles entlohnte. Als dieser während der Porträtsitzungen in Liebe zu seinem Modell, der Geliebten Alexanders, entflammte, überließ der Herrscher dem Künstler seine Mätresse. Wertschätzung der Malerei scheint aus so mancher antiken Anekdote zu sprechen. Ein Blick in philosophische Schriften korrigiert den Eindruck des großen Respekts vor Malern in der Antike jedoch. Plutarch brachte eine ambivalente Haltung zum Ausdruck, als er erklärte: «Wenn wir uns auch am Kunstwerke erfreuen, so verachten wir doch den Künstler.» Zu malen bedeutete, körperlich zu arbeiten, noch dazu zum Zweck des Gelderwerbs, was wiederum den Malern keine Zeit lasse, sich ihrer Bildung zu widmen. Auch der von Plato und anderen erhobene Vorwurf, nur mechanische Nachahmung der Natur zu sein und Trugbilder zu erzeugen, traf die Malerei. Aristoteles jedoch fasste die *mimesis*, also die Nachahmung der Natur, nicht mehr negativ auf und erklärte sie zum gemeinsamen Nenner der Malerei mit Dichtkunst, Musik und Tanz. Er verzichtete jedoch darauf, die Künste im Einzelnen miteinander zu vergleichen.

Im Mittelalter blieb die Malerei dem Handwerk zugeordnet, sofern sie nicht zu den, in Analogie zu den sieben freien Künsten zusammengestellten, mechanischen Künsten gezählt wurde.

Das System der **sieben freien Künste** geht auf Martianus Capella zurück, der im 5. Jh. die Schuldisziplinen Grammatik, Rhetorik, Dialektik, Astronomie, Geometrie, Arithmetik und Musik vereinte. Sie versammelten das Wissen, das eines freien Mannes würdig war. Am Campanile des Florentiner Doms, wo die Fächer in Reliefs als Personifikationen dargestellt sind, nimmt die Malerei im Verbund mit Skulptur und Architektur immerhin schon eine Mittelposition zwischen den mechanischen und den freien Künsten ein.

Aufwertung der Malerei

Es waren vor allem die Maler selbst, die an einer Aufwertung ihrer Kunst und damit ihrem eigenen sozialen Aufstieg arbeiteten. Um 1400 betonte Cennino Cennini den Anteil der Phantasie an der Malerei, welcher er den zweiten Platz hinter der *scienza* einräumte, den traditionell die Poesie beanspruchte. 1435 vertrat Alberti die Ansicht, die Malerei sei sehr wohl eines freien Mannes würdig, und berief sich auf antike Quellen, die belegen sollten, wie hoch Maler in der Antike im Ansehen standen und welch hohes Niveau die Malerei erreicht hatte. Eine andere Strategie betonte die Nähe der Malerei zur Wissenschaft. Leonardo da Vinci sah diese Verbindung in der Anwendung der Perspektive, in Kenntnissen der Proportion und der Verteilung von Licht und Schatten im Gemälde gegeben. Im Verlauf dieser Debatten um den Status der Malerei wurde auch ihre Beziehung zu anderen Künsten immer wieder neu ausgelotet. Diesen Wettstreit bezeichnet man, dem italienischen Sprachgebrauch der Renaissance und des Barock folgend, auch als *paragone* (Vergleich).

arti del disegno

Für Giorgio Vasari war die Zeichnung die Basis, auf der die Malerei zusammen mit Architektur und Skulptur stand, weshalb er alle drei 1550 als *arti del disegno* titulierte. 1563 begründete Vasari mit der Florentiner Accademia del Disegno eine Ausbildungsstätte, in der Maler neben handwerklichem Unterricht humanistische Bildung erhielten.

Auch wenn die Zeichnung bzw. der *disegno* eine Verbindung mit Skulptur und Architektur herstellte, war die Position der Malerei damit nicht festgeschrieben und ihre Beziehung zu anderen Künsten noch nicht geklärt. Der Jesuit Jacobus Pontanus sah die Malerei im 17. Jh. in einer Linie mit Poesie und Musik, weil alle drei dem Prinzip der Naturnachahmung verpflichtet seien und Vergnügen bereiteten. Eine systematische Erörterung der Frage, welche Künste in einen gemeinsamen Kanon gehörten und was von einer übergeordneten Warte aus das Wesen der Kunst «an sich» ausmache, setzte im 18. Jh. ein.

Die schönen Künste

Charles Batteux verfasste 1746 die erste Abhandlung, die sich ausschließlich den nun so genannten schönen Künsten widmete, die er nach wie vor der *mimesis* verpflichtet sah. Diesen Grundsatz konnte man auch 1751 in d'Alemberts *Encyclopédie* nachlesen, die Batteux' aus Musik, Poesie, Malerei und Skulptur bestehenden Kanon noch um die Architektur erweiterte.

Das übergreifende Prinzip, das es rechtfertigen sollte, die einzelnen Künste zu einem Kanon zu formieren, und das Inbegriff «der» Kunst sein sollte, blieb Gegenstand intensiver Debatten. Schönheit, die auch wieder auf ganz unterschiedliche Weise definiert werden konnte, wurde vorgeschlagen, zudem die durch die Kunst ermöglichte sinnliche Erkenntnis oder auch die Fähigkeit, im Rezipienten Empfindungen zu wecken. Bis heute gibt es Meinungsverschiedenheiten darüber, welche Künste zum Kanon zu zählen seien und welche nicht. Ob Musik oder Architektur im 19. Jh. ausgeschlossen oder Gartenbau und Tanz einbezogen wurden, hing davon ab, auf welches gemeinsame Ziel die Künste verpflichtet wurden. Im 20. Jh. waren es Fotografie und Neue Medien, deren Status als Künste zur Diskussion stand, aktuell wird die Frage für Computerspiele erörtert.

Die Aufnahme der Malerei in den Verbund der Künste wurde zwar nie wieder in Frage gestellt, aber Konkurrenzverhältnisse waren damit beileibe nicht aufgehoben. Man spielte Vorzüge und Defizite der Künste gegeneinander aus und debattierte zum Beispiel die Frage, welche Kunst historisch vorangegangen und in der Menschheitsgeschichte als Erste geübt worden sei. Die Malerei musste sich also auch weiter gegenüber ihren Schwesterkünsten behaupten und sich mit deren Stärken befassen, um den eigenen Status zu behaupten. Dies geschah sowohl in Form von Traktaten, die meist Sache der Gelehrten waren, als auch in Kunstwerken. Die Selbstbefragung der Malerei im Dialog mit anderen Künsten ist dabei kein historisches Phänomen, das mit dem 19. Jh. abgeschlossen gewesen wäre. Die Pluralisierung der Möglichkeiten und die Erweiterung des Kunstbegriffs im 20. Jh. trugen die Debatte in die Moderne, wenn auch mit deutlich veränderten Vorzeichen. Die Künste sind längst nicht mehr nur schön, und immer neue Kunstformen werfen die Frage auf, welchen Erkenntnisgewinn die Malerei noch bringen kann, welche Qualitäten ihr allein zugehören, so dass keine andere Kunst sie mit zu übernehmen vermag.

Malerei, Poetik und Rhetorik

Antike und moderne Dichtung, Schriften über christliche und historische Ereignisse, ob literarisch ambitioniert oder nicht, boten der Malerei einen schier unerschöpflichen Fundus von Themen, den die Ikonographie wissenschaftlich erschließt. Es wurden aber auch strukturelle Analogien zwischen Malerei und Dichtkunst beobachtet bzw. programmatisch behauptet. Der Vergleich funktionierte in beide Richtungen: Dichter, denen lebendige Beschreibungen gelangen, wurden als Maler gelobt. Plutarch schrieb Simonides den Ausspruch zu, Malerei sei stumme Dichtkunst und Dichtkunst redende Malerei. Horaz forderte in seiner *Ars poetica* für Dichter und Maler gleichermaßen die Freiheit der künstlerischen Erfindung und forderte Kritiker auf, bei ihren Urteilen über Werke der Dichtkunst zu bedenken, dass es auch in ihr unterschiedliche Stile gibt. Horaz' Vorstel-

Horaz

lungen wurden in die griffige Formel *ut pictura poesis* gegossen, die bis ins 19. Jahrhundert ihre Gültigkeit behaupten konnte, wobei der Katalog der Übereinstimmungen, die zwischen Malerei und Dichtkunst gesehen wurden, beständig erweitert wurde.

Eine weitere Basis boten die Überlegungen des Aristoteles, der beide Künste auf das gemeinsame Prinzip der Nachahmung menschlicher Handlungen brachte. Die Kunsttheoretiker der Renaissance und des Barock ergründeten die Verwandtschaft detaillierter in zentralen Bereichen und übertrugen Schlüsselbegriffe. Die *invenzione* offenbart unter anderem das Talent des Dichters und des Malers, eine Geschichte selbständig zu erfinden, womit neben dem Aufspüren neuer Sujets vor allem die Originalität der Themenauffassung gemeint ist. Für Lomazzo standen sich Malerei und Dichtkunst am nächsten in der *espressione*, weshalb dem Ausdruck von Emotionen mittels Mimik und Gestik große Aufmerksamkeit geschenkt wurde. Charles Le Brun hielt die Ausdruckslehre für so wichtig, dass er 1668 im Rahmen der *Conférences* der Pariser Académie einen Vortrag darüber hielt, der erst 1698 postum vollständig veröffentlicht wurde, aber bereits vorher als Manuskript kursierte.

Wirkungsintentionen

Das Interesse an der Darstellung des Gefühlsausdrucks war vor allem deshalb so groß, weil es in unmittelbarem Konnex mit einer wichtigen Wirkungsintention der Rhetorik stand: dem *movere* (bewegen). Das Gemälde sollte den Betrachter emotional berühren. Paleotti schenkte dem *movere* die größte Aufmerksamkeit bei seinen Reflexionen über Wirkungsabsichten. Im Einklang mit den Anforderungen der Dichtkunst sollte das Gemälde außerdem erfreuen (*delectare*) und belehren/von Nutzen sein (*docere/prodesse*). Nach Aristoteles erfreut die Naturnachahmung schon von sich aus. In der Kunsttheorie sind aber auch noch ansprechende Farbgestaltung, Vielfalt der Motive sowie Bildschmuck, der über das Nötige hinausgeht, genannt. Die zahllosen barocken Putti übernehmen die Aufgabe, den Betrachter mit ihren Kapriolen und ihrer Niedlichkeit zu erfreuen. Die Belehrung leistete die dargestellte Geschichte selbst, aber auch deren Ausstattung, wenn beispielsweise Architektur und Kleidung der Figuren sowie die Vegetation dem Ort und der Zeit der Handlung entsprachen. Auch das *decorum* galt es zu beachten: Eine angemessene Darstellung berücksichtigte die Aussage des Themas und den Status der Figuren. Besonders empfindlich wurde nach dem Konzil von Trient über die Einhaltung des *decorum* bei religiösen Themen gewacht. Dass Caravaggio die Muttergottes im

Marientod mit nackten Füßen malte, wurde als Verstoß gegen das *decorum* empfunden.

Einheit von Handlung, Zeit und Ort

Des Weiteren wurde den Malern wie den Dichtern im Anschluss an Aristoteles empfohlen, auf die Einheit von Handlung, Zeit und Ort zu achten. Da ein Maler immer nur einen Moment aus einem Geschehensablauf darstellen kann, wollte dessen Wahl wohl überlegt sein.

Im Alten Testament (Exodus 1,1–2,10) kann man nachlesen, wie der Pharao den Befehl erteilte, alle Söhne der Hebräer zu ermorden. Der Säugling Moses wurde von seiner Mutter am Nil in einem Weidenkorb ausgesetzt, den die Tochter des Pharao mit ihren Mägden fand. Die Schwester des Knaben, die den Vorgang beobachtet hatte, schlug der Prinzessin vor, eine Amme zu rufen, und holte die Mutter des Moses. Obwohl Poussin für seine *Auffindung des Moses* (Abb. 26) den Zeitpunkt wählte, in dem Moses der Prinzessin präsentiert wird, können die Vorgeschichte rekonstruiert und die Fortsetzung abgeleitet werden. Der Knabe liegt noch im Weidenkorb, der auf dem Boden steht, auf einer Höhe mit dem Flussgott, der zur Szene hinüberschaut: Seine Fluten haben Moses hierhergetragen. Bei dem Mädchen, das in nächster Nähe hinter der Prinzessin steht und zu ihr aufschaut, handelt es sich dem Alter nach um die Schwester des Moses. Die Geste der Prinzessin signalisiert die Annahme des Knaben, vielleicht auch den Auftrag, eine Amme zu holen. Die Emotionen der jungen Frauen sind vielfältig. Die rechts Kniende schaut hoffend und bittend zur Tochter Pharaos auf, links reichen die Reaktionen von Erstaunen bis zu Entzücken. Die Prinzessin selbst ist, den Anforderungen des *decorum* gemäß, nicht nur durch ein Diadem ausgezeichnet, sondern durch ihre würdevolle Gelassenheit. Die Buntfarben vergnügen in ihrer ausgewogenen Verteilung ebenso wie die Blumenkörbe, die angesichts des Fundes unbeachtet stehen gelassen wurden.

Rhetorik

Neben der Poesie bot die Rhetorik ein Regelwerk, das den Malern Anknüpfungspunkte gab. Nicht immer ist klar zu trennen, ob Theoretiker und Künstler sich auf die Dichtkunst oder die Redekunst beriefen. Schon Horaz' *Ars poetica* war von der Rhetorik geprägt, die als Theorie der Sprache auch die Poesie umfasste. Ciceros *De oratore* und Quintilians *De institutionibus orationis* waren in Renaissance und Barock die wichtigsten Lehrbücher über Rhetorik. In der Rhetorik tritt zum inneren das äußere *decorum* hinzu. Genau wie eine Rede muss ein Gemälde dem Anlass bzw. Ort, an dem es präsentiert wird, angemessen sein. Was in einem Palast als Galeriebild gefällt, eignet sich nicht unbedingt als Altarblatt. Wichtige Impulse gingen auch von der Lehre der Stillagen, den *genera dicendi,* aus, die in Abhängigkeit vom Thema und mit Blick auf die Wirkungsabsichten zu wählen waren. Ein schlichter Stil eignet sich zur Belehrung, während ein Aufgebot größten rhetorischen Schmuckes im *genus grande* den

Betrachter überwältigen *(persuadere/persuasio)* soll. Barocke Ausstattungsprogramme platzieren an den Wänden oft historische oder mythologische Szenen und reservieren die Decke, deren Gestaltung auf jeden Fall eine Steigerung bietet, für Allegorien. Außerdem galt in der Rhetorik die Regel, dass eine Behauptung nicht wahr, sondern wahrscheinlich sein muss. Die Malerei konnte daraus die Lehre ziehen, dass Geschichten auch zwischen den Zeilen gelesen oder fortgesponnen werden können, sofern sie den überlieferten, im Text fixierten Vorgaben nicht widersprechen.

Kritik an der Rhetorik

Im 18. Jh. geriet die Rhetorik unter massive moralische Kritik, die ihr leeren Prunk und blendenden Schein vorwarf. Zugleich wurde der Vergleich zwischen Dichtkunst und Malerei, der nie frei von Kontroversen war, neu gefasst, jedoch weiter mit dem Ziel zu ermitteln, welche Kunst überlegen sei. Dubos führte aus, dass die Dichtkunst sich artifizieller Zeichen bediene und ihre Inhalte sukzessive entwickle, wohingegen die Malerei alle Motive simultan zeige und natürliche Zeichen nutze. Deshalb sei sie überall und voraussetzungslos zu verstehen, was sie von den Sprachen unter-

Lessing

scheide, die man erst erlernen müsse. Auch Lessing betonte 1766 im *Laokoon* die Eigenheiten jeder Kunst. Die Poesie ordnete er der Kategorie der Zeit, die Malerei dem Raum zu; sie sei auf einen Moment fixiert und nicht in der Lage, einen zeitlichen Ablauf zu gestalten. Wie der Untertitel der Schrift – *Die Grenzen der Malerei und Poesie* – bereits ahnen lässt, forderte Lessing, die Unterschiede zu respektieren und die Künste nicht durch Grenzüberschreitungen zu vermischen. Lessings Position blieb nicht lange unwidersprochen, entscheidend war jedoch der Wandel in der Zielsetzung des Vergleichs. Es ging nicht mehr um den Transfer von Regeln, die bei der Konzeption von Gemälden beherzigt und bei deren Beurteilung hilfreich sein sollten. Stattdessen forderten Romantiker wie Fried-

Das Poetische

rich Schlegel die Qualität des Poetischen nicht nur von der Malerei, sondern von jeder Kunst.

In Reaktion auf Lessing schrieb Schlegel: «Noch weniger ist es zu billigen, wenn eine so umfassende vielseitige Kunst wie die Malerei aus Missverständnis beschränkt werden soll, oder wenn gar von Grenzen der Poesie die Rede ist, da es doch eben das Wesen dieser Kunst ist, schlechthin universell zu sein, nicht sowohl eine bestimmte Gattung und Art der Kunst, als vielmehr der allgemeine Geist, die gemeinschaftliche Weltseele aller.»

Die Poesie hilft den anderen Künsten, sich über die Wirklichkeit hinauszuschwingen. Sie steht nicht mehr nur in einem Dialog mit der Historienmalerei, sondern erfasst alle Bildgattungen; auch Land-

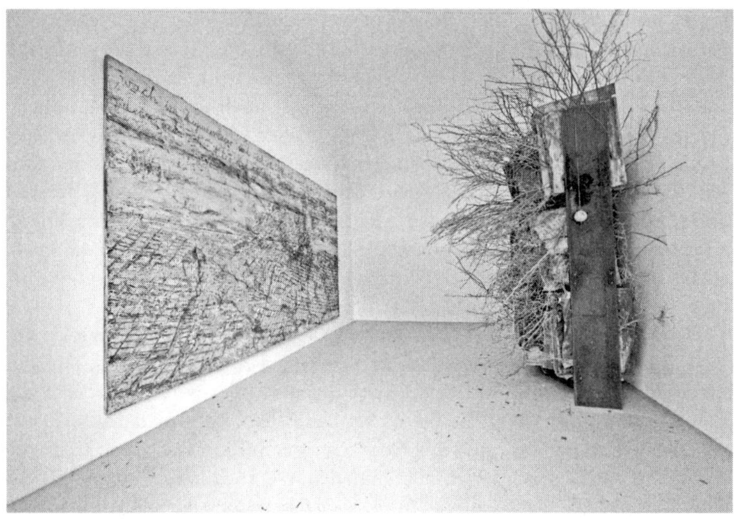

Abb. 37: Anselm Kiefer, A.E.I.O.U, 2002, Salzburg

schaften können poetisch sein. Darüber hinaus entwickelte sich ein symbiotisches Verhältnis zwischen den Künsten, das, um Architektur und Musik erweitert, in Ideen des Gesamtkunstwerks mündete. Philipp Otto Runge wollte einen Zyklus der *Zeiten* in einem eigenen Gebäude untergebracht und von Musik begleitet wissen. Der Dichter Ludwig Tieck versprach ihm eine Auslegung der *Zeiten*. Solche Texte, wie sie auch von Künstlern selbst begleitend zu Gemälden verfasst wurden, sollten keine Bildanalysen oder kunsttheoretischen Erörterungen sein, sondern Dichtungen, die dem Betrachter eine weitere Dimension des Gemäldes erschließen.

Medienkombination

Im 20. Jh. hatte der Topos des *ut pictura poesis* keine Bedeutung mehr für die Malerei, die sich freilich auch nicht mehr durch Reklamation der Gleichberechtigung gegenüber der Dichtkunst behaupten musste. Allerdings spielen sowohl Kombinationen von Dichtung und Malerei eine Rolle als auch die Integration von Schrift in Gemälde. Ein Beispiel hierfür ist Anselm Kiefers Werk *A.E.I.O.U.* (Abb. 37), das 2002 in Salzburg der Öffentlichkeit übergeben wurde.

In einem steilen Raumkubus hängt links vom Eingang ein großformatiges Gemälde, an dessen oberem Bildrand eine Strophe aus einem Gedicht Ingeborg Bachmanns zitiert wird: «Wach im Zigeunerlager und wach im Wüstenzelt, es rinnt uns der Sand aus den Haaren, dein und mein Alter und das Alter der Welt mißt man nicht mit den Jahren.» Die Verse sind nicht aufgemalt, sondern in das Material eingeritzt, das sich z. T. als Sandschicht schon wieder über sie gelegt hat. Sie stellen das Gemälde unter die Themen des Nomadisierenden der Existenz und der Zeit. Doch die dargestellte verdorrte, lebensfeindliche Landschaft, deren Ziegelwege sich im Sand verlieren und die teilweise mit Natodraht bespannt ist, lässt auch an Internierungslager denken. Gegenüber dem Eingang prangt an der weißen Wand der titelgebende Wahlspruch «A.E.I.O.U.», den Kaiser Friedrich III. auf Gebäuden und Dingen seines täglichen Gebrauchs anbringen ließ. Von den über 300 Deutungen der in lateinische oder deutsche Wörter aufgelösten Vokalreihe, an der sich Zeitgenossen und Nachwelt versuchten, erheben die historisch älteren imperialistische Ansprüche. Im 16. und 17. Jh. las man zum Beispiel: «Alles Erdreich ist Österreich untertan.»

Dem Gemälde gegenüber steht ein hohes Regal, in dem fünfzig Bücher aus Blei lagern – ein Archiv bleischwerer Erinnerungen bzw. Wissens, das vertrocknete Dornen umranken und durchdringen. Hier wird das Thema der Zeit wieder aufgegriffen. Die Natur hat das Archiv überwuchert, und zwar vor so langer Zeit, dass sie selbst schon wieder verdorrt ist. Stellt man sich mitten vor das Gemälde, empfindet man den Abstand als zu gering. Die Dornen im Rücken hindern jedoch daran, auf Distanz zu gehen. Zieht man sich seitlich hinter die Stellage zurück, geraten die Dornen beim Betrachten des Gemäldes ins Blickfeld. Die Künste deuten sich gegenseitig aus: Schrift bzw. Dichtkunst, Malerei und – Skulptur.

Malerei und Skulptur

Als im 13. Jh. die Verbreitung von Altarretabeln zunahm, kamen Malerei und Skulptur gemeinsam in medialen Zwischenformen zum Einsatz. Unter Skulptur seien hier aus Gründen der vereinfachenden Formulierung auch Plastik und Relief subsumiert. Für Santa Maria Maggiore in Florenz führte ein Künstler, möglicherweise Coppo di Marcovaldo, in den späten 1260er Jahren eine thronende Muttergottes mit Kind im Flachrelief aus und montierte sie auf einer mit Szenen und Einzelfiguren bemalten Tafel. Eine funktionale Verbindung bei gleichzeitiger Trennung ergab sich im 14. Jh. bei Altarretabeln, bei denen Flügel die Schreinskulptur der dauerhaften Betrachtung entziehen konnten. Die Außenseiten der Flügel solcher Wandelaltäre boten sich zur Bemalung an, die Innenseiten konnten ebenfalls bemalt oder geschnitzt sein. Dass die Skulptur im Zentrum steht, belegt den höheren Rang, der ihr gegenüber der Malerei zuerkannt wurde.

Synthesen In echten Synthesen beider Medien wurden in Italien im 15. und noch im frühen 16. Jh. gemalte Bildhintergründe und figürliche Darstellungen mit geschnitzten Kultbildern verbunden. Pietro Perugino erhielt 1502 den Auftrag, eine Tafel (heute Perugia, Galleria Nazio-

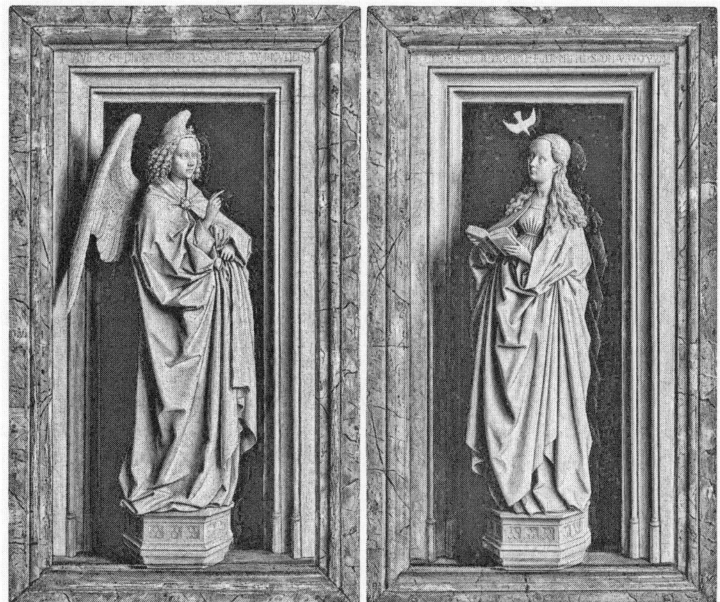

Abb. 38: Jan van Eyck, Verkündigung, 1437–1441, Madrid, Museo Thyssen-Bornemisza

nale dell' Umbria) zu malen, auf der ein älteres Kruzifix aus der Zeit um 1460 angebracht werden sollte. Die Heiligen der gemalten Beweinungsgruppe blicken zum Kruzifix auf, während über der Landschaft schwebende Engel das Blut Christi auffangen. Mögen sich die genannten Beispiele auch in Form und Funktion unterscheiden, fällt doch auf, dass es immer der Skulptur vorbehalten blieb, das zentrale Kultbild zu stellen. Die Aufgabenverteilung ist so eindeutig, dass sie auf eine Einsicht in die medial bedingten unterschiedlichen Qualitäten von Skulptur und Malerei hindeutet. Der Wechsel vom Drei- zum Zweidimensionalen, von der Skulptur zur Malerei, bedeutete eine deutliche Abschwächung der fiktiven Präsenz des Dargestellten. Dem Kultbild war die größere Illusion der Wirklichkeit, die größere Naturnähe, zuträglich. Damit gelangt ein Grundantagonismus des Vergleichs zur Anschauung, der der Skulptur das Sein, der Malerei aber den Schein zuweist. Francesco Petrarca gab deshalb schon um 1354 in seiner Abhandlung *De remediis utriusque fortunae* der Skulptur den Vorzug vor der Malerei. Ihre Grenzen erreichte die Skulptur allerdings dort, wo narrative Darstellungen gefordert waren. Letztlich lehrt dies auch Jan van Eycks *Verkündigung* (Abb. 38), die noch dazu belegt, dass nicht nur theoretische Schriften, sondern auch Kunstwerke den *paragone* thematisierten.

Ein gemalter Paragone

Van Eycks Tafel fingiert, ganz und gar aus Stein gemeißelt zu sein. Man kann sogar verschiedene Steinsorten unterscheiden. Dem Thema der Verkündigung, deren Fest in die Fastenzeit fällt, ist die Zurückhaltung in der Farbigkeit angemessen. Liturgisch motiviert, schmückt sie oft die Außenflügel, wird aber nicht wie hier zum Hauptthema eines Diptychons gewählt. Da Stein imitiert wird, handelt es sich nicht um eine Grisaille im strengen Sinn, also nicht um eine Malerei, die allein mit grauen Tonstufen auskommt.

Noch vor der ausführlichen Verschriftlichung des Paragone zwischen Skulptur und Malerei finden sich einige seiner zentralen Denkfiguren auf dieser Tafel. Jan van Eyck imitiert zwar Stein, wartet aber mit einer Detailschärfe auf, die ein Bildhauer nicht erzielen könnte, er übertrifft die Konkurrenz also. Dem Vorwurf, ein Maler könne einen Gegenstand immer nur von einer Seite zeigen, wohingegen eine Skulptur den Vorzug – und die in der Gestaltung anspruchsvollere – Vielansichtigkeit biete, begegnen die Spiegelbilder der Figuren in der Rückwand aus blank poliertem Stein. Außerdem stellt der Künstler unter Beweis, dass er nur durch Licht und Schatten, das heißt durch Schwarz und Weiß, *rilievo* erzeugen kann. Als *rilievo* wurde seit 1400, dem Sprachgebrauch Cenninis folgend, die plastische Wirkung eines Gemäldes bezeichnet. Sie ist in der *Verkündigung* so groß, dass die Figuren sogar aus dem Rahmen herauszutreten und die ästhetische Grenze zwischen Bildraum und Betrachterraum zu durchstoßen scheinen.

Die Spiegelungen und die perspektivische Verkürzung der Schmalseiten der Figurensockel zeigen außerdem, dass Jan van Eyck dem Betrachter einen Blickpunkt von schräg rechts zuweist, wobei die Tafel mit leicht angewinkeltem Flügel stehend gedacht ist: das *Trompe-l'œil* (s. S. 191) eines aus Stein gefertigten Diptychons.

Die Malerei provoziert die Skulptur, indem sie sie perfekt nachahmt und die Frage aufwirft, ob der Skulptur umgekehrt die Mimesis der Malerei gelingen könnte. In van Eycks *Verkündigung* gelangt ein Paragone zu seiner Anschauung, der im Norden schriftlich nicht fixiert wurde. In Italien setzte der Schlagabtausch zwischen Malern und Bildhauern, von Theoretikern unterstützt und zum Teil ihnen überlassen, im 15. Jh. ein. Bereits im 14. Jh. hatte Petrarca die Skulptur aufgrund ihres größeren Realitätscharakters und ihrer größeren Dauerhaftigkeit höher bewertet als die Malerei. Im Quattrocento, also im 15. Jh., bildeten vor allem Dreidimensionalität und Naturnähe den Bewertungsmaßstab. Alberti warf den höheren intellektuellen und künstlerischen Anspruch der Malerei in die Waagschale, während Leonardo keinen Zweifel daran ließ, dass die Malerei für ihn die Skulptur, ja alle Künste in ihrem Wert überragte. Er spielte unter anderem die *fatica corporale*, die körperliche Arbeit des Bild-

Argumente des klassischen Paragone

hauers, gegen die *fatica d'ingegno*, die geistige Leistung des Malers, aus. Im Grunde gab es in diesem mit besonderer Verve geführten Paragone kaum ein Argument, das nicht gleichzeitig für und gegen die Malerei respektive die Skulptur eingesetzt werden konnte. Für eine Bündelung der zentralen Argumente sorgte Baldassare Castigliones *Cortegiano*, das Buch vom Hofmann, das 1528 im Druck erschien und große Reichweite erzielte. Groß war auch das Interesse an einer Vorlesung, die der Gelehrte Benedetto Varchi 1547 hielt. 1550 publiziert, enthielt der zweite Teil der *Due Lezzioni* die Meinung von acht Künstlern zum Thema, darunter Michelangelo, dessen Position im Brennpunkt des Interesses stand, da er als Universalgenie alle Künste ausübte.

Die Maler trugen den Sieg davon, wenn der Schwierigkeitsgrad der Künste daran bemessen wurde, wie weit das nachahmende Medium vom Gegenstand der Nachahmung entfernt war. Der Maler muss die Gesetze der Perspektive beherrschen und Licht und Schatten mit seinen Mitteln nachahmen. Dadurch kann er sie aber auch unabhängig von äußeren Vorgaben einsetzen, während eine Skulptur Licht und Schatten ausgesetzt ist und nicht selbst über sie verfügt. Demgegenüber mussten Bildhauer eine Schwierigkeit meistern, vor der Maler nicht standen: Ihre Werke entstanden durch das Wegnehmen vom Material, wie es beim Meißeln aus dem Stein vonnöten ist, während stetes Hinzufügen, bei dem Ausbesserungen vorgenommen werden können, den Entstehungsprozess eines Gemäldes bestimmt. Stein verzeiht nicht, Fehler lassen sich nicht korrigieren. Während die Skulptur den Wettstreit mit dem Hinweis auf die Vielansichtigkeit und die haptischen Qualitäten, die durch den Tastsinn sogar Blinden eine Vorstellung vom Objekt vermitteln können, für sich zu entscheiden suchte, beschworen die Anhänger der Malerei deren größere Vielfalt. Mit perspektivischen und koloristischen Mitteln sei ihre mimetische Bandbreite größer. Sie ahmten die gesamte Schöpfung nach, bis hin zu atmosphärischen Werten, Wolken und Regenbögen. Die Bildhauer nahmen im Gegenzug die Nachahmung göttlichen Vorgehens für sich in Anspruch und erinnerten an den *Dio scultore*, an Gott als Menschenbildner.

Die Rückführung beider Künste sowie der Architektur auf den *disegno* durch Vasari nahm dem Paragone seine Brisanz. Dennoch wurde die Debatte um den Vorrang nie aufgegeben und erlangte auch für die Praxis Relevanz. Vom Paragone zeugen Tafeln, die beidseitig bemalt sind (z. B. mit Vor- und Rückansicht einer Person oder einer Szene aus verschiedenen Perspektiven: Daniele da

Volterra, David und Goliath, 1553/54, Fontainebleau), Spiegeleffekte, die es dem Maler ebenfalls ermöglichen, ein Objekt aus mehr als einem Blickwinkel zu zeigen, fingierte, reliefierte Steinbrüstungen, wie sie in der holländischen Malerei einen innerbildlichen Rahmen bilden, und *stucchi finti,* fingiertes Stuckwerk. Schließlich fordern auch Trompe-l'œil-Effekte die Skulptur heraus, indem ihre die Augen täuschende Wirklichkeitsnähe den Tastsinn und den Wunsch weckten, durch Berührung zu prüfen, ob es sich wirklich um eine Illusion handelte.

Skulpturenstudium. Ungeachtet der Bemühung, die Überlegenheit der Malerei über die Skulptur nachzuweisen, übten sich Maler im Nachzeichnen von Skulpturen. An den Akademien und in den Werkstätten gehörte Skulpturenstudium zur Grundausbildung. Alberti fand es lehrreicher, eine mittelmäßige Skulptur abzuzeichnen als das beste Gemälde. Im gemalten Vorbild seien die an der Natur beobachteten Licht- und Schattenverhältnisse bereits umgesetzt und damit die Aufgabe, *rilievo* zu erzielen, gelöst. Der Lerneffekt sei beim Studium einer Skulptur daher größer, weil Licht und Schatten vom Maler selbst beobachtet und übersetzt werden müssten.

Im 18. Jh. wurden die Grenzen von Skulptur und Malerei noch einmal neu ausgelotet, und zwar über die Zuordnung der Künste zu den Sinnen. Dem Tastsinn wurde der erkenntnistheoretische Primat vor dem Sehsinn zugesprochen. Das Auge nimmt nur Farben und Formen wahr und lernt erst durch den Tastsinn das räumliche Sehen. Eine echte Konkurrenzsituation entstand für Malerei und Skulptur daraus allerdings nicht mehr.

Malerei und Musik

Mit Musikerporträts, Instrumentenstillleben, musizierenden Engeln und leichtfertigen Lautenschlägerinnen sind nur einige Sujets benannt, in denen die Malerei sich der Musik zuwandte. Doch das Interesse der Maler beschränkte sich nicht auf die Ikonographie, das heißt auf die Darstellung musikalischer Themen. Bedeutung erlangten auch Überlegungen zu strukturellen Verwandtschaften und die Auseinandersetzung mit den spezifischen Qualitäten der Musik. In den seltensten Fällen ging es um eine vollständige Übertragung sämtlicher Gestaltungselemente der Musik auf die Malerei; es überwiegen bei Weitem punktuelle Bezugnahmen in Einzelaspekten.

Modus-Lehre

Eine wichtige Station markierte der 1647 von Nicolas Poussin verfasste Brief, der die sogenannte Modus-Theorie begründet. Poussin erklärte einem Mäzen, der einen anderen Sammler um die *Auffindung des Moses* (Abb. 26) beneidete, dass ein Maler Kolorit, Form und Komposition in Abhängigkeit vom ikonographischen Thema einsetzen müsse. Um seine Argumentation zu untermauern, verwies Poussin auf den Gebrauch der Kirchentonarten *(modi)*. Es handelt sich dabei um modale Skalen, die in Gebrauch waren, bevor die «modernen» Dur- und Moll-Tonleitern sich durchsetzten, und die im Hinblick auf die beabsichtigte Wirkung (kriegerisch, feierlich usw.) gewählt wurden. Ein Regelwerk, das sich konsequent aus der Musik in die Malerei übertragen ließ, wollte Poussin damit nicht aufzeigen. *Tertium comparationis* ist allein die affektive Wirkung der *modi*. Auf dieser Ebene des Analogieschlusses und zu ähnlichem Zweck durchgeführte Vergleiche sollten bis in die Moderne hilfreich für die Veranschaulichung von Ideen sein, ebenso eine metaphorische Verbindung, die sich nicht zuletzt im Zugriff auf ein gemeinsames Vokabular ergab: Harmonie, Rhythmus oder Klangfarbe/Farbklang schienen auf tiefer liegende Verbindungen zwischen den Künsten zu verweisen.

Vorbildfunktion der Musik ab 1800

Der Bezugsrahmen der Vergleiche änderte sich im 18. Jh. grundlegend, weil die Ästhetik die Musik, und zwar die Instrumentalmusik, stark aufwertete. Zwei zentrale Aspekte kristallisierten sich heraus, die der Musik zu einer überlegenen Position verhalfen. Zum einen war die Musik von der Aufgabe der Naturnachahmung entbunden und wirkte unmittelbar und allein durch die Gestaltung des akustischen Materials auf das Empfinden ein. Die Malerei musste nach wie vor den Umweg über das literarische Thema nehmen. Zum anderen schien die Wirkung der Musik auf das Gemüt von größerer Intensität zu sein. Nicht nur für Arthur Schopenhauer übernahm sie daher eine Vorbildfunktion: «Wie die Musik zu werden, ist das Ziel jeder Kunst.» Maler, Dichter und Literaten dachten in Briefen, Romanen und ästhetischen Schriften darüber nach, wie die Malerei mit ihren Mitteln den Vorsprung der Musik wettmachen könnte. Ein Weg führte über eine Intensivierung der Stimmung; um sie heraufzubeschwören, empfahl sich ganz besonders die Landschaftsmalerei. Allerdings blieb diese Bezugnahme so vage, dass ab der Mitte des 19. Jh.s praktisch jedes Gemälde, das diffuse Gefühle auslöste, als musikalisch bezeichnet wurde. Ein weiterer Weg schien über musikalische Kompositionsprinzipien und Gattungen zu führen, wurde im 19. Jh. aber eher selten beschritten. Zu den Ausnahmen gehörte Philipp Otto Runge, der die vier *Zeiten* (1803), einen Zyklus, der in Öl hätte ausgeführt werden sollen, den Charakteren der vier Sätze einer Symphonie ähnlich gestalten wollte. Auch Moritz von Schwinds *Symphonie* (1852, München, Neue Pinakothek) liegt das Bauprinzip einer Symphonie zu Grunde.

Inspiration durch Musik

Eine dritte Möglichkeit, sich bildkünstlerisch mit Musik auseinanderzusetzen, besteht darin, sich von Musikstücken inspirieren zu lassen und beim Malen Musik zu hören. Diese Form der Reaktion auf Musik ist auf der Ebene des schöpferischen Prozesses und der Bilderfindung angesiedelt und im Gemälde selten objektiv nachvollziehbar.

Emanzipation der gestalterischen Mittel

Eine weitere Form der Reflexion über Musik und Malerei konzentrierte sich auf die Emanzipation der gestalterischen Mittel. Das Hauptaugenmerk fiel von Anfang an stärker auf die Farbe als auf die Form oder die Zeichnung. In jedem Fall half der Blick auf die Musik als «Referenzkunst» so unterschiedlichen Malern wie Delacroix, Ingres, Whistler und Gauguin, sich größere Klarheit über die Ziele zu verschaffen, die sie mit ihrer eigenen Kunst verfolgten. Im 19. Jh. wurde der Querverweis auf die Musik zunehmend beansprucht, je mehr in Theorie und Praxis der Malerei das «Was» gegenüber dem «Wie» der Darstellung an Boden gewann.

Gauguin schrieb 1895: «Alles in meinem Werk ist berechnet und lange durchdacht. Das ist Musik, wenn Sie so wollen! Durch Arrangements von Linien und Farben erziele ich unter dem Vorwand irgendeines Themas aus dem Leben oder der Natur Symphonien und Harmonien, die nichts absolut Wirkliches im gewöhnlichen Sinne des Wortes aufweisen und keine Idee ausdrücken, sondern wie Musik zum Denken anregen wollen.»

James Abbot McNeill Whistler gab seinen Gemälden bevorzugt Titel, die sich an Musikstücken orientieren, um die Eigengesetzlichkeit seiner Farbgestaltung zu betonen. Er nannte Porträts oder Landschaften beispielsweise *Symphony in White* (Washington) oder *Nocturne in Blue and Gold* (London, Tate Gallery).

Klassische Moderne

In der Klassischen Moderne trat der Rekurs der Malerei auf die Musik noch einmal in eine neue Phase. Der Verzicht auf einen Bildgegenstand und damit die Entscheidung für ungegenständliche Malerei sollten zum Beispiel für die Künstler des Blauen Reiter nicht mit dem Wegfall jedweden Bildordnungssystems einhergehen. Vielmehr suchten sie neue Regeln und zogen aus dem Vergleich mit der Musik Analogieschlüsse, die eine kunstimmanente Logik im Umgang mit Farbe und Form begründen sollten. Der Versuch, Strukturmodelle oder Kompositionsprinzipien der Musik zu adaptieren, wurde weiterhin nicht mit dem Ziel unternommen, eine vollständig systematische Übereinstimmung zu erreichen. Die Maler wollten sich vielmehr über konkrete, deutlich umrissene Probleme klar werden, indem sie die entsprechenden Lösungen der Musik reflektierten. Kandinsky, Marc und Klee sahen in der Zwölftonmusik Arnold Schönbergs das Thema der Harmonie und der Dissonanz in Angriff genommen, mit dem sie sich selbst auf der Suche nach neuen Gestaltungsgesetzen in Bezug auf Farbwahl und -kontraste konfrontiert sahen, so auch in der Verwendung «schmutziger» Farben. Bei der Einteilung von Gemälden in Kategorien im Hinblick auf Charakteristika ihrer Komposition machte Kandinsky ebenfalls Anleihen bei der Musik und unterschied in seinen Analysen zwischen melodischen und symphonischen Kompositionen, zwischen Impression, Improvisation und Komposition.

Eine besondere Faszination ging in dieser Zeit auch von den Kompositionsprinzipien der Fuge und der Musik Bachs aus. Theo van Doesburg fand bei der Gestaltung seiner aus Farbfeldern bestehenden Glasfenster Anregung in den verschiedenen Möglichkeiten, mehrere Stimmen miteinander zu verbinden und Themen vielfältig zu variieren.

In der Malerei blieben die verschiedenen Formen, sich mit Musik zu messen, erhalten – vom Malen zu Musik bis zu Aneignung von Strukturmodellen. Sie sind aber eher für einzelne Künstler in ihren individuellen künstlerischen Äußerungen von Bedeutung, als dass sie der Entwicklung «der» Malerei grundlegend neue Impulse geben würden. Ein Grund ist nicht zuletzt darin zu sehen, dass neue Medien Möglichkeiten eines Dialogs mit der Musik eröffneten, der der Malerei verschlossen blieb. Die Zuordnung von Tönen zu bestimmten Farben des Spektrums, die seit Isaac Newtons Forschungen nicht nur Physiker beschäftigte, war in der Malerei kaum zu vermitteln. Erst mit neuen technischen Errungenschaften gelang die Kopplung von Tönen und farbigem Licht, so dass Farblichtmusik die Zuordnung sichtbar machte. Der abstrakte Film löste Farbe und Form aus der Fixierung und ermöglichte ihnen eine zeitliche Existenz, die sich wiederum nach musikalischen Prinzipien gestalten ließ. Die gemeinsame Präsentation von Musik und bildender Kunst im Sinne einer Interaktion, mit der die Künstler des Fluxus experimentierten, brach die Kunstformen und ihre Isolation ebenfalls auf.

neue Medien – neue Möglichkeiten

Malerei und Fotografie

Die Indienstnahme optischer Geräte und technischer Hilfsmittel ermöglichte es Malern, den Prozess der Bilderfindung zu vereinfachen und die Vorbereitungsphase vor der Ausführung eines Gemäldes zu verkürzen. Immer wieder einmal war zu diesem Zweck seit dem 17. Jh. die *Camera obscura* eingesetzt worden.

Camera obscura

Diese Urform einer fotografischen Kamera konnte als tragbares Modell, aber auch in der Größe eines kleinen begehbaren Raums gebaut werden. Durch eine einfache Öffnung oder Linse auf der einen Seite fiel Licht in den dunklen Kasten und reflektierte ein kopfüber stehendes Bild auf die gegenüberliegende Seite. Je nach Größe der Lichtöffnung war dieses Bild allerdings unscharf oder an den Seiten perspektivisch verzerrt. Innenspiegel konnten die Umkehrung aufheben.

Werkzeichnungen, die die Projektion festhielten, verwendete zum Beispiel Canaletto bei der Vorbereitung seiner Veduten. Die *Camera obscura* und seit dem frühen 19. Jh. die *Camera lucida* erleichterten die perspektivisch überzeugende Übersetzung des Stadt- oder Landschaftsraumes in die Zweidimensionalität des Bildes. Für die Konzeption von Figurenbildern eigneten sie sich nicht. Da das projizierte Bild selbst sich nicht konservieren ließ, trat es auch nicht in Konkurrenz zur Malerei. Die Fotografie hingegen fixierte die Aufnahme mittels eines chemischen Prozesses und ließ bald deren massenhafte Vervielfältigung zu. 1826 gelang es Joseph Niepce, die von einer *Camera obscura* eingefangene Aussicht aus seinem Fenster auf einer mit Asphalt beschichteten Zinkplatte zu fixieren. Die Belichtungszeit betrug gut acht Stunden, und das Ergebnis war unscharf und schwarzweiß, doch waren diese Defizite nicht mehr als Kinderkrankheiten. Experimente mit unterschiedlichen Verfahren verbesserten im Verlauf des 19. Jh.s die Technik immer weiter, wobei als Ziele insbesondere eine größere Bildschärfe und eine farbtreue Wiedergabe verfolgt wurden. Nahezu zeitgleich stellten William H. F. Talbot und Louis Daguerre 1839 ihre Verfahren der Öffentlichkeit vor. Daguerres zum Patent angemeldete Erfindung ließ der Überlieferung nach den Maler Paul Delaroche ausrufen: «Die Malerei ist tot!» Als nach einem weiteren Jahrzehnt die massenhafte Reproduktionsmöglichkeit der Fotografie einsetzte, war endgültig klar, dass der Malerei hier ein neues Medium gegenübertrat.

Fotos als Vorlagen

Der Dialog zwischen beiden fand auf verschiedenen Ebenen statt. Nicht anders als Kupferstiche fanden Fotografien als Vorlagen Verwendung. Seit den 1850er Jahren waren sie zuerst in Frankreich und England, dann auch in Deutschland, Italien und Nordamerika in Ateliers im Gebrauch und setzten sich als Alternative zu Kupferstichen auch an Akademien als Studienmaterial durch.

Nicht nur Akt- und Landschaftsmotive, auch Fotografien nach Kunstwerken waren erhältlich. Wegen des noch ungelösten Problems der Farbtreue wurden Gemälde anfangs allerdings nicht im Original, sondern nach Reproduktionsgraphiken abfotografiert. Doch bei Handzeichnungen und Graphiken leistete die Fotografie wertvolle Dienste. Der englische Prinzgemahl Albert ließ ab 1852 Werke Raffaels in ganz Europa aufnehmen. Solche Sammlungen ermöglichten das Studium und den Vergleich auch schwer zugänglicher Meisterwerke, die an weit voneinander entfernten Orten aufbewahrt wurden. Während diese Hilfsmittel allerdings eher in der sich entwickelnden Kunstgeschichte auf Interesse stießen, nutzten Maler Fotografien von Aktmodellen, Landschaften oder Porträts.

Beide Künste beeinflussten sich dabei wechselseitig. Ließen die Fotografen zunächst klassische, in der Malerei gebräuchliche Posen nachstellen, bekundeten die Maler zunehmend Interesse an natürlichen Haltungen der Körper. Manche Künstler, wie Delacroix, arbeiteten mit Fotografen zusammen. Die Vorlage für seine *Kleine Odaliske* (1854–1857, London) war ein Aktfoto, dem der Künstler aber nicht bis ins Detail folgte. Er überformte es außerdem durch eine dynamische Pinselschrift, die die Odaliske in ihre Umgebung einbindet, wohingegen das Modell im Foto sich plastisch vom Ambiente abhebt.

Porträts

Zur Vorbereitung von Porträts ließen sich Fotos ebenfalls nutzen; sie ersparten dem Modell Sitzungen und garantierten Authentizität – dies übrigens auch in Historienbildern. Manet griff bei der *Erschießung Kaiser Maximilians* (1867/68, Mannheim, Kunsthalle) auf Porträtfotos zurück. Wenn ein Maler, wie dies für Franz Lenbach belegt ist, mit einem Fotografen zusammenarbeitete, konnten in den Porträtsitzungen verschiedene Haltungen erprobt, in Fotos miteinander verglichen und die günstigste ausgewählt werden. Zugleich kam es aber gerade in der Bildgattung des Porträts auch zu einem Verdrängungswettbewerb durch die Fotografie. So konstatierte Jakob Burckhardt 1885, das Porträt sei als Bildaufgabe bereits der Fotografie überlassen, nicht zuletzt in Folge der Schnelllebigkeit der neuen Zeit. Anders als ein gemaltes war ein fotografisches Porträt schnell und günstig zu haben; es auf einer *carte de visite* vorweisen zu können gehörte zum guten Ton. Ein ganzer Berufszweig wurde arbeitslos: Miniaturmaler schulten um auf Fotograf und nahmen, nicht nur im Porträtfach, die Bildkonventionen der Malerei zunächst mit in das neue Medium.

Vorbehalte und Vorurteile

Obwohl die Verwendung von Vorlagen in Form von Skizzenbüchern, Kupferstichen oder Abgüssen auf eine lange Tradition zurückblickt, blieb das Verhältnis zur Nutzung von Fotos ambivalent. Die Vorbehalte lagen zu einem Gutteil gleichwohl mehr auf der Seite des Publikums denn auf derjenigen der Künstler, die von dem neuen Hilfsmittel regen Gebrauch machten. Während Delacroix und Courbet keinerlei Veranlassung sahen, die Zuhilfenahme von Fotos zu verschweigen, hielten andere Künstler diese Praxis geheim. Zuweilen, wie im Fall Lenbachs, handelte es sich um ein offenes Geheimnis. Allerdings wusste die Öffentlichkeit wohl nicht, wie systematisch Lenbach Fotos tatsächlich nutzte, und zwar bis hin zum Durchpausen der Vorlage, also einer mechanischen Form der Übertragung, die als unkünstlerisch galt und der Aura des Originals und des genuinen künstlerischen Schöpfungsprozesses, der die Realität durchgeistigt, abträglich war. Da auch die Fotografie mit dem Vorurteil zu kämpfen hatte, unbrauchbar zur subjektiven Gestaltung zu sein und nur mechanisch registrieren zu können, was in der Wirklichkeit vorhanden sein musste, blieb ihr eigener Kunstwert lange umstritten. Im Gegenzug stand sie aber auch im Ruf der naturgetreuen Wiedergabe des objektiv Sichtbaren, ohne die Manipulationsmöglichkeiten der Malerei, und empfahl sich daher aufgrund der ihr zugeschriebenen dokumentarischen Qualitäten. Allerdings waren zunächst die Belichtungszeiten noch lang und die Apparate schwerfällig. Als diese Probleme jedoch gelöst waren, wurde der Fotografie zur Illustration wissenschaftlicher Abhandlungen oder des Zeitgeschehens zunehmend mehr vertraut als dem gemalten Bild, wenn auch nach wie vor Künstler an Kriegsschauplätze entsandt wurden, um das Geschehene und Gesehene festzuhalten.

neue Themen und Bildästhetik

Wechselwirkungen zwischen Fotografie und Malerei ergaben sich weiter in der Erschließung neuer Themenfelder. Es etablierte sich eine Ikonografie des Alltäglichen, Zufälligen, der Großstadt und des modernen Lebens. Die neuen Sujets sind allerdings nicht durchwegs in einem einfachen, direkten Abhängigkeitsverhältnis der Malerei von der Fotografie zu sehen, sondern auch in einem neuen Lebensgefühl, das zu einer künstlerischen Annäherung beider Medien führte. Sie betraf ikonographische Themen genauso wie die Lösung neuer gestalterischer Aufgaben. Eine davon war die Darstellung von Bewegung sowie Momentaufnahmen, und hier nahm die Fotografie entschieden Einfluss auf die Wahrnehmung und die Bildästhetik. Die ersten Fotos hatten wegen der langen Belichtungszeit noch einen statischen Charakter. 1858 konnten die Verschlusszeit teilweise schon auf 1/50 Sekunde reduziert und Passanten auf den Boulevards in Momentaufnahmen eingefangen werden, die eine Schnappschuss-Ästhetik begründeten.

Bewegungsstudien

Eadweard Muybridge gelang es 1878, den Bewegungsablauf eines Pferdes fotografisch festzuhalten. Experimente mit anderen Tieren und Menschen schlossen sich an. Muybridge hielt kurz aufeinander folgende Momente in Sequenzen fest; Einzelaufnahmen montierte er hintereinander zu Serien. Mit seinen Aufnahmen machte Muybridge Momente im Bewegungsablauf sichtbar, denen im Repertoire konventioneller Posen keine Beachtung geschenkt worden war. Im Nachlass von Edgar Degas fehlt zwar fotografisches Beweismaterial, doch setzen seine Pferdedarstellungen die Kenntnis von Muybridges Bewegungsstudien voraus, weil sie unkonventionelle Haltungen wiedergeben, die weder aus der akademischen Tradition zu erklären noch dem menschlichen Sehsinn als typische Phasen unmittelbar wahrnehmbar sind – zu kurz sind zum Beispiel Schwebephasen bei galoppierenden Pferden. Muybridges Sequenzen wirkten nicht nur unmittelbar auf zeitgenössische Künstler, sie wurden beispielsweise auch noch von Francis Bacon verwendet. Die Futuristen haben sie ebenfalls beeinflusst. Boccioni und andere faszinierte weniger die aus der Bewegung gelöste Momentaufnahme als die Frage, wie man Bewegung und Dynamik als Prozess in einem statischen Medium wie der Malerei einfangen kann. Allerdings sind auch die Bildlösungen der Futuristen, die wie Marcel Duchamps *Akt, Treppe hinabsteigend* (1911/12, Venedig, Fondazione Peggy Guggenheim) an mehrfachbelichtete Fotos denken lassen, nicht in ausschließlicher Reaktion auf Muybridges Serien zu sehen. Sie stehen in einem komplexen Kontext, zu dem auch neue Erkenntnisse der Physik über das Verhältnis von Raum und Zeit gehören.

Neben der Nutzung von Fotos als Gedächtnisstütze, Inspirationsquelle und als Vorlage zur Vorbereitung von Gemälden veränderte die Fotografie die Wahrnehmung und die Bildästhetik, was nicht ohne Konsequenzen für die Malerei blieb. Das Verhältnis der beiden zueinander trat mit der Emanzipation der Fotografie als künstlerisches Medium in eine neue Phase, zumal Fotografen nicht mehr nur versuchten, die Malerei auf deren Gebiet, etwa im Erzielen malerischer Effekte, zu übertreffen, sondern spezifisch fotografische Ausdrucksformen zu entwickeln. Mit der stetigen Erweiterung des Kunstbegriffs und neuen Kunstformen wie der Videokunst änderte sich der Blick auf die klassischen Bildgattungen der Kunst erneut. Insbesondere die Fotografie wurde ja nicht nur als Kunstform kulti-

Fotografie als Kunst und Massenmedium

viert, sondern bestimmte als Massenmedium auch die visuelle Alltagswahrnehmung. In den Mediendiskurs wurden Fotografie und Malerei durch die Künstler selbst eingebunden, wenn, wie in der Pop-Art, Reklamefotos zitiert oder in ihren typischen Ausdrucksformen imitiert wurden oder, wie in manchen Gemälden Gerhard Richters, sich über die Präzision der fotografischen Vorlage eine malerische Unschärfe legt, die einerseits eine genuine Qualität der Malerei herausarbeitet, andererseits das medial Vermittelte der Wahrnehmung thematisiert.

Malerei, neue Kunstformen und Neue Medien

Ungeachtet der Bereitschaft Paul Delaroches, der Malerei den Totenschein auszustellen, überlebte sie die Erfindung der Fotografie – um im 20. Jh. noch viele weitere Tode zu sterben.

Auf der Ersten Internationalen Dada-Messe, 1920 in Berlin, wurde sie gleich mit ihren Schwestern zusammen bestattet, denn das Motto lautete: «Die Kunst ist tot – lang lebe die Maschinenkunst Tatlins». Zuweilen sollten nur einzelne Glieder amputiert werden: Die politische Linke in Sowjetrussland wollte das Staffeleibild abschaffen, dem sie die Existenzberechtigung absprach, weil es erstens Salonkunst und zweitens in den Häusern der Sammler der Öffentlichkeit entzogen sei. Sie befürwortete hingegen die Wandmalerei als Kunst des Volkes, die politisch wirksam werden sollte.

Malerei – nicht mehr zeitgemäß?

Auch die Verfechter modernen Lebens hielten die Malerei für nicht mehr zeitgemäß. 1927/28 schrieb Georg Fechter: «Mit einer wirklich modernen Einrichtung vertragen sich überhaupt keine Bilder! ... Sie sind überflüssig, störend, romantisch, unsachlich; sie passen nicht mehr in die Zeit des Rolls Royce, der Ozeanflüge und des Zehnröhrenapparates [= Radios].» Neben dem Zeitgeist weigerte sich auch die moderne Architektur, dem Tafelbild einen Ort zu geben. Walter Gropius übertrug der Architektur die Aufgabe der Leitkunst, von der gesellschaftliche Veränderungen ausgehen sollten. Theoretisch sollten am Bauhaus zwar alle Künste auf das gemeinsame Ziel hin arbeiten, und es unterrichteten dort unter anderen Kandinsky und Klee, doch wurde im Bauhaus-Gebäude in Dessau nicht eine einzige Wand für die Präsentation ihrer Gemälde reserviert.

Totgesagte leben bekanntlich länger. Die Malerei ging gegen die wiederholten Todesurteile in Berufung, musste sich aber auch angesichts neuer Bedingungen und Möglichkeiten, die sich den Künstlern boten, neu positionieren. Die dadaistischen Aktionen attackierten nicht nur das etablierte Kunstverständnis. Neben den Grenzen zwischen Kunst und Alltag, Kunst und Nicht-Kunst, verschwammen die Grenzen zwischen den klassischen Kunstgattungen, zum Beispiel zwischen Skulptur und Malerei. Schwitters *Merzbau* (1920 begonnen, zerstört) entzieht sich jeder Kategorisierung. Künstler experimentierten mit neuen Materialien und dem Zufall. Dennoch behielt der traditionelle Begriff des Kunstwerks als ein vom Herstellungsprozess abgelöstes Produkt, das zur (ästhetischen) Betrachtung bereitsteht, seine Gültigkeit. Noch einfacher und mit Blick auf die Malerei war das Kunstwerk ein autonom gerahmtes Gemälde, das man an die Wand hängte. Erst in den 1960er Jahren löste sich dieser Werkbegriff auf. Das Materialspektrum erweiterte sich zusehends; praktisch konnte alles im kreativen Prozess be- und verarbeitet werden: Kunststoffe, Lebensmittel, Körper. Aber Kunst war nicht nur nicht länger an bestimmte Materialien gebunden, sie sagte sich überhaupt von Materialität los und konnte sogar immateriell sein. Der «Ausstieg aus dem Bild» wurde proklamiert und die Idee, das Konzept zur Kunst erklärt.

Vielfalt der Kunstformen

Die Vielfalt der Kunstformen, die in der zweiten Hälfte des 20. Jh.s rapide anwuchs, lässt sich nur andeuten: Installation, Environment, Performance, Happening, Land-Art, Body-Art. Der Entstehungsprozess und seine Bedingungen können ebenso zum Werk gehören wie die Reaktionen des Publikums, wobei die Rolle des Künstlers und die Erwartungshaltung der Öffentlichkeit zentrale Themen sind. Gemälde können in Performances und in Installationen integriert werden, aber sie sind nicht mehr das Werk selbst, sondern Teil eines komplexen Kommunikationsprozesses. Yves Klein setzte am 9. März 1960 in der Pariser Galerie internationale d'art contemporain in seiner Aktion *Les anthropométries de l'époque bleue* Modelle als «lebende Pinsel» ein, deren nackte Haut als Träger blauer Farbe diente und die ihre Körper nach Kleins Anweisungen über die Leinwand wälzten. Zwei Jahre zuvor hatte Klein vor Publikum ein Bild gemalt, sich dabei aber weder über die Schulter schauen lassen noch das Ergebnis präsentiert.

Malerei fand also Eingang in die neuen Kunstformen, bestand aber auch in der klassischen Form des Gemäldes weiter. Einen neuen Anstoß zur Selbstreflexion gaben die elektronischen Medien, ob diese nun Kunstanspruch erheben oder als Massenmedien die visuelle Kultur verändern. Die selbst Bilder erzeugenden Neuen Medien luden zur Reflexion über das Bild ein, über tradierte Bildvorstellungen, die manipulativen Möglichkeiten des Bildes und Wahrnehmungsprozesse, die Beziehung des Bildes zur Wirklichkeit. Diese zentralen Fragen der Debatte fanden, genauso wie die nach Originalität und der Rolle des Künstlers, ihren Niederschlag in Gemälden.

Mit den Neuen Medien zog der Medienbegriff auch in den Diskurs der Kunstgeschichte ein, blieb aber zunächst für die neuen Ausdrucksformen reserviert. Die Bezeichnung und Analyse der Malerei als Medium ist eine jüngere Entwicklung.

Malerei und – Malerei

Die Malerei ist Teil eines komplexen Bezugssystems. Die Zahl ihrer hier vorgestellten Dialogpartner musste notgedrungen beschränkt werden. Um die Auswahl nicht der Willkür zu überlassen, boten sich die anderen Künste an, da sie wie die Malerei im Mit- und Gegeneinander ihre Position zueinander bestimmen und reflektieren. Dieser Kanon der Künste ist kein geschlossenes System. Philosophie, Naturwissenschaften, Psychologie, Informatik, Ethnologie – eine Vielzahl von Disziplinen beschäftig(t)en die Maler. Je nach Temperament, Interessenlage und Zeitstellung nahmen sie Impulse aus unterschiedlichsten Bereichen auf. Eine Referenzgröße wurde in diesem Buch immer wieder erwähnt, ohne in den Vordergrund zu treten: die Malerei selbst. Einige Aspekte sollen abschließend noch einmal gesammelt und ergänzt werden.

Vorlagen und Vorbilder

In den Werkstätten kursierten Musterbücher, in denen Maler Motive und Kompositionen, die sie auf ihren Reisen gesehen hatten, zur weiteren Verwendung kopierten. Über Jahrhunderte wurde der künstlerische Nachwuchs angelernt, indem er nach Vorbildern kopierte. Allerdings waren die Vorlagen nicht auf Gemälde beschränkt. Zeichnungen, Stiche und vor allem Skulpturen bzw. Abgüsse dienten der Schulung. Ähnlich heterogen ist der Befund bei der Verwendung von Zitaten und Paraphrasen im Werk. Die kritisch reflektierte Verwendung kunsthistorischer Vorbilder auch und gerade durch große Meister bediente sich im Vorrat der Skulptur nicht weniger als in dem eigenen der Malerei. Der Apoll von Belvedere wurde vielfach adaptiert, zum Beispiel von Mengs in dessen *Parnass*. Solche Zitate oder Paraphrasen wurden nicht als Einfallslosigkeit getadelt, sondern im Gegenteil gelobt. Sie bestachen durch die Neuartigkeit ihrer Formulierung, wenn sie in einen neuen Kontext eingebunden wurden, und wurden als Wettbewerb mit dem

Vorbild betrachtet. Das Ziel war die *aemulatio*, das Übertreffen des Vorbildes. Erst die Vorstellung vom Originalgenie brachte diese Praxis des Paraphrasierens im ausgehenden 18. Jh. in Verruf.

Wie gesehen, konnten auch Künstler oder Sparten vorbildlich werden: Chardins Stillleben und die holländische Landschaftsmalerei wurden im 19. Jh. wiederentdeckt. Mit neuen Augen gesehen, konnten ganze Schulen oder Epochen neue Impulse geben, wobei auch hier das Interesse oft nicht bei der Malerei endete, sondern die gesamte als nachahmenswert empfundene Kultur wiederbelebt werden sollte – sei es bei den Venezianern des 18. Jh.s, die die venezianische Malerei des 16. Jh.s neu interpretierten, sei es bei den Nazarenern, die im 19. Jh. an Raffael und Dürer anschlossen, diese aber als mittelalterlich begriffen. Reflexionen über Malerei konnten auch ohne Vorbilder, wie bei Vermeer und Kalf gesehen, selbstreferenziell sein.

Avantgarde

In der Avantgarde kam eine weitere Variante hinzu, für die es vorher nur vereinzelt Beispiele gibt: die ironische Brechung oder Parodie. Sie zielte meist gar nicht auf das Kunstwerk selbst, sondern den Umgang mit ihm. Leonardos *Mona Lisa* wurde (unter anderem von Duchamp, Malewitsch und Warhol) nicht so oft aufs Korn genommen, um ihr den Kunstwert abzustreiten, sondern weil sie als Inbegriff bürgerlicher Kunstauffassung galt. Der um sie veranstaltete «Kult» und die Verfügbarkeit und Allgegenwart durch massenhafte Reproduktion verstellten den Blick auf das Werk selbst. Die Verballhornungen machen auf die Mechanismen des Kunstbetriebs aufmerksam. Scheinbare Respektlosigkeiten, wie der Schnurrbart, den Duchamp einer Reproduktion der berühmten Dame aufmalte, helfen sogar, dem altvertrauten Werk neue Seiten abzugewinnen, zum neuen Sehen zu zwingen, weil zum Beispiel die androgynen Züge der Porträtierten deutlicher hervortreten.

In den 1960er Jahren führte die Beschäftigung mit Alten Meistern geradezu zu einem «Neuen Historismus» und zur Zitatkunst der Postmoderne. Die in der Kunstgeschichte etablierten Ansätze, Vorbild und Nachfolge im Sinne einer «Einflusskunstgeschichte» zu analysieren, stoßen hier an ihre Grenzen. Weiter führen hier Orientierungen an der intensiven Diskussion des Phänomens der Intertextualität in der Literaturwissenschaft. Demnach führt jeder Text immer einen Dialog mit anderen Texten. Dies gilt, übertragen auf die Kunstgeschichte, freilich nicht nur für moderne, sondern auch für alte Kunst.

Intertextualität und Selbstreferenzialität

Immer machten Künstler die Malerei aber auch zum zentralen Thema ihrer Bilder – von Velázquez' *Las Meninas* bis Sigmar Polkes

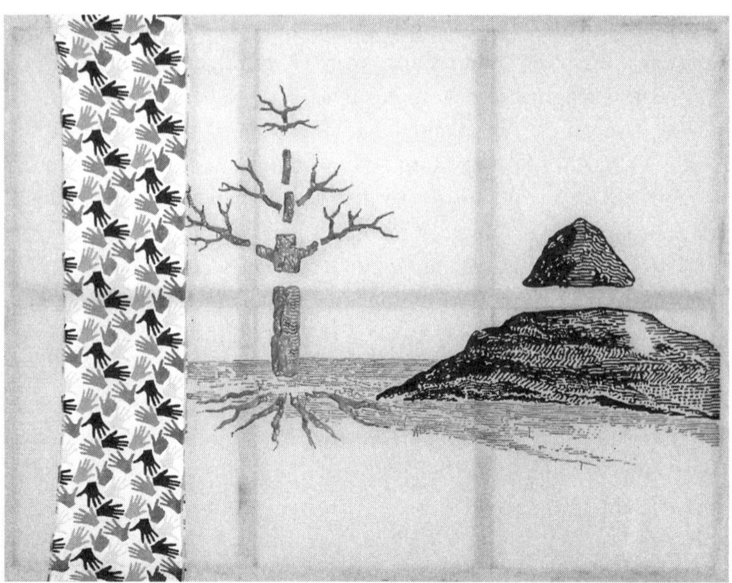

Abb. 39: Sigmar Polke, Die drei Lügen der Malerei, 1994, München, Museum Brandhorst

Die drei Lügen der Malerei (Abb. 39) – und reflektierten über Grenzen und Möglichkeiten ihrer Kunst.

Was über Jahrhunderte ein gutes Bild ausmachte, ruft Polke chiffrenhaft in Erinnerung. Baum und Berg sind typische Motive der Landschaftsmalerei. Ein kohärenter Bildraum, der die Lebenswirklichkeit des Betrachters abbildet, wird aber nicht aufgebaut. Von Naturnachahmung kann keine Rede sein. Das Trägergerüst, das durch den transparenten Bildgrund hindurchscheint, verläuft in der vertikalen Strebe hinter dem Berg, in der horizontalen jedoch vor ihm, so dass es zu einem Kippeffekt kommt. Die Trickkiste optischer Täuschung bemüht Polke aber nicht. Stattdessen führt er die Un-Logik vor, indem er beide Teile des Berges durch eine durchgezogene Kontur an den Nahtstellen separiert. Den Baum unterteilen gänzlich unmotivierte Aussparungen. Links überschneidet ihn ein Polyestergewebe, auf dem Hände aufgedruckt sind, die das Thema der Eigenhändigkeit ansprechen, diese als Muster im Rapport aber negieren. Dieser Teil des Bildes wirkt wie ein Vorhang. Zusammen mit der Landschaftsaussicht und dem Trägergerüst, das an ein Sprossenfenster erinnert, wird die alte Metapher vom Bild als Fenster in Frage gestellt.

Würde man eine Rechnung aufmachen, käme man sicher auf mehr als nur «die» drei Lügen der Malerei, die der Titel behauptet. Er begrenzt mit dem bestimmten Artikel die Zahl der Lügen eindeutig. Vielleicht ist diese Behauptung noch eine weitere Lüge? Ob, wie viele oder gar: welche Wahrheiten die Malerei anzubieten hat, ist nicht Thema des Bildes. Oder führt eine Täuschungsabsicht ganz anderer Art in die Irre? Wer den Vorwurf der Lüge erhebt, suggeriert, selbst im Besitz der Wahrheit zu sein. Die Enthüllung bedient sich nicht der traditionellen Techniken und Mittel der Malerei – Öl auf Leinwand. Für die Denunziation verwendet Polke Kunstharz und Lack auf Polyestergewebe. Inwiefern man diesen Materialien mehr Glauben schenken darf als den traditionellen, bleibt offen im Spiel zwischen Lüge und Wahrheit.

7. Ausblicke

Die Themengebiete, die in dieser Einführung vorgestellt wurden, können als Grundlage für eine systematische kunstgeschichtliche Beschäftigung mit der Malerei dienen. Die Interpretation eines Gemäldes führt im Idealfall nicht nur die hier getrennt behandelten Aspekte in einer Synthese zusammen, sondern geht darüber hinaus, indem sie die Probleme der Ikonographie und Ikonologie erörtert und möglichst auch unter Einbeziehung spezieller Methoden und Fragestellungen weitere Zugänge erschließt. Dass die einzelnen Ansätze nicht voneinander getrennt und nicht ohne einander auskommen können, dass sie einander vielmehr ergänzen müssen, soll ein abschließendes Beispiel erläutern.

Entstehung und Provenienz

Im Frühjahr 1906 stellte Henri Matisse im *Salon des Indépendants* in Paris sein soeben vollendetes Gemälde *Le bonheur de vivre* (Öl auf Leinwand, 175 × 241 cm, Tafel XVI) aus. Das Bild wurde nach Abschluss der Ausstellung an Leo Stein, den Bruder der Schriftstellerin Gertrude Stein, verkauft und kam 1922 in den Besitz des amerikanischen Sammlers Albert Barnes in Philadelphia. Mit seinem großen Format übertrifft das Gemälde alles, was Matisse zuvor geschaffen hat. Das kann als ein Hinweis darauf genommen werden, dass der Künstler diesem Bild, das er ohne Auftrag ausführte, eine programmatische Bedeutung beimaß. Zahlreiche Vorarbeiten, Zeichnungen und vor allem Ölstudien belegen, wie sorgfältig er die Ausführung geplant hat. Das Gemälde ist als «Gründungswerk der modernen Malerei» bezeichnet worden. Wenn ein Betrachter heute vor ein solches Werk tritt, das zu einem «Klassiker der Moderne» erhoben wurde, wird er sich nur schwer vorstellen können, wie es aufgenommen wurde, als es zum ersten Mal in der Öffentlichkeit gezeigt wurde, welchen Widerspruch es nicht nur bei konservativen Ausstellungsbesuchern erregte.

formale Beschreibung

Sehr vereinfachend könnte man sagen, dass das Bild Aktfiguren in einer Landschaft darstellt, und man könnte detaillierter die einzelnen Figuren und Gruppen beschreiben: die am unteren Bildrand liegende Aktfigur, die auf einer Doppelflöte spielt, rechts neben ihr ein Paar: eine lagernde Frau, die rückwärtsgelehnt einen kauernden Mann umarmt. Diese Art der Beschreibung evoziert beim Leser allerdings die Vorstellung einer naturalistischen Darstellung und geht damit völlig an dem, was Matisse geschaffen hat, vorbei. Dennoch ist ein solches Vorgehen verständlich, denn in der Tat gibt es bildbestimmende Elemente, die mit dem traditionellen Konzept einer «Landschaft mit Staffagefiguren» zusammenzubringen wären. Der Zusammenhang mit einer vorstellbaren Wirklichkeit wird hier jedoch mit Zeichen oder malerischen Äquivalenten geschaffen. Die Farbfelder in den beiden oberen Ecken können zusammen mit den nach oben strebenden Linien als Zeichen für Bäume verstanden werden, die gelbe Fläche kann als eine Ebene gesehen werden, auf der sich die Figuren bewegen, die rosa Fläche über dem dunkelblauen Streifen in der Mittelachse des Bildes als Ausblick auf Meer und Himmel. Die Anlage des Bildes legt es nahe, eine Verbindung zu Paul Cézannes Gemälde *Les Grandes Baigneuses* (*Die großen Badenden*, Philadelphia Museum of Art) zu ziehen. Es wurde zwar erst 1906 fertiggestellt, aber es ist gut denkbar, dass Matisse eine der zahlreichen Vorarbeiten Cézannes zu diesem späten Hauptwerk gesehen hat. Im Vergleich mit dem Werk Cézannes wird aber sogleich auch der große Unterschied im Umgang mit Linie und Farbe deutlich. Zwar hat die weich geschwungene fließende Linie primär noch die Funktion, die Körper zu konturieren, doch sie entwickelt einen eigenen Ausdruckswert, der sich mit demjenigen der Farbe vereint. Die Farbe ihrerseits entfaltet sich flächig und verselbständigt sich nach oben hin. Der Farbklang ist durch klare Komplementärkontraste bestimmt. Die warmen Farbtöne überwiegen und verstärken den Eindruck eines heiteren, unbeschwerten Daseins.

Zeichnung und Kolorit

Im Bild soll eine Verdichtung der Empfindungen erreicht werden, einerseits durch das Herausarbeiten der wesentlichen Linien, denen Matisse eine «expansive Kraft» zuschreibt, und zugleich durch die auf Verwandtschaft oder Kontrast beruhenden Wirkungen der Farben. Matisse betonte, die Wahl der Farben sei bei ihm weder naturalistisch, noch basiere sie auf irgendeiner wissenschaftlichen Theorie, wie dies bei den Neo-Impressionisten der Fall war, sie beruhe auf Beobachtung, Gefühl und Sinneserfahrung. Die Farben werden nicht nach ihrem Darstellungswert ausgewählt, sondern nach ihrem Ausdruckswert, sind als Äquivalente eines Ausdrucks zu begreifen, haben «expressive Kraft». Sie stehen innerhalb des Bildganzen immer in einem proportionalen Verhältnis zueinander, wodurch das Bild seinen spezifischen Gesamtcharakter erhält. «Das Bild muss seine ganze Bedeutung in sich selbst haben und sie dem Beschauer aufdrängen, noch ehe er seinen Gegenstand zur Kenntnis genommen hat». Dieser Gesamtausdruck wird durch Komposition, Linie und

Farbe konstituiert. Der warme Farbklang und die Schwingungen der Linien vermitteln den Eindruck heiterer Gelassenheit, noch bevor man aus der Darstellung der Figuren den thematischen Zusammenhang erfasst hat.

Ikonographie

Matisse bezeichnete das Gemälde als «mein Arkadien». Die ikonographische Analyse des Bildes, die hier anzusetzen hat, kann belegen, dass sich Matisse in der Tat an den ikonographischen Typus der arkadischen Idylle angeschlossen hat, wie er seit der Renaissance ausgebildet worden war. Ihre Motive entnahmen die gemalten Idyllen der antiken Hirtendichtung von Theokrit, Vergil und anderen, die auch für die Poesie der Zeit als vorbildlich galt. Die besondere Bedeutung dieses Typus lag auch darin, dass er sich mit der Lehre von den vier Weltaltern verbinden ließ und in diesem Kontext als Bild des Goldenen Zeitalters zu verstehen war. Die beliebte politische Funktionalisierung des Mythos, die unter Berufung auf die vierte *Ekloge* Vergils die Herrschaft eines Fürsten als Wiederkehr des Goldenen Zeitalters feierte, hat Matisse hinter sich gelassen und sich an den Vorstellungen orientiert, die Ovid in seinen *Metamorphosen* vermittelt: Im Goldenen Zeitalter gab es weder Richter noch Gesetze, die Menschen lebten «sorglos in sanfter Ruhe» in einem «ewigen Frühling» und ernährten sich von dem, was die Erde hervorbrachte. Die Sehnsucht nach Ursprünglichkeit, nach der Wiederherstellung der verlorenen Einheit von Mensch und Natur bestimmte die Wahl des Themas. Anders als Gauguin suchte Matisse jedoch diese Ursprünglichkeit nicht im konkreten Leben exotischer Regionen, sondern gestaltete sie als individuellen, utopischen Traum.

kunsthistorische Vorbilder

Wenn in der Kunst für ein ikonographisches Thema bereits Darstellungstypen entwickelt und tradiert worden sind, ist es mehr als wahrscheinlich, dass sich ein Künstler mit dieser Darstellungstradition auseinandersetzt. Das ist auch für *Le bonheur de vivre* immer angenommen worden, doch erst in jüngerer Zeit wurde entdeckt, dass Matisse einer Radierung von Agostino Carracci, die unter dem Titel *Reciproco amore* geführt wird, entscheidende Anregungen für sein Gemälde verdankt. Beide Werke zeigen in der Anlage der Komposition eine ungewöhnlich große Übereinstimmung. Hier wie dort wird das Bildfeld durch Bäume, die sich nach innen neigen, gerahmt. So entsteht ein Ausblick in die Ferne, dessen Tiefenerstreckung durch die Figurenperspektive angedeutet wird. In beiden Bildern lagert etwas unterhalb der Bildmitte eine Zweiergruppe, und hinter dieser sieht man einen Figurenreigen beim Tanz. Thomas Puttfarken hat die

Radierung als *Love in the Golden Age* gedeutet und gezeigt, dass sie das erste Blatt eines Zyklus ist, zu dem drei weitere Blätter gehören, in denen die Liebe in den folgenden drei Weltaltern dargestellt wird. Matisse hat, so konnte er feststellen, intuitiv den Sinn der Radierung Carraccis erfasst.

Anregungen durch die Literatur

Die unübersehbare Betonung des Erotischen in *Le bonheur de vivre* ist schon sehr früh mit dem Hinweis verbunden worden, dass Matisse sich durch ein poetisches Meisterwerk des *Fin de Siècle* habe inspirieren lassen, nämlich durch *L'après-midi d'un faune* von Stephan Mallarmé, dessen Popularität durch Claude Debussys *Prélude* noch gesteigert worden war. Anders als im Fall der Rezeption der Radierung gibt es nur punktuelle Übereinstimmungen in den Motiven, doch die Stimmung, die das Gedicht vermittelt, die Atmosphäre, von der es einmal heißt: «tout brûle dans l'heure fauve» («alles brennt in der gelben Stunde»), und die erotische Traumvision des Fauns können durchaus mit dem Gemälde von Matisse verglichen werden. Den Zusammenhang wird man jedoch nicht so deuten dürfen, dass Mallarmés Gedicht die Quelle der Bilderfindung von Matisse war. Letztlich aber lassen die Beschreibungen und mythologischen Erinnerungen in dem Gedicht Mallarmés doch eher an eine impressionistische Landschaft mit mythologischer Staffage denken. Matisse hat sich von der Gattungstradition zu lösen gesucht.

Musik und Tanz

Die Musik ist, angezeigt durch den Flöte spielenden Hirten, mehr noch und sehr zentral durch die liegende Frau im Vordergrund, untrennbar mit dem Goldenen Zeitalter verbunden. Das Instrument der Frau ist als Panflöte bezeichnet und in Folge eine Interpretation vorgeschlagen worden, die auf den Mythos des Hirtengotts rekurriert. Tatsächlich handelt es sich aber um einen Aulos, eine Flötenform, die von Minerva erfunden und von Marsyas gespielt wurde. Es wäre jedoch falsch, nun einen detaillierten Bezug zur tragischen Geschichte dieses Satyrs herstellen zu wollen. Matisse wollte nicht einen bestimmten Text illustrieren, und er setzt die Kenntnis des Mythos auch nicht voraus. Er wählte den Aulos, weil er in eine zeitlose Ferne verweist, was mit einem modernen Musikinstrument, wie Querflöte oder Gitarre, nicht möglich gewesen wäre. Gleichwohl teilt er etwas von der Wirkung und der Art der Musik, die im Bild erklingen soll, mit und nähert sie auf diese Weise dem Bereich des Dionysischen an, dem Marsyas und Pan genauso zugehören wie Mallarmés und Debussys Faun. Über die Aulosspielerin setzte Matisse die Gruppe der Tanzenden. Die optische Anbindung wird zusätzlich durch die

Farbkomposition wie durch einen Rahmen unterstützt, denn die Farben der Musikantin antworten denen des Himmels und des Meers. Zwischen beiden gibt eine Gruppe sich dem Tanz hin, der kein ruhiger Reigentanz ist. Die Figuren sind in ekstatischer Bewegung, deren Dynamik so groß ist, dass sie den Ring der Tanzenden vorne auseinanderreißt. Damit hält ein dionysisches Moment Einzug, das genauso zur Utopie des Goldenen Zeitalters gehört wie die in sich ruhende Zuständlichkeit der anderen Figuren.

Naturnachahmung

In seinen *Notizen eines Malers* von 1908 setzte sich Matisse nachdrücklich von den Impressionisten ab. Diese würden «flüchtige Eindrücke» wiedergeben, er hingegen suche den Eindruck von Dauer zu vermitteln, indem er den «wesentlichen Charakter» herausstelle. «Es ist mir unmöglich, die Natur sklavisch nachzuahmen, ich muss sie interpretieren und der Bildidee unterwerfen. Sind alle Beziehungen unter den Tönen einmal gefunden, so muss daraus ein lebhafter Farbenzusammenklang entstehen, eine Harmonie, ähnlich derjenigen einer musikalischen Komposition.»

Kontexte und Konstellationen

Matisse schrieb in seinen *Notizen* auch, dass unter den Bildern, die er bisher gemalt habe, keines sei, dass er nicht anders machen würde, wenn er es noch einmal malen müsste. Auch *Bonheur de vivre* entsprach also zwei Jahre nach seiner Vollendung nicht mehr seinen Vorstellungen. Jedes Werk markiert einen Entwicklungspunkt im Gesamtschaffen eines Künstlers, und man wird es noch besser verstehen, wenn man es im Zusammenhang mit den Werken, die vorher oder nachher entstanden, betrachtet. 1904 hatte Matisse das Gemälde *Luxe, calme et volupté* (Paris, Musée d'Orsay) vollendet, das in seiner Aussage eine gewisse Vergleichbarkeit zu *Bonheur de vivre* hat und doch einen ganz anderen Eindruck vermittelt, weil die pointillistische Technik keinen wirklich starken Farbklang zulässt und zugleich die Aussagekraft der Linie reduziert. Die Loslösung vom Neo-Impressionismus war für Matisse in doppelter Hinsicht eine Befreiung: Erst jetzt konnte er die Wirkung von Linie und Farbe verbinden und neu entfalten. Auch *Bonheur de vivre* war nur ein Übergang. 1909 bestellte der russische Sammler Sergej Schtschukin bei ihm das großformatige Gemälde *Der Tanz*. Damit erhielt Matisse die Gelegenheit, die Gruppe der Tanzenden aus dem Zentrum seines früheren Bildes herauszulösen und in einem mächtigen Dreiklang aus dem Rot der Figuren, dem Grün des Bodens und dem dunklen Blau des Himmels ein Bild energievoller Bewegung zu schaffen. Vereinfachung und Intensivierung sind die Merkmale dieses Entwicklungsschrittes.

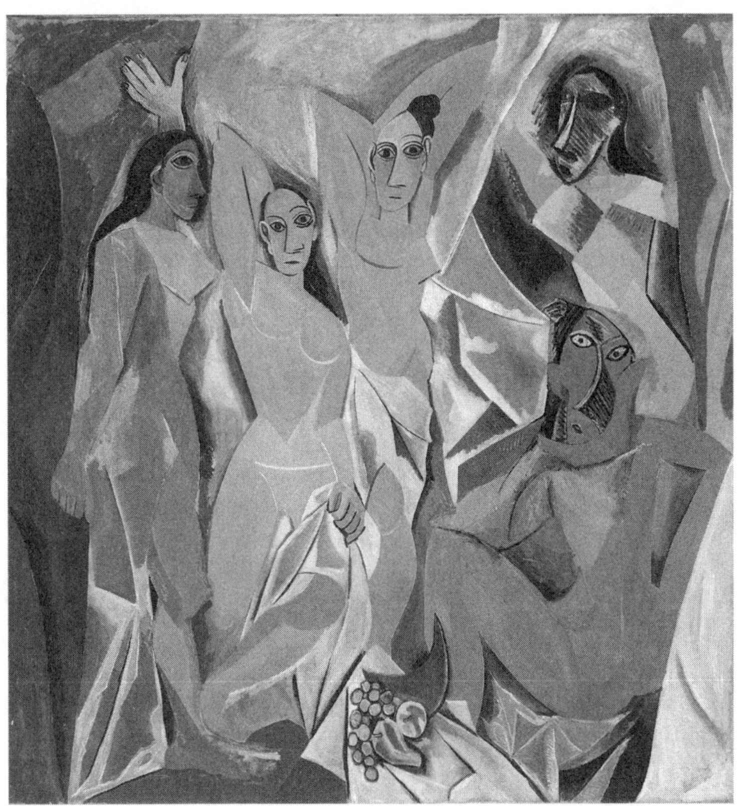

Abb. 40: Pablo Picasso, Les Demoiselles d'Avignon, 1907, New York, Museum of Modern Art

Aussagekräftige Kontexte sind auch die zur Entstehungszeit eines Werks über alle Fragen der Kunst geführten Diskurse und eng damit zusammenhängend die personellen Konstellationen. Sie dürfen nicht einfach auf die Fragen nach dem Einfluss reduziert werden, den ein Künstler auf den anderen oder ein Werk auf das andere ausgeübt haben soll. Zu den künstlerischen Themen, die damals in Paris diskutiert wurden, gehörte das Problem der Farbe, das in den Jahrzehnten vor 1900 von vielen Malern wahrnehmungspsychologisch und physiologisch betrachtet wurde. Das hatte zur Überwindung der Einschränkung auf den Darstellungswert und zur Bevorzugung der «reinen» Farbe beigetragen, doch mit der Lösung der Malerei aus dem Nachahmungspostulat wurde das Problem des Ausdruckswertes Farbe immer dringlicher. Matisse und die anderen Maler, die zur Gruppe der *Fauves* gezählt werden, versuchten Lösungen für dieses

Problem zu finden. *Bonheur de vivre* und *Der Tanz* waren für Matisse zwei entscheidende Etappen auf dem Weg der Überwindung der naturalistischen und der divisionistischen Farbgebung.

Eine Aufgabe der Konstellationsforschung sind personelle oder institutionelle Verbindungen und Konkurrenzen. Picasso, der mit Gertrude und Leo Stein befreundet war, kannte Matisses *Bonheur de vivre* sehr genau. Er hat mit seinem Gemälde *Les Demoiselles d'Avignon* (Abb. 40) eine Antwort darauf gegeben und damit zugleich, wie Matisse auch, ein Werk geschaffen, das einen entscheidenden Durchbruch in seiner Karriere bedeutete. Der idyllischen Utopie seines Konkurrenten setzte er eine Darstellung der rauen Realität eines Stadtbordells entgegen, eine künstlerische Auseinandersetzung mit Sexualität und Tod. Auf die heitere Farbigkeit und die schwingenden Linien von Matisse antwortete er mit den harschen, gebrochenen Formen und den Maskengesichtern seiner Akte. Picassos Gemälde fordert die intensive, vielleicht auch quälende Auseinandersetzung mit problematischen, unangenehmen Themen. Matisse hingegen schrieb 1908: «Ich träume von einer Kunst des Gleichgewichts, der Reinheit, der Ruhe, ohne beunruhigende und sich aufdrängende Gegenstände, von einer Kunst, die für jeden Geistesarbeiter, für den Geschäftsmann so gut wie für den Literaten ein Beruhigungsmittel ist, eine Erholung für das Gehirn, so etwas wie ein guter Lehnstuhl, in dem man sich von den physischen Anstrengungen erholen kann.» Das wiederum kann man auch als eine Antwort auf Picassos Bild verstehen. Picasso und Matisse bezeichnen mit ihren beiden Gemälden die Pole, zwischen denen sich die Kunst schon immer bewegt hat.

Literaturhinweise

1. Fragen an einer Gemälde

Börsch-Supan, Helmut/Jähnig, Karl Wilhelm: Caspar David Friedrich. Gemälde, Druckgraphik und bildmäßige Zeichnungen, München 1973

Busch, Werner: Caspar David Friedrich – Ästhetik und Religion, München 2003

Hinz, Sigrid (Hg.): Caspar David Friedrich in Briefen und Bekenntnissen, München 1968

Hofmann, Werner (Hg.): Caspar David Friedrich 1774–1840, Katalog der Ausstellung in der Hamburger Kunsthalle, München 1974

Hofmann, Werner: Caspar David Friedrich. Naturwirklichkeit und Kunstwahrheit, München 2000

Scholl, Christian: Romantische Malerei als neue Sinnbildkunst. Studien zur Bedeutungsgebung bei Philipp Otto Runge, Caspar David Friedrich und den Nazarenern, München u. a. 2007

Zschoche, Hermann (Hg.): Caspar David Friedrich. Die Briefe, Hamburg 2005

2. Techniken und Werkprozesse

Quellenschriften

Alberti, Leon Battista: Das Standbild – Die Malkunst – Grundlagen der Malerei, hg., eingeleitet, übers. und kommentiert von Oskar Bätschmann und Christoph Schäublin, Darmstadt 2000

Bouvier, Pierre Louis: Manuel des jeunes artistes et amateurs en peinture, Paris 1827

Bouvier, Pierre Louis: Handbuch der Oelmalerei für Künstler und Kunstfreunde: nebst einem Anhang über Erhaltung und Herstellung alter Gemälde, 4., neu bearb. Aufl. von A. Ehrhardt, Braunschweig 1861

Cennini, Cennino: Das Buch von der Kunst oder Tractat der Malerei des Cennino Cennini da Colle di Valdelsa, übers. von Albert Ilg, Wien 1871 (Quellenschriften für Kunstgeschichte und Kunsttechnik des Mittelalters und der Renaissance 1)

Cennini, Cennino: Il libro dell'arte. A cura di Fabio Frezzato, Vicenza 2003

Cröker, Johann Melchior: Der wohl anführende Mahler, welcher curiöse Liebhaber lehret [...], Jena 1736

Harrison, Charles/Wood, Charles (Hg.): Kunsttheorie im 20. Jahrhundert. Künstlerschriften, Kunstkritik, Kunstphilosophie, Manifeste, Statements, Interviews, 2 Bde., Ostfildern-Ruit 1998

Heraclius: Von den Farben und Künsten der Römer, Originaltext und Übersetzung, hg. von Albert Ilg, Wien 1873 (Quellenschriften für Kunstgeschichte und Kunsttechnik des Mittelalters und der Renaissance 4)

[Heraclius]: Eraclio, I colori e le arti dei Romani e la compilazione pseudo-eracliana, testo lat. e trad., comm. a cura di Chiara Garzya Romano, Bologna 1996

Lairesse, Gérard de: Het groot schilderboek, Amsterdam 1707

Lairesse, Gérard de: Grosses Mahler-Buch, worinnen die Mahler-Kunst in allen ihren Theilen Gründlich gelehret [...], 3 Bde., Nürnberg 1728–1730

Leonardo da Vinci: Libro di pittura, Codice Urbinate lat. 1270 nella Biblioteca Apostolica Vaticana, hg. von Carlo Pedretti und Carlo Vecce, 2 Bde., Florenz 1995

Leonardo da Vinci: Das Buch von der Malerei, nach dem Codex Vaticanus (Urbinas) 1270, hg. und übers. von Heinrich Ludwig, 3 Bde., Wien 1882

Leonardo da Vinci: The literary works of Leonardo da Vinci, hg. von Jean Paul Richter, New York 1970

Lomazzo, Giovanni Paolo: Trattato dell'arte de la pittura, Mailand 1584

Lomazzo, Gian Paolo: Scritti sulle arti, hg. von Roberto Paolo Ciardi, 2 Bde., Florenz 1973/74

Mander, Carel van: Den grondt der edel vry schilder-const. Das Lehrgedicht des Karel van Mander. Text, Übersetzung und Kommentar nebst Anhang ueber Manders Geschichtskonstruktion und Kunsttheorie von Rudolf Hoecker, Den Haag 1916

Sandrart, Joachim von: L' Academia Todesca della Architectura, Scultura & Pittura, Oder Teutsche Academie der Edlen Bau-, Bild- und Mahlerey-Künste, Nürnberg 1675–1680

Theophilus Presbyter: Schedula diversarum artium, revidierter Text, Übers. und Appendix von Albert Ilg, Wien 1874 (Quellenschriften für Kunstgeschichte und Kunsttechnik des Mittelalters und der Renaissance 7)

Theophilus Presbyter: The various arts, ed. and transl. by C.R.Dodwell (Oxford medieval texts), Oxford 1986

Vasari, Giorgio: Le vite de' più eccellenti architetti, pittori, et scultori italiani, da Cimabue insino a' tempi nostri con una sua utile & necessaria introduzzione a le arti loro descritta in lingua toscana, da Giorgio Vasari, Florenz 1550

Vasari, Giorgio: Le vite de' più eccellenti pittori, scultori, e architettori con i ritratti loro et con l'aggiunta delle Vite de' vivi, & de' morti dall'anno 1550 insino al 1567, Florenz 1568

Vasari, Giorgio: Le vite de' più eccellenti pittori, scultori e architettori nelle redazioni del 1550 e 1568, Testo a cura di Rosanna Bettarini. Commento di Paola Barocchi, 6 Bde. in 9 Teilen, Florenz 1966–1987

Vasari, Giorgio: Kunsttheorie und Kunstgeschichte. Eine Einführung in die Lebensbeschreibungen berühmter Künstler anhand der Proemien, hg., eingeleitet und kommentiert von Matteo Burioni u. a., Berlin 2004

Vasari, Giorgio: Einführung in die Künste der Architektur, Bildhauerei und Malerei. Die künstlerischen Techniken der Renaissance als Medien des «disegno», übers. von Victoria Lorini, hg., kommentiert und eingeleitet von Matteo Burioni, Berlin 2006

Handbücher und Forschungsliteratur

Berger, Ernst: Quellen und Technik der Fresko-, Oel- und Tempera-Malerei des Mittelalters von der byzantinischen Zeit bis einschliesslich der «Erfindung der Ölmalerei» durch die Brüder van Eyck, 2. Aufl. München 1912

Bertelli, Carlo/Barral i Altet, Xavier: Die Mosaiken von den Anfängen bis zur Gegenwart. Ein Handbuch der musivischen Kunst, Augsburg 1996

Bomford, David/Billinge, Rachel: Underdrawings in Renaissance paintings, National Gallery, London 2002
Bomford, David u. a: Art in the making: Italian painting before 1400, National Gallery, London 1989
Brachert, Thomas: Lexikon historischer Maltechniken. Quellen – Handwerk – Technologie – Alchemie, München 2001
Doerner, Max: Malmaterial und seine Verwendung im Bilde, 22. Aufl., hg. von Thomas Hoppe, Berlin 2007 (1. Aufl. München 1921)
Fischer, Peter: Das Mosaik. Entwicklung, Technik, Eigenart, Wien/München 1969
Knoepfli, Albert u. a.: Reclams Handbuch der künstlerischen Techniken, Bd. 2, Wandmalerei, Mosaik, Stuttgart 1990
Koschatzky, Walter: Die Kunst des Aquarells. Technik, Geschichte, Meisterwerke, Salzburg u. a. 1983
Kühn, Hermann u. a.: Reclams Handbuch der künstlerischen Techniken, Bd. 1, Farbmittel, Buchmalerei, Tafel- und Leinwandmalerei, Stuttgart 1984
Nash, Susie/Borchert, Till-Holger: Late medieval panel paintings. Materials, methods, meanings, London 2011
Procacci, Ugo: Sinopie e affreschi, Mailand 1961
Roosen-Runge, Heinz: Farbgebung und Technik frühmittelalterlicher Buchmalerei. Studien zu den Traktaten «Mappae Clavicula» und «Heraclius», 2 Bde., München u. a. 1967
Schlosser, Julius v.: Die Kunstliteratur. Ein Handbuch zur Quellenkunde der neueren Kunstgeschichte, Wien 1924 (unveränd. Nachdruck Wien 1985)
Wehlte, Kurt: Werkstoffe und Techniken der Malerei, Wiesbaden 2009 (1. Aufl. Ravensburg 1967)

3. Gestaltungsprinzipien

Bildauffassungen

Baxandall, Michael: Giotto and the orators. Humanist observers of painting in Italy and the discovery of pictorial composition 1350–1450, Oxford 1986
Baxandall, Michael: Die Wirklichkeit der Bilder. Malerei und Erfahrung im Italien des 15. Jahrhunderts, Frankfurt a. M. 1977
Belting, Hans: Bild und Kult. Eine Geschichte des Bildes vor dem Zeitalter der Kunst, München 1990
Belting, Hans: Das echte Bild. Bildfragen als Glaubensfragen, München 2005
Boehm, Gottfried (Hg.): Was ist ein Bild?, München 1994
Busch, Werner: Das unklassische Bild von Tizian bis Constable und Turner, München 2009
Freedberg, David: The power of images. Studies in the history and theory of response, Chicago u. a. 1989
Gehlen, Arnold: Zeit-Bilder. Zur Soziologie und Ästhetik der modernen Malerei, Frankfurt a. M. u. a. 1960
Gombrich, Ernst H.: Kunst und Illusion. Zur Psychologie der bildlichen Darstellung, Köln 1967
Krüger, Klaus: Das Bild als Schleier des Unsichtbaren. Ästhetische Illusion in der Kunst der frühen Neuzeit in Italien, München 2001
Ladner, Gerhart B.: Ad imaginem dei. The image of man in mediaeval art, Latrobe, Pa. 1965

Panofsky, Erwin: Idea. Ein Beitrag zur Begriffsgeschichte der älteren Kunsttheorie. 2. Aufl., Berlin 1960

Scholz, Oliver R.: Bild, Darstellung, Zeichen. Philosophische Theorien bildlicher Darstellung, 2. Aufl., Frankfurt a. M. 2004

Schöne, Wolfgang (Hg.): Das Gottesbild im Abendland, Berlin 1957

Summers, David: The judgment of sense. Renaissance naturalism and the rise of aesthetics, Cambridge u. a. 1987

Warncke, Carsten-Peter: Sprechende Bilder – sichtbare Worte. Das Bildverständnis in der frühen Neuzeit, Wiesbaden 1987

Wirth, Jean: L'image médiévale. Naissance et développements (VIe–XVe siècle), Paris 1989

Formen der Bilderzählung

Frank, Hilmar/Frank, Tanja: Zur Erzählforschung in der Kunstwissenschaft. In: Eberhard Lämmert (Hg.): Die erzählerische Dimension. Eine Gemeinsamkeit der Künste, Berlin 1999, S. 35–51

Herman; David/Jahn, Manfred (Hg.): Routledge Encyclopedia of Narrative Theory, London u. a. 2005

Kessler, Herbert L. (Hg.): Pictorial Narrative in Antiquity and the Middle Ages (= Studies in the History of Art, Vol. 16), Washington 1985

Kibédi Varga, Aaron: Visuelle Argumentation und visuelle Narrativität. In: Wolfgang Harms (Hg.): Text und Bild. Bild und Text, Stuttgart 1990, S. 356–367

Manuwald, Henrike: Medialer Dialog. Die «Große Bilderhandschrift» des «Willehalm» Wolframs von Eschenbach und ihre Kontexte, Tübingen u. a. 2008

Weitzmann, Kurt: Illustrations in roll and codex. A study of the origin and method of text illustration, Princeton 1947

Wickhoff, Franz: Römische Kunst. Die Wiener Genesis (Schriften, Bd. 3), Berlin 1912

Wolf, Werner: Narrative and Narrativety – a narratological reconceptualisation and its applicability to the visual arts. In: Word & Image, Bd. 19, 2003, S. 180–197

Wolf, Werner: Das Problem der Narrativität in Literatur, bildender Kunst und Musik. Ein Beitrag zu einer intermedialen Erzähltheorie. In: Ansgar und Vera Nünning (Hg.): Erzähltheorie, Trier 2002, S. 23–104

Nachahmung der Natur

Auerbach, Erich: Mimesis. Dargestellte Wirklichkeit in der abendländischen Literatur, Bern 1946

Blumenberg, Hans: Nachahmung der Natur. Zur Vorgeschichte des schöpferischen Menschen (1957). In: ders.: Ästhetische und metaphorologische Schriften, Frankfurt a. M. 2001, S. 9–46

Dickel, Hans: Kunst als zweite Natur. Studien zum Naturverständnis in der modernen Kunst, Berlin 2006

Körner, Hans (Hg.): Die Trauben des Zeuxis. Formen künstlerischer Wirklichkeitsaneignung, Hildesheim u. a. 1990

Petersen, Jürgen H.: Mimesis – Imitatio – Nachahmung. Eine Geschichte der europäischen Poetik, München 2000

Röhrl, Boris: Kunsttheorie des Naturalismus und Realismus. Historische Entwicklung, Terminologie und Definitionen, Hildesheim u. a. 2003

Der Begriff des Werkes

Frey, Dagobert: Zur Deutung des Kunstwerks (1958). In: ders.: Bausteine zu einer Philosophie der Kunst, Darmstadt 1976, S. 83–112

Heidegger, Martin: Der Ursprung des Kunstwerkes (1936/1950). In: ders.: Holzwege, hg. von F. W. v. Herrmann, Frankfurt a. M. 1977, S. 1–14

Thierse, Wolfgang: «Das Ganze ist aber das, was Anfang, Mitte und Ende hat». Problemgeschichtliche Beobachtungen zur Geschichte des Werkbegriffs. In: Karlheinz Barck u. a. (Hg.): Ästhetische Grundbegriffe. Studien zu einem historischen Wörterbuch, Berlin 1990, S. 378–414

Pudelek, Jan-Peter: Werk. In: Karlheinz Barck u. a. (Hg.): Ästhetische Grundbegriffe. Historisches Wörterbuch in sieben Bänden, Bd. 6, Stuttgart 2005, S. 520–587

Der Entwurfsprozess

Hamacher, Bärbel: Entwurf und Ausführung in der süddeutschen Freskomalerei des 18. Jahrhunderts, München 1987

Meder, Joseph: Die Handzeichnung. Ihre Technik und Entwicklung, Wien 1919

Koschatzky, Walter: Die Kunst der Zeichnung. Technik, Geschichte, Meisterwerke, Salzburg 1977

Westfehling, Uwe: Zeichnen in der Renaissance. Entwicklung, Techniken, Formen, Themen, Köln 1993

Wiemers, Michael: Bildform und Werkgenese. Studien zur zeichnerischen Bildvorbereitung in der italienischen Malerei zwischen 1450 und 1490, München 1996

Körper und Raum

Quellenschriften

Alberti, Leon Battista: Das Standbild – Die Malkunst – Grundlagen der Malerei, hg., eingeleitet, übers. und kommentiert von Oskar Bätschmann und Christoph Schäublin, Darmstadt 2000

Piero della Francesca: De prospectiva pingendi, hg. von G. Nicco-Fasola (1942), Florenz 2005

Pelerin, Jean (= Johannes Viator): De artificiali perspectiva. Nachdr. d. 1. Ausg. Toul, 1505, und d. 2. Ausg. Toul, 1509, New York 1975

Dürer, Albrecht: Underweysung der messung mit dem zirckel und richtscheyt, Nürnberg 1525

Serlio, Sebastiano: Libro secondo, Di Prospettiva, Paris 1545; wieder abgedruckt in: ders.: Libri d'architettura, Venedig 1560

Vignola, Iacomo Barozzi da/Danti, Ignazio: Le due regole della prospettiva pratica, Rom 1583

Del Monte, Guidubaldo: Guidi Ubaldi e marchionibus montis perspectivae libri sex, Pesaro 1600

Pozzo, Andrea: Perspectiva Pictorum et Architectorum, 2 Bde., Rom 1693–1698

Forschungsliteratur

Andersen, Kirsti: The geometry of an art. The history of the mathematical theory of perspective from Alberti to Monge, New York 2007

Büttner, Frank: Die ästhetische Illusion und ihre Ziele. Überlegungen zur historischen Rezeption barocker Deckenmalerei in Deutschland. In: Das Münster 54, 2001, S. 108–127

Büttner, Frank: Giotto und die Ursprünge der neuzeitlichen Bildauffassung. Die Malerei und die Wissenschaft vom Sehen in Italien um 1300, Darmstadt 2012 (im Druck)

Büttner, Frank: Rationalisierung der Mimesis. Anfänge der konstruierten Perspektive bei Brunelleschi und Alberti. In: Mimesis und Simulation, hg. von Andreas Kablitz und Gerhard Neumann, Freiburg i. Br. 1998 (Rombach Wissenschaften. Reihe Litterae 52), S. 55– 88

Elkins, James: The poetics of perspective, Ithaca u. a. 1994

Field, Judith Veronica: The invention of infinity. Mathematics and art in the Renaissance, Oxford u. a. 1997

Hedinger, Bärbel (Hg.): Täuschend Echt. Illusion und Wirklichkeit in der Kunst. Eine Ausstellung des Bucerius Kunst Forums, München 2010

Kemp, Martin: The science of art. Optical themes in western art from Brunelleschi to Seurat, New Haven, Conn. 1990

Kubovy, Michael: The psychology of perspective and Renaissance art, Cambridge 1986

Panofsky, Erwin: Die Perspektive als ‹symbolische Form›. In: Vorträge der Bibliothek Warburg 1924/25 (1927), S. 258–330; wieder abgedruckt in: Erwin Panofsky: Deutschsprachige Aufsätze, hg. von Karen Michels, Bd. 2, Berlin 1998, S. 653–756

White, John: The birth and rebirth of pictorial space, London 1957

Farbe und Licht

Dittmann, Lorenz: Farbgestaltung und Farbtheorie in der abendländischen Malerei. Eine Einführung, Darmstadt 1987

Gage, John: Kulturgeschichte der Farbe von der Antike bis zur Gegenwart, Ravensburg 1994

Gage, John: Die Sprache der Farben. Bedeutungswandel der Farbe in der bildenden Kunst, Ravensburg 1999

Gombrich, Ernst H.: Schatten. Ihre Darstellung in der abendländischen Kunst, Berlin 1996

Hess, Walter: Das Problem der Farbe in den Selbstzeugnissen der Maler von Cézanne bis Mondrian, Mittenwald 1981

Imdahl, Max: Farbe. Kunsttheoretische Reflexionen in Frankreich, München 1987

Krüger, Matthias: Das Relief der Farbe. Pastose Malerei in der französischen Kunstkritik 1850–1890, München u. a. 2007

Lichtenstein, Jacqueline: The eloquence of color: rhetoric and painting in the French Classical Age, Berkeley u. a. 1993

Schöne, Wolfgang: Über das Licht in der Malerei, Berlin 1954

Stoichita, Victor I.: Eine kurze Geschichte des Schattens, München 1999

Strauß, Ernst: Koloritgeschichtliche Untersuchungen zur Malerei seit Giotto, München u. a. 1972

Wagner, Christoph: Farbe und Metapher. Die Entstehung einer neuzeitlichen Bildmetaphorik in der vorrömischen Malerei Raphaels, Berlin 1999

Komposition

Arnheim, Rudolf: Die Macht der Mitte. Eine Kompositionslehre für die bildenden Künste, Köln 1983
Körner, Hans: Auf der Suche nach der ‹wahren Einheit›, Ganzheitsvorstellungen in der französischen Malerei und Kunstliteratur vom mittleren 17. bis zum mittleren 19. Jahrhundert, München 1988
Pächt, Otto: Gestaltungsprinzipien der westlichen Malerei des 15. Jahrhunderts. In: Kunstwissenschaftliche Forschungen 2, Berlin 1933, S. 75–100. Neu abgedr. in: Otto Pächt: Methodisches zur kunsthistorischen Praxis. Ausgewählte Schriften, hg. von Jörg Oberhaidacher u. a., München 1977
Puttfarken, Thomas: The discovery of pictorial composition, theories of visual order in painting 1400–1800, New Haven, Conn. u. a. 2000

4. Aufgaben und Funktionen der Malerei

Malerei im architektonischen Raum

Bauer, Hermann: Barocke Deckenmalerei in Süddeutschland, München u. a. 2000
Demus, Otto: Romanische Wandmalerei, München 1968
Demus, Otto: Byzantine mosaic decoration. Aspects of monumental art in Byzantium, London 1947
Droste, Magdalena: Das Fresko als Idee. Zur Geschichte öffentlicher Kunst im 19. Jahrhundert, Münster 1980
Falkenhausen, Susanne v.: Italienische Monumentalmalerei im Risorgimento 1830–1890. Strategien nationaler Bildersprache, Berlin 1993
Kliemann, Julian/Rohlmann, Michael: Wandmalerei in Italien. Die Zeit der Hochrenaissance und des Manierismus 1510–1600, München 2004
Kupfer, Marcia A.: Romanesque wall painting in Central France. The politics of narrative, New Haven u. a. 1993
Poeschke, Joachim: Mosaiken in Italien 300–1300, München 2009
Poeschke, Joachim: Wandmalerei der Giottozeit in Italien 1280–1400, München 2003
Rochfort, Desmond: Mexican muralists: Orozco, Rivera, Siqueiros, London 1993
Roettgen, Steffi: Wandmalerei in Italien. Barock und Aufklärung 1600–1800, München 2007
Roettgen, Steffi: Wandmalerei der Frührenaissance in Italien. Bd. 1: Anfänge und Entfaltung 1400–1470, München 1996
Roettgen, Steffi: Wandmalerei der Frührenaissance in Italien. Bd. 2: Die Blütezeit 1470–1510, München 1997

Buchmalerei

Alexander, Jonathan J. G.: Buchmalerei der italienischen Renaissance im 15. Jahrhundert, München 1977
Avril, François: Buchmalerei am Hofe Frankreichs, 1310–1380, München 1978

Dogaer, Georges: Flemish miniature painting in the 15th and 16th centuries, Amsterdam 1987

Grimme, Ernst Günther: Die Geschichte der abendländischen Buchmalerei, Köln 1980

Henisch, Bridget Ann: The medieval calendar year, University Park, Pa. 1999

Marks, Richard/Morgan, Nigel J.: Englische Buchmalerei der Gotik 1200–1500, München 1980

Mayr-Harting, Henry: Ottonische Buchmalerei. Liturgische Kunst im Reich der Kaiser, Bischöfe und Äbte, Stuttgart u. a. 1991

Mütherich, Florentine/Gaehde, Joachim E.: Karolingische Buchmalerei, München 1976

Nordenfalk, Carl: Insulare Buchmalerei. Illuminierte Handschriften der Britischen Inseln 600–800, München 1977

Pächt, Otto: Buchmalerei des Mittelalters. Eine Einführung, München 1984

Rotili, Mario: La miniatura gotica in Italia, 2 Bde., Neapel 1968/69

Smeyers, Maurits: Flämische Buchmalerei vom 8. bis zur Mitte des 16. Jahrhunderts, Stuttgart 1999

Thomas, Marcel: Buchmalerei aus der Zeit des Jean de Berry, München 1979

Unterkircher, Franz: Das Stundenbuch der Maria von Burgund. Codex Vindobonensis 1857 der Österreichischen Nationalbibliothek, Graz 1993

Unterkircher, Franz: Das Stundenbuch des Mittelalters, Graz 1985

Weitzmann, Kurt: Spätantike und frühchristliche Buchmalerei, München 1977

Ikonen

Belting, Hans: Bild und Kult. Eine Geschichte des Bildes vor dem Zeitalter der Kunst, München 1990

Büchsel, Martin (Hg.), Intellektualisierung und Mystifizierung mittelalterlicher Kunst. «Kultbild»: Revision eines Begriffs, Berlin 2010 (Neue Frankfurter Forschungen zur Kunst 10)

Büchsel, Martin: Die Entstehung des Christusporträts. Bildarchäologie statt Bildhypnose, Mainz 2007

Wolf, Gerhard: Salus Populi Romani. Die Geschichte römischer Kultbilder im Mittelalter, Weinheim 1990

Altarbilder

Kroesen, Justin E. A./Schmidt, Victor M. (Hg.): The altar and its environment. 1150–1400, Turnhout 2009 (Studies in the visual cultures of the Middle Ages 4)

Krüger, Klaus: Von der Pala zum Polyptychon. Das Altarbild als Medium religiöser Kommunikation. In: Wolf-Dietrich Löhr/Stefan Weppelmann (Hg.): Fantasie und Handwerk. Cennino Cennini und die Tradition der toskanischen Malerei von Giotto bis Lorenzo Monaco, Ausst.-Kat. Gemäldegalerie Staatliche Museen zu Berlin, München 2008, S. 179–199

Kult Bild. Das Altar- und Andachtsbild von Duccio bis Perugino, Städel Museum. Ausstellung und Katalog von Jochen Sander, Petersberg 2006

Meilman, Patricia: Titian and the altarpiece in Renaissance Venice, Cambridge u. a. 2000

Schmidt, Victor M.: Feste und bewegliche Tafelbilder im Kirchenraum. Einige Überlegungen zur Kirchenausstattung des späten Mittelalters und der frühen Neuzeit in Mittelitalien. In: Stefan Weppelmann (Hg.): Zeremoniell und Raum in der frühen italienischen Malerei, Gemäldegalerie, Staatliche Museen zu Berlin, Petersberg 2007 (Studien zur internationalen Architektur- und Kunstgeschichte 60), S. 106–115

Weppelmann, Stefan (Hg.): Geschichten auf Gold. Bilderzählungen in der frühen italienischen Malerei, Gemäldegalerie, Ausst.-Kat. Staatliche Museen zu Berlin, Berlin u. a. 2005

Das autonome Tafelbild

Barriault, Anne: Spalliera paintings of Renaissance Tuscany, University Park 1994

Bätschmann, Oskar: Ausstellungskünstler. Kult und Karriere im modernen Kunstsystem, Köln 1997

Kemp, Martin: Der Blick hinter die Bilder. Text und Kunst in der italienischen Renaissance, Köln 1997

Rimmele, Marius: Das Triptychon als Metapher, Körper und Ort. Semantisierungen eines Bildträgers, München 2010

Rohlmann, Michael: Auftragskunst und Sammlerbild. Altniederländische Tafelmalerei im Florenz des Quattrocento, Alfter 1994

Warnke, Martin: Der Hofkünstler. Zur Vorgeschichte des modernen Künstlers, Köln 1985

5. Bildgattungen

Alpers, Svetlana: Kunst als Beschreibung holländischer Malerei des 17. Jahrhunderts, Köln 1985

Boehm Gottfried: Wie Bilder Sinn erzeugen. Die Macht des Zeigens, Berlin 2007

Busch, Werner: Das sentimentalische Bild. Die Krise der Kunst im 18. Jahrhundert und die Geburt der Moderne, München 1993

Ganz, Ulrike: Kunstkammer und Sammelbild. Ein Medienvergleich. In: Wolfgang Weber (Hg.): Wissenswelten (Mitteilungen: Sonderheft 2003), S. 201–223

Gombrich, Ernst: Meditationen über ein Steckenpferd. Von den Wurzeln und Grenzen der Kunst, Wien 1973

Stoichita, Victor I.: Das selbstbewußte Bild. Vom Ursprung der Metamalerei, München 1998 (zuerst franz.: L'instauration du tableau. Métapeinture à l'aube des temps modernes, Paris 1993)

Alberti und die Theorie des Bildes als Kunstwerk

Alberti, Leon Battista: Über die Malkunst. Della pittura, hg., eingel., übers. und kommentiert von Oskar Bätschmann und Sandra Gianfreda, Darmstadt 2002

Bätschmann, Oskar: Albertis historia. In: Hannah Baader u. a. (Hg.): Ars et scriptura. Festschrift für Rudolf Preimesberger zum 65. Geburtstag (Berliner Schriften zur Kunst 15), Berlin 2001, S. 107–124

Locher, Hubert: Leon Battista Albertis Erfindung des «Gemäldes» aus dem Geist der Antike. Der Traktat «De Pictura». In: Kurt W. Forster/Hubert Locher (Hg.): Theorie und Praxis. Leon Battista Alberti als Humanist und Theoretiker der bildenden Künste, Berlin 1999, S. 109–128

Patz, Kristine: Zum Begriff der «Historia» in L. B. Albertis «De Pictura». In: Zeitschrift für Kunstgeschichte 49, 1986, S. 269–287

Historienmalerei

s. auch Alberti

Bikker, Jonathan/Bok, Marten Jan: Rembrandt and Dutch history painting in the 17th century, Tokio 2004.

Büttner, Frank: Aufstieg und Fall der Geschichtsmalerei. Ein Überblick über die Entwicklung von Gattungsgeschichte und Gattungstheorie in Deutschland vom späten 18. bis zum frühen 20. Jahrhundert. In: Ulrich Baumgärtner/Monika Fenn (Hg.): Geschichte zwischen Kunst und Politik. Münchner Geschichtsdidaktisches Kolloquium, Heft 4, München 2002, S. 33–58

Gaehtgens, Thomas W./Fleckner, Uwe (Hg.): Historienmalerei, Berlin 1996 (Geschichte der klassischen Bildgattungen in Quellentexten und Kommentaren 1)

Gottdang, Andrea: Venedigs antike Helden. Die Darstellung der antiken Geschichte in der venezianischen Malerei. 1680–1760, München/Berlin 1999

Hager, Werner: Das geschichtliche Ereignisbild. Beitrag zu einer Typologie des weltlichen Geschichtsbildes bis zur Aufklärung, München 1939

Kirchner, Thomas: L'expression des passions. Ausdruck als Darstellungsproblem in der französischen Kunst und Kunsttheorie des 17. und 18. Jahrhunderts, Mainz 1991 (Berliner Schriften zur Kunst 1)

Nagel, Ivan: Malerei und Drama. Über das Historiengemälde. In: Zeitschrift für Kunstgeschichte 66, 2003, S. 1–18

Rohlmann, Michael: Botticellis «Primavera». Zu Anlass, Adressat und Funktion von mythologischen Gemälden im Florentiner Quattrocento. In: Artibus et Historiae, 17, Nr. 33 (1996), S. 97–132

Thimann, Michael: Lügenhafte Bilder. Ovids favole und das Historienbild in der italienischen Renaissance, Göttingen 2002

Genremalerei

Franits, Wayne E.: Dutch seventeenth-century genre painting. Its stylistic and thematic evolution, New Haven u. a. 2004

Gaehtgens, Barbara (Hg.): Genremalerei, Berlin 2002 (Geschichte der klassischen Bildgattungen in Quellentexten und Kommentaren 4)

Ledbury, Mark: The hierarchy of genre in the theory and practice of painting in eighteenth-century France. In: Elisabeth Décultot (Hg.): Théories et débats esthétiques au dix-huitième siècle, Paris 2001 (International eighteenth-century studies 4), S. 187–209

Meadow, Mark A.: Pieter Bruegel the Elder's Netherlandish proverbs and the practice of rhetoric, Zwolle 2002

Rambach, Christiane: Vermeer und die Schärfung der Sinne, Weimar 2007

Raupp, Hans-Joachim: Ansätze zu einer Theorie der Genremalerei in den Niederlanden im 17. Jahrhundert. In: Zeitschrift für Kunstgeschichte 46, 4, 1983, S. 401–418

Reed, Arden: Manet, Flaubert, and the emergence of modernism. Blurring genre boundaries, Cambridge u. a. 2003

Stechow, Wolfgang/Comer, Christopher: The History of the Term Genre. In: Bulletin Allen Memorial Art Museum, 33, 1975/76, S. 89–94

Theuwissen, J.: Volkskundliche Aspekte im Werke Pieter Bruegels. In: Otto von Simson/Matthias Winner (Hg.): Pieter Bruegel und seine Welt, Berlin 1979, S. 175–185

Porträtmalerei

Beyer, Andreas: Das Porträt in der Malerei, München 2002

Böhm, Gottfried: Über den Ursprung der Porträtmalerei in der italienischen Renaissance, München 1985

Büchsel, Martin/Schmidt, Peter (Hg.): Das Porträt vor der Erfindung des Porträts, Mainz 2003

Preimesberger, Rudolf/Baader, Hannah/Suthor, Nicola (Hg.): Porträt, Berlin 1999 (Geschichte der klassischen Bildgattungen in Quellentexten und Kommentaren 2)

Landschaftsmalerei

Baldass, Ludwig von: Die niederländische Landschaftsmalerei von Patinir bis Bruegel. In: Jahrbuch der Kunsthistorischen Sammlungen Wien 34, 1917, S. 111–158.

Białostocki, Jan: Die Geburt der modernen Landschaftsmalerei. In: Bulletin du Musée National de Varsovie 14, 1973, S. 6–13

Bertsch, Markus/Wegner, Reinhard (Hg.): Landschaft am «Scheidepunkt». Evolutionen einer Gattung in Kunsttheorie, Kunstschaffen und Literatur um 1800, Göttingen 2009

Büttner, Nils: Geschichte der Landschaftsmalerei, München 2006

Busch, Werner (Hg.): Landschaftsmalerei, Berlin 1997 (Geschichte der klassischen Bildgattungen in Quellentexten und Kommentaren 3)

Eberle, M.: Individuum und Landschaft. Zur Entstehung und Entwicklung der Landschaftsmalerei, Gießen 1979

Finckh, Gerhard (Hg.): Abenteuer Barbizon. Landschaft, Malerei und Fotografie von Corot bis Monet, Ausst.-Kat. Von der Heydt-Museum Wuppertal, Wuppertal 2007

Ritter, Joachim: Landschaft. Zur Funktion des Ästhetischen in der modernen Gesellschaft. In: ders.: Subjektivität, Frankfurt a. M. 1974, S. 141–163 und S. 172–190.

Stillleben

Ebert-Schifferer, Sybille: Die Geschichte des Stillebens, München 1998

Grohé, Stefan: Stillleben. Meisterwerke der holländischen Malerei, München u. a. 2004

Grootenboer, Hanneke: The rhetoric of perspective. Realism and illusionism in seventeenth-century Dutch still-life painting, Chicago u. a. 2005

Hedinger, Bärbel (Hg.): Täuschend echt. Illusion und Wirklichkeit in der Kunst, Auss.-Kat., München 2010

König, Eberhard/Schön, Christiane (Hg.): Stilleben, Berlin 1996 (Geschichte der klassischen Bildgattungen in Quellentexten und Kommentaren 5)

Sander, Jochen (Hg.): Die Magie der Dinge. Stillebenmalerei 1500–1800. Ausst.-Kat. Städel Museum Frankfurt/Kunstmuseum Basel/Hessisches Landesmuseum Darmstadt, Ostfildern 2008

Welzel, Barbara: Wettstreit zwischen Kunst und Natur. Die Blumenstilleben von Jan Brueghel d. Ä. als Triumph des Bildes. In: Zeitschrift für Kunstgeschichte 65, 2002, S. 325–342

6. Die Malerei im Kanon der Künste

Baader, Hannah u. a. (Hg.): Im Agon der Künste. Paragonales Denken, ästhetische Praxis und die Diversität der Sinne, München 2007

Kristeller, Oskar: The modern System of the Arts, in: Renaissance Thought 2, New York 1965, S. 163–227

Schnitzler, Andreas: Der Wettstreit der Künste. Die Relevanz der Paragone-Frage im 20. Jahrhundert, Berlin 2007

Malerei, Poetik und Rhetorik

Baxandall, Michael: Giotto and the orators. Humanist observers of painting in Italy and the discovery of pictorial composition, 1350–1450, Oxford 1971

Brassat, Wolfgang: Das Historienbild im Zeitalter der Eloquenz. Von Raffael bis Le Brun, Berlin 2003 (Studien aus dem Warburg-Haus 6)

Büttner, Frank: Rhetorik und barocke Deckenmalerei. Überlegungen am Beispiel der Fresken Johann Zicks in Bruchsal. In: Zeitschrift des Deutschen Vereins für Kunstwissenschaft 43, 1989, 1, S. 49–72.

Hundemer, Markus: Rhetorische Kunsttheorie und barocke Deckenmalerei. Zur Theorie der sinnlichen Erkenntnis im Barock, Regensburg 1997

Lee, Rensselaer W.: Ut pictura poesis. The humanistic theory of painting, New York 1967 (zuerst erschienen in: The art bulletin, 22, 1940,4, S. 197–269)

Malerei und Skulptur

Barocchi, Paola: Der Wettstreit zwischen Malerei und Skulptur. Benedetto Varchi und Vincenzio Borghini. In: Hannah Baader u. a. (Hg.): Ars et scriptura. Festschrift für Rudolf Preimesberger zum 65. Geburtstag, Berlin 2001 (Berliner Schriften zur Kunst 15), S. 93–106

Körner, Hans: Paragone der Sinne. Der Vergleich von Malerei und Skulptur im Zeitalter der Aufklärung. In: Herbert Beck (Hg.): Mehr Licht. Europa um 1770, München 1999, S. 365–378

Mai, Ekkehard/Wettengl, Kurt: Wettstreit der Künste. Malerei und Skulptur von Dürer bis Daumier, Ausst.-Kat. München u. a. 2002

Preimesberger, Rudolf: Paragons and Paragone. Van Eyck, Raphael, Michelangelo, Caravaggio, Bernini, Los Angeles 2011

Wenderholm, Iris: Bild und Berührung. Skulptur und Malerei auf dem Altar der italienischen Frührenaissance, München u. a. 2006 (I Mandorli 5)

Malerei und Musik

Gottdang, Andrea: Vorbild Musik. Die Geschichte einer Idee in der Malerei im deutschsprachigen Raum 1780–1915, München 2004

Hammerstein, Reinhold: Musik und bildende Kunst. Zur Theorie und Geschichte ihrer Beziehungen. In: Imago musicae 1, 1984, S. 1–28

Maur, Karin von (Hg.): Vom Klang der Bilder. Die Musik in der Kunst des 20. Jahrhunderts, Ausst.-Kat. Stuttgart, München 1985

Vergo, Peter: The Music of Painting. Music, modernism and the visual arts from the Romantics to John Cage, Berlin 2010

Malerei und Fotografie

Billeter, Erika: Malerei und Photographie im Dialog. Von 1840 bis heute. Mit Beiträgen von Prof. J. A. Schmoll gen. Eisenwerth (Kunsthaus Zürich), Bern 1977

Drude, Christian: Das «Lichtwunder» in der «Malfabrik». Die Kunst der fotografischen (Selbst-)Inszenierung. In: Reinhold Baumstark (Hg.): Lenbach. Sonnenbilder und Porträts, Ausst.-Kat. Bayerische Staatsgemäldesammlungen, München u. a. 2004, S. 178–207

Gronert, Stefan: Malerei, Fotografie und ihre mediale Selbstreflexion bei Gerhard Richter. In: Julia Gelshorn (Hg.): Legitimationen. Künstlerinnen und Künstler als Autoritäten der Gegenwartskunst, Bern u. a. 2004 (Kunstgeschichten der Gegenwart 5), S. 161–174

Kaufhold, Enno: Bilder des Übergangs. Zur Mediengeschichte von Fotografie und Malerei in Deutschland um 1900, Marburg 1986

Schmoll gen. Eisenwerth, Josef A.: Malerei nach Fotografie. Von der Camera obscura bis zur Pop Art. Eine Dokumentation, Münchner Stadtmuseum, Katalog, München 1970

Malerei, neue Kunstformen und Neue Medien

Belting, Hans: Der Werkbegriff der künstlerischen Moderne. In: Cornelia Klinger/Wolfgang Müller-Funk (Hg.): Das Jahrhundert der Avantgarden, München 2004, S. 65–79

Belting, Hans: Das Ende der Kunstgeschichte. Eine Revision nach zehn Jahren, München 1995

Bonnet, Anne-Marie/Kopp-Schmidt, Gabriele (Hg.): Kunst ohne Geschichte? Ansichten zu Kunst und Kunstgeschichte heute, München 1995

Malerei und – Malerei

Busch, Werner: Nachahmung als bürgerliches Kunstprinzip. Ikonographische Zitate bei Hogarth und in seiner Nachfolge. Hildesheim u. a. 1977

Gaehtgens, Thomas W. (Hg.): Künstlerischer Austausch. Akten des XXVIII. Internationalen Kongresses für Kunstgeschichte, Berlin, 15.–20. Juli 1992, 3 Bde., Berlin 1993

Lipman, Jean/Marshall, Richard (Hg.): Art about art, Ausst.-Kat., New York 1978

Minor, Vernon Hyde: Intertextuality and Art History. In: Storia dell'Arte 92, 1998, S. 132–142

Schmidt, Ulrike Kristin: Kunstzitat und Provokation im 20. Jahrhundert, Weimar 2000

Steiner, Wendy: Intertextuality in Painting, In: American Journal of Semiotics 3, Heft 4, 1985, S. 57–67

Stoichita, Victor I.: Das selbstbewußte Bild. Vom Ursprung der Metamalerei, München 1998 (zuerst franz.: L'instauration du tableau. Métapeinture à l'aube des temps modernes, Paris 1993)

7. Ausblicke

Cachin, Françoise (Hg.): La joie de vivre. Die nie gesehenen Meisterwerke der Barnes Collection, Ausst.-Kat. Haus der Kunst, München 1993
Cuno, James B.: Matisse and Agostino Caracci. A source for the ‹Bonheur de Vivre›. In: The Burlington magazine 122, 1980, S. 503–505
Matisse, Henri: Über Kunst, hg. von Jack D. Flam, Zürich 1982
Puttfarken, Thomas: ‹Mutual Love and Golden Age›. Matisse and ‹gli Amori de Carracci›. In: The Burlington magazine 124, 1982, S. 203–208
Werth, Margaret: The joy of life. The idyllic in French art, circa 1900, Berkeley u. a. 2002

Bildnachweis

Photo Scala, Florenz: 1, 8, 9, 11, 12, 13, 33, III, V, VII, IX; 3, 4, 5, 6, 10, 16, 20, 21, 25, 31 (Fondo Edifici di Culto/Min. dell'Interno); 22 (Photo Opera Metropolitana Siena); 26, XIV (White Images); 27 (Photo Art Resource/John Bigelow Taylor/Succession Picasso/VG Bild-Kunst, Bonn 2012); 28, 29 (Photo Austrian Archives); 30, 38, XIII (© Museo Thyssen-Bornemisza, 2012); 40 (© The Museum of Modern Art, New York/Succession Picasso/VG Bild-Kunst, Bonn 2012); X (© The National Gallery, London); XI (© Photo Art Media/Heritage Images); Frank Büttner: 2, 14; bpk: 7 (RMN|Gérard Blot|Christian Jean); VI (© RMN/Agence Bulloz); 17, 24 (The Metropolitan Museum of Art, New York); 34 (Bayerische Staatsgemäldesammlungen); I (Staatliche Kunstsammlungen Dresden|Elke Estel|Hans-Peter Klut); XII (Gemäldegalerie, SMB/Jörg P. Anders); © Antonio Quattrone, Florenz: 15; nach Hans Belting, Christiane Kruse, Die Erfindung des Gemäldes, München 1994 (© Wien, Österr. Nationalbibliothek, Cod. 1857, fol. 14v): 18; Archivi Alinari, Florenz: 19, 35 (DeA Picture Library/Veneranda Biblioteca Ambrosiana); 23: © Cameraphoto Arte, Venezia; © The Estate of Francis Bacon/VG Bild-Kunst, Bonn 2012: 32; nach Ernst Gombrich, Die Geschichte der Kunst, Berlin 2002: 36; © Anselm Kiefer/Hubert Auer – Studio Fotowork: 37; © Bayerische Staatsgemäldesammlungen, Museum Brandhorst/VG Bild-Kunst, Bonn 2012/Sibylle Forster/Haydar Koypinar/Andreas Werner/Nicole Wilhelms: 39 (The Estate of Sigmar Polke/Cologne), XV (by Twombly Foundation/bpk); Bayerische Staatsbibliothek München, Clm 4452, f. 105v.: II; © Luciano Pedicini, Neapel: IV; © Blauel/Gnamm/ ARTOTHEK: VIII; © Succession H. Matisse/VG Bild-Kunst, Bonn 2012/akg-images: XVI